高等院校医学实验教学系列教材

生药学实验

主　编　姬生国　高建平

副主编　苟占平　刁云鹏　吴修红　车苏容

编　者　（按姓氏汉语拼音排序）

蔡广知（长春中医药大学）　马鸿雁（广东药科大学）

车苏容（福建中医药大学）　孟令锴（牡丹江医学院）

陈全成（厦门大学）　潘利明（广东药科大学）

刁云鹏（大连医科大学）　税丕先（西南医科大学）

董永和（包头医学院）　王　飞（辽宁中医药大学）

高建平（山西医科大学）　王晓琴（内蒙古医科大学）

苟占平（广东医科大学）　吴修红（黑龙江中医药大学）

黄泽豪（福建中医药大学）　杨光义（湖北医药学院）

姬生国（广东药科大学）　赵云生（宁夏医科大学）

刘　芳（长治医学院）　周玉生（南华大学）

刘恩荔（山西医科大学）

科学出版社

北　京

内 容 简 介

本教材分为基础性实验、综合性实验、研究创新性实验三部分，依据生药学的教学大纲，注重结合实际操作技能的训练。以基源、性状、显微、理化鉴定的基本操作技能归到基础性实验内容；以常用代表性生药的全面鉴定内容归到综合性实验，培养学生对生药鉴定的综合试验能力；以生药质量评价方法、中成药鉴定、未知生药混合粉末鉴定、含量测定及 DNA 条形码鉴定归到研究创新性实验，培养学生的创新研究能力。

本教材可供药学类各专业、制药工程、医药营销、临床药学等专业及本科、专科、成教等各层次学生使用，也可以作为从事药学专业人员及医药工作者的参考书。

图书在版编目（CIP）数据

生药学实验 / 姬生国，高建平主编. —北京：科学出版社，2016.7
ISBN 978-7-03-049379-8

Ⅰ. ①生… Ⅱ. ①姬… ②高… Ⅲ. ①生药学-实验-高等学校-教学参考资料 Ⅳ. ①R93-33

中国版本图书馆 CIP 数据核字(2016)第 160916 号

责任编辑：胡治国 / 责任校对：赵桂芬
责任印制：赵 博 / 封面设计：陈 敬

科学出版社 出版
北京东黄城根北街 16 号
邮政编码：100717
http://www.sciencep.com
北京中石油彩色印刷有限责任公司印刷
科学出版社发行 各地新华书店经销
*
2016 年 7 月第 一 版 开本：720×1000 1/16
2025 年 1 月第六次印刷 印张：9 1/2
字数：183 000
定价：39. 80 元
(如有印装质量问题，我社负责调换)

前　言

《生药学实验》是《生药学》(案例版)教材的配套实验教材。本教材的编写以新形势下生药学教学的特点为依据，结合实际工作中真实操作的内容，以指导学生实际动手能力为指导原则，结合教学大纲，优化实验内容，加强了创新实验，探索推进实验教学改革，更加适合教学需要和人才培养目标。

本教材注重整体内容的优化，体现实验内容的创新性和实践性相结合。全书按照基础性实验、综合性实验、研究创新性实验三大部分，将生药鉴定中传统四大鉴别方法来源鉴定、性状鉴定、显微鉴定、理化鉴定归入基础性实验；综合性实验是按照教材编写顺序选取有代表性的生药，体现了生药在基源、性状、显微、理化鉴定上的主要鉴别特征；创新性实验分为未知混合生药粉末的鉴定、中成药的鉴定，旨在对生药学研究内容的综合能力培养，有效成分的含量测定是对生药质量评价方面问题能力的培养，DNA 条形码鉴定是生药鉴定的发展方向，本教材安排了 2015 年版《中国药典》收载的乌梢蛇一个品种的实验内容。这些实验教学内容可以供药学专业、药物制剂专业、制药专业及各层次学生使用，也可以作为从事药学专业人员及医药工作者的参考书。

本教材由主编、副主编及有关院校编委审阅编写。由于水平有限，教材中难免存在缺点，敬请批评指正，对本教材中参考的文献资料的编创人员表示感谢。

《生药学实验》编委会

2016 年 5 月

目 录

第一章　基础性实验

实验一　基 源 鉴 定

【目的要求】

1. 掌握生药基源鉴定的目的。

2. 掌握生药基源鉴定的方法

【仪器、试剂、材料】

1. 仪器　放大镜、解剖针、刀片、中国国家植物标本馆(PE)模式标本集、植物检索表、植物志。

2. 材料　当地能够采集到的中药标本及完整植物。

【实验内容】

1. 观察植物形态　对具有较完整植物体的生药检品，应注意其根、茎、叶、花和果实等部位的观察，其中对花、果、孢子囊、子实体等繁殖器官尤应仔细观察，借助放大镜或解剖显微镜观察其形态构造，写出花程式。观察植物特征时，应以典型材料为依据，不应以个别变异材料为标准。在实际工作中经常遇到的检品是不完整的，一般都要追究其原植物，包括深入到产地调查，采集实物，进行对照鉴定。

根据已观察到的形态特征和检品的产地、别名、效用等线索，查阅全国性或地方性的植物检索表，进行检索。

在鉴定植物标本时，应根据观察到的特征，应用检索表依次向下或向后查找，不要跳过一项或几项。同时，每查一项，都应该看看检索表中相对编写的另一项，两项比较，看看哪一项最符合待检索植物的特征。检索表上相应的两个分支的序号相同，两个分支是根据相对的性状编写的。在整个检索过程中，只要有一项出错，就可能导致鉴定的失败。为确保鉴定结果的正确性，不要先入为主、主观臆断和倒查检索表。

2. 核对文献　鉴定结束后，还应该找有关专著或相关资料进行核对，看鉴定结果是否完全符合该植物的特征，该植物标本上的形态特征是否和书上的图、文描述符合。

在核对文献时，首先应查考植物分类学著作，如《中国植物志》、《中国高等植物图鉴》等，以及有关的地区性植物志等；其次再查阅中药品种方面的著作，如《中药志》、《中药材品种论述》等。由于各书记载原植物形态的详略不同，对同一种植物的记述有时也会不一致，因此，必要时，须进一步查对原始文献，以便正确鉴定。原始文献，即指第一次发现该种(新种)植物的植物工作者，描述其特征，予以初次定名的文献。

3. 核对标本 当知道未知种是什么科属时，可以到标本室核对已定学名的该科属标本，或根据文献核对已定学名的某种标本。通过对照中国国家植物标本馆(PE)模式标本集中已定学名的标本，确定鉴定的正确性。在核对标本时，要注意同种植物在不同生长期的形态差异，需要参考更多一些标本，才能使鉴定的学名准确。如有条件，能与模式标本(发表新种时所被描述的植物标本)核对，这对正确鉴定更为有利。对一些难以定名的标本，可寄请专家或植物分类研究单位协助鉴定。

原动物的鉴定，应按动物学分类方法进行。

【作业】

记录本次试验内容及过程。

实验二 性 状 鉴 定

【目的要求】

1. 掌握性状鉴定的目的。
2. 掌握性状鉴定的方法。
3. 掌握水试、火试鉴定方法。

【仪器、试剂、材料】

1. 仪器 放大镜、解剖针、刀片、酒精灯、烧杯、火柴。

2. 试剂 蒸馏水、乙醇。

3. 材料 大黄、何首乌(生首乌、制首乌)、人参(生晒参、糖参、西洋参、高丽参)、黄连(味连、雅连、云连)、辛夷、五味子、南五味子、板蓝根、黄芪、番泻叶、黄柏(黄柏、关黄柏)、五倍子(角倍、肚倍)、沉香、厚朴、肉桂、丁香(去油丁香、非去油丁香)、白芷(杭白芷、祁白芷)、薄荷、黄芩、地黄、红花、苍术、海金沙、蒲黄、青黛、槟榔、川贝母、西红花、天麻、鹿茸、僵蚕、蕲蛇。

【实验内容】

1. 大黄 表面黄棕色至红棕色，具类白色网纹，根茎顶部横切面，可见排成1～3环的“星点”(异常维管束)，并有部分散在，中下部横切面“星点”多排成一环或渐散在，而根的横切面不具“星点”，有放射状纹理。气香，味苦涩，嚼之黏牙，染唾液成黄色。

2. 何首乌 不规则块状，表面红棕色或红褐色，质坚体重，横切面黄棕色，显粉性，可见云锦状花纹(异常维管束)，中央木心明显。

3. 人参(生晒参、糖参、西洋参、高丽参)

(1) 人参：商品主要有野山参和圆参。圆参的规格主要有生晒参、红参、白参等。

野山参：主根粗短，多具 2 个分支，有的呈“人”形“短横体”，上端有细密而深陷的环纹“铁线纹”。芦(根茎)细长“雁脖芦”，几与主根等长，芦碗(茎痕)密集(堆花芦)，其下有 1～3 个下垂生长的不定根(艼)“枣核艼”。支根有许多细长的须根，可见疣状突起“珍珠须”。

生晒参：主根圆柱形，长 3～15cm，具疏浅断续的环纹，灰黄色，芦头上芦碗较少，须根上疣状突起不明显。横切面形成层环明显，散有棕色小点。味苦而回甜。

红参：全体红棕色，角质样，主根圆柱形或加工成长方形。

白参：类白色，表面可见点状针刺痕。味甘。

(2) 西洋参：主根呈长圆锥形、纺锤形或圆柱形。芦头多已除去，表面浅黄褐色或黄白色，有细密浅纵皱纹及横向环纹。主根中、下部可见一至数条侧根，多折断。气微而特异，味微苦而甘。

4. 黄连(味连、雅连、云连)　圆柱形，具结节状突起，部分节间较长而光滑，习称“过桥”，有时可见残存的须根或膜质鳞叶。断面木部黄色，髓部、皮部红棕色。味极苦。

味连：根茎多分枝集聚成簇，形如鸡爪。

雅连：根茎多单枝，较粗壮，“过桥”较长。

云连：根茎多单枝，细小，略弯曲，无“过桥”或“过桥”短。

5. 辛夷　毛笔头形。苞片外表面密被灰白色或淡黄白色有光泽的长茸毛，内表面无毛，棕紫色或棕褐色。除去花被，可见多数雄蕊和雌蕊，分离，螺旋状排列于伸长的花托上。

望春花花蕾：6 片花瓣，3 片小型萼片。

湖北木兰花蕾：花被片多为 12，同型。

玉兰花蕾：花被片 9，同型。

6. 五味子　不规则的球形或扁球形。表面红色、紫红色或暗红色，皱缩，显油润。果肉柔软，有的表面出现“白霜”。种子 1～2，肾形。果肉味酸；种子表面平滑，味辛，微苦。

7. 南五味子　粒较小。表面棕红色至暗棕色，干瘪，皱缩，果肉薄，紧贴种子上，种子表面不平滑。

8. 板蓝根　圆柱形，表面黄白色至棕黄色，根头略膨大，可见轮状排列的叶柄残基和虎状突起。断面皮部白色“玉栏”，木部黄色“金井”，较窄射线放射状排列“菊花心”。气微，味微甜而后苦涩。

9. 黄芪　圆柱形或上粗下细。表面灰黄色或黄白色，外皮脱落露出网状纹理。质较韧，断面纤维性，又显粉性，皮部黄白色“玉栏”，木部淡黄色“金井”，可见放射状纹理“菊花心”。气微，味微甜，并有豆腥味。

10. 番泻叶

(1) 狭叶番泻叶：叶片披针形至狭长披针形，叶端急尖或渐尖，中脉突出，叶基楔形，略不对称。黄绿色，有疏毛或光滑。叶片纸质。叶柄圆柱形，疏生柔

毛。气无，味苦而稍有黏性，

(2) 尖叶番泻叶：叶片略小，基部不对称。

11. 黄柏

(1) 黄柏：板片状，外表面黄棕色或黄褐色，栓皮较薄，没有弹性，内表面暗黄色。断面深黄色，裂片状分层，纤维性。味极苦，嚼之有黏性。

(2) 关黄柏：外表面黄绿色或淡黄棕色，残有栓皮；内表面黄棕色，断面鲜黄色或黄绿色。

12. 五倍子(角倍、肚倍) 按外形不同分“肚倍”和“角倍”。肚倍呈纺锤形囊状，被灰黄色柔毛，壁较厚。角倍呈菱角形，有不规则角状分枝，被灰白色柔毛，壁较薄。口尝味涩。

13. 沉香 多为进口品，呈不规则形，有刀劈痕。黄棕色，密布棕黑色或黑褐色的树脂条纹或斑痕。质致密而重，能沉于水或半沉于水。

火试：取少量药材燃烧可见冒浓烟，香气浓烈，并有黑色的油状物渗出。

14. 厚朴 干朴呈卷筒状或双卷筒状，近根部的干皮一端展开如喇叭口。外表粗糙，有明显的椭圆形皮孔，内表面较平滑，紫棕色，划之显油痕。质坚硬。断面外侧颗粒性，内侧纤维性，有时可见多数发亮的细小结晶(厚朴酚结晶)。气香，味苦，带麻辛辣感。根朴似鸡肠。枝朴皮薄呈单筒状，断面纤维性。

15. 肉桂 槽状或卷筒状，外表面有横向突起的皮孔，内表面红棕色，用指甲刻划可显油痕。断面外层颗粒性，内层油润，红棕色，中间有一条黄棕色的线纹(石细胞环带)。香气浓烈，味甜辣。根据采收加工方法不同，可分为桂通、企边桂、板桂、桂碎等。

16. 丁香(去油丁香、丁香) 呈研棒状，上部花冠近球形。下部萼筒呈圆柱形而稍扁，红棕色或暗棕色，表面有颗粒状突起，指甲刻划有油痕，萼筒先端 4 裂，裂片三角形肥厚，十字分开。花瓣 4 片，覆瓦状排列，内包多数雄蕊。质坚而重，入水则萼管垂直下沉。香气浓郁，味辣，后有微麻舌感。

水试：在烧杯中装入蒸馏水使水面至烧杯中部，取 5 粒丁香，放入水中，稍微搅拌，静止 5 min 后，可见花萼筒垂直向下，沉或半沉于水。另取提取过挥发油的去油丁香，同法放入水中，可见花萼筒漂浮在水面上。

17. 白芷(杭白芷、祁白芷)

(1) 祁白芷：长圆锥形，根头部圆柱形。表面有横向突起的唇形皮孔。断面白色，有粉性，环圆形，皮部可见棕色小点，木部占断面的 1/3。气香，味辛微苦。

(2) 杭白芷：皮孔约排成 4 行，环类方形，木部占断面的 1/4。

18. 薄荷 茎方形，单叶对生，多卷缩，完整叶深绿色，呈长圆形或卵形，稀被茸毛，有凹点状腺鳞，叶揉搓有特异清凉香气。

19. 黄芩 根圆锥形，扭曲，外皮多除去，表面棕黄色，断面黄色，味苦。

20. 地黄 纺锤形或椭圆形。断面有光泽，灰黑色或黑色，维管束不明显。口嚼粘牙，味甜微苦。

21. 红花 为不带子房的管状花，条形，长约 1.5 cm。红黄色或红色，全为筒状花，花冠先端 5 裂。聚药雄蕊，花药黄色。柱头露出花药，顶端 2 分叉，淡黄色。

水试：取烧杯加入少量水，放入少量红花，5 min 后可见水溶液被染成金红色。

22. 苍术 不规则连珠状或结节状圆柱形，表面灰棕色或棕褐色，断面黄白色，散有多数橙黄色或棕红色油点，习称"朱砂点"，暴露稍久，可析出白毛状结晶"起霜"或"吐脂"。香气特异，味微甘、辛、苦。

北苍术：呈疙瘩块状或结节状圆柱形，表面棕黑色，断面散有黄棕色油点，无毛状结晶析出。香气较淡，味辛、苦。

23. 海金沙 孢子呈颗粒状粉末，黄棕色，质轻，能浮于水面。火烧有爆鸣声并闪光，无渣。

水试：取烧杯加蒸馏水至中部，在水面上撒入少量海金沙，可见海金沙漂浮在水面上，将烧杯放在酒精灯上加热，可见随着温度的升高，海金沙逐渐沉入水底。

24. 蒲黄 细粉状，鲜黄色，易飞扬，手捻之有润滑感。含有花丝者，花丝呈黄棕色。

水试：取烧杯加蒸馏水至中部，在水面上撒入少量蒲黄，可见蒲黄漂浮在水面上，将烧杯放在酒精灯上加热，可见随着温度的升高，蒲黄仍然漂浮在水面上。

25. 青黛 为深蓝色细粉，体轻，易飞扬，能浮于水面。

火试：取少量青黛放在白纸上，点燃可见冒出紫红色烟雾。

26. 槟榔 扁球形或圆锥形，高 1.5～3.5 cm。表面淡黄棕色或淡红棕色，具稍凹下的网状沟纹，底部中心有珠孔，其旁有疤痕状种脐。质坚硬，断面可见棕色种皮与白色胚乳相间的大理石样花纹。

大腹皮：槟榔的果皮。呈椭圆形或长卵形瓢状，外果皮深棕色至近黑色，具不规则的纵皱纹及隆起的横纹。内果皮凹陷，光滑，呈硬壳状。质硬，纵向撕裂后可见中果皮纤维。果皮打松后又称大腹毛，外果皮多已脱落，中果皮棕毛状，内果皮硬壳状。

27. 川贝母

(1) 松贝：小圆锥形，高 3～8 mm，直径 3～9 mm，外层两鳞叶大小悬殊，紧密合抱"怀中抱月"，顶端闭合，基部平坦。表面白色，富粉性。

(2) 青贝：扁球形或圆锥形，直径 0.4～1.6 cm，高 0.4～1.4 cm，外层两鳞叶大小相近，相对合抱"观音合掌"，顶端开裂。

(3) 炉贝：长圆锥形，较大，直径 0.5～2.5 cm，外层两鳞叶大小相近，顶端长尖，开裂。表面具棕色斑点"虎皮斑"。

28. 西红花 弯曲的细线形，红棕色，长约 3 cm，柱头顶端具 3 裂齿。有特异香气。

水试：将少量西红花放入水中，可见柱头呈喇叭状，开口处波状，具细齿，内方有一裂缝，长1.5～2 cm，呈一条黄线下沉，水染成黄色。

29. 天麻 扁长椭圆形，一端有红棕色干枯芽苞(鹦哥嘴或红小辫)或茎基，另一端为圆形疤痕。表面环节上具凹陷圆点，半透明，断面角质样。

30. 鹿茸

(1) 花鹿茸：呈圆柱状分枝，具一个分枝者习称“二杠”，主枝习称“大挺”，长17～20 cm，圆柱形，顶端钝圆，离锯口约1 cm处分出侧枝，习称“门庄”；外皮红棕色或棕色，光润，密生红黄色或棕黄色细茸毛；锯口黄白色，外围无骨质，中部密布细孔；体轻。具两个分枝者习称“三岔”，主枝略呈弓形，微扁，枝端略尖，下部多有纵棱筋及突起疙瘩；皮红黄色，茸毛较稀而粗；锯口外围多已骨化。二茬茸与头茬茸相似，但挺长而不圆或下粗上细，下部有纵棱筋。皮灰黄色，茸毛较粗糙，锯口外围多已骨化。体较重。无腥气。

(2) 马鹿茸：较花鹿茸粗大，分枝较多，侧枝1个者习称“单门”，二个者习称“莲花”，三个者习称“三岔”，四个者习称“四岔”或更多。按产地分为“东马鹿茸”和“西马鹿茸”。

东马鹿茸“单门”大挺长25～27 cm，直径约3 cm，外皮灰黑色，茸毛灰褐色或灰黄色，锯口外面皮较厚，灰黑色，中部密布细孔，质嫩；“莲花”大挺长可达33 cm，下部有棱筋，锯口面蜂窝状小孔稍大；“三岔”皮色深，质较老；“四岔”茸毛粗而稀，大挺下部具棱筋及疙瘩，分枝顶端多无毛，习称“捻头”。

西马鹿茸大挺多不圆，长30～100 cm。表面有棱，多抽缩干瘪，分枝较长而弯曲，茸毛粗长，灰色或黑灰色。锯口色较深，常见骨质。气腥臭，味咸。

31. 僵蚕 圆柱形，多弯曲皱缩。表面灰黄色，被白色粉霜。头部较圆，黄棕色，体节明显，体腹有足8对，尾部略呈二叉分枝状。质硬而脆，易折断，断面平坦，外层白色，中间有亮棕色或亮黑色呈角质状的丝腺环4个(胶口镜面)。

32. 蕲蛇 圆盘状，盘径17～34 cm，体长可达2 m。头在中间稍向上，呈三角形而扁平，吻端向上，习称“翘鼻头”。上腭有管状毒牙，中空尖锐。背部有17～25个“方胜纹”。腹部撑开或不撑开，灰白色，鳞片较大，有黑色类圆形斑点，习称“连珠斑”，腹内壁黄白色，脊椎骨的棘突较高，呈刀片状上突，前后椎体下突多为弯刀状，向后倾斜，尖端明显超过椎体后隆面。尾部骤细，末端有长三角形角质鳞片1枚，习称“佛指甲”。

【作业】

1. 解释生药性状鉴定的方法？
2. 写出常见生药(10种)性状鉴定时“看”所描述的常见鉴定术语？
3. 写出生药性状鉴定中水试、火试鉴定的含义？

实验三　显微鉴定(一)

(显微制片方法及显微特征鉴定)

【目的要求】

1. 掌握显微制片方法。

2. 掌握常用细胞壁及细胞内含物的鉴定方法。

【仪器、试剂、材料】

1. 仪器　生物显微镜、镊子、解剖针、载玻片、盖玻片、试管、烧杯、滑走式切片机。

2. 试剂　乙醇、石蜡、甘油、乙酸、盐酸、硫酸、硝酸、水合氯醛、氢氧化钾、硝铬酸、氯酸钾、浓硝酸、番红染色液、固绿染色液、加拿大树胶、F. A. A固定液、二甲苯、间苯三酚试液、钌红试液、苏丹Ⅲ试液、碘试液。

3. 药材　大黄、肉桂、山药、黄柏、桔梗、穿心莲；新鲜叶材料、新鲜幼茎材料。

【实验内容】

利用显微镜对生药及成方制剂中药材的组织、细胞或内含物等特征进行鉴别的一种方法，是生药鉴别的重要手段之一。适用于性状鉴定不易识别的生药，性状相似不易区别的多来源生药、破碎生药、粉末生药以及用粉末生药制成的丸、散、锭、丹等中药成方制剂的鉴定。进行显微鉴定，首先要根据观察的对象和目的，选择具有代表性的生药，制作不同的显微制片。

一、常见的封藏剂

1. 水合氯醛溶液　常用透明剂，具有三大特点：①能使皱缩的细胞壁复原。②能溶解细胞内有颜色的成分，如色素、蛋白质、多糖、树脂等，使细胞组织变得清晰透明。③能溶解细胞间质，使细胞分离，更有利于观察。直接装片不加热可以观察聚糖、橙皮苷等结晶。

2. 稀甘油　一般封藏剂，可形成良好的透光条件，具有保湿作用，可用于观察户分离、菌丝、水合氯醛透化后滴加，具有保湿和防止水合氯醛析出结晶的作用。

3. 甘油乙酸溶液 (斯氏液)　观察淀粉类或测量其大小时可用。

4. 乙醇　观察聚糖时可用。

5. 蒸馏水　观察淀粉类时可用。

二、常见的制片方法

(一) 粉末制片法

用于粉末状生药及中成药的显微鉴别，是生药鉴别最常用方法之一，一般用于临时观察。

1. 蒸馏水(或斯氏液)装片法 用于观察淀粉粒。取粉末适量，置载玻片中央，然后滴加蒸馏水(或斯氏液)1～2 滴。用解剖针拌匀，盖上盖玻片，用吸水纸吸去多余的试液，即得。

2. 水合氯醛透化法 取适量粉末置载玻片上，滴加水合氯醛液 1～2 滴，置酒精灯上加热，待液体渗入粉末内部，渐成透明状(透化)，试液因加热而渐渐挥干，再滴加水合氯醛液 1～2 滴，加热，透化，防止沸腾。然后滴加稀甘油 1～2 滴，用解剖针将粉末混匀，盖上盖玻片，用吸水纸吸去多余的试液，即得。

(二) 表面制片法

适用于观察叶片、花萼、花瓣、草质茎等表皮的显微特征。

1. 材料的预处理 干材料可用冷水浸泡，如急用，可用温水浸泡，亦可煮沸，加速软化和恢复原样。鲜材料洗净即可。

2. 撕取方法 取材料用刀片在表面轻轻浅划一刀，再用镊子从切口处撕取表皮，将表皮外表面向上置于载玻片上，以稀甘油装片即可观察。或用镊子将细小的叶脉挑起，顺着叶脉而起的表皮，可用刀片划开。

3. 削取方法 用于表皮不易与其他组织分离的材料。用徒手切片的方法，使刀片与材料表面平行削取表皮，带 1～2 层表皮下组织亦可。如材料颜色过深，则应用水合氯醛液透化后再用稀甘油装片即可，或直接加稀甘油装片。

4. 整体封藏法 用于扁平而薄又难撕取表皮的材料。如花瓣、花粉、孢子等。既可用于观察表皮，亦可用于观察叶肉组织等。将材料切成 2～5 mm 的小方块，一正一反置载玻片上，用水合氯醛液透化后，加稀甘油 1～2 滴，盖上盖玻片，用吸水纸吸去多余的试液，即得。花粉、孢子等可用水合氯醛液直接透化后制成临时标本片。

(三) 解离组织制片法

利用化学试剂使组织中各细胞间的胞间层溶解而使细胞互相分离的一种制片方法。主要观察纤维、石细胞、导管及管胞的完整形态及主体形状。

预处理：先将材料切成边长约 2 mm 的立方体或条状，然后再添加各种解离试剂，依所用的化学试剂不同可分为 4 种，即氢氧化钾法、硝铬酸法、氯酸钾法、浓硝酸法。木化程度较高的生药，可采用硝铬酸法、氯酸钾法与浓硝酸法；木化程度较低、薄壁细胞占大部分的生药，可采用氢氧化钾法。具体方法如下：

1. 氢氧化钾法 用于软或稍硬的材料，也适于薄壁组织多、木化程度低的生药。将约 2 mm 的长条状、细块状材料置小烧杯或表面皿中，加 5%氢氧化钾试液适量，以淹没材料为度，置沸水浴中加热至用玻棒轻压材料能离散，材料较软呈透明状(一般需 10～20 min)，小心倾去碱液。用滴管吸入蒸馏水或清水冲洗干净，取少许材料于载玻片上，用解剖针尽量撕开离散，滴加稀甘油 1～2 滴，装片镜检。

2. 硝铬酸法 适于木化组织较多或较硬的材料。将处理好的材料放入烧杯中或表面皿中，加入10%硝酸与10%铬酸等量混合液，以淹没材料为度，室温放置或稍加热至材料用玻棒轻压即散为止，倾去酸液，小心用清水冲洗干净，取少许材料于载玻片上，用解剖针离散材料，滴加稀甘油1～2滴，轻放盖玻片，即得。

3. 氯酸钾法　将处理好的材料置于小烧杯或试管中，加50%(*V*/*V*)硝酸适量投入量氯酸钾粉，并在火焰上或沸腾水浴中加热，待产生的气泡平息后，再及时投入少量氯酸钾，以维持气泡稳定发生，时间为5～15 min，应根据材料的硬度和木化程度而定。再用玻棒挤压材料能离散为止。注意，每次投入的氯酸钾不可过多，温度不宜太高。否则产生大量气泡溢出杯外，在加热过程中，还能产生有毒的氯气。

4. 浓硝酸法　将材料置于装有1～2 ml浓硝酸小试管中，在酒精灯上加热至微沸，见材料上下翻腾，起泡即可。稍冷后用水洗涤。洗涤后即可取材料封片检查。注意安全或在通风处进行，因浓硝酸沸腾时会冒出大量黄色的有毒烟雾。

(四) 徒手切片法

利用刀片或徒手切片器固定材料直接切片。该法简单易行，快速，能保持植物体原有结构和内含物，能及时得到观察结果，用途很广，适合于临时观察或显微化学实验，是生药显微鉴定的一项基本技能，缺点是不适合长期保存。

1. 材料预处理　将新鲜的材料或已软化的材料，选择适当部位，置于小烧杯中可直接加水浸泡，或酒精灯上加热煮软，一般沸腾后20～30 min。也可以将材料放入玻璃干燥器中，放入含0.5%苯酚的水，密封，一般药材在12～24 h后均可吸湿软化，以供切片用。新鲜材料两端削平，切成宽不超过1 cm，长不超过3 cm为宜。切成长2～5 cm的小段，切面削平。

2. 切片　左手拇指及食指夹住材料，中指略抵住药材，右手持刀，刀口向内，自左向右沿平面切片。注意切片要保持平整，刀口轻轻压住材料，切时要用臂力而不用腕力。亦可视材料不同，将较小的种子、果实类，较细的根类药材两端置载玻片，以左手拇食二指轻轻按住，右手持刀片自上而下切薄片。

3. 选片　毛笔轻轻将刀片上的切片移入盛有水的培养皿中，选取较薄的切片(常浮在水面上)置载玻片。

4. 透化　切片上滴加1～2滴水合氯醛试液，于酒精灯上加热，微沸后离开火焰，冷后再加热，当水合氯醛液明显减少时，及时补充后再加热，直至切片透明。

5. 封片　加1～2滴稀甘油，用镊子夹洁净的盖玻片，从左至右沿液面轻轻放下，防止气泡的产生，多余的液体用吸水纸吸去，不要去擦拭盖玻片，保持盖玻片和载玻片的干净，以保证能清晰观察显微特征。

(五) 机械切片法

1. 滑走切片法　利用滑走切片机切片的一种简单的机械操作。适用于较硬的材料，材料不需要经过特殊的处理。

(1) 软化材料：60℃以下水浸泡1～2日，或用温水浸泡用软化1～2 h；如为鲜材料则不用软化，材料切成长 2～3 cm，两端务必切平。

(2) 切片：调整切片刀，刀口与材料切面平行，将处理好的材料固定在推进器上的夹子中，其高出约 0.5 cm，在刻度盘上调节好需要切片的厚度(10～20 μm)，然后在夹刀器上安装切片刀，调整刀锋与材料切面以及刀口 0.5～1 mm，即可切片。左手用笔蘸水加在材料切面上，右手牵动切片刀夹，使刀口由前向后移动切片，左手用毛笔将切片刀上的切片轻轻刷下，在清水的培养皿中，然后将刀推回。反复操作，挑选较薄而完整的切片，供临床观察用的薄片的透化、封藏同徒手切片法。供作永久切片的，则作染色处理。

(3) 脱水及染色

1) 将完整的切片置清洁的载玻片上，加 30%乙醇 1～2 滴，片刻后倾去，再加 50%乙醇 1～2 滴置 1 min 倾去，再加番红染色液 1～2 滴，放置 2～3min。

2) 倾去番红染色液，加 50%乙醇，继续以 70%、80%、85 %、90%、95%等浓度乙醇脱水，各 1～2 min。每次倾去乙醇后，应将玻片四周的液体擦干，再一次加入浓度较高的乙醇。

3) 固绿染色液 1～2 滴，约 1 min。如上法加无水乙醇 2～3 次，倾之后，再加 1/2 二甲苯与 1/2 无水乙醇，2/3 二甲苯与 1/3 无水乙醇，纯二甲苯，到纯二甲苯如有浑浊，须退回 95%酒精再脱水透明，直至切片透明清晰为止。

(4) 封片：在切片上滴加 1 滴加拿大树胶于材料上，用镊子夹住盖玻片在酒精灯火焰上通过，以去除水分，然后小心夹住盖玻片轻盖在切片上。

(5) 贴标签：载玻片的左边贴上标签，写上中文名、学名、日期等。

2. 石蜡切片法 石蜡切片法是利用石蜡能渗透到药材组织内部，以石蜡作材料的填充剂和包埋剂，然后用切片机切片的方法。许多材料如根茎、根、皮以及叶、花、果实、种子等均可作石蜡切片。此法适用于教学用片及研究工作，一般材料切成 8～20 μm，所制作的切片可以长期保存。石蜡切片步骤较多，操作精细。前后需 1～4 周时间，其基本操作步骤为：

取材→固定→冲洗→脱水→透明→浸蜡及包埋→切片→粘片→脱蜡→染色→透明→封藏。

(1) 取材：选择有代表性的材料，用毛笔小心地洗净，干材料需用水浸泡使其恢复原状，如为坚硬的材料尚需软化处理(方法同徒手切片法)，用刀切割，材料大小一般为 0.5～1 cm^3，端面切平。

(2) 固定：将准备好的新鲜材料或材料片块，投入固定液甲醛-冰乙酸-乙醇(F. A. A)中，浸泡 12～24 h。

附：F.A.A 固定液基本配方：50%或 70%乙醇 90 ml，冰乙酸 5 ml，甲醛 5 ml。

(3) 冲洗：洗涤剂一般用水或与固定剂中相近浓度的乙醇，将材料冲洗干净。一般需冲洗 10～24 h，多次更换冲洗液。一般用 50%乙醇洗涤 3～4 次或更多。

(4) 脱水：将新鲜材料浸于各级不同浓度的乙醇中，以逐渐除去水分，使透明剂易渗入组织中。因用 50%乙醇制固定液，脱水用各级乙醇浓度为：

60%～70%～80%～95%～无水乙醇～无水乙醇，乙醇用量为材料的 2～3 倍，在 70%～95%各级乙醇中，柔软材料为 1～2 h，过于坚硬的材料 3～4 h，无水乙醇中需 2 次，每次 1 h，以利于将水脱净，若脱水不彻底，石蜡不能溶入组织中，从而使制片失败。

(5) 透明：用二甲苯作为透明剂，以使材料透明，便于浸蜡。常见的透明剂为二甲苯，在透明过程中，为防止材料收缩变脆，应由低浓度到高浓度分级进行，一般用：1/3 二甲苯+2/3 纯乙醇→1/2 二甲苯+1/2 纯乙醇→2/3 二甲苯+1/3 纯乙醇→纯二甲苯→纯二甲苯。材料经各级溶剂的时间一般为约 30 min。如材料尚未完全透明，则必须重新透明；材料完全透明时，细胞内均匀充满二甲苯，即可浸蜡。

(6) 浸蜡：使石蜡慢慢溶于材料中，然后以石蜡代替透明剂而进入组织内，其过程如下：3/4 二甲苯+1/4 石蜡(2～3 h)→1/2 二甲苯+1/2 石蜡(2～3 h)→1/4 二甲苯+ 3/4 石蜡(2～3 h)→纯石蜡(2～3 次)，每次 2～4 h。

(7) 包埋：种子类和叶类生药，可将熔化的石蜡连同透蜡后的材料一并倾入纸盒，然后用烧热的镊子将材料排好，注意材料的切面及间距。慢慢放入冷水中，使其凝固。其他的生药，可将熔化的石蜡倾入折好的纸盒中，在纸盒底层石蜡稍凝固时，将材料放入纸盒内，以烧热的镊子赶去材料周围的气泡，将纸盒半浸入冷水中，待石蜡表面凝结后，全部浸入冷水中，即成蜡块，供切片用。

(8) 切片：将包埋有材料的蜡块切成适当大小(1 cm)，黏固于小木块上，并将石蜡碎屑熔粘于石蜡块四周，使石蜡块牢固地粘在固着装置上。切片时，将材料固定，装好切片刀，调整材料固着器，使材料平面与切片刀口平行，材料纵轴与刀口平直，否则切片不正，移动夹刀使石蜡块表面刚贴近刀口，旋紧固定器，再调整厚度测微计使所指刻度为所要厚度。然后转动切片机进行切片，通常切成 10～15 μm 厚薄的蜡带。切出的薄片需在显微镜下检查方向是否正确，常以导管为基准检查。

(9) 粘片：在洁净的载玻片上涂一小滴粘贴剂(1%甘油明胶溶液)，涂匀，将蜡片放在液面上，置于烫片台上(50℃)，将蜡片完全伸直后用解剖刀将材料在载玻片上的位置放好，倾去多余的液体，待其干燥后放于 30℃温箱中 1 天。切片一般竖放，放于切片篮中，烘片。

(10) 脱蜡：将粘有蜡片的玻片浸于纯二甲苯中，10～15 min，使材料组织中浸入的石蜡全部溶去，以便染色。

(11) 染色：常用番红和固绿二重染色法。染色结果是木质化细胞壁染成红色，纤维素细胞壁染成绿色。操作过程如下：1/2 二甲苯+1/2 纯乙醇→纯乙醇→95%→80%→70%→60%乙醇(每级 1～2 min) →番红溶液(2～24 h) →50%→60%→70%→80%→95%乙醇(每级 2 min)→固绿溶液(1 min)，取出，擦净残留液体，检查木化组织是否为红色，薄壁组织是否染成绿色→95%乙醇→纯乙醇(30 s) →纯乙醇(1～2 min)→1/2 纯乙醇+1/2 二甲苯(3 min)→二甲苯(3 min)→二甲苯(5～30 min)→封片。如发现溶液或切片出现乳浊现象，说明脱水不完全，应重新脱水。

(12) 封片：将玻片擦净残留液，滴加 1～2 滴加拿大树胶于材料上，用镊子夹住盖玻片在酒精灯焰上通过，然后沿液面轻轻放下，须防止盖入气泡，置平面薄片盒内，自然干燥或恒温箱中干燥 2～4 h，取出玻片，写上中文名和学名，在左边贴上标签，即成永久制片或石蜡制片。

注意：切片时，常见切片上有条纹、切片不能连接成蜡带或蜡带弯曲不直等，主要原因是刀片固定不紧或不正，刀口不锋利有缺口。如标本不完整，可能是浸蜡不透，或浸二甲苯溶液内时间过长使组织变脆变硬。如出现染色不正，主要原因是脱水不好或染色后分色不干净。如切片出现起白雾状，看不清标本结构，主要原因是最后脱水不净或封片不严。总之，要根据情况分析，解决永久切片中出现的问题。

三、显微化学试验

(一) 细胞壁性质的检定

1. 木栓化或角质化细胞壁：加苏丹Ⅲ试液，稍置或微热，显橘红色至红色。取一新鲜根作徒手切片，加苏丹Ⅲ试液，盖上盖玻片后镜检，木栓化细胞壁显橘红色、红色或紫红色。另取一新鲜叶横切面薄片，置载玻片上，加苏丹Ⅲ试液，稍加热，盖上盖玻片后镜检，角质化细胞壁显红色。

2. 木质化细胞壁：加间苯三酚试液 1～2 滴，再滴加盐酸 1 滴，因木化程度不同，显红色或紫红色。有时需稍加热。取一新鲜块根，徒手切片置载玻片上，加间苯三酚试液 1～2 滴，酒精灯上稍加热，滴加浓盐酸 1～2 滴，盖上盖玻片镜检，木质化的细胞壁显红色。

3. 纤维素细胞壁：加氯化锌碘试液，或先加碘试液湿润后，稍放置，再加硫酸溶液，显蓝色或紫色。取一新鲜块根作徒手切片置载玻片上，加氯化锌碘试液 1～2 滴，或先加碘试液稍湿润，用吸水纸吸去多余碘液，再加 66%硫酸试液 1 滴，盖上盖玻片镜检，可见纤维素细胞壁显蓝色反应。

4. 黏液化细胞壁：加钌红试液，显红色。取一莱菔子切成薄片置载玻片上，加钌红试液，盖上盖玻片后镜检，黏液化细胞壁可染成红色。

5. 硅质化细胞壁：多存在于表皮组织内。加硫酸无变化。

(二) 细胞内含物的检定

1. 淀粉粒：加碘试液显蓝色或紫色。如用甘油乙酸试液装片置偏光显微镜下观察，未糊化的淀粉粒显偏光现象，已糊化的淀粉粒无偏光现象。取贝母粉末，用碘试液装片，镜检，淀粉粒显蓝色。

2. 糊粉粒：加碘试液，显棕色或黄棕色。加硝酸汞试液，显砖红色。取种子胚乳，切成薄片，用碘试液装片，镜检，糊粉粒显黄棕色或棕色。

3. 脂肪油、挥发油或树脂：加苏丹Ⅲ试液显橘红色、红色或紫红色。

4. 菊糖：多溶于水，观察时宜用 70%乙醇或水合氯醛试液冷处理材料后，方可析出菊糖结晶。加 10% α-萘酚乙醇溶液，再加硫酸，显紫红色并很快溶解。取桔梗根做徒手切片，加 10 % α-萘酚的乙醇试液 1 滴，硫酸 1 滴，稍加热，菊糖显紫色并很快溶解。

5. 黏液：加钌红试液，显红色。取黄柏粉末置载玻片上，加钌红试液，盖上盖玻片后镜检，黏液细胞壁可染成红色。

6. 草酸钙结晶：加稀乙酸不溶解，加稀盐酸溶解而无气泡发生。加硫酸溶液(1→2)，逐渐溶解，片刻后，析出针状硫酸钙结晶。取大黄粉末，用稀乙酸装片，镜检，可见草酸钙簇晶不溶解；用稀盐酸装片，草酸钙簇晶溶解，不产生气泡。用 30%硫酸液装片，镜检，可见草酸钙簇晶逐渐溶解，片刻后，析出硫酸钙针晶。

7. 碳酸钙结晶(钟乳体)：加稀盐酸溶解，同时有气泡发生。取穿心莲等作表面制片，用稀乙酸试液装片，镜检，可见钟乳体逐渐溶解，同时产生大量气泡溢出。用硫酸液装片，镜检，可见钟乳体亦溶解，产生大量气泡，并析出硫酸钙针晶。

8. 硅酸盐结晶：加硫酸不溶解，加氢氟酸则溶解。使用氢氟酸时，应注意保护物镜。

【作业】

1. 常用显微鉴定的试剂有哪些？在生药鉴定时如何使用？

2. 记录实验观察的内容及结果。

实验四　显微鉴定(二)

(显微测量及显微描绘技术与显微绘图)

【目的要求】

1. 掌握显微测量的技术与方法。

2. 掌握绘图技术与方法。

【仪器、试剂、材料】

1. 仪器　生物显微镜、镊子、解剖针、载玻片、盖玻片、试管、烧杯、单(双)面刀片、目镜测微尺、载台测微尺、显微描绘器、绘图板、恒温水浴、量筒。

2. 试剂　水合氯醛、稀甘油、蒸馏水。

3. 材料　大黄粉末、肉桂粉末、牡丹皮横切面永久切片。

【实验内容】

一、显微测量

使用标定的显微量尺，在显微镜下测量显微目的物的大小(以μm 为计量单位)，称为显微测量。显微测量尺是用来测量显微镜下所观察物体的大小和树木的测量工具。显微测量尺有镜台量尺和目镜量尺两部分组成。

1. 镜台量尺　简称镜台微尺或台尺，它的外形和载玻片相似细的标尺，标尺全长 1 mm，精确分成 10 大格，每一大格分成 10 小格，共 100 小格，每一格的长度是 0.01 mm，即 10 μm。标尺的外围有一个小圆环，便于在显微镜下寻找标尺的位置。标尺上面往往覆有一个圆形的盖玻片以资保护(图 1-1)。

镜台测微尺是显微长度测量的标准，不受目镜和物镜倍率的影响，不能直接用来测量物体的长度和大小，而是用来校正目镜测微尺的，没有它就无法测量物体的真实长度。

2. 目镜量尺 简称目镜微尺或目尺，它是放在目镜内的标尺玻片，是一个圆形的小玻片，形状与圆形盖玻片相似而较厚，玻片的中央部分印有标尺，标尺长度通常是 1 cm，精确地分为 100 小格(每一格的长度是 10 μm)(图 1-1)。目镜量尺是用于直接测量物体的，对不同的显微镜或目镜筒其每一小格的长度未知，因此必须用镜台量尺来校正，确定目镜量尺在不同条件下，每一小格的实际长度。

3. 目镜量尺的校正 把目镜尺装入目镜筒内，将镜台量尺安放在载物台上，转动目镜，使镜台量尺和目镜量尺相互平行，调整镜台量尺，使两量尺一端的刻度线相互重叠，找出两量尺在另一端的重叠刻度线，分别极限两个量尺在两条重叠线之间的小格数，按照下列公式计算：

$$\text{目镜量尺每 1 小格的实际长度}=\frac{\text{镜台量尺格数}\times 10\ \mu\text{m}}{\text{目镜量尺的格数}}$$

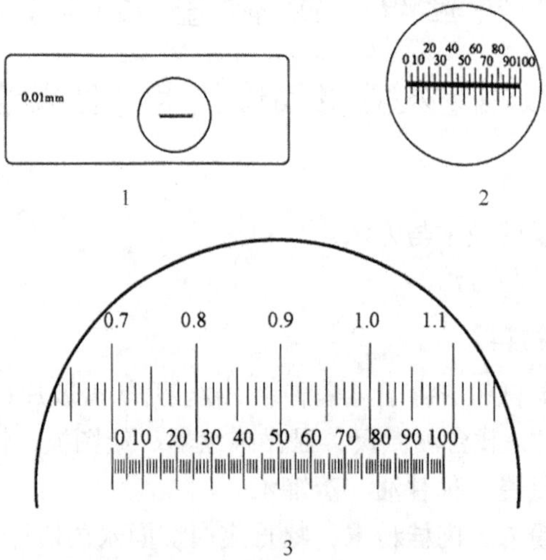

图 1-1 显微测量尺

1. 镜台量尺 2. 目镜量尺 3. 目镜量尺标定

方法：拧开目镜的上透镜，将目镜测微尺的标尺正面向上，把目尺轻轻放在目镜中部的隔板上，拧上透镜，放回原镜筒，必要时转动目镜上透镜至标尺清楚为止。再将台尺放在载物台上，用低倍物镜找到台微尺的刻度，并准确地调整焦距，至能同时看清目尺和台尺的刻度，转动目镜使两种标尺刻度互相平行，移动台尺使位于目尺的稍下方，并使两种标尺的一端刻线互相对齐并重叠，再寻找两标尺上两个较远的完全重合的刻线(进行比较的距离越长越准确，如图 1-1 所示。记下重合两线间各尺具有的小格数目。然后计算目尺每一小格所代表实际长度的数值为多少。如果使用的是目尺目镜，就只要使两种标尺的一端刻线互相对齐并重叠，再寻找两标尺上两个较远的完全重合的刻线，记下小格数目，然后计算即可。

目镜测微尺每小格的实际长度(μm)/小格=台尺格数/目尺格数×10 μm/小格

例如：用 10×目镜和 10×物镜，测得台微尺的小格数为 100 小格，目尺与台尺最远的重合的小格数为 86 小格，目镜测微尺在低倍镜下每小格为：100÷86×10 μm =11.6 μm。用 40×物镜，10×目镜，此时由于放大倍数增加，视场缩小，只能看到台尺的一部分，测得目微尺 83 小格与台微尺 45 小格相重合，则目微尺每一小格所代表的长度为：45÷83×10 μm = 5.4 μm。一般需测试 3 次，取其平均值。如物镜与目镜的放大倍数改变，目镜测微尺每小格的实际长度也会改变，应重新校正。

4. 显微特征的测量 取下载台量尺，将标本片置于载物台上，于显微镜下用已校正的目镜测微尺测量其长度或直径，清晰观察到目的显微特征后，用目尺测量目的物的长度或直径有多少格数，然后按以下公式计算即可。

物体的大小(μm)=目镜测微尺每小格的实际长度(μm/小格)×小格数

注意：较小的显微特征常在高倍镜下测量，较长的物体则用低倍镜测量较好，不同的倍率下目镜测微尺每小格的实际长度是不同的。

二、显微描绘技术与显微绘图

1. 徒手绘图法 指用手按照实物或显微镜内的观察物，直接作图的方法。徒手绘图多用铅笔绘图，因此也可称为铅笔绘图法。徒手绘图的步骤：

(1) 选择最典型的标本或结构。

(2) 仔细观察各部位的形状和结构及其间的比例关系和较明显的立体结构。

(3) 用较淡的铅笔(2H 或 H)，按照实物或显微图像的比例关系和立体投影画轮廓草图，经反复对照修改后，再用较浓的铅笔(HB 或 2H)绘出修改图。

(4) 画引线，注字。

2. 显微描绘法 显微描绘法是指使用显微描绘器进行描图的一种方法。该方法的主要优点是，图像的真实性强，比例正确。描绘器型式多种，常见有阿贝(Abbe′s)描绘器、无柄棱铰描绘器、目镜描绘器和横管式描绘器。

显微描绘器的构造和原理：描绘器一般均由 2 个棱镜和一个反射镜或一个反射棱镜构成，上附有固定螺丝和滤光片等。其原理是，利用描绘器内的两个棱镜和一个反射镜(反射棱镜)，将显微镜内的物像和绘图板上的铅笔尖物像同时反射到眼内。因此，在观察显微镜时，就可用铅笔尖的物像将反射到绘图纸上的显微镜物像描绘下来。

3. 墨线绘图法 系有特制的绘图小蘸笔，蘸墨汁在透明硫酸纸上画墨线图的一种方法。由于书籍或论文上的附图需制版后铅印，不能用铅笔图，必须用墨线图，故墨线图实际上就是将铅笔图用黑线描绘，增加线条的反差度，有利印刷清楚。画墨线图的要求，基本上与铅笔图相同，但对画线条和打点的要求更高。若有个别线条画错，可先用锐利刀片轻轻刮净线条，再用橡皮将纸面擦至光滑或用指甲磨光后重画。画墨线图的具体步骤：

(1) 用铅笔在白纸上画好草图。

(2) 在玻璃板上(或下有白灯光的毛玻璃台上)将草图压在硫酸纸下，用蘸笔复绘草图。

(3) 打点衬托立体感，一定要去掉下面草图后，在玻璃板上直接打点。打点要求细小，均匀，不要重叠。

(4) 画引线，注字。

4. 显微组织简图的画法和有关代表符号 显微组织简图是显微构造的各种组织位置和比例关系，用国际通用的代表符号，画成较简明的组织构造图，使能清楚地了解该器官组织的全貌。画法用墨线图或铅笔图。常用的各组织和细胞内含物的代表符号见图 1-2 显微组织简图常用代表符号。

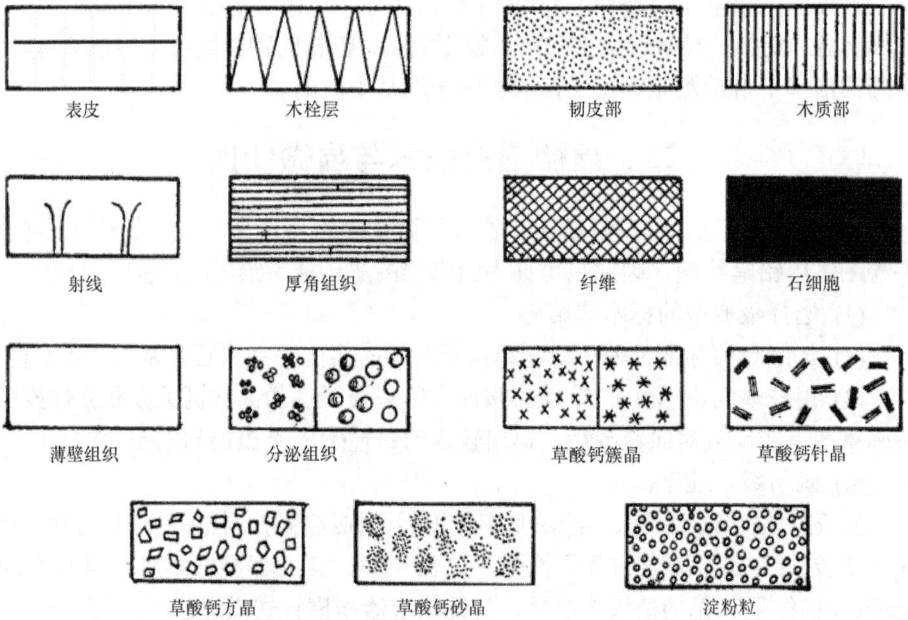

图 1-2 显微组织简图常用代表符号

5. 生药显微绘图的注意事项

(1) 一切结构均由线条来表示。线条要求粗细均匀，圆滑，明暗一致。

(2) 所有结构线条不能用尺或其他圆规或曲线板等工具代画，必须徒手作图，以表示生物的自然形态。

(3) 显示立体结构可用透视线来表示。对球形、圆柱体或圆锥体的立体结构可用小圆点衬托明暗光线的方式，而不可用任何涂影来表示。点要小而圆，由密到稀逐步过渡。

(4) 各部位应先画出引线再注字。引线可用直尺画实线或虚线来表示。并要求细直、均匀不交叉，以免误指。图中的结构名称，可直接用文字写明，也可用数码代注，再在图下集中说明。注字书写要求清楚、端正，图下需注明标本的名称、部分和放大倍数。

【作业】

1. 计算目尺在低倍镜和高倍镜下每小格所代表的长度。

2. 测量一生药 5 个油室(导管或细胞)的长度或直径。

3. 徒手绘制丹皮横切面部分组织详图。

实验五　理化鉴定(一)

(生药水分及灰分测定)

【目的要求】

1. 熟悉生药水分及灰分测定方法。

2. 掌握生药丹参水分测定和大黄灰分测定方法。

【仪器、试剂、材料】

1. 仪器　电热恒温干燥箱、扁形称量瓶、托盘天平、分析天平、干燥器、变色硅胶、标准筛、马弗炉、坩埚、表面皿、无灰滤纸、水分测定装置、电热套。

2. 试剂　10%硝酸铵溶液、稀盐酸、甲苯、亚甲蓝。

3. 材料　丹参粉末、薄荷粉末、大黄粉末。

【实验内容】

一、丹参水分测定(烘干法)

本法适用于不含或少含挥发性成分的生药。

1. 测定原理供试品在 100～105℃下连续干燥，挥发尽其中的水分，根据减失的重量，即可计算出供试品中的含水量(%)。

2. 测定方法取丹参供试品 5 g，平铺于干燥恒重的扁形称量瓶中，厚度不超 5 mm，精密称定重量(W_1)，求出供试品重量(W_S)，打开瓶盖，置恒温干燥箱中，于 100～105℃干燥 5 h，将瓶盖盖好，移至干燥器中，冷却 30 min，精密称定重量，再在上述温度下干燥 1 h，冷却，称重至连续两次称重的差异不超过 5 mg 为止(W_2)。

3. 记录与计算记录每次称重数据，按下式计算水分含量：

$$水分含量(\%)=\frac{W_1-W_2}{W_s}$$

式中，W_1为测试前供试品和称量瓶重量，单位：g；W_2为干燥后供试品和称量瓶重量，单位：g；W_s为供试品重量，单位：g。

4. 结果判断将计算结果与药品标准的含水量限度比较，若低于或等于限度则符合规定，若高于限度则不符合规定。

5. 注意事项

(1) 测定前，称量瓶应清洗干净，干燥至恒重(连续两次干燥后的重量差异在0.3mg 以下)。

(2) 使用厚纸条移动称量瓶，不得徒手操作。

(3) 称量瓶的盖子应与瓶体随行操作。

(4) 供试品干燥时，应将称量瓶置于干燥箱温度计水银球附近。

(5) 观察干燥箱内情况时，只能打开外层箱门，不得打开内层玻璃门。

(6) 干燥箱工作时，实验人员不得离去，应随时监控温度的变化情况，以免温度过高，烧毁供试品或引起其他事故。

二、薄荷水分测定(甲苯法)

1. 甲苯的制备 取甲苯 250 ml；加少量蒸馏水，充分振摇后，放置分层，弃去水层，将甲苯蒸馏后备用。

2. 测定 取样品适量(约相当于含水量 1～4 ml)。精确称定(准确至 0.01 g)置A 瓶中，加甲苯约 200 ml，必要时加入干燥、洁净的无釉小瓷片或玻璃珠数粒，将仪器各部分连接如图 1-3，自冷凝顶端加入甲苯至充满 B管的狭细部分。将 A 瓶置电热套中或用其他方法缓缓加热，待甲苯开始沸腾时，调节温度，使每秒馏出 2 滴，待水分完全馏出，即测定管刻度部分的水量不再增加时，将冷凝管内部先用甲苯冲洗，再用饱蘸甲苯的长刷或其他适宜的方法把管壁上的甲苯推下，继续蒸馏 5 min，放冷至室温，拆卸装置，待水分与甲苯完全分离(可加亚甲蓝粉少量，使水染成蓝色)。检读水量，并换算成样品中含有水分的百分数。

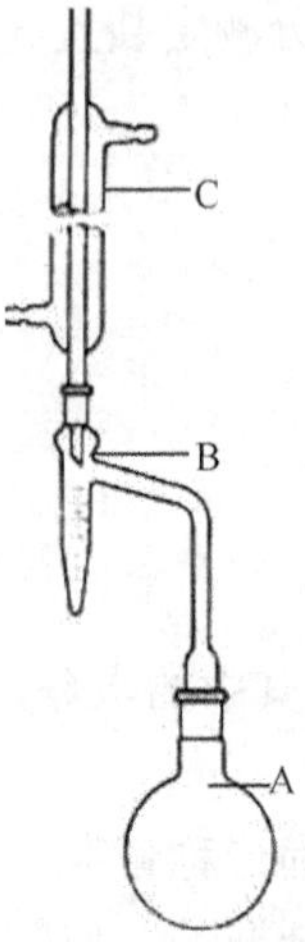

图 1-3 水分测定装置

A. 圆底烧瓶 B. 水分测定管 C. 冷凝管

生药中水分含量(%)= 水分量(ml)/样品重量(g)×100%

三、大黄灰分测定

1. 总灰分测定法

(1) 测定原理：供试品在 500～600 ℃高温炽灼，使其中有机物质完全分解逸出，而无机成分生成灰分残渣，根据残渣重量，即可计算出供试品中的总灰分的含量。

(2) 操作方法：取供试品 3～5 g，置炽灼至恒重的坩埚中，称定重量 W(准确至 0. 01 g)，缓缓炽热，注意避免燃烧，至完全炭化时，逐渐升高温度至 500～600℃，使完全灰化并至恒重。继续炽灼 30 min，称定灰分重量 W_1。

(3) 记录与计算：记录称量数据。按下式计算总灰分含量：

$$总灰分含量(\%)= W_1 / W\times 100$$

式中，W 为炽灼前供试品的重量，单位：g；W_1 为炽灼后供试品的重量，单位：g。

(4) 结果判断：将计算结果与药品标准进行比较，低于或等于限度(≤10.0%)，符合规定；高于限度的，则不符合规定。

2. 酸不溶性灰分测定

(1) 测定原理：供试品在 500～600 ℃高温炽灼，使其中有机物质完全分解逸出，往残留灰分中加入稀盐酸适量，溶解其中的草酸钙等生理灰分，滤去酸水，得到难溶性残渣，干燥。根据残渣重量，即可计算出供试品中酸不溶性灰分的含量。

(2) 操作方法：取所得灰分置坩埚中，加入稀盐酸约 10 ml，用表面皿覆盖坩埚，置水浴上加热 10 min，表面皿用热水 5 ml 冲洗，洗液并入坩埚中，用无灰滤纸滤过，坩埚内的残渣用水洗于滤纸上，并洗涤至洗液不显氯化物反应为止。滤渣连同滤纸移至同一坩埚中，干燥，炽灼至恒重。继续炽灼 30 min 后，称定灰分重量 W_2。

(3) 计算：按下式计算酸不溶性灰分含量：

$$酸不溶性灰分含量(\%)= W_2 / W\times 100\ \%$$

式中，W 为炽灼前供试品的重量，单位：g；W_2 为酸不溶性残渣的重量，单位：g。

(4) 结果判断：将计算结果与药品标准进行比较，低于或等于限度(≤0.8%)则酸不溶性灰分符合规定；高于限度的，则不符合规定。

3. 注意事项

(1) 测定前，坩埚应洗净，干燥至恒重(连续两次干燥或炽灼后的重量差异在 0.3 mg 以下)。供试品炽灼后也要至恒重。

(2) 取供试品 2～3g(如需测定酸不溶性灰分，可取供试品 3～5 g)，置炽灼至恒重的坩埚中，称定重量(准确至 0. 01 g)。

(3) 移动坩埚应使用坩埚钳或厚纸条，不得徒手操作；称量操作应准确无误，否则影响测定结果。

(4) 对马弗炉的使用要严格按照操作规程操作。

(5) 如供试品不易灰化，可将坩埚放冷，加热水或 10%硝酸铵溶液 2 ml，使残渣湿润，然后置水浴上蒸干，残渣按照前法炽灼，至坩埚内容物完全灰化。

(6) 炽灼操作时，检验人员不得离去，并注意防止供试品燃烧或引起其他事故。

【作业】

1. 记录生药的水分及灰分测定实验步骤。
2. 记录和分析实验结果。

实验六 理化鉴定(二)

(生药浸出物及挥发油的含量测定)

【目的要求】

1. 熟悉生药的浸出物测定方法。
2. 掌握生药的挥发油含量测定方法。

【仪器、试剂、材料】

1. 仪器 分析天平、锥形瓶、蒸发皿、水浴锅、干燥器、冷凝管、吸管、移液管、烧杯、滤纸、漏斗、挥发油测定器、电热套、圆底烧瓶、量筒、干燥箱等。

2. 试剂 乙醇、二甲苯。

3. 材料 大黄粉末、白芷粉末、小茴香粉末等。

【实验内容】

一、浸出物含量测定

1. 测定原理 根据已知成分的溶解性能，选用适宜的溶剂，提取并测定生药中可溶性浸出物的含量，用以表示该生药的质量。

2. 大黄水溶性浸出物的含量测定 冷浸法，即取大黄粉末约 4 g，称定重量(W_1)准确至 0.01 g，置 250～300 ml 的锥形瓶中，精密加入蒸馏水 100 ml，塞紧，冷浸，前 6 h 时时振摇，再静置 18 h，用干燥滤器迅速滤过，精密量取滤液 20 ml，置已干燥至恒重的蒸发皿中，在水浴上蒸干后，于 105℃干燥 3 h，移置干燥器中，冷却 30 min，迅速精密称定重量(W_2)，以干燥品计算供试品中水溶性浸出物的含量(%)。

3. 记录与计算 记录每次称重数据，按下式计算水溶性浸出物的含量：

$$水溶性浸出物的含量(\%)=(W_2\times100)/(W_1\times20)\times100\%$$

式中，W_1 为测试前的供试品重量，单位：g；W_2 为干燥后水溶性浸出物重量，单位：g。

4. 结果与判断 将计算结果与药材标准的水溶性冷浸法浸出物限度(≥50.0%)比较，若高于或等于限度则符合规定，若低于限度则不符合规定。

5. 醇溶性浸出物测定 取白芷粉末 2～4 g，称定重量(W_1)准确至 0.01 g，置

100～250 ml 的锥形瓶中，精密加入乙醇 100 ml，塞紧，称定重量，静置 1 h 后，连接回流冷凝管，加热至沸腾，并保持微沸 1 h。放冷后，取下锥形瓶，密塞，称定重量，用乙醇补足减失的重量，摇匀，用干燥滤器滤过。精密吸取滤液 25 ml，置已干燥至恒重的蒸发皿中，在水浴上蒸干后，于 105℃干燥 3 h，移置干燥器中，冷却 30 min，迅速精密称定重量(W_2)，以干燥品计算供试品中醇溶性浸出物的含量(%)。

6. 记录与计算　记录每次称重数据，按下式计算醇溶性浸出物的含量：

$$醇溶性浸出物的含量(\%)=(W_2\times100)/(W_1\times25)\times100\ \%$$

式中，W_1 为测试前的供试品重量；单位：g；W_2 为干燥后醇溶性浸出物重量，单位：g。

7. 结果与判断　将计算结果与药材标准的醇溶性热浸法浸出物限度(≥15.0%)比较，若高于或等于限度则符合规定，若低于限度则不符合规定。

二、挥发油含量测定

1. 仪器装置安装　如图 1-4 所示。A 为 1000 ml(或 500 ml、2000 ml)的硬质圆底烧瓶，上接挥发油测定器 B，B 的上端连接回流冷凝管 C。以上各部分均用玻璃磨口连接。测定器 B 应具有 0.1 ml 的刻度。全部仪器应充分洗净，并检查接合部分是否严密，以防挥发油逸出。

2. 测定方法　取生药小茴香粉末约 50 g，称定重量(W)(准确至 0.01 g，置烧瓶中，加水 300～500 ml 与玻璃珠数粒，振摇混合后，连接挥发油测定器与回流冷凝管。自冷凝管上端加水使充满挥发油测定器的刻度部分，并溢流入烧瓶时为止。置电热套中缓缓加热至沸，并保持微沸约 5 h，至测定器中油量不再增加，停止加热，放置片刻，开启测定器下端的活塞，将水缓缓放出，至油层上端到达刻度 0 线上面 5 mm 处为止。放置 1 h 以上，再开启活塞使油层下降至其上端恰与刻度线平齐，读取挥发油量 V(ml)，并计算供试品中挥发油的含量(%)。

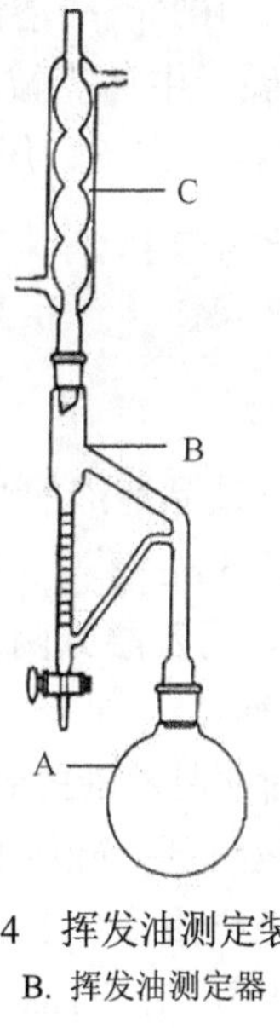

图 1-4　挥发油测定装置

A. 圆底烧瓶　B. 挥发油测定器　C. 冷凝管

3. 记录与计算　记录每次称重数据，按下式计算挥发油含量：

$$挥发油的含量(\%)=V(\text{ml})/W(\text{g})\times100\%$$

4. 结果与判断　将计算结果与药材标准的挥发油限度(≥1.5%ml/g)比较，若高于或等于限度则符合规定，若低于限度则不符合规定。

【作业】

1. 记录生药浸出物及挥发油含量测定实验步骤。

2. 记录和分析实验结果。

实验七 理化鉴定(三)

(薄层色谱鉴定)

【目的要求】

1. 熟悉各生药的薄层色谱鉴定特征及方法。

2. 掌握生药的薄层色谱鉴定技术。

【仪器、试剂、材料】

1. 仪器 电吹风、硅胶 H-CMC-Na 薄层板、碱性氧化铝 G 薄层板、硅胶 H 薄层板、硅胶 G 薄层板、硅胶 GF_{254} 薄层板、容量瓶、三角瓶、烧杯、水浴锅、索氏提取器、紫外分析灯、层析缸、中性氧化铝柱。

2. 试剂 甲酸、盐酸、乙醚、三氯甲烷、石油醚、甲酸乙酯、苯、正丁醇、甲醇、蒸馏水、2 %氯化氢、乙醇、氨水、碘、正己烷、乙酸乙酯、5%对二甲氨基苯甲醛、10%硫酸溶液、10%硫酸乙醇液、二硝基苯肼乙醇液；对照品：大黄酸、乌头碱、中乌头碱、下乌头碱、黄芪甲苷、桂皮醛。

3. 材料 大黄、川乌、苍术、黄芪、肉桂粉末，苍术对照药材。

【实验内容】

一、大黄的鉴定

(1) 供试品溶液的制备：取大黄粉末 0.1 g，加甲醇溶液 20 ml，浸渍 1 h，滤过，取滤液 5 ml，蒸干，加水 10 ml，使溶解，再加盐酸 1 ml，置水浴上加热 30 min，立即冷却，用乙醚分两次提取，每次 20 ml，合并乙醚液，蒸干，残渣加三氯甲烷 1 ml 使溶解。

(2) 对照品溶液的制备：取大黄酸对照品，加甲醇制成 1 ml 含 1 mg 的溶液。

(3) 吸附剂：硅胶 H-CMC-Na 薄层板。

(4) 点样量：4 μl。

(5) 展开剂：石油醚(30～60℃)-甲酸乙酯-甲酸(15∶5∶1)上层液。

(6) 显色剂：紫外光灯(365 nm)下检视。

(7) 显色结果：供试品色谱中出现与对照品色谱相应位置上显 5 个相同橙黄颜色的斑点。氨蒸气熏后，斑点变为红色。

二、川乌的鉴定

(1) 供试品溶液的制备：取粉末 2 g，加氨试液 2 ml 润湿，加乙醚 20 ml，超声处理 30 min，滤过，低温回收溶剂至干，残渣加二氯甲烷 1 ml 使溶解。

(2) 对照品溶液的制备：取乌头碱对照品、次乌头碱对照品、新乌头碱对照品适量，加异丙醇-三氯甲烷(1∶1)混合溶液制成每 1 ml 各含 1 mg 的混合溶液。

(3) 吸附剂：硅胶 G 薄层板。

(4) 点样量：5 μl。

(5) 展开剂：正己烷-乙酸乙酯-甲醇(6.4∶3.6∶1)。

(6) 显色剂：氨蒸气饱和 20 min 显色，喷以稀碘化铋钾试液。

(7) 显色结果：供试品色谱中，在与对照品色谱相应位置上，显相同颜色的斑点。

三、苍术的鉴定

(1) 供试品溶液的制备：取苍术粉末 0.8 g，加甲醇 10 ml，超声处理 15 min，滤过。

(2) 对照药材溶液的制备：另取苍术对照药材照上法制备。

(3) 吸附剂：硅胶 G 薄层板。

(4) 点样量：6 μl。

(5) 展开剂：石油醚(60～90℃)-丙酮(9∶2)。

(6) 显色剂：10%硫酸乙醇溶液喷雾；100℃烘烤 5 min 显色。

(7) 显色结果：在供试品色谱中出现与对照药材色谱相同颜色的斑点(苍术酮显红色-棕紫色，苍术素显污绿色)。

四、黄芪的鉴定

(1) 供试品溶液的制备：取黄芪粉末 3 g，加甲醇 20 ml，置水浴上加热回流 1 h，滤过，滤液加于已处理好的中性氧化铝柱上，用 40%甲醇 100 ml 洗脱，收集洗脱液，置水浴上蒸干。残渣加水 30 ml 使溶解，用水饱和的正丁醇提取 2 次，每次 20 ml，合并正丁醇液，用水洗涤 2 次，正丁醇液置水浴上蒸干，残渣加甲醇 0.5 ml 使溶解。

(2) 对照品溶液的制备：取黄芪甲苷对照品，加甲醇制成每 1 ml 含 2 mg 的溶液。

(3) 吸附剂：硅胶 G 薄层板。

(4) 点样量：5 μl。

(5) 展开剂：三氯甲烷-甲醇-水(13∶7∶2)下层溶液。

(6) 显色剂：喷以 10%硫酸乙醇溶液，烘约 5 min。

(7) 显色结果：日光下供试品色谱中应与对照品色谱相应位置上显相同的棕褐色斑点；置紫外光灯(365 nm)下检视，显相同的橙黄色荧光斑点。

五、五味子的鉴定

(1) 供试品溶液的制备：取五味子粉末 1 g，加三氯甲烷 20 ml，加热回流 30 min，滤过，滤液蒸干，残渣加三氯甲烷 1 ml 使溶解。

(2) 对照品溶液的制备：取五味子甲素对照品，加三氯甲烷制成每 1 ml 含 1 mg 的溶液。

(3) 吸附剂：硅胶 GF_{254} 薄层板。

(4) 点样量：2 μl。

(5) 展开剂：石油醚(30～60℃)-甲酸乙酯-甲酸(15∶5∶1)的上层溶液展开。

(6) 显色剂：紫外光灯(254 nm)下检视。

(7) 显色结果：供试品色谱在与对照品相应的位置上，显相同颜色的斑点。

【作业】

1. 记录生药层析结果，并绘薄层色谱图。

2. 记录供试品溶液与对照品溶液或对照药材溶液的 R_f 值。

实验八 理化鉴定(四)

(化学定性鉴别)

【目的要求】

1. 熟悉主要鉴别反应的原理。

2. 掌握生药中糖类、苷类、生物碱，鞣质的理化性质和定性反应。

【仪器、试剂、材料】

1. 仪器 三角烧瓶、漏斗、试管、试纸、滴管、锥形瓶、水浴锅、蒸发皿、紫外光灯、微量升华装置、回流装置、显微镜等。

2. 试剂 蒸馏水、乙醇、三氯甲烷、10%盐酸、10%氢氧化钠、碱性酒石酸铜试剂、乙醚、α-萘酚试剂、氢氧化钾试液、硫酸亚铁试液、5%三氯化铁试液、1%乙酸镁甲醇液、盐酸、镁粉、1%三氯化铝甲醇液、2%红细胞悬浮液、乙酸酐-硫酸、冰乙酸、3,5-二硝基苯甲酸乙醇液、碘化铋钾、碘化汞钾、硅钨酸、碘-碘化钾、鞣酸、10%乙酸铅液、新配制饱和石灰水、饱和溴水、三氯化铁液、苦味酸钠、硫酸等。

3. 材料 药材粉末(党参、苦杏仁、槐米、大黄、夹竹桃叶、桔梗、牡丹皮、柴胡、百部、五倍子、儿茶)。

【实验内容】

一、单糖、多糖与苷类成分的鉴别

取党参 0.5 g，剪碎，置 50 ml 三角烧瓶中，加蒸馏水 10 ml，瓶口放一小漏斗(空气冷凝防止水分蒸发太多)，水浴温热数分钟，滤过，药渣中加适量水，再滤过，合并滤液至 10 ml 备用。

1. 费林试验(Fehling 试验) 取滤液 1 ml 于 50 ml 烧杯中，加碱性酒石酸铜试剂(Fehling 试剂)8 ml [临用时由甲液与乙液等量混合而成，置沸水浴加热 5 min，观察有无砖红色沉淀产生(如有沉淀，表明含还原糖)]，在整个反应过程中，反应液应保持蓝色，否则应适当添加 Fehling 试剂至蓝色不褪，继续加热 5 min，放冷，滤过，滤液加 10%盐酸，使反应液的 pH 为 1～2，再在沸水浴加热 10 min(水解)，放冷，加 10%氢氧化钠试液，使反应液呈中性，再加 Fehling 试剂 8 ml，沸水浴加热数分钟，观察有无砖红色沉淀产生(如有沉淀，表明含多糖或苷类)。记录水解前后沉淀量的多少(以“+++”示很多，“++”示较多，“±”示很少)。

2. α-萘酚试验(Molish 试验) 取滤液 1 ml 于大试管中，加 α-萘酚试剂 2～3 滴，摇匀，沿管壁缓缓滴加浓硫酸 1 ml，轻放试管架上，保留两层液面，观察两液面交界处有无形成紫红色环。

二、氰苷类成分的鉴别

1. 苦味酸钠试验 取苦杏仁粗粉约 0.5 g，置具塞试管中，加水适量湿润，管内悬挂一条苦味酸钠试纸，密塞，将试管置 60℃水浴中温热，观察试纸逐步由黄色变为砖红色。

2. 普鲁士蓝试验 取苦杏仁粗粉约 0.5 g 置试管中，加水少许湿润，立即用滤纸包扎管口，滤纸用 1～2 滴氢氧化钾试液湿润，将试管置 60℃水浴温热约 10 min 后，于试纸上加硫酸亚铁溶液 1 滴，并加稀盐酸和 5%三氯化铁试液各 1 滴，滤纸即显蓝色。

三、酚苷类成分的鉴别

取牡丹皮粗粉 0.5 g，加乙醇 5 ml，水浴温热 5 min，取上清液 2 ml 于试管中，滴加 1%三氯化铁试剂 1 滴，即呈紫红色。

四、蒽苷类成分的鉴别

1. Bonträger 反应 取大黄粉末 0.1 g 于小试管中，加 10%氢氧化钠试液 2 ml，振摇，溶液即呈红色，滤过，滤液加 10%盐酸使中和，溶液变黄色；加入乙醚 2 ml，振摇使之分层，醚液呈黄色，吸取醚液层置另一试管中，加氢氧化钠试液 1 ml，振摇后碱液又显红色。

2. 乙酸镁反应 取大黄粉末约 0.2 g 于试管中，加乙醇 3 ml，水浴温热 5 min，滤过，得滤液，加 1%乙酸镁甲醇溶液 2 滴，振摇后观察，溶液渐呈橙红色。

3. 微量升华 取大黄粉末少许于金属圈内，小火徐徐加热数分钟，可见黄色升华物附着载玻片上，将玻片取下翻转后，在显微镜下检视，低温升华时可见针状结晶，高温时可见羽毛结晶，滴加碱液后，结晶消失，并呈红色。

五、黄酮苷类成分的鉴别

取槐米粗粉 0.5 g，加乙醇 10 ml，水浴温热 5 min，滤过，得滤液。

1. 盐酸镁粉还原反应 取上述滤液 2 ml 于试管中，先滴加浓盐酸 2～3 滴，再加镁粉少许振摇，产生许多气泡，同时溶液渐变樱红色。

2. 三氯化铝反应 取上述滤液 2 ml 于试管中，加 1%三氯化铝甲醇溶液 1 ml，振摇，可见溶液渐变鲜黄色。

六、皂苷类成分的鉴别

取桔梗粗粉 1 g 放入 50 ml 三角烧瓶中，加生理盐水 15 ml，在水浴上加热 20 min，滤过。滤液做以下试验。

1. 泡沫试验 取上述滤液 2 ml，置试管中，密塞或以手指压住管口，强烈振摇数分钟，观察是否产生大量泡沫，放置 10 min 后，再记录泡沫的高度。

2. 溶血试验 将 2%红细胞悬浮液滴于载玻片上，盖上盖玻片，置显微镜下，观察红细胞形状，然后于盖玻片边缘滴加桔梗滤液，观察有无溶血现象。如红细胞破裂溶解，为阳性反应。

3. Libermann 反应 取柴胡粗粉 1 g，置锥形瓶中，70%乙醇 10 ml，于水浴中温热数分钟，滤过，滤液置蒸发皿中，水浴蒸干，放冷，加乙酸酐 1 ml 使溶解，并转如小试管中，沿管壁加浓硫酸 1 ml，两液面的交界处显紫红色环。

七、强心苷类成分的鉴别

取夹竹桃叶粗粉 2 g，加 70%乙醇 15 ml，再加 10%乙酸铅 2 ml，在水浴上煮沸 5 min，滤过，得滤液，作下列试验。

1. Keller-Kiliani 反应 取夹竹桃滤液 2 ml 于蒸发皿中，水浴蒸干，加三氯化铁-冰乙酸试液 1 ml 使残渣溶解，并转入小试管中，沿管壁缓缓滴加浓硫酸 1 ml，观察两液层交界处有无棕色环产生，冰乙酸层显蓝绿色(α-去氧糖反应)。

2. Kedde 试验 取滤液 5 ml，加新配制的 3,5-二硝基苯甲酸乙醇溶液 1 ml，溶液显紫红色(强心苷苷元上的五元不饱和内酯环的反应)。

八、生物碱类成分的鉴别

取洋金花、麻黄、三颗针粗粉各 1 g 置 50 ml 三角烧瓶中，加 80%乙醇 15 ml，水浴回流 15 min，滤过，滤液于水浴上蒸干，残渣加 1%HCl 2 ml，搅拌滤过，分别取滤液 0.5 ml 加下列生物碱沉淀试剂 1～2 滴，观察沉淀的颜色与数量，记入表 1-1(以“+++”、“++”、“+”表示)。

表 1-1　生物碱沉淀反应试验结果

样品液＼试剂	碘化铋钾	碘化汞钾	碘-碘化钾	硅钨酸
洋金花				
麻黄				
三颗针				

九、酚类及鞣质类

取五倍子粉末 0.2 g，加蒸馏水 10 ml，在沸水浴中加热 10 min，冷却，滤过，各取 1 ml 滤液置 4 支小试管中，加下列试液 2～3 滴，观察颜色变化或沉淀反应，记入表 1-2。

表 1-2　鞣质成分鉴定试验结果

样品＼试剂	1%$FeCl_3$	乙酸铅	饱和溴水	饱和石灰水	1%明胶溶液
五倍子溶液					

【作业】

记录各鉴别反应的步骤与结果，并说明反应原理(可用化学反应式表示)。

实验九　理化鉴定(五)

(荧光分析鉴定)

【目的要求】

1. 熟悉荧光分析鉴定生药的基本原理及方法。
2. 掌握常见生药荧光鉴别的方法。

【仪器、试剂、材料】

1. 仪器　紫外分析灯(365 nm，254 nm)，试管、水浴锅、蒸发皿、烧杯等。

2. 试剂　蒸馏水、乙醇、1%盐酸、1%氨水、1%乙酸镁甲醇溶液。

3. 材料　大黄、黄连、秦皮、浙贝母、川贝母、延胡索、白芷、槐米的生药饮片及粉末。

【实验内容】

1. 取大黄、黄连、浙贝母、延胡索、白芷、秦皮的生药用刀切开(横切或纵切均可)，断面置 365 nm 紫外灯下，观察荧光。

2. 取上述生药的饮片置 365 nm 紫外分析灯下，观察荧光与原生药所呈现的荧光并进行比较。如荧光不明显，可用刀将饮片表面削去一些，观察新断面。

3. 取上述各生药的粉末少量，平铺于玻璃板上，置 365 nm 紫外分析灯下观察荧光，注意与原生药比较。

4. 取白芷粉末 0.2 g，加乙醇 5 ml，置水浴温热 5 min，滤过，取滤液少量滴于滤纸上，晾干后在紫外灯下观察荧光，注意在 254 nm 及 365 nm 不同波长下呈现的荧光有何不同?

5. 取白芷滤液 2 ml，加蒸馏水 2 ml 稀释，而分别在日光及紫外光下观察荧光颜色。将溶液分成两份，1 份用 1%的氨水试液碱化，另 1 份以 1%的盐酸酸化，观察荧光现象有何变化？二者有何不同？

6. 取秦皮粉末 0.1 g，加乙醇 3 ml，置水浴温热 5 min，滤过，取滤液 1 ml，加蒸馏水 2 ml 稀释后，在常光及紫外光下观察荧光颜色。同上法分别碱化和酸化后，观察荧光颜色的变化。

7. 取白芷及秦皮滤液，分别滴加于滤纸上，干后在紫外灯下观察荧光。

8. 取槐米粉末 0.1 g，加乙醇 3 ml，置水浴温热 5 min，滤过，取滤液少量滴加于滤纸上，晾干后在紫外灯下观察荧光，喷雾 1%乙酸镁甲醇溶液后，再行观察荧光颜色有何不同。

【作业】

记录本次每一个实验的试验步骤及结果。

实验十　理化鉴定(六)

(微量升华鉴定)

【目的要求】

1. 熟悉微量升华鉴定生药的基本原理及方法。

2. 掌握常见生药微量升华鉴定方法。

【仪器、试剂、材料】

1. 仪器　微量升华装置，显微镜、载玻片等。

2. 试剂　1%三氯化铁溶液、1%氢氧化钠溶液、香甲蓝醛。

3. 材料　大黄、薄荷、牡丹皮、徐长卿、绿茶粉末。

【实验内容】

1. 取大黄粉末少量，置微量升华器金属圈中，上面覆盖一载玻片，徐徐加热，至载玻片上有淡黄色物质出现时，将之取下，调换另一载玻片，如此连续调换数次，至生药粉末开始变焦为止。在显微镜下观察各载玻片上微量升华结晶的颜色和形状，注意结晶形状有何变化？在各升华物上加 1%氮氧化钠试液 1 滴，观察颜色有何变化？说明什么？

2. 取丹皮(或徐长卿)粉末少量，同上法收集微量升华物，显微镜下观察结晶颜色和形状，于结晶上加 1%三氯化铁试液 1 滴，显什么颜色？

3. 取绿茶粉末少量，同上法收集微量升华物，显微镜下观察结晶颜色和形状，加 10%的盐酸 1 滴，使结晶溶解，加氯化金试剂 1 滴，有何现象产生？再加盖玻片后于显微镜下观察。

4. 取薄荷粉末少量，同上法进行微量升华，加硫酸 1 滴及香甲蓝醛结晶一小粒，显黄色至橙黄色，加蒸馏水 1 滴，显紫红色。

【作业】

记录各试验的实验步骤及结果。

第二章　综合性实验

实验一　藻、菌、蕨类及裸子植物类生药

【目的要求】

1. 了解藻、菌、蕨类及裸子植物常用及重点生药性状特征。
2. 熟悉掌握粉末制片方法。
3. 掌握麻黄的组织鉴别特征及理化鉴别方法。

【仪器、试剂、材料】

1. 仪器　分析天平、紫外分光光度计、研钵、分液漏斗、试管、蒸发皿、容量瓶、锥形瓶、漏斗、白瓷板、滤纸、滴管。

2. 试剂　乙醇、稀盐酸、氨试液、三氯甲烷、氯化铜试液、二硫化碳试液、1%香草醛乙醇溶液、浓盐酸、香草醛试液、碘化铋钾试液、碘化汞钾试液。

3. 材料

(1) 药材：冬虫夏草、灵芝、茯苓、猪苓、绵马贯众、骨碎补、银杏叶、松花粉、麻黄。

(2) 组织切片及粉末：冬虫夏草子座头部、绵马贯众叶柄基部、麻黄草质茎横切面永久制片及其粉末。

【实验内容】

一、性 状 鉴 别

以生药性状鉴别方法，仔细观察以下药材：

1. 冬虫夏草　由虫体与子座相连而成。虫体似蚕，长 3～5 cm，直径 0.3～0.8 cm；表面深黄色至黄棕色，有环纹 20～30 条，近头部的环纹较细；头部红棕色，足 8 对，中部 4 对较明显；质脆，易折断，断面淡黄白色。子座细长圆柱形，长 4～8 cm，直径约 0.3 cm；表面深棕色至棕褐色，有细纵皱纹；质柔韧，断面类白色。气微腥，味微苦。

2. 灵芝　菌盖半圆形或肾形，皮壳坚硬，红褐色，有光泽，具环纹，菌盖下表面浅黄棕色。菌柄侧生。紫芝全体呈紫黑色，具明显同心环沟。

3. 茯苓　商品有个茯苓、茯苓皮和茯苓块。个茯苓类球形或不规则形，外皮棕褐色，粗糙，体重，断面颗粒性，外层淡棕色，内部白色。有的中间有松根，

称“茯神”。其削下的外皮称茯苓皮。去皮后切成的块片，称茯苓片或茯苓块，白色。嚼之粘牙。

4. 猪苓　呈不规则块状，表面棕黑色。皱缩或有瘤状突起。断面细腻，白色，体轻，质硬，能浮于水面，气微，味淡。

5. 绵马贯众　呈长倒卵形，略弯曲，上端钝圆或截形，下端较尖。表面黄棕色至黑褐色，密被排列整齐的叶柄残基及鳞片，并有弯曲的须根。叶柄残基呈扁圆形，长 3～5 cm，直径 0.5～1.0 cm；表面有纵棱线，质硬而脆，断面略平坦，棕色，有黄白色维管束 5～13 个。气特异，味初淡而微涩，后渐苦、辛。

6. 骨碎补　呈扭曲扁平长条状，多弯曲鳞片，柔软如毛，经火燎者呈棕褐色或暗褐色，有分枝。表面密被深棕色至暗棕色的小，两侧及上表面均具凸起或凹下的圆形叶。体轻，质脆，易折断，断面红棕色，维管束呈黄色点状，排列成环。无臭，味淡，微苦、涩。

7. 银杏叶　叶片多皱褶或破碎，完整者呈扇形，长 3～13 cm，宽 5～15 cm。黄绿色或浅棕黄色，上缘呈不规则的波状弯曲，有的中间凹入。具二叉状平行叶脉，细而密，光滑无毛，易纵向撕裂。叶基楔形，叶柄长 2～8 cm。革质，体轻。气清香，味微涩。

8. 松花粉　呈淡黄色的细粉。体轻，易飞扬，手捻有滑润感，浮于水面。气微，味淡。

9. 麻黄

(1) 草麻黄：呈细长圆柱形，少分枝；直径 1～2 mm。有的带少量棕色木质茎。表面淡绿色至黄绿色，有细纵棱。节明显，节间长 2～6 cm。节上有膜质鳞叶，长 3～4 mm；裂片 2(稀 3)，锐三角形，先端渐尖，反曲，基部联合成筒状，红棕色。体轻，质脆，易折断，断面略呈纤维性，周边绿黄色，髓部暗红棕色，近圆形。气微香，味涩、微苦。

(2) 中麻黄：多分枝，直径 1. 5～3 mm，有粗糙感。节间长 2～6 cm，膜质鳞叶长 2～3 mm，裂片 3(稀 2)，先端锐尖。断面髓部呈三角状圆形。

(3) 木贼麻黄：较多分枝，直径 1～1.5 mm，无粗糙感。节间长 1.5～3 mm；膜质鳞叶长 1.5～2 mm；裂片 2(3)，上部为短三角形，灰白色，先端多不反曲，基部棕红色至棕黑色。断面类圆形。

二、显微鉴别

1. 横切面观察　以下生药的横切面永久制片：

(1) 冬虫夏草子座头部横切面：①子囊壳近表面生，基部陷于子座内形，椭圆形或卵圆直径 140～254 μm，内有多数子囊。②子囊细长，顶部壁厚，中央有一狭线状孔口，子囊内有子囊孢子 2～4 个，孢子线形，有多数横隔。

(2) 绵马贯众叶柄基部横切面：①表皮为1列外壁增厚的小形细胞，常脱落；②下皮为10列多角形厚壁细胞，棕色至褐色；③基本组织细胞排列疏松，间隙腺毛头部呈球形或梨形；内含棕色分泌物；④分体中柱，周韧型维管束5～13个，环细胞间隙中有单细胞的列，每个维管束周围有1列扁小的内皮层细胞；⑤凯氏点明显，其外有1～2列中柱鞘薄壁细胞，薄壁细胞中含棕色物与淀粉粒。

(3) 麻黄草质茎横切面

1) 草麻黄：①表皮细胞外被厚的角质层；两棱脊线间有下陷气孔。②下皮纤维束位于棱脊线处，壁厚，非木化。③皮层较宽，纤维成束散在。中柱鞘纤维束新月形。维管束8～10个。④形成层环类圆形。木质部呈类三角状。⑤髓部薄壁细胞含棕色块状物；偶有环髓纤维。表皮细胞外壁、皮层薄壁细胞及纤维均有多数微小草酸钙砂晶或方晶(图2-1)。

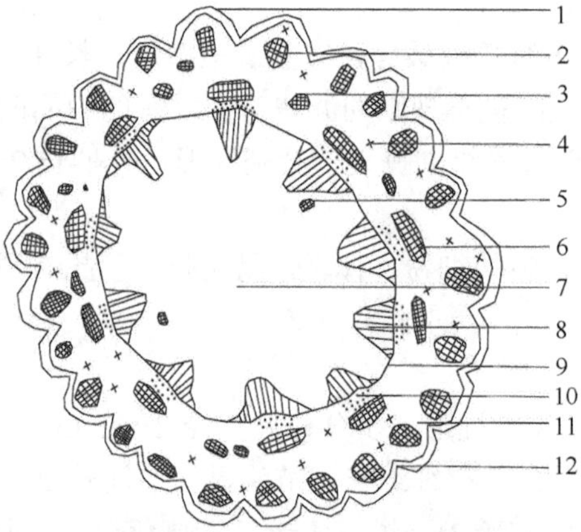

图2-1 草麻黄横切面简图

1. 角质层和表皮 2. 下皮纤维束 3. 皮层纤维束 4. 草酸钙结晶 5. 环髓纤维 6. 中柱鞘纤维束 7. 髓 8.木质部 9. 形成层 10. 韧皮部 11. 皮层 12. 气孔

2) 中麻黄：①维管束12～15个。②形成层环类三角形。③环髓纤维较多，成束或单个散在。

3) 木贼麻黄：①维管束8～10个。②形成层环类圆形。③无环髓纤维。

2. 粉末鉴别 按照粉末制片法制片，透化要完全，封片时从左至右沿液面轻放盖玻片，保持玻片干净整洁。

草麻黄：粉末淡棕色。①表皮细胞类长方形，外壁布满草酸钙砂晶，有厚的角质层；②气孔特异，长圆形，保卫细胞侧面观似电话筒状，背面观似哑铃状；③皮层纤维细长，壁厚，有的木化，壁上布满砂晶，形成嵌晶纤维；④螺纹、具缘纹孔导管，导管分子端壁斜面相接，接触面具多数穿孔，形成特殊的麻黄式穿孔板；⑤可见红棕色色素块及少量的石细胞(图2-2)。

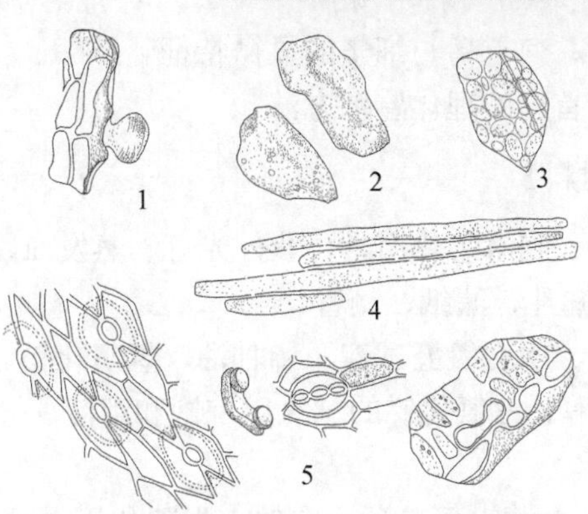

图 2-2　草麻黄粉末显微特征图

1. 角质层突起　2. 棕色块　3. 薄壁细胞(含淀粉粒)　4. 嵌晶纤维　5. 电话听筒形气孔

三、理 化 鉴 别

1. 麻黄

(1) 微量升华：粉末经微量升华后，镜检，升华物为针状或颗粒状结晶。

(2) 取麻黄酸性水浸液，分别置 2 个试管中各 5 ml，一管加碘化铋钾试液 1 滴，黄色沉淀；另一管加碘化汞钾试液 1 滴，不产生沉淀(检查生物碱)。

(3) 取本品粉末 0.2 g，加水 5 ml 与稀盐酸 1～2 滴，煮沸 2～3 min，滤过。滤液置分液漏斗中，加氨试液数滴使呈碱性，再加三氯甲烷 5 ml，振摇提取，分取三氯甲烷液，置二支试管中，一管加氨制氯化铜试液与二硫化碳各 5 滴，振摇，静置，三氯甲烷层显深黄色；另一管为空白，以三氯甲烷 5 滴代替二硫化碳 5 滴，振摇后三氯甲烷层无色或显微黄色(麻黄碱的显色反应)。

2. 绵马贯众

(1) 取组织横切片：滴加 1%香草醛的乙醇溶液及浓盐酸，镜检，细胞间隙腺毛显红色(检查酚类化合物)。

(2) 取粉末 1 g 置烧杯中，加乙醇 20 ml，振摇，过滤，取滤液滴加于滤纸上，加香草醛试液 1 滴，显红色(检查间苯三酚类化合物)。

【作业】

1. 写出冬虫夏草、绵马贯众、麻黄的性状特征。
2. 绘草麻黄组织简图及粉末显微特征图。
3. 记录理化鉴别结果。

实验二　双子叶植物生药(一)

【目的要求】

1. 了解马兜铃科、蓼科、苋科等常用生药性状特征。

2. 熟悉掌握大黄、何首乌与细辛的显微特征。

3. 掌握大黄、何首乌的理化鉴别方法。

【仪器、试剂、材料】

1. 仪器 显微镜、临时装片用具、紫外光灯、蒸发皿、微量升华装置、回流装置、水浴锅、分液漏斗、滤纸、滴管。

2. 试剂 蒸馏水、水合氯醛试液、稀甘油、氢氧化钠、10%硫酸液、三氯甲烷、乙醚、氨液、乙醇、三氯化锑的三氯甲烷饱和溶液。

3. 材料

(1) 药材：细辛、大黄、何首乌、虎杖、牛膝和川牛膝。

(2) 组织切片及粉末：北细辛根、大黄根茎、何首乌块根、牛膝根横切片永久制片及大黄、何首乌粉末。

【实验内容】

一、性 状 鉴 别

1. 细辛 根茎横生呈不规则圆柱形，具环形节，节间长 0.2～0.3 cm。根细长，黄白色，气辛香，味辛辣、麻舌。

2. 大黄 呈类圆柱形、圆锥形或不规则块状，表面黄棕色或红棕色，可见斜方形网状纹理(由黄棕色射线与类白色薄壁组织交织而成)。质坚实，断面颗粒性，根茎髓部有多数“星点”(异常维管束)。味苦，微涩。

3. 何首乌 呈团块状或不规则纺锤形，表面红褐色或红棕色，凹凸不平，有不规则浅沟或皱纹，并有皮孔样突起。质坚实而重，横断面淡红棕色，粉性，皮部常有 4～11 个类圆形异型维管束环列，习称“云锦花纹”。味微苦，甘、涩。

4. 虎杖 呈圆柱形，直径 0.5～2.5 cm。表面红棕色，切面皮部较薄，木部宽广，棕黄色，射线放射状，皮部和木部较易分离。根茎髓中有隔或呈空洞状。质坚硬。气微，味微苦、涩。

5. 牛膝 呈圆柱形，上端较粗，表面土黄色或淡棕色。质硬脆，受潮变柔韧，易折断。断面角质样，可见黄白色小点排成 2～4 轮。气微，味微甜。

6. 川牛膝 根呈圆柱形，表面黄棕色。质韧，不易折断，断面黄棕色，可见黄白色小点排成 4～11 轮。气微，味甜。

二、显 微 鉴 别

1. 横切面 观察以下生药的横切面永久制片，注意组织构造特征。

(1) 北细辛根横切面：①后生表皮为 1 列类方形细胞，其外侧常残留表皮细胞。②皮层宽广，薄壁细胞充满类球形淀粉粒。有内含油滴的油细胞；内皮层明显，可见凯氏点。较粗的根中有时可见石细胞。③中柱鞘部位为 1 列薄壁细胞。④维管束次生组织不发达，外侧为韧皮部，形成层隐约可见，初生木质部为四原型。

(2) 大黄根茎横切面：①木栓层及皮层大多已除去，偶有残留。②韧皮部射线 3～4 列细胞，内含棕色物。韧皮部中有黏液腔。③形成层环明显。④木质部导管稀疏，非木化。⑤髓部宽广，有异常维管束，其形成层成环状，外侧为木质部，内侧为韧皮部，射线呈星状射出，韧皮部中有黏液腔，内含红棕色物质。薄壁细胞含淀粉粒及大型草酸钙簇晶。

(3) 何首乌块根横切面：①木栓层为数列细胞，充满红棕色物质。②在木栓层的内方和韧皮部的外侧组织中有异常维管束，有单个的维管束和复合维管束，均为外韧型。③中央维管束形成层成环状，导管较少，有管胞及少数木纤维，中心为初生木质部。④薄壁细胞含有草酸钙簇晶及淀粉粒。

(4) 牛膝根横切面：①木栓层为数列细胞。②栓内层较窄。③异常维管束断续排列成 2～4 轮；维管束外韧型，束间形成层除最外轮有的明显外，向内各轮均不明显；木质部有导管、木纤维和木薄壁细胞。④中央为正常维管束，初生木质部二原型。

2. 粉末鉴别　按照粉末制片方法进行，制以下粉末片。

(1) 大黄粉末：掌叶大黄粉末淡黄棕色。①草酸钙簇晶大而多，直径 21～125 μm，棱角大多短钝。②淀粉粒单粒呈圆球形或长圆形，复粒由 2～5(2～7)分粒组成。③导管多为网纹，并有具缘纹孔及细小螺纹导管，直径 11～140 μm，非木化(图 2-3)。

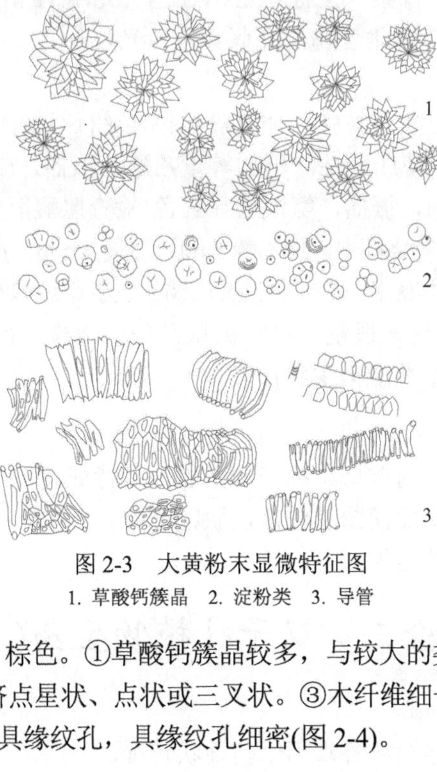

图 2-3　大黄粉末显微特征图

1. 草酸钙簇晶　2. 淀粉类　3. 导管

(2) 何首乌粉末：棕色。①草酸钙簇晶较多，与较大的类方形结晶合生。②淀粉粒众多，多单粒，脐点星状、点状或三叉状。③木纤维细长，有斜纹孔或相交成“人”字形。④导管为具缘纹孔，具缘纹孔细密(图 2-4)。

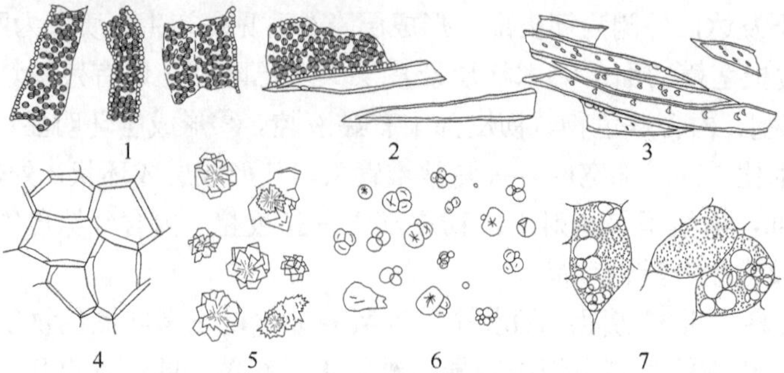

图 2-4 何首乌粉末显微特征图

1. 导管 2. 纤维 3. 木薄壁细胞 4. 木栓细胞 5. 草酸钙簇晶 6. 淀粉粒 7. 薄壁细胞

三、理 化 鉴 别

1. 大黄

(1) 微量升华：取粉末适量，在微量升华装置上进行升华，镜检，可见黄色针晶或羽状结晶，结晶遇氢氧化钠试液或氨水，溶解并显红色(羟基蒽醌类反应)。

(2) 取本品粉末 0.2 g，加入 10%硫酸 10 ml，回流 15 min，放冷，用分液漏斗分取三氯甲烷层，加氢氧化钠试液 5 ml，振摇，碱液层显红色(羟基蒽醌类反应)。

(3) 取粉末的稀乙醇浸出液，滴于滤纸上，再滴加稀乙醇扩散后呈黄色至淡棕色环，置紫外光灯下观察，呈棕色至棕红色荧光(蒽醌衍生物)，不得显持久的亮蓝紫色荧光(土大黄苷等化合物显亮蓝紫色荧光)。

2. 何首乌

(1) 取粉末约 0.1 g 置烧杯中，加氢氧化钠溶液(1→10)10 ml，煮沸 3 min，冷后过滤。取滤液加盐酸使成酸性，再加等量乙醚，振摇，醚层应显黄色。分取醚层 4 ml，加氨试液 2 ml，振摇，氨液层显红色(检查蒽醌衍生物)。

(2) 取粉末约 0.2 g 置烧杯中，加乙醇 5 ml，温浸 3 min，振摇，趁热滤过，放冷。取滤液 2 滴，置蒸发皿中蒸干，趁热加三氯化锑的三氯甲烷饱和溶液 1 滴，显紫红色。

(3) 微量升华：取粉末适量，进行微量升华，镜检，得黄色柱状或针簇状结晶，遇碱液显红色(检查蒽醌衍生物)。

【作业】

1. 写出生药大黄、何首乌、细辛的主要性状特征。
2. 绘大黄根茎横切面简图及粉末显微特征图。
3. 记录理化鉴别的结果。

实验三 双子叶植物生药(二)

【目的要求】

1. 了解石竹科、毛茛科等常用生药性状特征。

2. 掌握黄连、川乌、白芍的显微特征。

3. 掌握黄连、川乌、白芍的理化鉴别方法。

【仪器、试剂、材料】

1. 仪器 显微镜、临时装片用具、紫外光灯、蒸发皿、微量升华装置、水浴锅、滴管、层析缸、试管、烧杯、研钵、移液管、硅胶G薄层板、蒸馏装置、分液漏斗。

2. 试剂 蒸馏水、甲醇、稀盐酸、含氯石灰、5%没食子酸的乙醇溶液、30%硝酸溶液、亚铁氰化钾、甲酸、香草醛、硫酸、三氯化铁、三氯甲烷、乙酸乙酯、乙醚、水合氯醛、稀甘油、5%香草醛硫酸溶液、芍药苷对照溶液。

3. 材料

(1) 药材：黄连、川乌、附子、白芍、威灵仙、银柴胡。

(2) 组织切片及粉末：味连根茎、川乌根横切面永久制片及黄连、川乌、白芍粉末。

【实验内容】

一、性状鉴别

1. 黄连 商品分为味连、雅连和云连。

(1) 味连：多分枝，集聚成簇，形如鸡爪，习称“鸡爪黄连”。表面黄棕色，有不规则结节状隆起及须根或须根痕，部分节间平滑，习称“过桥”，上部残留棕色鳞叶或叶柄残基。质坚硬，折断面不整齐，皮部暗棕色或橙红色，木部金黄色，有放射状纹理，中央髓部红棕色，有时中空。

(2) 雅连：多单枝，略呈圆柱形。“过桥”较长，顶端有少许残茎。

(3) 云连：多为单枝，较细小。表面棕黄色。

2. 川乌 呈圆锥形，中部多向一侧膨大，顶端有残存的茎基，表面棕褐色，皱缩不平，有瘤状侧根“钉角”及除去子根后的痕迹。质坚实，不易折断。断面灰白色，粉质，可见多角形的环纹。气味微辛辣而麻舌。有大毒。

3. 附子

(1) 盐附子：呈圆锥形，长4～7 cm，直径3～5 cm。表面灰黑色，被盐霜。顶端宽大，中央有凹陷的芽痕，周围有瘤状突起的支根或支根痕。质重而坚硬，难折断，受潮则变软。横切面灰褐色，可见充满盐霜的小空隙及多角形环纹，环纹内侧导管束小点排列不整齐。气微，味咸而麻，刺舌。

(2) 黑顺片：为不规则的纵切片，上宽下窄，长1.7～5 cm，宽0.9～3 cm，厚2～5 mm。外皮黑褐色，切面暗黄色，油润，具光泽，半透明状，并有纵向导管束脉纹。质硬而脆，断面角质样。气微，味淡。

(3) 白附片：形状气味与黑顺片相同，但无外皮，全体黄白色，半透明，厚约3 mm。

4. 白芍 呈圆柱形，表面浅红棕色或类白色，光滑，有细根痕或残留棕褐色的外皮。质坚实，不易折断。断面类白色或微红色，角质样，形成层环明显，木部有放射状纹理。气微，味微苦而酸。

5. 威灵仙 根茎呈不规则块状，上端残留茎痕，两侧及下方着生多数细长的根；细而弯曲，表面棕褐色或棕黑色，有微细纵皱纹，有时皮部脱落露出淡黄色木部。质硬脆，断面木部类方形。气微，味微苦。

6. 银柴胡 根呈圆柱形或圆锥形，表面淡黄色或黄白色，有扭曲的纵皱纹及支根痕，具多数圆形凹陷小孔，习称“砂眼”，根头有密集的疣状突起的茎痕和芽苞，习称“珍珠盘”。质较松脆，断面有裂隙皮部甚薄，木部有黄白相间的放射状纹理。气微，味甘。

二、显微鉴别

1. 横切面 观察以下生药的横切面永久制片，注意组织构造特征。

(1) 味连根茎横切面：①木栓层为数列细胞。②皮层较宽，有石细胞散在、单个或成群，黄色。③中柱鞘纤维束木化，或伴有石细胞。④维管束外韧型，断续环列，束间形成层不明显；木质部细胞均木化；射线宽窄不一。⑤髓部均为薄壁细胞，无石细胞(雅连与味连相似，但髓部有多数石细胞群。云连的皮层、中柱鞘及髓部均无石细胞)(图 2-5)。

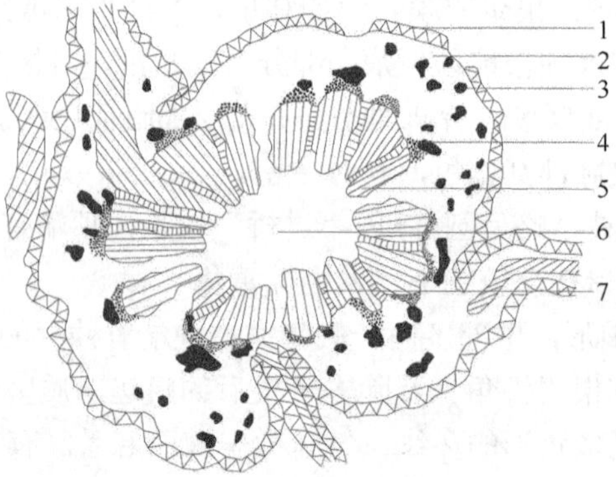

图 2-5 味连根茎横切面简图

1. 木栓层 2. 皮层 3. 石细胞 4. 韧皮纤维 5. 木质部 6. 髓部 7. 射线

(2) 川乌根横切面：为次生构造不发达根的类型。①后生皮层为黄色木栓化细胞。②皮层细胞中偶有石细胞，类长方形，胞腔较大；内皮层明显。③韧皮部宽广，散有筛管群。④形成层常呈多角形环。⑤木质部导管位于形成层内侧，多单列或略呈“V”字形排列。⑥髓部宽阔。薄壁细胞充满淀粉粒。皮层有时可见根迹维管束(图 2-6)。

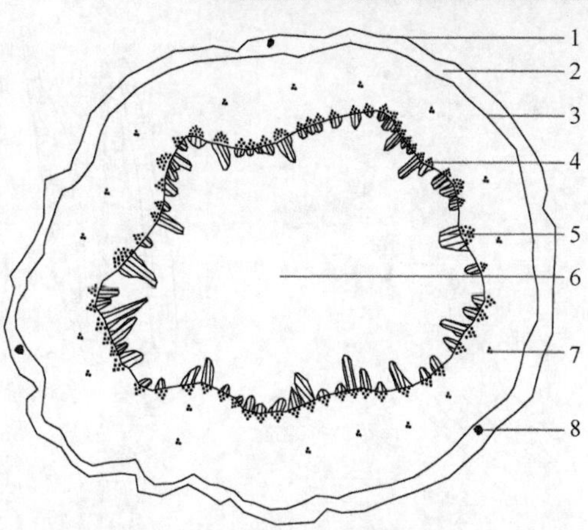

图 2-6　川乌横切面组织简图

1. 后生皮层　2. 皮层　3. 内皮层　4. 韧皮部　5. 木质部　6. 髓　7. 筛管群　8. 石细胞

2. 粉末鉴别　按照粉末制片方法进行，制以下粉末片。

(1) 味连：粉末棕黄色。①石细胞为类方形、类圆形、类长方形或近多角形，黄色，壁厚，壁孔明显。②中柱鞘纤维，黄色，纺锤形或梭形，长 136～185 μm，直径 27～37 μm，壁厚。③木纤维众多，鲜黄色，壁具裂隙状纹孔。④木薄壁细胞类长方形或不规则形，壁稍厚，有纹孔。⑤鳞叶表皮细胞绿黄色或黄棕色，略呈长方形，壁微波状弯曲，或作连珠状增厚。⑥导管主为孔纹导管(图 2-7)。

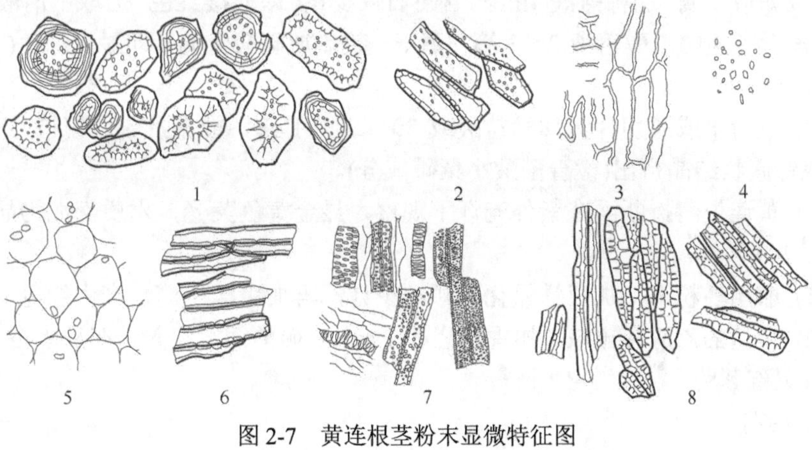

图 2-7　黄连根茎粉末显微特征图

1. 石细胞　2. 木薄壁细胞　3. 鳞叶表皮细胞　4. 淀粉粒　5. 薄壁细胞　6. 木纤维　7. 导管　8.中柱鞘纤维

(2) 白芍：粉末类白色。①薄壁细胞呈类圆形或椭圆形，含糊化淀粉粒。②草酸钙簇晶较多，存在于薄壁细胞中，直径 11～35 μm，有的一个细胞含 2 至数个簇晶，也有含晶细胞纵列成行。③木纤维长梭形，直径约 44 μm，有的胞腔内含有草酸钙簇晶。④导管为具缘纹孔或网纹，直径 20～65 μm(图 2-8)。

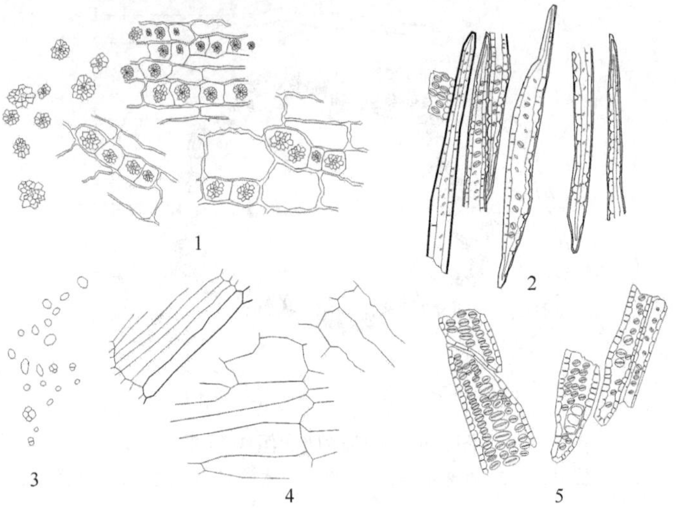

图 2-8 白芍粉末显微特征图
1. 草酸钙簇晶及含晶薄壁细胞 2.木纤维 3.淀粉类 4.木栓细胞 5.导管

三、理 化 鉴 别

1. 黄连

(1) 取黄连细粉约 1 g 置烧杯中，加甲醇 10 ml，置水浴上加热至沸腾，放冷，滤过。取滤液 5 滴，加稀盐酸 1ml 与含氯石灰少量，即显樱红色；另取上清液 1 ml，加 5%没食子酸的乙醇溶液 2～3 滴，蒸干，趁热加硫酸数滴，即显深绿色(检查小檗碱成分)。

(2) 取粉末或薄切片，加稀盐酸或 30%硝酸 1 滴，放置片刻，镜检，有黄色针状或针簇状结晶析出(检查硝酸小檗碱成分)。

(3) 黄连根茎折断面在紫外光灯下观察，显金黄色荧光，木质部尤为显著。

2. 川乌

(1) 取川乌粉末，加亚铁氰化钾颗粒少许，再加甲酸 1 滴，产生绿色。

(2) 川乌的乙醇浸出液，加香草醛和 1 mol/L 硫酸溶液少量，在沸水浴上加热 20 min 显红紫色。

3. 白芍

(1) 取粉末 2 g，加稀硫酸 10 ml，加热蒸馏，取馏液 2 ml，以乙醚 2 ml 萃取，分取醚层，置试管中，水浴蒸除乙醚，继续缓缓加热，试管壁上有结晶性的升华物(检查苯甲酸成分)。

(2) 薄层色谱

1) 供试品溶液制备：取粉末 0.5 g，加乙醇 10 ml，振摇 5 min，滤过，滤液蒸干，残渣加乙醇 1 ml 使溶解。

2) 对照品溶液制备：芍药苷对照品，加乙醇制成每 1 ml 含 1 mg 溶液。

3) 吸附剂：硅胶 G 薄层板。

4) 点样量：10 μl。

5) 展开剂：三氯甲烷-乙酸乙酯-甲醇-甲酸(40∶5∶10∶0.2)。

6) 显色剂：喷以 5%香草醛硫酸溶液，加热至斑点显色清晰。

7) 显色结果：供试品色谱中，在与对照品色谱相应的位置上，显相同的蓝紫色斑点。

【作业】

1. 写出生药黄连、川乌、白芍的主要性状特征。

2. 绘黄连根茎横切面及黄连、白芍粉末显微特征图。

3. 记录生药理化反应的步骤与结果。

实验四　双子叶植物生药(三)

【目的要求】

1. 了解淫羊藿、防己的薄层色谱方法。

2. 熟悉小檗科、防己科生药性状特征。

3. 掌握淫羊藿、防己的显微特征。

【仪器、试剂、材料】

1. 仪器　显微镜、临时装片用具、紫外光灯、蒸发皿、水浴锅、滴管、层析缸、试管、烧杯、移液管、硅胶 G 薄层板、硅胶 H 薄层板、漏斗。

2. 试剂　蒸馏水、水合氯醛试液、稀甘油、乙醇、盐酸、镁粉、乙酸乙酯、丁酮、甲酸、三氯甲烷、甲醇、丙酮，1%三氯化铝乙醇溶液、稀碘化铋钾试液、浓氨水、粉防己碱和防己诺林碱对照品溶液、淫羊藿苷乙醇溶液。

3. 材料

(1) 药材：淫羊藿、巫山淫羊藿、防己。

(2) 组织切片及粉末：心叶淫羊藿叶表面片、防己根横切面永久制片及其粉末。

【实验内容】

一、性 状 鉴 别

1. 淫羊藿和巫山淫羊藿

(1) 心叶淫羊藿：茎细长圆柱形，有纵条纹，黄绿色，基部棕黄色，具光泽。茎生叶对生，先端微尖，边缘具黄色刺毛状锯齿，中央小叶基部心形，上表面黄绿色，下表面灰绿色，有稀疏毛茸，叶脉基部较长。叶片近革质。味微苦。

(2) 朝鲜淫羊藿：小叶较大，长 4～14 cm，宽 3.5～7 cm，先端长尖，基部深心形，两侧小叶基部明显不对称，下表面疏生棕黄色柔毛，中脉上部较密；叶片薄革质。

(3) 箭叶淫羊藿：小叶长卵形，先端渐尖，两侧小叶基部明显偏斜，外侧呈箭形，下表面有粗短白色伏毛；叶片革质。

(4) 柔毛淫羊藿：叶下表面及叶柄密被绒毛状柔毛。

(5) 巫山淫羊藿：为二回三出复叶，小叶片披针形至狭披针形，长 9～23 cm，宽 1.8～4.5 cm，先端渐尖或长渐尖，边缘具刺齿，侧生小叶基部的裂片偏斜，内边裂片小，圆形，外边裂片大，三角形，渐尖。下表面被绵毛或秃净。近革质。气微，味微苦。

2. 防己 不规则圆柱形，或剖切成半圆柱形或块状，常弯曲，弯曲处有深陷的横沟而呈结节状。表面淡灰黄色，可见残存的灰褐色栓皮，有细皱纹具明显横向的皮孔样突起，有时皮部脱落后，露出弯曲的导管束条纹，纵剖面黄白色。质坚实，断面平坦细腻，灰白色，粉性，导管束放射状排列。气微，味苦。

二、显微鉴别

1. 观察以下生药的制片，注意组织构造特征。

(1) 心叶淫羊藿叶表面片：①上下表皮细胞垂周壁深波状弯曲，下表皮有气孔和非腺毛，气孔不定式。②非腺毛基部数个细胞短，向上渐长，上端有时呈钩状或波状弯曲，先端钝圆，细胞内含棕色物。③草酸钙柱晶多存在主脉中的异型细胞中。④叶片基部薄壁细胞中含簇晶，直径 13～38 μm，也可见方晶及砂晶。

(2) 防己根横切面：①木栓细胞黄棕色。②石细胞呈类方形或多角形，壁稍厚，胞腔明显，常切向排列。③韧皮部较宽，筛管群束状，形成层成环。④导管排列成放射状，伴有木纤维，射线宽。⑤薄壁细胞中充满淀粉粒，并含有草酸钙方晶及柱晶。

2. 粉末鉴别 按照粉末制片方法进行，制以下粉末片：

(1) 心叶淫羊藿：粉末灰绿色或棕绿色。①上、下表皮细胞垂周壁深波状弯曲，气孔非腺毛仅存在于下表皮。气孔长圆形，副卫细胞 3～5 个。②非腺毛由 3～6 个细胞组成(主脉基部偶见多达 14 个细胞)，长可达 1000 μm，直径 15～20 μm，基部 2～4 个细胞，平直或弯曲，细胞内多含黄棕色物质。③草酸钙柱晶或方晶多存在于异型细胞中。④可见草酸钙簇晶。⑤木纤维长达 450 μm，壁厚，木化。⑥可见环纹、螺纹、具缘纹孔导管(图 2-9)。

(2) 防己：粉末灰白色。①淀粉粒众多，单粒呈球形、盔帽形或多角形。直径 3～40 μm，脐点点状、裂缝状、“人”字状或星状，层纹不明显。复粒多由 2～4 分粒组成。②草酸钙柱晶众多，长 3～10 μm，方晶长 7～10 μm。③石细胞较多，呈椭圆形，类方形或不规则形，壁稍厚，胞腔大，孔沟明显；另有壁厚者；

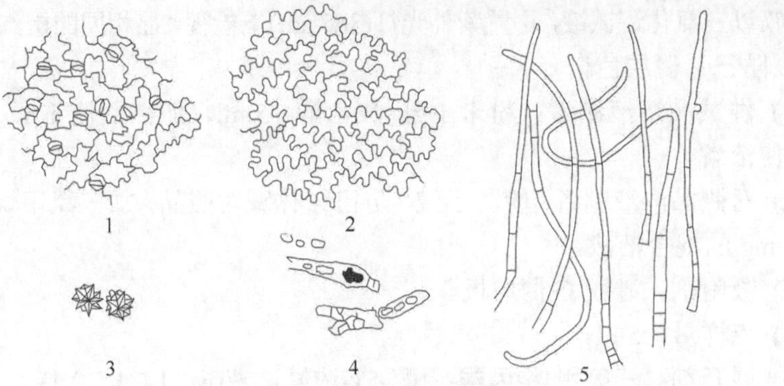

图 2-9　淫羊藿叶粉末显微特征图

1. 下表皮　2. 上表皮　3. 草酸钙簇晶　4. 异形细胞内含草酸钙柱晶及方晶　5. 非腺毛

长 50～190 μm，直径 28～90 μm。④木纤维壁稍薄，木化，长可达 1300 μm。⑤木栓细胞棕黄色，多角形。⑥导管为具缘纹孔与网纹导管(图 2-10)。

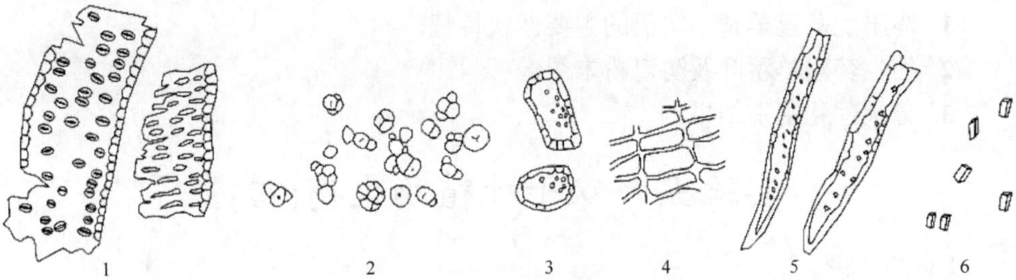

图 2-10　防己粉末显微特征图

1. 导管　2. 淀粉粒　3. 石细胞　4. 木栓细胞　5. 纤维　6. 草酸钙方晶

三、理化鉴别

1. 淫羊藿

(1) 取粉末 1 g 置烧杯中，加乙醇 10 ml，振摇 5 min，滤过，取乙醇滤液置试管中，加盐酸-镁粉显红色(检查黄酮类成分)。

(2) 薄层色谱

1) 供试品溶液制备：本品粉末 0.5 g，加乙醇 10 ml，温浸 30 min，滤过，滤液蒸干，残渣加 10 ml 使溶解。

2) 对照品溶液制备：取淫羊藿对照品适量，精密称定，加甲醇制成每 1 ml 含 10 mg 的溶液。

3) 吸附剂：硅胶 H 薄层板。

4) 点样量：10 μl。

5) 展开剂：乙酸乙酯-丁酮-甲酸-水(10∶1∶1∶1)。

6) 显色剂：置紫外光灯(365 nm)下检视。

7) 显色结果：供试品色谱中，在与对照品色谱相应的位置上，显相同的暗红色斑点；喷以三氯化铝试液，再置紫外光灯(365 nm)下检视，显相同的橙红色荧光斑点。

2. 防己 薄层色谱

(1) 供试品溶液制备：粉末 1 g，加乙醇 15 ml，加热回流 1 h，残渣加乙醇 10 ml 使溶解。

(2) 对照品溶液制备：粉防己碱、防己诺林碱对照品，加三氯甲烷制成每 1 ml 各含 1 mg 的混合溶液。

(3) 吸附剂：硅胶 G 薄层板。

(4) 点样量：5 μl。

(5) 展开剂：三氯甲烷-丙酮-甲醇-5%浓氨试液(6∶1∶1∶0.1)。

(6) 显色剂：喷以稀碘化铋钾试液。

(7) 显色结果：供试品色谱中，在与对照品色谱相应的位置上，显相同颜色的斑点。

【作业】

1. 写出生药淫羊藿、防己的主要性状特征。

2. 绘生药淫羊藿叶及防己粉末图。

3. 记录理化鉴别结果。

实验五 双子叶植物生药(四)

【目的要求】

1. 了解厚朴、肉桂的理化鉴别方法。

2. 熟悉木兰科、樟科生药性状特征。

3. 掌握厚朴、五味子与肉桂的显微特征。

【仪器、试剂、材料】

1. 仪器 显微镜、临时装片用具、紫外光灯、蒸发皿、回流装置、滴管、层析缸、试管、烧杯、移液管、漏斗。

2. 试剂 水合氯醛试液、稀甘油、氢氧化钠、三氯甲烷、甲醇、乙醇、碘化铋钾、硅钨酸、活性炭、硫酸汞、高锰酸钾、10%盐酸苯肼溶液。

3. 材料

(1) 药材：厚朴、辛夷、五味子、南五味子、肉桂、桂枝、乌药。

(2) 组织切片及粉末：厚朴、五味子果实、肉桂横切面永久制片及其粉末。

【实验内容】

一、性状鉴别

1. 厚朴

(1) 干皮：呈卷筒状或双卷筒状，习称“筒朴”；近根部干皮一端展开如喇叭口，习称“靴筒朴”。外表面灰棕色或灰褐色，栓皮有时呈鳞片状易剥落，有明显的椭圆形皮孔和纵皱纹。表面较平坦，显黄棕色。内表面较平滑，紫棕色或深紫褐色，具细密纵纹，划之显油痕。质坚硬，不易折断。断面外部灰棕色，颗粒性；内部紫褐色或棕色，富油性，有时可见多数发亮的细小结晶(厚朴酚结晶)。气香、味苦带辛辣感。

(2) 根皮(根朴)：呈单筒状或不规则块片，有的弯曲似“鸡肠”，习称“鸡肠朴”。表面灰棕色，有横纹及纵皱纹，劈破处呈纤维状。质硬，易折断。嚼之残渣较多。余同干皮。

(3) 枝皮(枝朴)：皮薄呈单筒状，表面灰棕色，具皱纹。质脆，易折断，断面纤维性。嚼后残渣亦较多。

2. 辛夷 呈倒圆锥形，似毛笔头。苞片2～3层，苞片外表面密被灰白色至黄绿色茸毛，内表面紫棕色，无毛。质脆易碎。有特殊香气，味辛、凉、稍苦。

3. 五味子 商品分为北五味子和南五味子

(1) 北五味子：呈不规则的圆球形或扁球形。外皮紫红色或暗红色，皱缩，显油性，有的表面呈黑红色或出现“白霜”。果肉柔软。种子1～2粒，呈肾形，表面棕黄色，有光泽，种皮硬而脆，较易破碎，种仁呈钩状，黄白色，半透明，富有油性。果肉气弱，味酸，种子破碎后，有香气，味辛、微苦。

(2) 南五味子：较小，不规则形。表面暗红色或棕褐色，果皮肉质较薄，无光泽，内含种子1～2粒。种子较北五味子稍小，表面黄棕色呈颗粒状。

4. 肉桂 呈浅槽状、卷筒状或板片状，厚2～8 mm。外表面灰棕色，有不规则的细皱纹及横向突起的皮孔，有的可见灰白色的地衣斑。内表面红棕色，较平滑，有细纵纹，用指甲刻划可见油痕。质硬而脆，易折断，断面不平坦，外侧呈棕色而显颗粒性，内侧红棕色而油润，中间有一条黄棕色的线纹。有浓烈的特殊香气，味甜、辛辣。

5. 乌药 呈纺锤形或圆柱形，略弯曲，有的中部收缩呈连珠状，表面黄棕色或黄褐色，有细纵皱纹及侧根痕，皮部易脱落而露出纤维状导管束。本品常横切成圆形薄片，皮部甚薄，常已除去，木部黄白色或淡黄棕色，中心色深，木射线明显。

6. 桂枝 呈长圆柱形，多分枝，直径0.3～1 cm，表面棕色至红棕色，粗枝略显灰棕色，有纵条纹及微突起的叶痕、牙痕或有细枝残迹，皮孔点状椭圆形。质硬而脆，易折断不平坦。皮部红棕色，木部黄白色。髓部略呈方形。有特殊香气，味甜微辛。

二、显微鉴别

1. 横切面观察以下生药的横切面永久制片，注意组织构造特征。

(1) 厚朴干皮横切面：①木栓层细胞数列，有时可见落皮层。②皮层较宽厚，散有多数石细胞群，石细胞多呈分枝状，纤维少见；靠内层有多数切向延长的椭圆形油细胞散在，壁稍厚。③韧皮部占极大部分，射线宽1～3列细胞，向外渐变宽，油细胞颇多。④薄壁细胞中含有细小草酸钙方晶，并含淀粉粒，淀粉粒多已糊化。

(2) 北五味子果实横切面：①外果皮壁稍厚，外被角质层，间有油细胞。②中果皮有十余层薄壁细胞，细胞切向延长，内含淀粉粒，散有小形外韧维管束十余个。③内果皮细胞小。④种皮最外层为1列径向延长的石细胞，呈栅栏状，壁厚，密具细小孔沟，其下3～4层是细胞类圆形、孔沟较大而疏，形状不规则，壁较薄。石细胞下层为数层薄壁细胞，种脊部位有维管束；油细胞层由1层长方形油细胞组成，含棕黄色挥发油；再下为3～5层小形细胞；种皮内层细胞壁稍厚。⑤胚乳细胞含脂肪油滴及糊粉粒。

(3) 肉桂横切面：①木栓细胞数列，最内一层木栓细胞的外壁增厚，木化。②皮层宽厚，散有石细胞、油细胞及黏液细胞。③中柱鞘部位有石细胞群，排列成近于连续的环层，外侧有纤维束存在，石细胞的外壁较薄。④韧皮部较宽，射线细胞宽1～2列，细胞内常散在多数细小针晶；厚壁纤维常单个稀疏散在或2～3个成群；油细胞随处可见；黏液细胞亦较多。薄壁细胞中含有淀粉粒。

2. 粉末鉴别 按照粉末制片方法进行，制以下粉末片：

(1) 厚朴：粉末棕黄色。①石细胞众多。呈椭圆形、类方形、卵圆形，或呈不规则分枝状，直径10～65 μm，有时可见层纹，木化。②纤维直15～32 μm，壁甚厚，平直，孔沟不明显，木化。③油细胞呈圆形或椭圆形，直径50～85 μm，含黄棕色油状物，细胞壁木化。④木栓细胞呈多角形，壁薄微弯曲。⑤筛管分子复筛域较大，筛孔明显(图2-11)。

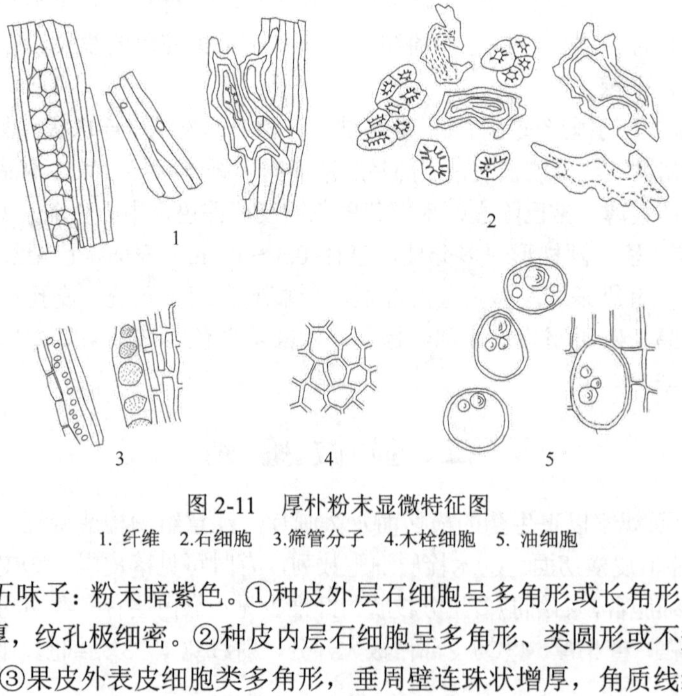

图2-11 厚朴粉末显微特征图

1. 纤维 2.石细胞 3.筛管分子 4.木栓细胞 5. 油细胞

(2) 北五味子：粉末暗紫色。①种皮外层石细胞呈多角形或长角形，直径18～32 μm，壁厚，纹孔极细密。②种皮内层石细胞呈多角形、类圆形或不规则形纹孔较大而密。③果皮外表皮细胞类多角形，垂周壁连珠状增厚，角质线纹明显，油细胞类圆形，内含挥发油滴，散在于表皮中。④内胚乳细胞内含糊粉粒、脂肪油等(图 2-12)。

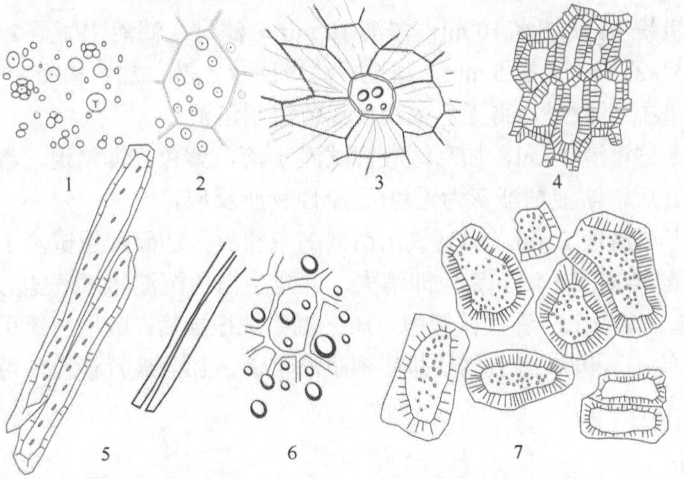

图 2-12　五味子粉末显微特征图

1. 淀粉粒　2. 薄壁细胞　3. 油细胞　4. 种皮外层石细胞　5. 纤维　6. 胚乳　7. 种皮内层石细胞

(3) 肉桂：粉末红棕色。①纤维多单个散在，少数 2～3 个并列，长梭形，平直或波状弯曲，壁极厚，孔沟不明显。②石细胞类圆形、类方形或多角形，直径 32～88 μm，细胞壁常三面增厚，一面菲薄。③油细胞类圆形或长圆形，含淡黄色油滴。④草酸钙针晶较细小，成束或零星散在，主要在射线细胞中多。⑤木栓细胞多角形，含红棕色物质，细胞壁化。⑥淀粉粒极多，圆球形或多角形(图 2-13)。

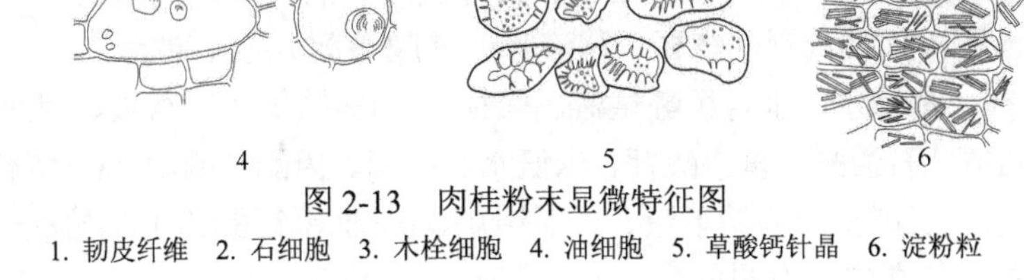

图 2-13　肉桂粉末显微特征图

1. 韧皮纤维　2. 石细胞　3. 木栓细胞　4. 油细胞　5. 草酸钙针晶　6. 淀粉粒

三、理 化 鉴 别

1. 厚朴

(1) 取粗粉 3 g，加三氯甲烷 30 ml，回流 30 min，滤过。取滤液，在紫外光灯下检查，顶面观显紫色，侧面观上层黄绿色，下层棕色。

(2) 本品酸性乙醇提取液 1 ml 置试管中，加碘化铋钾试剂，生成橙红色沉淀；加硅钨酸试剂，生成白色沉淀(检查生物碱)。

2. 五味子

(1) 取粗粉 1 g，加水 10 ml，浸渍 10 min，滤过，滤液浓缩至 2～3 ml 体积，加 5 倍量 95%乙醇，振摇 5 min，滤过，滤液回收乙醇，加水稀释至 10 ml，加活性炭少许，振摇后滤过，得无色或浅粉红色澄明溶液。

(2) 取上述溶液 1 ml，加高锰酸钾试液 1 滴，紫色立即消退，溶液变浅橙黄色，放置 1 h 后，溶液渐渐变为无色(还原性物质反应)。

(3) 取上述溶液 2 ml，加氢氧化钠试剂中和后，加硫酸汞试液 1 滴，加热至沸，加高锰酸钾试液 1 滴。紫色即消失，并发生白色沉淀(枸橼酸盐反应)。

3. 肉桂 取粉末少许置试管中，加三氯甲烷振摇后，吸取三氯甲烷液 2 滴于载玻片上，待干，再滴加 10%的盐酸苯肼液 1 滴，加盖玻片镜检，可见桂皮醛苯腙的杆状结晶。

【作业】

1. 写出生药厚朴、五味子与肉桂的主要性状特征。
2. 绘厚朴、五味子与肉桂粉末显微特征图。
3. 记录理化反应的步骤与结果。

实验六 双子叶植物生药(五)

【目的要求】

1. 了解延胡索、苦杏仁的理化鉴别方法。
2. 熟悉罂粟科、十字花科、蔷薇科等其他常用生药性状特征。
3. 掌握延胡索、苦杏仁的显微特征。

【仪器、试剂、材料】

1. 仪器 显微镜、临时装片用具、紫外光灯、蒸发皿、具塞试管、具塞三角瓶、滴管、层析缸、试管、烧杯、移液管、硅胶 G 薄层板、滤纸。

2. 试剂 蒸馏水、水合氯醛试液、稀甘油、1%铁氰化钾溶液、甲醇、苯、乙酸乙酯、乙醇、石油醚、重铬酸钾、浓氨水、甲苯、丙酮、碘、1%三氯化铁溶液、5%硫酸溶液、三硝基苯酚钠溶液、二氯甲烷、0.8 %磷钼酸的 15%硫酸乙醇溶液，延胡索乙素、苦杏仁苷对照品。

3. 材料

(1) 药材：延胡索、板蓝根、大青叶、红景天、杜仲、山楂、苦杏仁、木瓜、枇杷叶。延胡索对照药材。

(2) 组织切片及粉末：苦杏仁、延胡索横切面永久制片及其粉末。

【实验内容】

一、性状鉴别

1. 延胡索　呈不规则扁球形，直径 0.3～2 cm。表面灰黄色或黄棕色，有不规则网状皱纹，顶端略凹陷，有茎痕，基部稍凹陷呈脐状；或呈圆锥状突起。质坚而脆，断面黄色，角质样。气微，味苦。

2. 板蓝根　呈圆柱形，表面灰黄色或淡棕黄色，有明显的横长皮孔样突起，并有支根痕；根头稍膨大，顶端有盘状凹陷的茎基痕，四周有呈轮状排列的叶柄残基和密集的疣状突起。质坚实，断面皮部黄白色，形成层环深棕色，木部黄色，粉性。气微，味微甜、后苦涩。

3. 杜仲　呈扁平板状，少数为卷片，厚 1～7 mm。外表面淡灰棕色，有不规则纵槽及裂纹，并有斜方形皮孔，刮去部分栓皮者表面较平坦；内表面紫褐色，光滑。质脆，折断面有绵密具弹性的银白色橡胶丝相连；气微，味稍苦，嚼之有胶状残留物。

4. 山楂　呈类球形。表面深红色，有光泽，表面有细小白色斑点，顶端有凹窝，边缘有宿萼，基部有细果柄或柄痕；果核 5 枚，弓形。果肉深黄色至淡棕色，中部横切片淡黄色果核 5 粒，但多脱落。气清香，味酸，微甜。

5. 苦杏仁　呈扁心形。表面黄棕色至红棕色，珠孔位于尖端；近尖端边缘有短线形种脐，一端钝圆，较肥厚，有椭圆形合点，种脐与合点间有线形种脊，自合点散出数条深棕色脉纹；种皮与胚乳薄，子叶 2 枚，肥厚，富油质。味苦，气微。

6. 大青叶　多皱缩或卷曲成团，多破碎。完整叶片呈长椭圆形或长圆状倒披针形。灰绿色或棕绿色；先端钝，全缘或微波状，基部渐狭窄，下延至叶柄呈翼状。纸质，质脆易碎。气微弱，味微酸、苦、涩。

7. 红景天　呈圆柱形，粗短，略弯曲，少数有分枝，长 5～20 cm，直径 2.9～4.5 cm。表面棕色或褐色，粗糙有褶皱，剥开外表皮有一层膜质黄色表皮且具粉红色花纹；宿存部分花茎，花茎基部被三角形或卵形膜质鳞片；节间不规则，断面粉红色至紫红色，有一环纹，质轻，疏松。主根呈圆柱形，长约 20 cm，上部直径约 1.5 cm，侧根长 10～30 cm；断面橙红色或紫红色，有时具裂隙。气芳香，味微苦涩、后甜。

8. 木瓜　卵圆形或长圆形，多纵剖为两瓣，长 4～9 cm，宽 2～5 cm。外表面棕红色或紫红色，因干缩而有多数不规则的深褶和皱纹，剖面边缘向内卷曲，果肉红棕色细腻，中心有凹陷的子房室，种子大多已脱落。种子红棕色，三角形略扁平。气微，味酸涩。

9. 枇杷叶　叶片长椭圆形，长 12～30 cm，宽 4～9 cm。叶端渐尖，基部楔形，上部有锯齿，基部全缘。羽状网脉，中脉在下表面极为突出。叶上表面平滑或稍皱缩，有光泽，棕绿色或灰绿色；下表面密被锈色绒毛。叶柄短或近无柄。叶革质。味微苦。

10. 乌梅 呈类球形或扁球形，直径 2～3 cm，表面棕黑色至乌黑色，极皱缩，于扩大镜下可见毛茸，基部有圆形果梗痕。果肉柔软或略硬，果核坚硬，椭圆形，棕黄色，表面有凹点，内含卵圆形、淡黄色种子 1 粒。具焦酸气，味极酸而涩。

二、显 微 鉴 别

1. 苦杏仁种子横切面 ①种子表皮细胞 1 层，间有近圆形橙黄色石细胞。②表皮下为多层薄壁细胞，有小型维管束。③外胚乳为 1 层颓废细胞；内胚乳细胞含糊粉粒及脂肪油，子叶薄壁细胞含糊粉粒及脂肪油。

2. 粉末鉴别制以下粉末透化片

(1) 延胡索：①薄壁细胞中充满糊化的淀粉团块。②皮层厚壁细胞长条形，壁木化、稍厚，具细密纹孔。③石细胞类多角形、长圆形或长多角形，长 88～160 μm(图 2-14)。

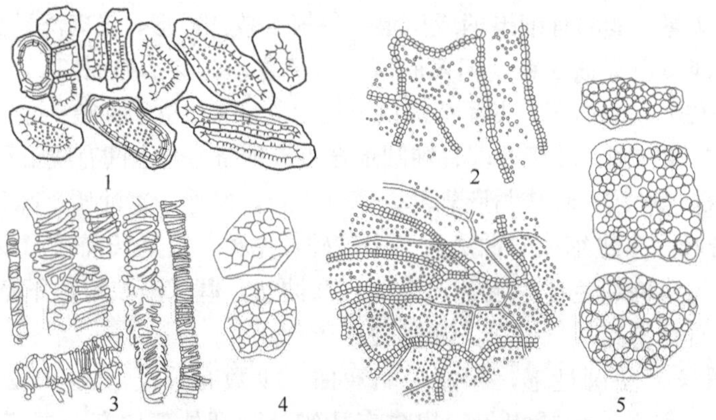

图 2-14 延胡索粉末显微特征图

1. 石细胞 2. 下皮厚壁细胞 3. 导管 4. 薄壁细胞(含糊化淀粉粒)
5. 薄壁细胞(含淀粉类)

(2) 苦杏仁：①种皮石细胞单个散在或数个成群，淡黄色或黄棕色，侧面观大多呈贝壳形、卵圆形或类圆形，底部较宽，18～60 μm，壁厚 3～5 μm，层纹无或少见，孔沟甚密，上部壁厚 5～10 μm，层纹明显，孔沟少。②种皮外表皮薄壁细胞黄棕色或棕色，多皱缩，细胞界限不清，常与石细胞相连。③子叶细胞含糊粉粒及油滴；较大的糊粉粒中有细小草酸钙簇晶，直径 2～6 μm。④内胚乳细胞多角形，内含油滴(图 2-15)。

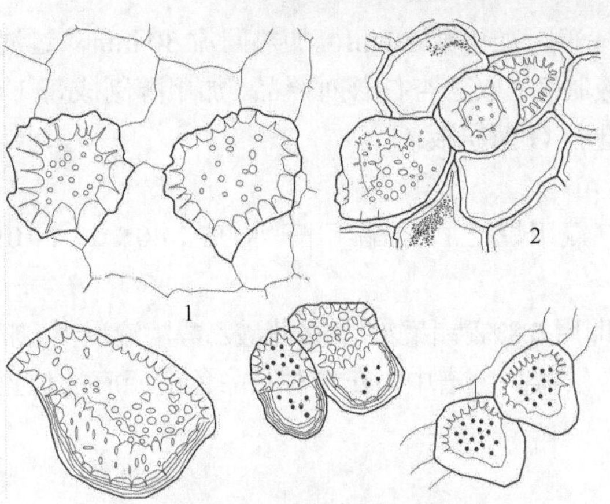

图 2-15　苦杏仁粉末显微特征图
1. 种皮石细胞　2. 种皮外表皮细胞

三、理 化 鉴 别

1. 延胡索

(1) 取粉末 2 g 置烧杯中，加 0.5 mol/L 硫酸溶液 20 ml，振摇，滤过。取滤液 2 ml，加 1%铁氰化钾溶液 0.4 ml 与 1%三氯化铁溶液 0.3 ml 的混合液，显深绿色，渐变蓝色，放置后有深蓝色沉淀(检查酚类成分)；另取滤液加重铬酸钾试液 1 滴，产生黄色沉淀。

(2) 薄层色谱

1) 供试品溶液制备：本品粉末 1 g，加甲醇 50 ml，超声处理 30 min，残渣加水 10 ml 使溶解，加浓氨试液调至碱性，用乙醚提取 3 次，每次 10 ml，合并乙醚液，残渣加甲醇 1 ml 使溶解。

2) 对照品溶液制备：取延胡索对照药材 1 g，同法制成对照药材溶液。再取延胡索乙素对照品，加甲醇制成每 1 ml 含 0.5 mg 的溶液。

3) 吸附剂：1%氢氧化钠溶液制备的硅胶 G 薄层板。

4) 点样量：2～3 μl。

5) 展开剂：甲苯-丙酮(9∶2)。

5) 显色剂：置碘缸中显色后，置紫外光灯(365 nm)下检视。

6) 显色结果：供试品色谱中，在与对照药材色谱和对照品色谱相应的位置上，显相同颜色的荧光斑点。

2. 苦杏仁

(1) 取粉末 0.5 g，置带塞试管中，加 5%硫酸溶液 3 ml，充分混合，试管口放一张三硝基苯酚钠溶液湿润的滤纸条，塞紧，将试管置 40～50℃水浴中加热 10 min，滤纸条由黄色变砖红色(检查氰苷类)。

(2) 薄层色谱

1) 供试品溶液制备：本品粉末 2 g，置索氏提取器中，加二氯甲烷适量，加热回流 2 h，药渣挥干，加甲醇 30 ml，加热回流 30 min，过滤。

2) 对照品溶液制备：取苦杏仁苷对照品，加甲醇制成每 1 ml 含 2 mg 的溶液。

3) 吸附剂：硅胶 G 薄层板。

4) 点样量：3 μl。

5) 展开剂：三氯甲烷-乙酸乙酯-甲醇-水(15∶40∶22∶10)5～10℃放置 12 h 的下层溶液。

6) 显色剂：立即用 0.8%磷钼酸的 15%硫酸乙醇溶液浸板，加热至斑点显色清晰。

7) 显色结果：供试品色谱中，在与对照品色谱相应的位置上，显相同颜色的斑点。

【作业】

1. 写出延胡索、板蓝根、苦杏仁的性状特征。

2. 绘延胡索、苦杏仁粉末显微特征图。

3. 记录理化鉴别反应结果。

实验七　双子叶植物生药(六)

【目的要求】

1. 了解黄芪、甘草的理化鉴别方法。

2. 熟悉豆科生药性状特征。

3. 掌握黄芪、甘草的显微特征。

【仪器、试剂、材料】

1. 仪器　显微镜、临时装片用具、紫外光灯、蒸发皿、回流装置、水浴锅、滴管、层析缸、试管、烧杯、研钵、移液管、白瓷板、硅胶 G 薄层板。

2. 试剂　蒸馏水、水合氯醛试液、稀甘油、甲醇、乙醇、乙酸酐、冰乙酸、浓硫酸、5%α-萘酚乙醇溶液、0.2%茚三酮溶液。

3. 材料

(1) 药材：黄芪、甘草、葛根、苦参、山豆根、番泻叶、补骨脂、决明子。

(2) 组织切片及粉末：黄芪根横切面、甘草根横切面永久制片及黄芪、甘草粉末。

【实验内容】

一、性 状 鉴 别

以生药性状鉴别方法，仔细观察下列药材。

1. 黄芪　呈圆柱形，上粗下细，长 10～90 cm，直径 1～3 cm。表面淡棕黄色或深褐色。质硬略韧，断面纤维状，皮部黄白色，木部淡黄色，有菊花心，显放射状纹理及裂隙。气微，味微甜。嚼之微有豆腥味。

2. 甘草

(1) 乌拉尔甘草：长圆柱形，表面红棕色，暗棕色，有明显的皱纹、沟纹及横长的皮孔样突起，外皮松紧不等，两端切面中央稍下陷。质坚实而重，断面纤维性，黄白色，有粉性，具明显的形成层环纹及放射状纹理，有裂隙。气微，味甜。

(2) 胀果甘草：外皮粗糙，多灰棕色或灰褐色。断面淡黄色或黄色，纤维性，粉性少。味甜或带苦。

(3) 光果甘草：表面灰棕色。断面纤维性，裂隙较少。质较坚实，气微味甜。

3. 葛根　表面黄白色或淡棕色，有时可见残存淡棕色外皮。切面粗糙，纤维性强；横切面可见由纤维及导管所形成的同心性环层。质轻而松。气微，味淡。

4. 苦参　呈圆柱形，下部常有分枝，直径 1～2.5 cm。表面黄棕色或灰棕色，有明显纵皱纹及横长皮孔，栓皮薄，多破裂向外卷曲，易剥落而现黄色光滑的内层栓皮。质坚韧，难折断，折断面纤维性，黄白色。气微，味极苦。

5. 山豆根　根茎呈不规则块状，横向延长，具结节，顶端常残留茎基或茎痕，其下着生根数条。根呈长圆柱形，有分枝，径 0.3～1. 5cm。表面棕色至黑棕色，有纵皱纹及横长皮孔。质坚硬，难折断，断面略平坦，浅棕色。微有豆腥气，味极苦。

6. 番泻叶

(1) 狭叶番泻：小叶片长卵形、卵形或披针形，长 1.5～5 cm，宽 0.4～2 cm，叶端渐尖，叶基不对称，全缘；上下表面稍浅，均无毛或近无毛，下表面叶脉突出，有叶脉、叶片压叠线纹。叶革质。气微，味微苦。

(2) 尖叶番泻：叶片披针形或长卵形，叶端短尖或微凸，叶基部不对称，两面均有细短毛茸。质地较薄、脆，无特殊气味，尝之微涩而稍带苦，用开水浸泡为茶色。

7. 补骨脂　呈扁圆状肾形，一端略尖。表面黑棕色或棕褐色，具微细网纹。质较硬脆，剖开后可见果皮与外种皮紧密贴生，除去果皮后，可见种脐小点状，位于种子凹侧的上端略下处，合点位于另一端，种脊不明显。外种皮质较硬，内种皮膜质，灰白色，无胚乳，子叶两枚，肥厚，淡黄色至淡黄棕色，胚根小。宿萼基部连合，上端 5 裂，灰黄色，具毛茸，并密布褐色腺点。气芳香特异，味苦微辛。

8. 决明子　呈四棱性短圆柱形，一端钝圆，另一端倾斜并有尖头，长 4～6 mm，宽 2～3 mm。表面棕绿色或暗棕色，平滑，有光泽，背腹面各有 1 条凸起的棱线。棱线两侧各有 1 条从脐点向合点斜向的浅棕色凹纹。质坚硬。种皮薄，胚乳灰白色，半透明，胚黄色，两片子叶重叠呈 S 状折曲。气无，破碎后有微弱豆腥气；味微苦，稍带黏性。

二、显微鉴别

1. 横切面观察以下生药的横切面永久制片，注意组织构造特征。

(1) 黄芪根横切面：①木栓层细胞数列，栓内层为厚角细胞，切向延长。②韧皮部有纤维束，与筛管群交替排列；近栓内层处有时可见石细胞及管状木栓组织；韧皮射线外侧弯曲，有裂隙。③形成层成环。④木质部导管单个或2～3个相聚，有木纤维束，木射线明显。⑤薄壁细胞内含淀粉粒。

(2) 乌拉尔甘草根横切面：①木栓层为数列红棕色细胞(粉甘草外皮已除去)。②韧皮部及木质部中均有纤维束，其周围薄壁细胞中常含草酸钙方晶，形成晶鞘纤维。③束间形成层不明显。④导管常单个或2～3个成群。⑤射线明显，韧皮部射线常弯曲，有裂隙。

2. 粉末鉴别制以下粉末透化片

(1) 黄芪：①纤维细长，壁厚，初生壁常与次生壁分离，两端常断裂成须状，或较平截。②具缘纹孔导管无色或橙黄色，排列紧密。③石细胞较少，长方形、类圆形或不规则状，壁甚厚，少数较薄。④木栓细胞多角形，棕色。⑤淀粉粒多为单粒，偶见2～3分粒组成的复粒(图2-16)。

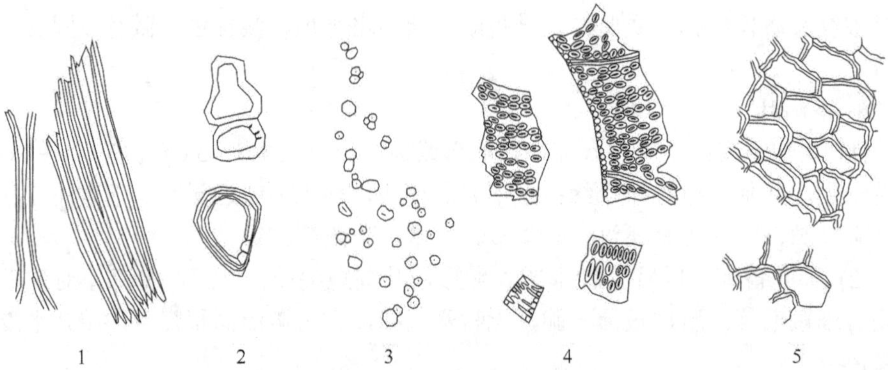

图2-16 黄芪粉末显微特征图

1. 纤维 2. 石细胞 3. 淀粉粒 4. 导管 5. 木栓细胞

(2) 乌拉尔甘草：①纤维成束，直径8～14 μm，壁厚；晶鞘纤维易察见，草酸钙方晶约30 μm。②具缘纹孔导管较大，直径至160 μm，稀有网纹导管。③淀粉粒多为单粒，卵圆形或椭圆形，长3～12(～20) μm，脐点点状。④木栓细胞多角形、红棕色。⑤棕色块状物众多，形状不一，多为块状(图2-17)。

三、理化鉴别

1. 黄芪

(1) 取本品粉末3 g置烧杯中，加水30 ml，浸渍过夜，滤过，取滤液，加0.2%茚三酮溶液2滴，在沸水中加热5 min，冷后呈紫红色(检查氨基酸、多肽)。

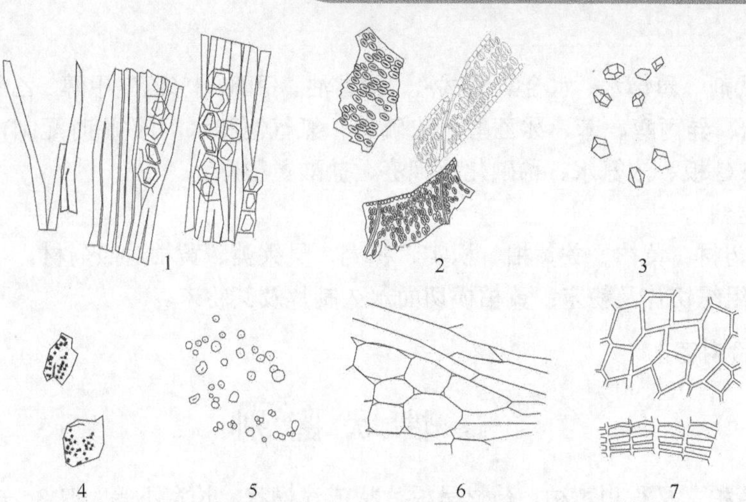

图 2-17　甘草粉末显微特征图

1. 纤维及晶纤维　2. 导管　3. 草酸钙方晶　4. 色素块　5. 淀粉粒　6. 射线细胞　7. 木栓细胞

(2) 取上项水溶液 1 ml，于 60℃水浴中加热 10 min，加 5% α-萘酚乙醇溶液 5 滴，摇匀，沿管壁缓缓加入浓硫酸 0.5 ml，在试液与硫酸交界处出现紫红色环(检查糖、多糖)。

(3) 取本品粉末 2 g 置烧杯中，加甲醇 10 ml，放置过夜，滤过。取滤液 1 ml，在水浴上蒸干，用少量冰乙酸溶解残渣。加乙酸酐-浓硫酸试剂(19∶1)0.5 ml，颜色由黄变为红色→青色→污绿色(检查甾醇)。

2. 甘草　取本品粉末少量，置于白瓷板上，加 80%硫酸溶液数滴，均显黄色，渐变为橙黄色(甘草皂苷反应)。

【作业】

1. 写出生药黄芪、甘草的主要性状特征。
2. 绘黄芪横切面简图及甘草粉末显微特征图。
3. 记录理化鉴别结果。

实验八　双子叶植物生药(七)

【目的要求】

1. 了解黄柏的理化鉴别方法。
2. 熟悉芸香科生药性状特征。
3. 掌握黄柏的显微特征。

【仪器、试剂、材料】

1. 仪器　显微镜、紫外光灯、蒸发皿、滴管、层析缸、试管、烧杯、研钵、移液管。

2. 试剂 蒸馏水、水合氯醛试液、稀甘油、甲醇，1%乙酸甲醇、乙醇、乙醚、乙酸乙酯、异丙醇、苯、冰乙酸、浓硫酸、氯气饱和水溶液(临时配制)、三氯甲烷、硅胶G板、浓氨水、稀碘化铋钾液、盐酸黄柏碱。

3. 材料

(1) 药材：黄柏、关黄柏、枳实、枳壳、吴茱萸、黄柏对照药材。

(2) 组织切片及粉末：黄柏横切面永久制片及其粉末。

【实验内容】

一、性 状 鉴 别

1. 黄柏 又称川黄柏。药材呈板片状或浅槽状，长宽不等，厚3～6 mm。外表面黄棕色或黄褐色，较平坦，偶有残存的灰褐色粗皮。内表面暗黄色或黄棕色，具细密的纵纹。体轻，质硬，断面深黄色，裂片状分层，纤维性。气微，味苦；黏液性，可使唾液染成黄色。

2. 关黄柏 通常较川黄柏薄，厚2～4 mm。外表面绿黄色，有不规则的纵脊和沟纹，残留的栓皮有弹性。内表面灰黄色。质坚韧，折断面呈刺片状，鲜黄色，纤维层可成片剥离。气微，味苦。

3. 枳实 半球形或圆球形，直径1～3 cm。外表面绿黑色或褐棕色，较粗糙，散有众多小油点(油室)，中央有圆盘状果柄痕或微凸起的花柱基痕。中果皮黄白色或淡棕色，厚5～8 mm，边缘有1～2列黑棕色凹陷小点(油室)。瓤囊9～11瓣，棕褐色，中轴宽3～5 mm。气香，味苦，微酸。

4. 枳壳 呈半球形，直径3～5.5 cm。外皮绿褐色或棕褐色，粗糙，散有众多小油点(油室)，中央有明显的花柱基痕或圆形果柄痕。果皮厚0.6～1.2 cm，黄白色，较光滑，略向外翻，边缘有棕黄色油点1～2列，质坚硬，不易折断。瓤囊9～13瓣，囊内汁胞干缩，棕黄色或暗棕色，质软，内藏种子。中轴坚实，宽5～9 mm，黄白色，有一圈环列的维管束。气香，味苦、微酸。

5. 吴茱萸 呈类球形或略呈五角状扁球形，直径2～5 mm。表面暗黄绿色至污绿色，粗糙，有圆形而稍下凹的油腺，顶端稍下凹，有五角星状的裂隙，有的裂隙中央有突起的柱头残基；基部有花萼及短小果柄。花萼及果柄上可见黄色茸毛。质硬而脆，具浓郁香气，味苦而微辛辣。

二、显 微 鉴 别

1. 横切面观察以下生药的横切面永久制片，注意组织构造特征。

(1) 黄柏横切面：①未去净外皮者，木栓层由多列长方形细胞组成，内含棕色物质。栓内层细胞中含草酸钙方晶。②皮层比较狭窄，散有纤维群及石细胞群，石细胞大多分枝状，壁极厚，层纹明显。③韧皮部占树皮的极大部分，外侧有少数石细胞，纤维束切向排列呈断续的层带，纤维束周围薄壁细胞中常含草酸钙方晶。④射线宽 2～4 列细胞，常弯曲而细长。薄壁细胞中含有细小的淀粉粒，黏液细胞随处可见。

(2) 关黄柏横切面：与川黄柏相似，不同点是：关黄柏木栓细胞呈方形，皮层比较宽广，石细胞较川黄柏略少，射线较平直，硬韧部不发达。

2. 粉末鉴别制以下粉末透化片　①纤维鲜黄色，多成束，稀单个散在，多碎断，直径 16～38 μm。②纤维束周围细胞中含有草酸钙方晶，形成晶纤维，含晶细胞壁木化，壁厚，层纹明显，草酸钙方晶众多。③分枝状石细胞形大较多见，长径可达 250 μm，直径 40～128 μm，壁甚厚，层纹明显，孔沟短线形或不明显。④黏液细胞较易察见，类球形，直径可至 85 μm。⑤木栓细胞淡黄棕色，表面观呈多角形(图 2-18)。

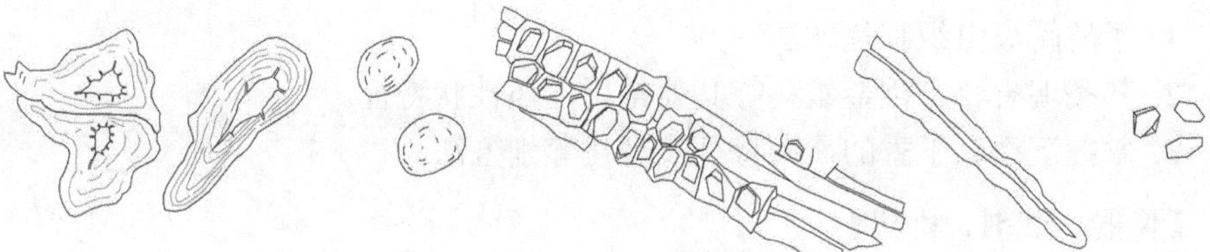

1　　2　　3　　4　　5

图 2-18　黄柏粉末的显微特征图

1. 石细胞　2.黏液细胞　3. 晶鞘纤维　4. 纤维　5. 草酸钙方晶

三、理 化 鉴 别

黄柏

(1) 本品粉末约 1 g，加乙醚 10 ml，振摇后滤过，滤液挥干，残渣加冰乙酸使溶解，再加浓硫酸 1 滴，放置，溶液呈紫棕色(检查黄柏酮成分)。

(2) 取粉末 1 g 置烧杯中，加乙醇 10 ml，振摇数分钟，滤过，滤液加硫酸 1 ml，沿管壁滴加氯气饱和水溶液(临时配制)1 ml，在两液接界处显红色环(检查小檗碱成分)。

(3) 取本品粉末加入到少量水中搅拌，液体因黏性之故而成胶状。

(4) 薄层色谱

1) 供试品溶液制备：本品粉末 0.2 g，加 1%乙酸甲醇溶液 40 ml，于 60℃超声处理 20 min，滤液浓缩至 2 ml。

2) 对照品溶液制备：黄柏对照药材 0.1 g，加 1%乙酸甲醇溶液 20 ml，同法制成对照药材溶液。再取盐酸黄柏碱对照品，加甲醇制成每 1 ml 含 0.5 mg 的溶液。

3) 吸附剂：硅胶 G 薄层板。

4) 点样量：3～5 μl。

5) 展开剂：三氯甲烷-甲醇-水(30∶15∶4)的下层溶液。

6) 显色剂：置氨蒸气饱和的展开缸内，展开，喷以稀碘化铋钾试液。

7) 显色结果：供试品色谱中，在与对照药材色谱和对照品色谱相应的位置上，显相同颜色的斑点。

【作业】

1. 写出生药黄柏的主要性状特征。

2. 绘黄柏粉末显微特征图及横切面简图。

3. 记录理化鉴别结果。

实验九 双子叶植物生药(八)

【目的要求】

1. 了解解离组织制片方法。

2. 熟悉瑞香科、桃金娘科等其他常用生药性状特征。

3. 掌握沉香、丁香的显微特征及理化鉴别方法。

【仪器、试剂、材料】

1. 仪器 显微镜、临时装片用具、紫外光灯、蒸发皿、水浴锅、滴管、试管、烧杯、研钵、移液管、坩埚、微量升华装置。

2. 试剂 蒸馏水、水合氯醛试液、稀甘油、乙醇、盐酸、香草醛、三氯甲烷、3%氢氧化钠的氯化钠饱和溶液、三氯化铁试液。

3. 材料

(1) 药材：沉香、丁香、五倍子。

(2) 组织切片及粉末：沉香切面、丁香萼筒中部横切面永久制片及沉香、丁香粉末。

【实验内容】

一、性 状 鉴 别

1. 沉香

(1) 国产沉香(白木香)：呈不规则块状或盔帽状。表面凹凸不平，有加工的刀痕，可见黑褐色或棕黑色的树脂斑块和黄白色不含树脂部分交互形成的斑纹。质疏松或较坚实，大多不沉于水。断面刺状。有特异香气，味微苦，燃烧时发浓烟及强烈香气，并有黑色油状物渗出。

(2) 进口沉香 呈圆柱状或不规则块状，长10～15 cm，宽2～6 cm；两端或表面有刀劈痕。表面黄棕色或灰黑色，密布断续棕黑色的细纵纹(系含树脂的部分)，有时可见黑棕色树脂瘢痕。质坚硬而重，能沉水或半沉水。气味较浓，燃之发浓烟，香气强烈。

2. 丁香 形似研棒状，长 1～2 cm，上端花蕾近球形，直径 0.3～0.5 cm，萼筒圆柱形而略扁，红棕色或棕褐色，上部有 4 枚三角状的瞽片，十字状分开。质坚而重，富油性。入水则萼管垂直下沉。香气浓郁，味辛辣。

3. 五倍子

(1) 角倍：呈不规则的圆形，具 2～3 分支的薄壳囊状物，长 3～12 cm，直径 2～6 cm，表面短角状突起，黄棕色至灰棕色，密被灰白色绢毛。质硬脆，易破碎，断面角质样，囊壁厚 1～2 mm，内壁浅棕色，平滑。腔内有黑褐色蚜虫尸体及白色粉状分泌物的排泄物。气特异、微臭，味极涩。

(2) 肚倍：呈椭圆至球形的囊状物。平滑，无突起，灰橄榄绿色，毛茸略少。断面角质样，厚 2～3 mm。

二、显微鉴别

1. 白木香切面构造 观察以下生药的永久制片，注意组织构造特征。

(1) 横切面：①木射线宽 1～2 列细胞，含棕色树脂。②导管呈圆形、多角形，直径 42～128 μm，有的含棕色树脂。③木纤维多角形，直径 20～45 μm，壁稍厚，木化。④内涵韧皮部(木间韧皮部)呈长椭圆状或条带状，常与射线相交，细胞壁薄，非木化，内含棕色树脂及丝状物(菌丝)。其间散有少数纤维，有的薄壁细胞含草酸钙柱晶。

(2) 切向纵切面：①可见木射线细胞同型性，宽 1～2 列细胞，高 4～20 个细胞。②导管为具缘纹孔，多为短节导管。③纤维细长，有单纹孔。④内涵韧皮部细胞长方形。

(3) 径向纵切面：木射线排列成横向带状，高 4～20 个细胞。

2. 丁香花萼筒中部横切面：①表皮具很厚的角质层和气孔。②皮层外侧油室众多，向内有双韧型维管束排列成不连续的环，厚壁纤维稀少，其内方薄壁组织，细胞小，排列疏松，围成大气室。③中央有细小维管束 15～25 个，环列，其旁伴有少量纤维。④薄壁细胞中常含众多的小型草酸钙簇晶。

3. 粉末鉴别按照解离组织制片方法制片

(1) 白木香：①纤维状管胞长梭形，多成束，直径 20～30 μm，壁较薄，有退化具缘纹孔。②韧型纤维多散离，直径 25～30 μm，径向壁上有单斜纹孔。③具缘纹孔导管多见，直径约至 130 μm，具缘纹孔排列紧密，互列，导管内棕色树脂团块常破碎脱出。④木射线细胞单纹孔较密。⑤内涵韧皮部(木间韧皮部)薄壁细胞含黄棕色物质，细胞壁非木化，有时可见纵斜交错纹理及菌丝。⑥草酸钙柱晶，长 68 μm，直径 9～15 μm。⑦树脂团块红棕色，块状(图 2-19)。

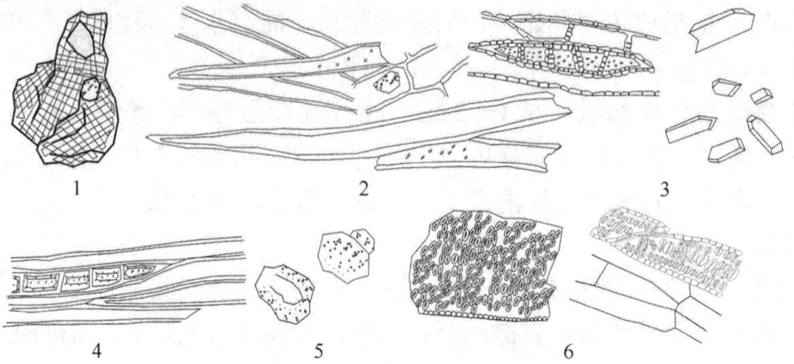

图 2-19　沉香粉末显微特征图

1. 树脂块　2. 韧性纤维　3.草酸钙柱晶　4.纤维管胞　5.内涵韧皮部薄壁细胞　6.导管

(2) 丁香：粉末红棕色。①油室众多，大至 200 μm。②纤维随处可见，大多单个散在，呈梭状，两端钝圆，壁厚，微木化，孔沟明显。③花粉粒极面观略呈三角形，角端各有 1 个萌发孔；赤道面观略呈双凸镜形，具 3 个萌发孔。④草酸钙簇晶极多，较小，往往成行排列。⑤表皮细胞呈多角形，有不定式气孔。⑥花粉囊内壁细胞具条状或网状增厚(图 2-20)。

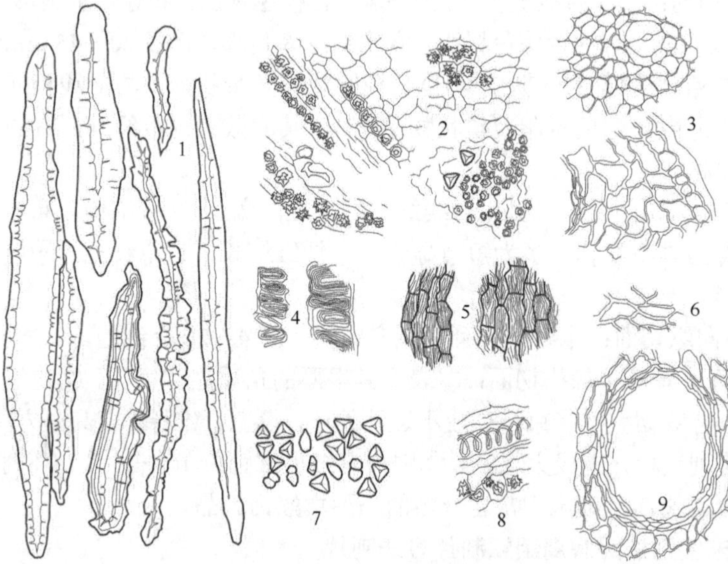

图 2-20　丁香(花蕾)粉末显微特征图

1. 纤维　2. 草酸钙簇晶　3. 花托表皮细胞　4. 花粉囊内壁细胞　5. 花丝表皮细胞
6. 花瓣表皮细胞　7. 花粉粒　8.导管　9.油室

三、理化鉴别

1. 沉香　取乙醇浸出物(热浸法)，进行微量升华，得黄褐色油状物，香气浓郁，于油状物上加盐酸 1 滴与香草醛颗粒少量，再滴加乙醇 1～2 滴，渐显樱红色，放置后颜色加深(检查萜类成分)。

2. 丁香

(1) 取本品三氯甲烷浸液 2～3 滴，滴于载玻片上，速加 3%氢氧化钠的氯化钠饱和液 1 滴，加盖玻片，可见簇状、细针状丁香酚钠结晶(检查丁香油酚)。

(2) 取上项三氯甲烷液蒸干，加乙醇 2 ml，加三氯化铁试液 1～2 滴，呈暗绿色(检查酚类成分)。

【作业】

1. 写出生药沉香、丁香的主要性状特征。
2. 绘沉香、丁香粉末显微特征图。
3. 记录理化鉴别的结果。

实验十　双子叶植物生药(九)

【目的要求】

1. 了解人参、三七的理化鉴别方法。
2. 熟悉五加科的常用生药性状特征。
3. 掌握人参、三七的组织及粉末显微鉴别特征。

【仪器、试剂、材料】

1. 仪器　显微镜、蒸发皿、试管、滴管、漏斗、分液漏斗、玻璃板、毛细管、层析缸、回流装置、离心机。

2. 试剂　水合氯醛液、稀甘油、95%乙醇、甲醇、乙醚、正丁醇、硅胶 G 薄层板、乙酸乙酯、三氯甲烷、石油醚、乙酸酐、硫酸、硼酸的丙酮饱和溶液、10%枸橼酸液、人参皂苷 Rg_1，Rb_1，Re，Rf 对照品，三氯化锑三氯甲烷饱和溶液、蒸馏水。

3. 材料

(1) 药材：人参、西洋参、三七、五加皮、刺五加。

(2) 组织切片及粉末：人参根、三七根的横切面永久制片，人参以及三七粉末。

【实验内容】

一、性 状 鉴 别

1. 人参　商品主要有野山参和圆参。

(1) 野山参：主根粗短，多具 2 个分枝，上端有细密而深陷的环纹。芦头(根茎)细长，几与主根等长，密具芦碗(茎痕)，其下有 1～3 个下垂生长的不定根(艼)，支根有许多细长的须根，可见疣状突起。习称雁脖芦、枣核艼、短横体、铁线纹、珍珠须等。

(2) 生晒参：主根圆柱形，长 3～15 cm，直径 1～2 cm，主根表面淡黄白色或淡灰黄色，有明显纵皱纹，上部或全体有疏浅断续的横纹，下部有侧根 2～3 条及少数细侧根，有少数横长皮孔样突起，根茎较短细，上有茎痕数个，呈凹窝状，交互排列，有时具细长横伸的不定根。全须生晒参着生多数须状细根，有的具细小不明显的疣状突起。主根质较硬，折断面平坦，淡黄白色，形成层环棕黄色，皮部有黄棕色点状树脂道及多数放射状裂隙；须根质脆。气特异，微香；味微苦、甘。

(3) 红参：全体棕红色，半透明，有时上部带土黄色，有纵沟、皱纹及细根痕，下部有 2～3 条扭曲的侧根；质硬脆，断面平坦，角质样，中心色较浅。棕黄色主根圆柱形或加工成长方形。

(4) 糖参：类白色，表面可见点状针刺痕并附有糖的结晶。味微甘。

2. 西洋参 除去芦头、侧根的主根呈圆柱形或圆纺锤形。表面淡棕黄色或类白色，有细密浅纵纹及横向环纹。质较轻，折断面浅黄白色，近形成层环色较深。气微而特异，味微苦、稍甜。

3. 三七 呈圆锥形或不规则的块状，顶端有茎痕，表面有瘤状突起“狮子盘头”或支根痕。表面灰黄或灰棕色，可见横向皮孔。质坚实，体重。断面灰绿色或黄绿色，角质状，有棕色树脂道斑点。气微，味苦而后回甜。

4. 五加皮 呈不规则卷筒状，长 5～15 cm，直径 0.4～1.4 cm，厚约 0.2 cm。外表面灰褐色，有稍扭曲的纵皱纹及横长皮孔；内表面淡黄色或灰黄色，有细纵纹。体轻，质脆，易折断，断面不整齐，灰白色。气微香，味微辣而苦。

5. 刺五加 呈结节状不规则圆柱形，直径 1.4～4.2 cm，表面灰褐色，有皱纹。根圆柱形，多分枝，常扭曲，直径 0.3～1.5 cm；表面灰褐色或黑褐色，粗糙，皮薄，剥落处显灰黄色。质硬，断面黄白色，纤维性。有特异香气，味微辛、稍苦、涩。

二、显微鉴别

1. 横切面 观察以下生药的横切面永久制片，注意组织构造特征。

(1) 人参根横切面：①木栓层为数列细胞，内侧有数列栓内层细胞。②皮层、韧皮部中有树脂道散布，内含黄色分泌物，近形成层处有较多树脂道环列。韧皮部外侧常有裂隙。韧皮射线宽 3～5 列细胞。形成层成环。③木质部导管多成单列，径向稀疏排列；木射线宽广，中央可见初生木质部导管。④栓内层、木薄壁细胞及木射线中含有草酸钙簇晶。

(2) 三七根横切面：①木栓层为数列细胞。②栓内层不明显。③韧皮部有树脂道散在。④形成层成环。⑤木质部导管 1～2 列径向排列。射线宽广。薄壁细胞含淀粉粒。草酸钙簇晶稀少。

2. 粉末鉴别 制以下粉末透化片。

(1) 人参：粉末淡黄色(生晒参)或红棕色(红参)。①树脂道碎片呈管状，内含黄色滴状或块状分泌物。②草酸钙簇晶，直径 20～68 μm，棱角锐尖。③淀粉粒众多，单粒类球形，复粒由 2～6 个分粒组成(红参中淀粉粒已糊化)。④导管多网纹或梯纹，稀有螺纹，直径 17～50 μm。⑤木栓细胞类方形或多角形，壁薄，微带棕色(图 2-21)。

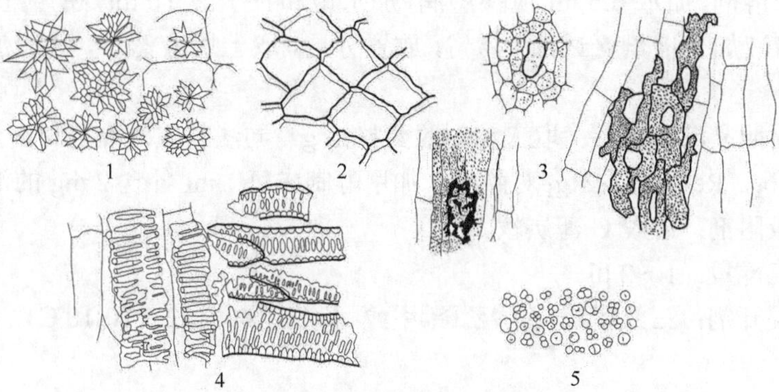

图 2-21 人参粉末显微特征图

1. 草酸钙簇晶 2. 木栓细胞 3. 树脂道碎片 4. 导管 5.淀粉类

(2) 三七：粉末灰黄色。①淀粉粒众多，单粒呈类圆形、多角形或不规则形，直径 3～30 μm，脐点点状或裂缝状；复粒由 2～10 分粒组成。导管以网纹多见，直径 16～40 μm。②树脂道碎片，内含棕黄色滴状或块状分泌物。③木栓细胞呈长方形或多角形，壁薄，棕色。④草酸钙簇晶稀少，直径 50～80 μm，其棱角较钝(图 2-22)。

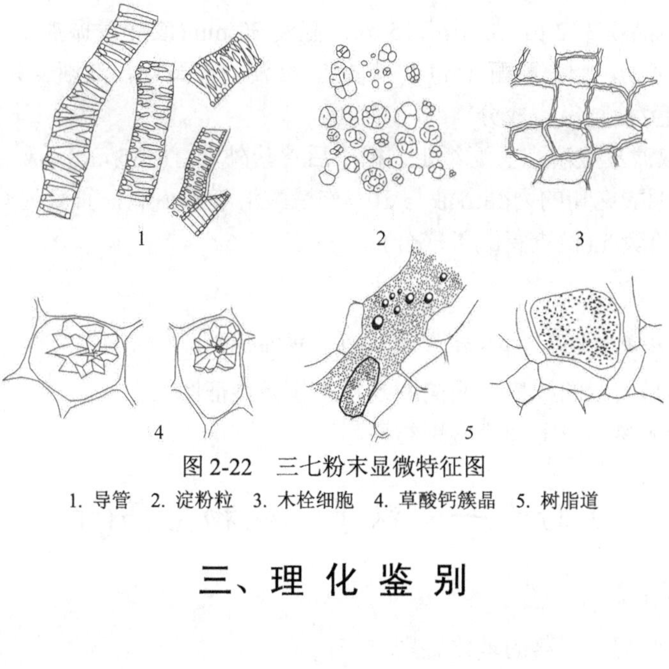

图 2-22 三七粉末显微特征图

1. 导管 2. 淀粉粒 3. 木栓细胞 4. 草酸钙簇晶 5. 树脂道

三、理化鉴别

1. 人参

(1) 取粉末约 0.5 g 置烧杯中，加 95%乙醇 5 ml，振摇 5 min，过滤。取滤液少量，置蒸发皿中蒸干，滴加三氯化锑三氯甲烷饱和的溶液，再蒸干，显紫色(检查甾萜类成分)。

(2) 薄层色谱：

1) 供试品溶液制备：取本品粉末 1 g，加三氯甲烷 40 ml，加热回流 1 h，药渣挥干溶剂，加水 0.5 ml 搅拌湿润，加水饱和正丁醇 10 ml，超声处理 30 min，吸取上清液加 3 倍量氨试液，摇匀，放置分层，取上层液蒸干，残渣加甲醇 1 ml 使溶解。

2) 对照品溶液制备：取人参对照药材 1 g，同法制成对照药材溶液。再取人参皂苷 Rb_1，Re，Rf 及 Rg_1 对照品，加甲醇制成每 1 ml 各含 2 mg 的混合溶液。

3) 吸附剂：硅胶 G 薄层板。

4) 点样量：1～2 μl。

5) 展开剂：三氯甲烷-乙酸乙酯-甲醇-水(15∶40∶22∶10)10℃以下放置的下层溶液。

6) 显色剂：喷以 10%硫酸乙醇溶液，加热至斑点显色清晰。

7) 显色结果：供试品色谱中，在与对照药材和对照品色谱相应位置上，分别显相同颜色的斑点或荧光斑点。

2. 三七

(1) 取本品粗粉 2 g，加甲醇 15 ml 在 50～60℃水浴中温浸 30 min(或冷浸振摇 1 h)，滤过。取滤液适量，置试管中，塞紧，用力振摇 1 min，产生持久性泡沫(检查皂苷类成分)。

(2) 取本品粉末 2 g，加甲醇 15 ml，温浸 30 min(或冷浸振摇 1 h)，滤过。取滤液 1 ml，蒸干，加乙酸酐 1 ml 与硫酸 1～2 滴，显黄色，渐渐变为红色、紫色、青色、污绿色(检查甾类成分)。

(3) 另取滤液数滴点于滤纸上，挥干后置紫外光灯(365 nm)下观察，显淡蓝色荧光，滴加硼酸饱和的丙酮溶液与 10%枸橼酸溶液各 1 滴，置紫光灯下观察，有强烈的黄绿色荧光(检查黄酮类成分)

【作业】

1. 写出生药人参、西洋参、三七的主要性状特征。

2. 绘药材人参的根横切面简图及粉末显微特征图。

3. 记录人参、三七理化鉴别结果。

实验十一　双子叶植物生药(十)

【目的要求】

1. 了解柴胡、川芎的理化鉴别方法。

2. 熟悉伞形科、山茱萸科等其他常用生药性状特征。

3. 掌握当归、柴胡、川芎的显微特征。

【仪器、试剂、材料】

1. 仪器　显微镜、蒸发皿、试管、滴管、漏斗、分液漏斗、玻璃板、毛细管、层析缸、回流装置。

2. 试剂　水合氯醛液、稀甘油、甲醇、乙醚、三氯甲烷、稀盐酸、石油醚、磷酸、硅胶 G 板、GF_{254} 板、乙酸乙酯、二甲氨基苯甲醛的甲醇溶液、欧当归内酯 A、柴胡皂苷 a，c，d 对照品、7%盐酸羟胺甲醇液、20%氢氧化钾乙醇液、1%三氯化铁乙醇液、碘化铋钾试剂、正已烷、蒸馏水。

3. 材料

(1) 药材：当归、柴胡、川芎、白芷、杭白芷、小茴香、北沙参、防风、羌活、山茱萸、秦皮、连翘、女贞子、川芎对照药材。

(2) 组织切片及粉末：当归根、柴胡根、川芎根茎横切面永久制片及其粉末。

【实验内容】

一、性状鉴别

1. 当归　根头及主根粗短，略成圆柱形。表面黄棕色，有纵皱纹及横长皮孔。质柔韧，断面棕色环明显，可见散在棕色小点。有特异的香气，味甘、辛、微苦。

2. 柴胡　商品分北柴胡和南柴胡。

(1) 北柴胡：根头膨大，呈圆柱形或圆锥形，常有分枝，根头部多带有残留茎痕及凋枯的纤维状叶残基，表面淡棕色或黑褐色，近根头部有横皱纹，渐至下部有不规则纵皱纹，并有细小支根瘢痕和皮孔样突起。质坚韧，不易折断，断面呈片状纤维性，皮部淡棕色，木部淡黄白色。气微芳香，味微苦。

(2) 南柴胡：根较细，多不分枝，顶端有多数纤维状的叶柄残基，表面黄棕色或红棕色，有深皱纹，近根头部具横向疣状突起；质稍软，易折断，断面木部黄白色，裂片状。具败油气，味淡。

3. 川芎　呈不规则结节状拳形团块，表面深黄棕色，粗糙皱缩，有较密集而略隆起的环状轮节，并有多数瘤状突起的茎痕，顶端凹洼状，下侧及轮节上有众多点状隆起的根痕。质坚实，饮片边缘不整齐，习称"蝴蝶片"。切面类黄色，有错综纹理，并随处可见黄色油点。香气浓郁特异，味苦、辛，微回甜，稍有麻舌感。

4. 白芷　呈长圆锥形，长 7～24 cm，直径 1.5～2 cm，根头部圆柱形，表面灰黄色至黄棕色，光滑，有皮孔样横向突起"疙瘩丁"。断面灰白色，形成层环棕色，近方形或近圆形，皮部可见棕色油点。气香，味辛、微苦。

5. 杭白芷　呈圆锥形，上部近方形或类方形，表面灰棕色，有多数较大的皮孔样横像突起"疙瘩丁"，排列成四纵行，体型圆而具 4 条棱脊，顶端有凹陷的茎痕。质硬较重，断面白色，形成层环近方形，皮部密布棕色油点。气芳香，味辛、微苦。

6. 小茴香 双悬果细椭圆形，长 4～8 mm，直径 1.5～2.5 mm。表面黄绿色或淡黄色，两端略尖，顶端残留有黄棕色突起的柱基，基部有细小的果梗。分果瓣呈长椭圆形，背面有 5 条纵棱，接合面平坦而较宽。横切面略呈五边形，背面的四边约等长。有特异香气，味微甜、辛。

7. 北沙参 呈长圆柱形。表面淡黄白色，全体有细纵皱纹及纵沟，并有棕黄色点状细根痕。顶端常留有黄棕色根茎残基，上端稍细，中部略粗，下部渐细。质脆，易折断，断面皮部浅黄白色，木部黄色。气特异，味微甘。

8. 防风 呈长圆锥形或长圆柱形，稍弯曲，长 15～30 cm，直径 0.5～2 cm。根头部有明显密集的环节，如蚯蚓，习称“蚯蚓头”。节上有黑棕色毛状的残存叶基。根表面灰棕色或棕色，皱缩而粗糙，有纵皱纹及致密的细横纹，并可见多数横长的皮孔及细根痕。体轻，质松，断面皮部棕黄色，疏松，裂隙较多，散生黄棕色油点；木部浅黄色。气特异，味微甘。

9. 羌活

(1) 蚕羌：呈圆柱形，略弯曲，长 4～13 cm，直径 0.6～2. 5cm，顶端残留茎痕。表面暗棕色或黑棕色，节部很短，有排列紧密而隆起的环节，形如蚕，节上有多数点状或瘤状突起的根痕，外皮脱落处显棕黄色。体轻质脆，折断面不平整，有明显的菊花纹及多数裂隙，皮部黄棕色至暗棕色，油润。可见多数黄棕色油点“朱砂点”，木部黄白色，髓部黄棕色。有特异香气，味微苦而辛。

(2) 竹节羌：较蚕羌略大，节间较长，似竹节状。

(3) 条羌：根茎及根呈圆柱状，表面棕褐色，近根茎处粗大，有细横纹，质松脆。

(4) 大头羌：节部显著膨大，呈不规则团块状，多分枝，大小不等，顶端有多数残留基痕。

10. 山茱萸 果肉皱缩而压扁。呈不规则片状或囊状，长 1～1.5 cm，厚约 1 mm。表面紫红色或紫黑色(久放者)，有光泽。顶端具圆形宿萼痕，基部有果柄或果柄痕，质软韧。气微，味酸带苦涩。

11. 秦皮 呈卷筒状或槽状，长 10～60 cm，厚 1.5～3 mm。外表面灰白色、灰棕色至黑棕色或相间呈斑状，平坦或稍粗糙，并有灰白色圆点状皮孔及细斜皱纹。内表面黄白色或棕色，平滑。质硬而脆，断面纤维性，黄白色。气微，味苦。

12. 连翘 呈长卵形至卵形，稍扁，长 1.5～2.5 cm，直径 0.5～1.3 cm。表面有不规则的纵皱纹及多数凸起的小斑点，两面各有 1 条明显的纵沟。顶端锐尖，基部有小果梗或已脱落。“青翘”多不开裂，表面绿褐色，凸起的灰白色小斑点较少；质硬；种子多数，黄绿色，细长，一侧有翅。“老翘”自顶端开裂或裂成两瓣，表面黄棕色或红棕色，内表面多为浅黄棕色，平滑，具一纵隔。质脆，种子棕色，多已脱落。气微香，味苦。

13. 女贞子 呈卵形、椭圆形或肾形，长 0.5～1 cm，直径 3.5～5.5 mm。表面黑紫色或灰黑色，皱缩不平，基部有果梗痕或具宿萼及短梗。体轻。外果皮薄，中果皮较松软，易剥离，内果皮木质，黄棕色，具纵棱，破开后种子通常为 1 粒，肾形，紫黑色，油性。无臭，味甘、微苦涩。

二、显微鉴别

1. 横切面　观察以下生药的横切面永久制片，注意组织构造特征。

(1) 当归根横切面：①木栓层由 4～7 列细胞组成。皮层窄，为数列切向延长的细胞。②韧皮部较宽广，散在多数类圆形油室，直径 25～160 μm，周围的分泌细胞 6～9 个，近形成层处油室较小。③形成层成环状。④木质部射线宽至 10 多列细胞，导管单个或 2～3 个相聚。

(2) 柴胡根横切面

1) 北柴胡：①木栓层为 7～8 列木栓细胞。②皮层散有油室及裂隙。③韧皮部散有油室。④形成层成环。⑤木质部导管切向排列，在其中间部位有木纤维排列成断续的环状，纤维多角形，壁厚，木化。

2) 南柴胡：①木栓层为 6～10 列木栓细胞。②皮层油室较多而大，木质部导管多径向排列，木纤维少而散列。

(3) 川芎根茎横切面：①木栓层为 10 余列扁平木栓细胞。②皮层狭窄，散有根迹维管束，有类圆形油室，直径可达 200 μm。③韧皮部较宽厚，形成层环成波状。④木质部导管多角形或类圆形，大多单列或排成“V”字形，有木纤维束。⑤髓部较大，薄壁组织中散有多数油室。薄壁细胞中富含淀粉粒。

2. 粉末鉴别　按照粉末制片方法进行制片：

(1) 当归：①韧皮薄壁细胞纺锤形，壁略厚，表面有极微细的斜向交错纹理，有时可见菲薄的横隔。②梯纹及网纹导管多见，直径约至 80 μm。③有油室碎片。有油管。④淀粉粒多单粒。⑤木栓细胞多角形(图 2-23)。

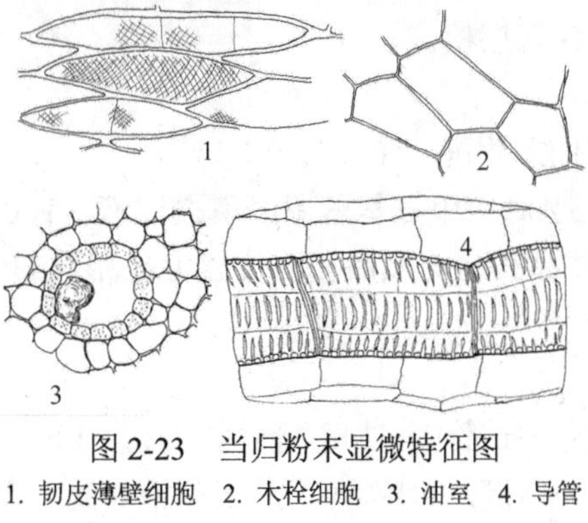

图 2-23　当归粉末显微特征图

1. 韧皮薄壁细胞　2. 木栓细胞　3. 油室　4. 导管

(2) 川芎：①油室大多破碎，偶见含有众多油滴。②木纤维呈长梭形，长 112～370 μm，纹孔及孔沟较细密，胞腔较宽。③簇状结晶直径约 20 μm。④导管为螺纹、网纹，亦有梯纹及具缘纹孔，直径 8～10 μm。⑤木栓细胞深黄色，呈多角形或长方形。⑥淀粉粒众多，有单粒及复粒少数，由2～4分粒组成(图2-24)。

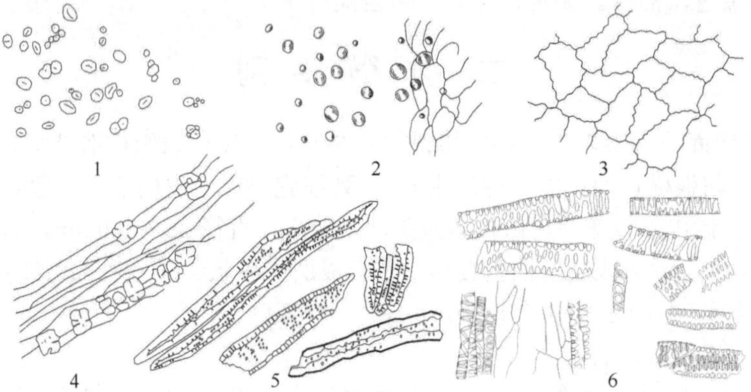

图2-24 川芎粉末显微特征图

1. 淀粉粒 2.油室碎片 3.木栓细胞 4.草酸钙簇晶 5.木纤维 6.导管

三、理 化 鉴 别

1. 柴胡

(1) 取粉末0.5 g置试管中，加甲醇10 ml，用力振摇，放置30 min。滤过，于滤液0.5 ml中加二甲氨基苯甲醛的甲醇溶液(1∶30)0.5 ml及磷酸2 ml，混匀，水浴加热，溶液淡红色至淡红紫色(检查柴胡皂苷成分)。

(2) 薄层色谱

1) 供试品溶液制备：取粉末2 g，加甲醇10 ml，温浸2 h，滤过，滤液浓缩至2 ml。

2) 对照品溶液制备：取柴胡皂苷a，c，d对照品，以甲醇溶解成每1 ml中含5 mg的溶液。

3) 吸附剂：硅胶G薄层板。

4) 点样量：10 μl。

5) 展开剂：三氯甲烷-甲醇-水(30∶10∶1)。

6) 显色剂：喷雾5%对二甲氨基苯甲醛磷酸试液，100℃加热5 min。

7) 显色结果：供试品在与对照品相应位置上显相同的紫红色斑点；如喷蒸馏水则均显白色斑点。

2. 川芎

(1) 取粉末0.5 g置带塞试管中，加乙醚适量，冷浸1 h，滤过，滤液浓缩至1 ml，加7%盐酸羟胺甲醇液2～3滴，20%氢氧化钾乙醇液3滴，微热，冷却后加稀盐酸调至pH 3～4，再加1%三氯化铁乙醇液1～2滴，醚层界面处显紫红色(检查内酯类成分)。

(2) 薄层色谱

1) 供试品溶液制备：取本品粉末1 g，加乙醚20 ml，加热回流1 h，残渣加乙酸乙酯 2 ml 使溶解。

2) 对照品溶液制备：取川芎对照药材 1 g，同法制成对照药材溶液。再取欧当归内酯 A 对照品，加乙酸乙酯制成每 1 ml 含 0.1 mg 的溶液(置棕色量瓶中)，另作为对照品溶液。

3) 吸附剂：硅胶 GF_{254} 薄层板。

4) 点样量：10 μl。

5) 展开剂：正己烷-乙酸乙酯(3∶1)。

6) 显色剂：置紫外光灯(254 nm)下观察。

7) 显色结果：供试品色谱中，在与对照药材色谱和对照品色谱相应的位置上，显相同颜色的斑点。

【作业】

1. 写出下列药材的主要性状特征：当归、柴胡、川芎。

2. 绘柴胡根横切面简图及当归的粉末显微特征图。

3. 记录理化鉴别结果。

实验十二 双子叶植物生药(十一)

【目的要求】

1. 了解马钱子、龙胆的理化鉴别方法。

2. 熟悉马钱科、龙胆科等其他常用生药性状特征。

3. 掌握马钱子、龙胆的显微特征。

【仪器、试剂、材料】

1. 仪器 显微镜、试管、滴管、漏斗、小烧杯、分液漏斗、玻璃板、毛细管、层析缸、移液管、紫外分光光度计。

2. 试剂 水合氯醛液、稀甘油、1%钒酸铵硫酸溶液、发烟硝酸、龙胆苦苷、乙酸乙酯、硅胶 GF_{254} 薄层板、甲醇、蒸馏水。

3. 材料

(1) 药材：马钱子、龙胆、坚龙胆、秦艽、香加皮、白薇、菟丝子、牵牛子。

(2) 组织切片及粉末：马钱子、龙胆的横切面永久制片及其粉末。

【实验内容】

一、性状鉴别

1. 马钱子 扁圆纽扣状，一面微凹，另一面微隆起，直径 1.5～3 cm，厚 3～6 mm。表面灰绿色或灰黄色，密生匍匐状毛，自中央向四周射出。底面中心有圆点状突起的种脐，边缘有微尖凸的珠孔，有时种脐与珠孔间隐约可见 1 条隆起的线条。质坚硬，沿边缘剖开，胚乳肥厚，淡黄白色，近珠孔处小凹窝内有细小菲薄子叶2片，有叶脉5～7条及短小的胚根。味极苦，有毒。

2. 龙胆 根茎呈不规则块状，长1～3 cm，直径0.3～1 cm。表面暗灰棕色或深棕色，上端有茎痕或残留茎基，周围和下端着生多数细长的根。根圆柱形，略扭曲；表面淡黄色或黄棕色，上部多有显著的横皱纹，下部较细。质脆，易折断。断面略平坦，皮部黄白色或淡黄棕色，木质部色较淡，中心有数个筋脉点(维管束)。气微，味极苦。

3. 坚龙胆 表面无横皱纹，表皮膜质，易脱落；质坚脆易折断，断面皮部棕色或黄棕色，木质部黄白色，易与皮部分离。

4. 秦艽 呈类圆柱形，上粗下细，扭曲不直。表面黄棕色或灰黄色，有纵向或扭曲的纵皱纹。顶端有残存茎基及纤维状叶鞘。质硬而脆，易折断，断面柔润，皮部黄色或棕黄色，木部黄色。气特异，味苦、微涩。

5. 香加皮 呈卷筒状，少数为不规则卷片，厚2～4 mm。外表面灰棕色或黄棕色，栓皮易鳞片状剥落而显黄白色内皮；内表面淡黄色或红棕色，有细纵纹。质脆，断面不整齐，淡黄色。有特异香气，味苦。

6. 白薇 根茎粗短，有结节，多弯曲。上面有圆形的茎痕，下面及两侧簇生多数细长的根，根长10～25 cm，直径0.1～0.2 cm。表面棕黄色。质脆，易折断，断面皮部黄白色，木部黄色。气微，味微苦。

7. 菟丝子 类球形或卵圆形，膨大部分稍扁，直径1～1.5 mm，一端略呈喙状突出偏向一侧，微凹处有浅色圆点，中央有条形的种脐。表面淡褐色或灰黄色，有密细小点。种子用开水浸泡，表面有黏性，加热煮沸至种皮破裂，则露出黄白色细长卷旋状的胚。气无，味淡。

8. 牵牛子 似橘瓣状，长4～8 mm，宽3～5 mm。表面灰黑色(黑丑)或淡黄白色(白丑)，背面有一条浅纵沟，腹面棱线的近端处有 1 凹点状种脐，左右面平坦。质坚硬，横切面可见极皱缩折叠的子叶，黄色或淡黄色。用水浸润后，种皮呈龟裂状，且常自腹面棱线处胀裂，显黏液性。气无，味微辛、稍苦，有麻舌感。

二、显微鉴别

1. 横切面 观察以下生药的横切面永久制片，注意组织构造特征。

(1) 马钱子：刮取种子表皮毛茸少许，封藏在间苯三酚及盐酸中，置显微镜下观察：①被染成红色的表皮细胞所形成的单细胞毛茸，细胞壁厚，强烈木化，具纵条纹，毛茸基部膨大略似石细胞样，但多数已折断。②马钱种子的表皮毛茸平直不扭曲，毛肋不分散。③内胚乳细胞多角形，内含淀粉粒、脂肪油(图2-25)。

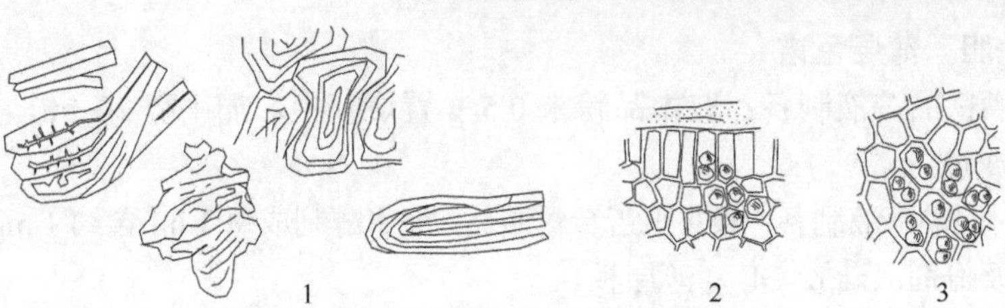

1 2 3

图 2-25 马钱子粉末显微特征图

1. 非腺毛 2. 色素层 3. 内胚乳细胞

(2) 龙胆根横切面：①外皮层明显，壁稍增厚。②皮层 4～6 列扁长细胞，常有裂隙；内皮层明显，每一个细胞由纵向壁分隔成数个类方形小细胞。③韧皮部宽广，外侧多具裂隙。④形成层不甚明显。⑤木质部导管 3～10 个群束。⑥髓部明显。薄壁细胞含细小草酸钙针晶。

(3) 坚龙胆根横切面：内皮层以外组织多已脱落。木质部导管均匀密布。无髓部。

2. 粉末鉴别 按照粉末制片法制片。

龙胆粉末：①导管为网纹及梯纹，直径约 45 μm。②外皮层细胞表面观纺锤形每一细胞由横壁分隔成数个子细胞，有的子细胞又被分隔为小细胞。③内皮层细胞表面观类长方形，甚大，每个细胞由纵壁分隔成数个子细胞，有的子细胞又被横壁分隔为小细胞。④薄壁细胞含草酸钙小针晶(图 2-26)。

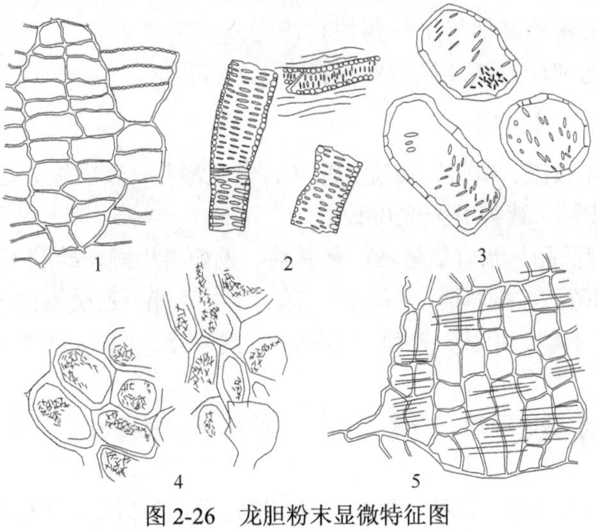

1 2 3 4 5

图 2-26 龙胆粉末显微特征图

1. 外皮层 2.导管 3. 石细胞 4. 草酸钙针晶 5. 内皮层

三、理 化 鉴 别

1. 马钱子 种子的胚乳切片：①加 1%钒酸铵硫酸溶液 1 滴，胚乳即显紫色(检查士的宁，胚乳内层含量较多)。②加发烟硝酸 1 滴，胚乳即显橙红色(检查马钱碱，以胚乳外层含量较多)。

2. 龙胆 薄层色谱

(1) 供试品溶液制备：取本品粉末0.5 g置烧杯中，加甲醇20 ml，加热回流15 min，滤过。

(2) 对照品溶液制备：取龙胆苦苷对照品，加甲醇制成每1 ml含约1 mg的溶液。

(3) 吸附剂：硅胶GF_{254}薄层板。

(4) 点样量：供试品溶液5 μl、对照品溶液1 μl。

(5) 展开剂：乙酸乙酯-甲醇-水(10∶2∶1)为展开剂二次展开。

(6) 显色剂：置紫外光灯(254 nm)下观察。

(7) 显色结果：供试品在对照品相应的位置上，显相同颜色的斑点。

【作业】

1. 写出下列药材的主要性状特征；马钱子、龙胆。
2. 绘龙胆横切面组织简图及马钱子粉末显微特征图。
3. 记录理化鉴别结果。

实验十三 双子叶植物生药(十二)

【目的要求】

1. 了解薄荷、黄芩、丹参的理化鉴别方法。
2. 熟悉唇形科等其他常用生药性状特征。
3. 掌握表面制片方法及显微鉴别特征。

【仪器、试剂、材料】

1. 仪器 显微镜、试管、滴管、漏斗、分液漏斗、玻璃板、毛细管、层析缸、移液管、回流装置、紫外分光光度计。

2. 试剂与对照品 水合氯醛液、稀甘油、乙醇、甲醇、硅胶G薄层板、4%乙酸钠、薄荷醇、硫酸、香草醛、石油醚、苯、乙酸乙酯、乙酸铅试液、镁粉、盐酸、三氯化铁试剂、丁酮、甲酸、乙醚、蒸馏水，黄芩苷、丹参酮ⅡA对照品。

3. 材料

(1) 药材：紫草、薄荷、丹参、黄芩、益母草、紫苏叶、广藿香，黄芩、丹参对照药材。

(2) 组织切片及粉末：薄荷、丹参、黄芩横切面永久制片及其粉末。

【实验内容】

一、性状鉴别

1. 紫草

(1) 软紫草根：略呈圆柱形或圆锥形，有时数个侧根扭集在一起。表面暗紫色，皮部极疏松，成条片状，多层相叠，易剥落。质轻软，易折断，断面皮部紫色，木部较小，黄白色。气特异，味微苦，稍酸涩。

(2) 硬紫草根：呈类纺锤形或圆柱形，稍扭曲，常有分枝。外表紫红色或暗紫色，粗糙，有不规则的纵沟及皱纹，外皮薄，易呈鳞片状剥落；顶端常有残留的茎基。质硬脆，易折断。断面皮部紫红色，木部较大，类白色，射线色较深，含紫红色色素物质。气特异，味涩。

2. 薄荷 呈方柱形，有的对生分枝；表面黄棕色或带紫色，有明显的节，节间长 2～5cm；棱角处有柔毛。质脆，断面白色，中空。叶卷曲皱缩，长圆形或卵形，稀被茸毛，有凹点状腺鳞。茎上部腋生轮伞花序，花冠多数存在，淡紫色。叶揉搓时有特异清凉香气，味辛凉。

3. 黄芩 呈圆锥形，扭曲。表面棕黄色或深黄色，顶端有茎痕或残留的茎基，上部有扭曲的纵皱纹或不规则的网纹，下部有顺纹和细皱纹。质硬而脆，易折断，断面黄色，中间红棕色。老根中间呈暗棕色或棕黑色，枯朽状或已成空洞者称为“枯芩”，新根称“子芩”或“条芩”。气弱，味苦。

4. 丹参 根茎粗短，顶端有时残留茎基，根数条，长圆柱形，有的分枝并具须状细根。长 10～20 cm，直径 3～10 mm。表面棕红色或暗棕红色，具纵皱纹。老根外皮疏松，多显紫棕色，常呈鳞片状剥落。质硬而脆，断面疏松，有裂隙或略平整而致密，皮部棕红色，木部灰黄色或紫褐色，可见呈放射状排列的黄白色导管束。气微，味微苦涩。

5. 益母草 茎方形，表面黄绿色，具纵向棱槽，被糙伏毛，易折断，折断面中心有白色髓。叶对生、皱缩，常脱落或残存；轮伞花序腋生，花冠常脱落，花萼 8～15，宿存，聚集呈球状。小坚果棕褐色，三棱形。气微、味微苦。

6. 紫苏叶 叶片多皱缩卷曲，常破碎。完整的叶片呈卵圆形，顶端急尖，基部阔楔形，边缘有锯齿。叶柄两面紫色至紫蓝色或上面紫绿色，疏被灰白色毛，下面可见多数凹陷的腺点。质脆易碎。气辛香，味微辛。

7. 广藿香 茎圆柱形，表面淡棕色，有对生叶痕及纵皱纹，皮部菲薄，易剥落；质坚脆，折断面裂片状，中心有小形髓部。叶大多已脱落，皱缩或有破碎，上面暗棕色，下面灰棕色，两面均被毛。气香，味微苦。

二、显微鉴别

1. 观察以下生药的横切面永久制片，同时按照表面制片方法，撕取薄荷叶的下表皮封片。

(1) 薄荷

1) 叶的横切面：①上表皮细胞长方形，下表皮细胞细小扁平，被角质层，有气孔；上、下表皮凹陷处有腺鳞。②栅栏组织通常为 1 列细胞，海绵组织为 4～5 列细胞。③主脉上、下表皮内方有厚角组织及薄壁组织。④主脉维管束外韧型，木质部导管常 2～4 个排列成行，韧皮部细胞细小。⑤表皮细胞、叶肉细胞、薄壁细胞及导管中有时含有橙皮苷结晶。

2) 茎的横切面：①切面呈四方形，表皮细胞 1 列，外被角质层，有时具毛茸。②四角有明显的棱脊，向内有 10 数列厚角细胞。③内皮层 1 列，凯氏点清晰可见。维管束于四角处较发达，于相邻两角间具数个小维管束。④韧皮部狭窄；木质部于四角处较发达，由导管、木质部薄壁细胞及木纤维等组成，髓部明显，有的薄壁细胞含有针簇状橙皮苷结晶。

3) 叶表面观：①表皮细胞垂周壁弯曲，上、下表皮有直轴式气孔。②腺鳞头部扁球形，直径至 90 μm，其与角质层之间贮有浅黄色挥发油；柄短，单细胞。头部与柄部均为单细胞的小腺毛，腺头直径为 20～25 μm。③非腺毛由 1～5(～8)个细胞组成，长 100～820(～1300) μm，细胞略弯曲，具壁疣。

(2) 黄芩：①木栓细胞扁平，其中有石细胞散在。②皮层与韧皮部界限不明显，有多数石细胞与韧皮纤维，单个或成群散在，石细胞多分布于外缘，韧皮纤维多分布于内侧。③形成层成环。④在老根中央，木质部有栓化细胞环形成，栓化细胞环有单环，有数个同心环。⑤薄壁细胞中含有淀粉粒。

(3) 丹参：①木栓层为 4～6 列细胞。有时可见落皮层组织存在。②皮层宽广。③韧皮部较狭，呈半月形。④形成层成环，束间形成层不甚明显。⑤木质部 8～10 束，呈放射状，导管在形成层处较多，呈切向排列，渐至中央导管呈单列。⑥木质部纤维束存在于中央的初生木质部。

2. 粉末鉴别 按照粉末制片法制片。

(1) 薄荷：①腺鳞由头、柄部组成。头部顶面观球形、侧面观扁球形。直径 60～100 μm，由 6～8 个分泌细胞组成，内含淡黄色分泌物；柄极短，单细胞，基部四周表皮细胞 10 余个，辐射状排列。②小腺毛头部椭圆形，单细胞，直径 15～26 μm，内含淡黄色分泌物；柄多为单细胞。③非腺毛完整者由 1～8 个细胞组成，常弯曲，壁厚 2～7 μm，外壁有细密疣状突起。④叶片上表皮细胞表面观不规则形，垂周壁略弯曲；下表皮细胞垂周壁波状弯曲，细胞中常含淡黄色橙皮苷结晶；气孔直轴式(图 2-27)。

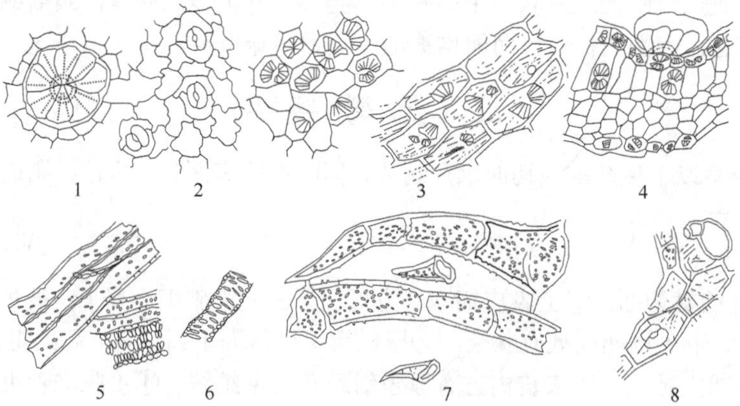

图 2-27 薄荷粉末显微特征图

1. 腺鳞 2. 腺毛 3. 橙皮苷结晶 4. 茎鳞皮 5. 木纤维 6. 导管 7. 非腺毛 8. 叶肉碎片

(2) 黄芩：①韧皮纤维甚多，呈梭形，长 60～250 μm，直径 9～35 μm，壁甚厚，孔沟明显。②木纤维较细长，两端尖，壁不甚厚。③石细胞较多，呈类圆形、长圆形、类方形或不规则形，长 60～160 μm，壁厚，孔沟有时分叉。④网纹导管多见，具缘纹孔及环纹导管较少。⑤木栓细胞棕黄色，多角形。⑥淀粉粒多单粒，类球形(图 2-28)。

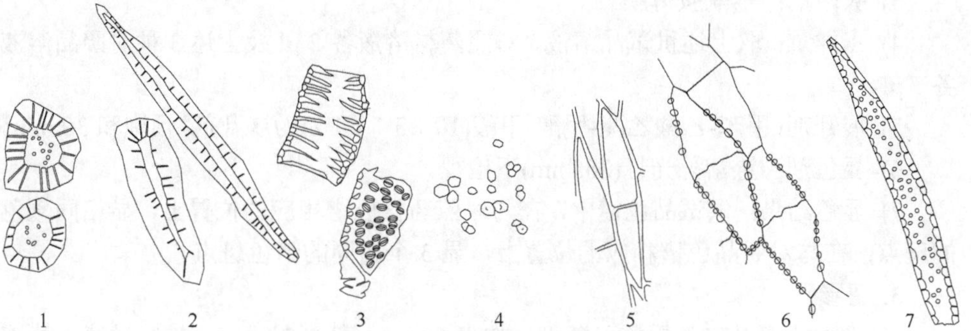

1　2　3　4　5　6　7

图 2-28　黄芩粉末显微特征图

1. 石细胞　2. 韧皮纤维　3. 导管　4. 淀粉粒　5. 木薄壁细胞　6. 韧皮薄壁细胞　7. 木纤维

三、理 化 鉴 别

1. 薄荷

(1) 取本品叶的粉末少量，经微量升华得油状物，镜检，有针簇状薄荷醇结晶析出；加硫酸 2 滴及香草醛结晶少量，初显黄色至橙黄色，再加水 1 滴，即变紫红色(检查挥发油成分)。

(2) 薄层色谱

1) 供试品溶液制备：取本品粉末 0.5 g，加石油醚 5 ml，密塞，振摇数分钟，放置 30 min，滤过。

2) 对照品溶液制备：取薄荷醇 2 mg，溶于 1 ml 石油醚。

3) 吸附剂：硅胶 G 薄层板。

4) 点样量：5 μl。

5) 展开剂：苯-乙酸乙酯(19∶1)。

6) 显色剂：喷以香草醛硫酸试液-乙醇(1∶4)混合液，在 100℃加热。

7) 显色结果：供试品在与对照品相应的位置上，显相同颜色的斑点。

2. 黄芩

(1) 取本品粉末 2 g，置 100 ml 锥形瓶中，加乙醇 20 ml，置水浴上回流 15 min，滤过，取滤液 1 ml，加乙酸铅试液 2～3 滴，即发生橘黄色沉淀；另取滤液 1 ml，加镁粉少量与盐酸 3～4 滴，显红色(检查黄酮类成分)。

(2) 取本品稀醇提取液加三氯化铁试剂，溶液显绿色，渐变呈紫棕色(检查汉黄芩素成分)。

(3) 薄层色谱

1) 供试品溶液制备：取本品粉末 1 g，加乙酸乙酯-甲醇(3∶1)的混合溶液 30 ml，加热回流 30 min，放冷，残渣加甲醇 5 ml 使溶解。

2) 对照品溶液制备：取黄芩对照药材 1 g，同法制成对照药材溶液。再取黄芩苷、黄芩素、汉黄芩素对照品，加甲醇分别制成每 1 ml 含 1、0.5、0.5 mg 的溶液。

3) 吸附剂：聚酰胺薄膜。

4) 点样量：取上述供试品溶液、对照药材溶液各 2 μl 及上述 3 种对照品溶液各 1 μl。

5) 展开剂：甲苯-乙酸乙酯-甲醇-甲酸(10∶3∶1∶2)为展开剂，预饱和 30 min。

6) 显色剂：置紫外光灯(365 nm)下检视。

7) 显色结果：供试品色谱中，在与对照药材色谱相应的位置上，显相同颜色的斑点；在与对照品色谱相应的位置上，显 3 个相同的暗色斑点。

3. 丹参

(1) 取本品粉末 5 g 置锥形瓶中，加水 50 ml，煮沸 20 min，放冷过滤，滤液置水浴上挥干，残留物加乙醇 3～5 ml 溶解，过滤，滤液点于滤纸条上，干后置紫外光灯下观察，显亮蓝灰色荧光。

(2) 薄层色谱

1) 供试品溶液制备：取本品粉末 1 g，加乙醚 5 ml，振摇，放置 1 h，滤液挥干，残渣加乙酸乙酯 1 ml 使溶解。

2) 对照品溶液制备：取丹参对照药材 1 g，同法制成对照药材溶液。再取丹参酮 IIA 对照品，加乙酸乙酯制成每 1 ml 含 2 mg 的溶液。

3) 吸附剂：硅胶 G 薄层板。

4) 点样量：5 μl。

5) 展开剂：石油醚(60～90℃)-乙酸乙酯(4∶1)。

6) 显色剂：紫外光灯(254 nm)下检视。

7) 显色结果：供试品色谱中，在与对照药材色谱相应的位置上，显相同颜色的斑点；在与对照品色谱相应的位置上，显相同的暗红色斑点。

【作业】

1. 写出下列药材的性状特征：薄荷、黄芩、丹参、广藿香。
2. 绘薄荷茎的横切面组织简图及黄芩粉末显微特征图。
3. 记录理化鉴别结果。

实验十四 双子叶植物生药(十三)

【目的要求】

1. 了解药材洋金花、地黄的理化鉴别方法。

2. 熟悉茄科、玄参科生药性状特征。

3. 掌握药材洋金花、地黄的显微鉴别特征。

【仪器、试剂、材料】

1. 仪器 显微镜、锥形瓶、烧杯、试管、滴管、漏斗、分液漏斗、移液管、玻璃板、层析缸、毛细管、回流装置、紫外分光光度计、比色皿、烘箱。

2. 试剂与对照品 水合氯醛液、稀甘油、乙醇、三氯甲烷、石油醚、甲醇、乙酸乙酯、发烟硝酸、1%硫酸溶液、固体氢氧化钾、梓醇对照品、硅胶 G 薄层板、硅胶 GF_{254} 薄层板、氨试液、醇制氢氧化钾溶液、0.2%硫酸阿托品的乙醇溶液、0.3%氢溴酸东莨菪碱的乙醇液、改良碘化铋钾溶液、茴香醛试液、5-羟甲基糠醛、蒸馏水。

3. 材料

(1) 药材：洋金花、枸杞子、地黄、毛花洋地黄叶、玄参。

(2) 组织切片及粉末：毛花洋地黄叶、地黄根部的横切面永久制片及洋金花、地黄粉末。

【实验内容】

一、性状鉴别

1. 洋金花 通常皱缩成条状。黄棕色或灰棕色。湿润展平后，花萼筒约 5 cm，先端 5 裂，花冠长 12～13 cm，顶端 5 裂，具纵脉 5 条，表面微具毛茸；花冠喇叭状，顶端 5 浅裂，裂片先端有短尖，短尖下有明显的纵脉纹 3 条，两裂片之间微凹，剖开，内有雄蕊 5 枚，花丝 1/2 贴于花冠筒；雌蕊 1 枚。质脆，气微，味微苦。

2. 枸杞子 纺锤形或椭圆形，长 0. 6～2 cm，直径 3～10 mm。表面鲜红色或暗红色，具不规则皱纹。一端有白色的果柄痕，另一端有花柱痕迹。质柔软而滋润。内藏种子多数，黄色，扁平似肾形。气微，味甜、微酸苦。嚼之唾液呈红黄色。

3. 地黄

(1) 鲜生地黄：呈纺锤形或圆条状，长 8～24 cm，直径 2～9 cm。表面浅红黄色，具弯曲皱纹、横长皮孔及不规则瘢痕。肉质，断面淡黄白色，可见橘红色油点，中部有放射状纹理。气微，味微甜。

(2) 生地黄：多呈不规则的团块或长圆形，中间膨大，两头稍细，长 6～12 cm，直径 3～6 cm。有的细小，长条状，稍扁而扭曲。表面灰黑色或棕灰色，极皱缩，具不规则的横曲纹。体重，质较软，断面灰黑色、棕黑色或乌黑色，微有光泽，具黏性。味微甜。

(3) 熟地黄：表面及内部乌黑色，有光泽，黏性大，质柔软。余同生地黄。

4. 毛花洋地黄叶 多皱缩，破碎，完整叶片展平后呈长披针形或倒长披针形，长 5～30 cm，宽 2～5 cm，全缘，叶缘下部有时有毛，上表面暗绿色，微有毛，下表面灰绿色，叶脉显著下突，无柄。基生叶的叶缘略呈波状弯曲，基部渐狭呈翼状，无柄。气微香，味微苦。

5. 玄参 圆柱形，有的微弯曲，长 6～20 cm，直径 1～3 cm。表面灰黄色或灰褐色，有不规则的纵沟、横向皮孔及稀疏的横裂纹和须根痕。质坚实，不易折断，断面黑色，微有光泽。气特异似焦糖，味甘、微苦、咸。

二、显微鉴别

1. 横切面 观察以下生药的横切面永久制片，注意组织构造特征。

(1) 地黄根横切面：①木栓层为数列细胞。②皮层薄壁细胞排列疏松；散有多数分泌细胞，含橘黄色油滴，偶有石细胞。③韧皮部分泌细胞较少。④形成层成环。⑤木质部射线较宽，导管稀疏，排列成放射状。薄壁组织中有草酸钙簇晶和砂晶。

(2) 毛花洋地黄叶主脉横切面：①上表皮细胞类圆形或略呈方形，外被角质层；下表皮细胞较小，略扁圆形，有较多气孔与毛茸。②栅栏细胞不明显，略为 1 列短柱形细胞，海绵细胞 8～10 列。③主脉上面凹陷，下面显著突出，维管束外韧型，木质部呈新月形，导管常 3～10 个排列成行，韧皮部较窄。维管束周围有厚角细胞包围。主脉上、下表皮内侧有 1～2 列厚角细胞。

2. 粉末鉴别 按照粉末制片方法进行制片：

(1) 洋金花：①花粉粒类球形或长圆形，直径 42～65 μm，表面有条纹状雕纹。②花萼非腺毛 1～3 个细胞，壁具疣状突起，腺毛头部 1～5 个细胞，柄 1～5 个细胞。花冠裂片边缘非腺毛 1～10 个细胞，壁微具疣状突起。花丝基部非腺毛粗大，1～5 个细胞，基部直径约至 128 μm，顶端钝圆。③花萼、花冠薄壁细胞中有草酸钙砂晶、方晶及簇晶(图 2-29)。

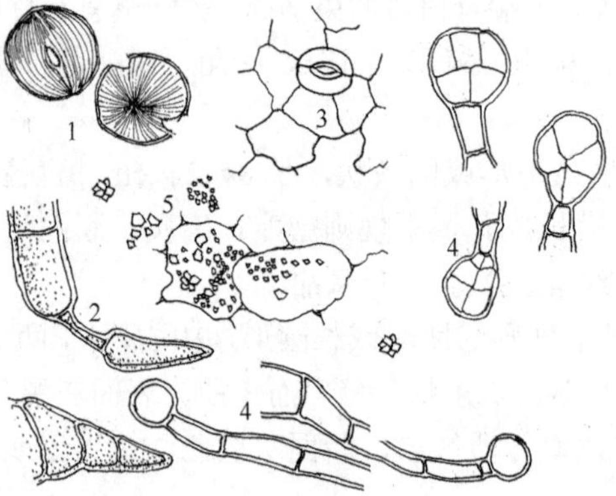

图 2-29 洋金花粉末显微特征图

1. 花粉粒 2. 非腺毛 3. 气孔 4. 腺毛 5. 草酸钙结晶

(2) 地黄：①木栓细胞多为棕黑色。薄壁细胞中常含有棕色类圆形核状物，有时可见草酸钙方晶。②分泌细胞含橙黄色油滴或橙黄色颗粒状物。有网纹及具缘纹孔导管(图 2-30)。

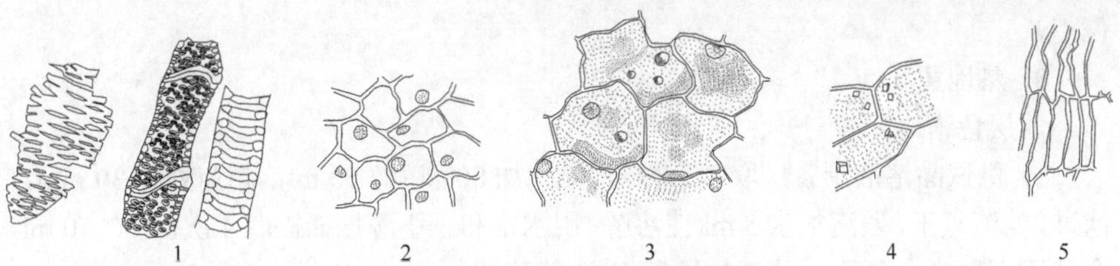

图 2-30　地黄粉末显微特征图

1. 导管　2. 薄壁细胞　3. 分泌细胞　4. 草酸钙方晶　5. 木栓细胞

三、理化鉴别

1. 洋金花

(1) Vitali 反应：取本品粉末 4 g 置锥形瓶中，加乙醇 15 ml，振摇 15 min，滤过，滤液蒸干，残留物加 1%硫酸 2 ml 溶解，搅拌后滤过，滤液加氨试液使成碱性，用三氯甲烷 2 ml 振摇提取，分取三氯甲烷液，蒸干，加发烟硝酸 5 滴，蒸干得黄色残留物，冷后加醇制氢氧化钾溶液 2～3 滴，显深紫色，渐变为暗红色，再加固体氢氧化钾少许，则紫色复现(检查莨菪烷类生物碱成分)。

(2) 薄层色谱

1) 供试品溶液制备：取本品粉末 1 g，加浓氨试液 1 ml，混匀，加三氯甲烷 25 ml，摇匀，放置过夜，滤过，滤液蒸干，残渣加三氯甲烷 1 ml 使溶解。

2) 对照品溶液制备：取硫酸阿托品对照品、氢溴酸东莨菪碱对照品，加甲醇制成每 1 ml 各含 4 mg 的混合溶液。

3) 吸附剂：硅胶 G 薄层板。

4) 点样量：10 μl。

5) 展开剂：乙酸乙酯-甲醇-浓氨试液(17∶2∶1)。

6) 显色剂：喷以稀碘化铋钾试液。

7) 显色结果：供试品色谱中，在与对照品色谱相应的位置上，显相同颜色的斑点。

2. 生地黄

薄层色谱：

1) 供试品溶液制备：取本品粉末 2 g，加甲醇 20 ml，置水浴上加热回流 1 h，放冷，滤过，滤液回收甲醇至 5 ml。

2) 对照品溶液制备：另取梓醇对照品，加甲醇制成每 1 ml 含 0.5 mg 的溶液。

3) 吸附剂：硅胶 G 薄层板。

4) 点样量：5 μl。

5) 展开剂：三氯甲烷-甲醇-水(14∶6∶1)。

6) 显色剂：喷以茴香醛试液，105℃加热至斑点显色。

7) 显色结果：供试品色谱中，在与对照品色谱相应位置上，显相同颜色的斑点。

3. 熟地黄

薄层色谱

1) 供试品溶液制备：取本品粉末 1 g，加 80%甲醇 50 ml，超声处理 30 min，滤过，滤液蒸干，残渣加水 5 ml 使溶解，用水饱和正丁醇振摇提取 4 次，每次 10 ml，合并正丁醇液，蒸干，残渣加甲醇 2 ml 使溶解。

2) 对照品溶液制备：取毛蕊花糖苷对照品，加甲醇制成每 1 ml 含 1 mg 的溶液。

3) 吸附剂：硅胶 G 薄层板。

4) 点样量：供试品溶液 5 μl、对照品溶液 2 μl。

5) 展开剂：乙酸乙酯-甲醇-甲酸(16∶0.5∶2)。

6) 显色剂：用 0.1%的 2,2-二苯基-1-苦肼基无水乙醇溶液浸渍，晾干。

7) 显色结果：供试品色谱中，在与对照品色谱相应的位置上，显相同颜色的斑点。

【作业】

1. 写出下列药材的主要性状特征：洋金花、地黄、玄参。
2. 绘药材地黄及洋金花的粉末显微特征图。
3. 记录理化鉴定结果。

实验十五　双子叶植物生药(十四)

【目的要求】

1. 了解药材金银花、天花粉的薄层色谱方法。
2. 熟悉忍冬科、葫芦科等其他科常用生药的性状鉴别特征。
3. 掌握药材金银花、天花粉的显微鉴别特征。

【仪器、试剂、材料】

1. 仪器　显微镜、锥形瓶、烧杯、试管、滴管、漏斗、分液漏斗、移液管、玻璃板、层析缸、毛细管、紫外分光光度计、比色皿、超声仪、烘箱。

2. 试剂　水合氯醛液、稀甘油、乙醇、甲醇、正丁醇、乙酸丁酯、甲酸、硅胶 H 板、绿原酸、瓜氨酸、冰乙酸、茚三酮试液、蒸馏水。

3. 材料

(1) 药材：钩藤、巴戟天、栀子、金银花、山银花、天花粉、瓜蒌。

(2) 组织切片及粉末：天花粉根的横切面永久切片及金银花、天花粉粉末。

【实验内容】

一、性 状 鉴 别

1. 钩藤　茎枝呈圆柱形或类方柱形，长 2～3 cm，直径 2～6 mm。表面红棕色至紫红色或棕褐色，光滑无毛，枝上具对生两个向下弯曲的钩或仅一侧有钩，长 1～2 cm，先端渐尖。体轻，质硬，断面外层棕红色，髓部淡棕色或淡黄色。气无，味淡。

2. 巴戟天 呈扁圆柱形，略弯曲。表面灰黄色或暗灰色，具纵纹及横裂纹，皮部有时横向断离，露出木部，呈串节状。质韧，断面皮部厚，紫色或淡紫色，易与木部剥离，木部黄棕色或黄白色。无臭，味甜而微涩。

3. 栀子 呈倒卵形、椭圆形或长椭圆形。表面红棕色或红黄色，微有光泽，有翅状纵棱 5～8 条，每二翅棱间有纵脉 1 条，并有稀网脉纹分布，顶端有暗黄绿色残存宿萼，先端有 5～8 条长形裂片，裂片多碎断，末端有圆形果柄痕。果皮薄而脆，内表面鲜黄色或红黄色，有光泽，具隆起的假隔膜 2～3 瓣。折断面鲜黄色，种子多数，扁椭圆形或扁矩圆形，聚成球状团块，棕红色，表面有细而密的凹入小点；胚长形，具心形子叶二片，胚根直立。气微，味微酸苦。

4. 金银花 呈小棒状，上粗下细、略弯曲，长 2～3 cm，上部直径约 3 mm，下部直径约 1.5 mm。表面黄白色或绿白色，久贮色渐深，密被短柔毛。花萼绿色，先端 5 裂，裂片有少量毛。开放者花冠筒状，先端二唇形。雄蕊 5 个，附于筒壁，黄色。雌蕊 1 个。气清香，味淡微苦。

5. 山银花

(1) 红腺忍冬：长 2.5～4.5 cm，直径 0.8～2 mm。表面黄白色至黄棕色，无毛或疏被毛。开放者花冠下唇反转。花柱无毛。

(2) 山银花：长 1.6～3.5 cm，直径 0.5～2 mm，花萼筒和花冠密被灰白色毛。子房有毛。有时可见短的花序。

(3) 毛花柱忍冬：长 2.5～4 cm，直径 1～1.2 mm。表面淡黄色微带紫，无毛。花萼裂片短三角形。开放者花冠上唇常不整齐，花柱下部多密被长柔毛。

6. 天花粉 不规则圆柱形，长 8～16 cm，直径 1.5～5.5 cm。表面黄白色或淡棕黄色，有纵皱纹、细根痕及略凹陷的横长皮孔，有的有黄棕色外皮残留。质坚实，断面白色或淡黄色，富粉性，横切面可见黄色木质部，略呈放射状排列。无臭，味微苦。

7. 瓜蒌 类球形或宽椭圆形，长 7～15 cm，直径 6～10 cm。表面橙红色或橙黄色，皱缩或较光滑，顶端有圆形的花柱残基，基部略尖，具残存的果梗。质脆，易破开，内表面黄白色，有红黄色丝络，果瓤橙黄色，黏稠，与多数种子黏结成团。具焦糖气，味微酸、甜。

二、显微鉴别

1. 天花粉根横切面 ①木栓层内侧有断续排列的石细胞环。②韧皮部较窄。③木质部宽广，导管成群，也有单个散在，导管群内侧常有小片内涵韧皮部。薄壁细胞含淀粉粒。

2. 粉末鉴别 按照粉末制片方法制片。

(1) 金银花：①腺毛有两种，一种头部呈倒圆锥形，顶部略平坦，由 10～30 个细胞排成 2～4 层，腺柄 2～6 个细胞，另一种头部呈倒三角形，较小，由 4～20 个细胞组成，腺柄 2～4 个细胞。②非腺毛为单细胞，有两种；一种长而弯曲，壁薄，有微细疣状突起。另一种非腺毛较短，壁稍厚，具疣状突起，有的具螺纹。③花粉粒众多，黄色，球形，外壁具细刺状突起，萌发孔 3 个。④柱头顶端表皮细胞呈绒毛状。薄壁细胞中含细小草酸钙簇晶(图 2-31)。

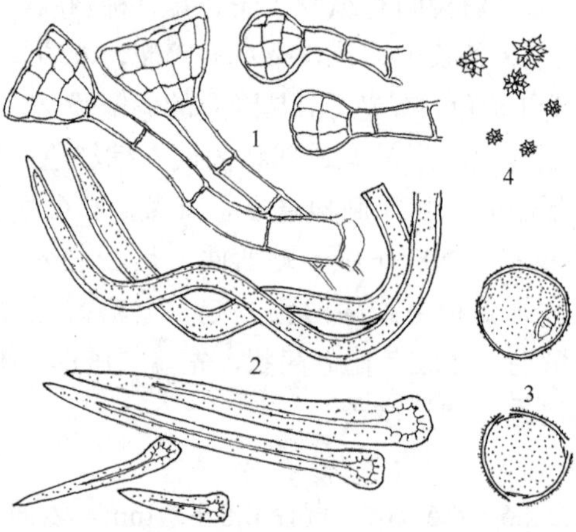

图 2-31 金银花粉末显微特征图

1. 腺毛 2. 非腺毛 3. 花粉粒 4. 草酸钙簇晶

(2) 天花粉：①石细胞类方形或很不规则，边缘常有短角状突起或分枝状，长至 250 μm，直径至 100 μm。②导管直径至 465 μm。③淀粉单粒直径 2～50 μm，复粒由 2～9 分粒组成。④木栓细胞类方形(图 2-32)。

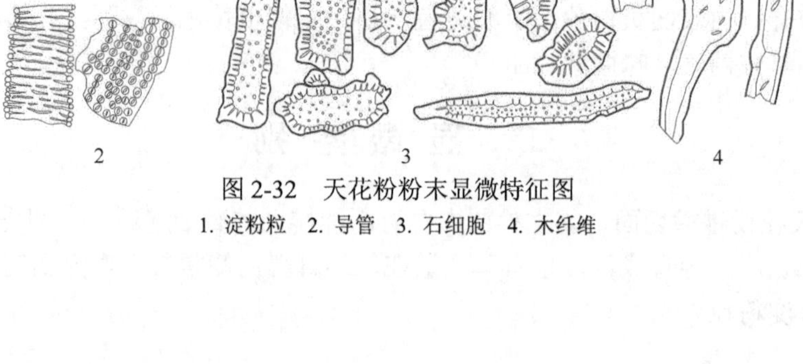

图 2-32 天花粉粉末显微特征图

1. 淀粉粒 2. 导管 3. 石细胞 4. 木纤维

三、理 化 鉴 别

1. 金银花　薄层色谱。

(1) 供试品溶液制备：取本品粉末 0.2 g，加甲醇 5 ml，放置 12 h，取滤液。

(2) 对照品溶液制备：取绿原酸对照品，加甲醇制成每 1 ml 含 1 mg 的溶液。

(3) 吸附剂：硅胶 H 薄层板。

(4) 点样量：供试品溶液 10～20 μl、对照品溶液 10 μl。

(5) 展开剂：乙酸丁酯-甲酸-水(7∶2.5∶2.5)的上层溶液。

(6) 显色剂：紫外光灯(365 nm)下检视。

(7) 显色结果：供试品色谱中，在与对照品色谱相应的位置上，显相同颜色的荧光斑点。

2. 天花粉　薄层色谱。

(1) 供试品溶液制备：取本品粉末 2 g 置锥形瓶中，加稀乙醇 20 ml，超声处理 30 min，滤过。

(2) 对照品溶液制备：取瓜氨酸对照品，加稀乙醇溶解，制成每 1 ml 含 1 mg 的溶液。

(3) 吸附剂：硅胶 G 薄层板。

(4) 点样量：供试品溶液 6 μl 和对照品溶液 1 μl。

(5) 展开剂：正丁醇-无水乙醇-冰乙酸-水(8∶2∶2∶3)。

(6) 显色剂：喷以茚三酮试液，在 105℃加热。

(7) 显色结果：供试品色谱中，在与对照品色谱相应的位置上，显相同颜色的斑点。

【作业】

1. 写出下列药材的性状特征：金银花、天花粉、瓜蒌。
2. 绘药材金银花及天花粉的粉末显微特征图。
3. 记录理化鉴别结果。

实验十六　双子叶植物生药(十五)

【目的要求】

1. 了解桔梗、红花的理化鉴别方法。
2. 熟悉桔梗科、菊科生药性状特征。
3. 掌握桔梗、红花的显微特征。

【仪器、试剂、材料】

1. 仪器　显微镜、带塞试管、水浴锅、滤纸、硅胶 H 薄层板、毛细管。

2. 试剂 水合氯醛液、稀甘油、α-萘酚、浓硫酸、甲酸、甲醇、乙醇，80%丙酮溶液、乙酸乙酯。

3. 材料

(1) 药材：桔梗、党参、南沙参、茵陈、红花，红花对照药材。

(2) 组织切片和粉末：桔梗根横切面永久制片，桔梗、红花粉末。

【实验内容】

一、性状鉴别

1. 桔梗 圆柱形或略呈纺锤形，有的有分枝。表面白色或淡黄白色，有皱沟、横纹及根痕。质脆，断面不平坦，有裂隙，形成层环棕褐色。木部淡黄白色。无臭，味微甜而后苦。

2. 党参 长圆柱形。表面黄棕色。根头部有疣状突起的茎痕和芽"狮子盘头"，有纵皱纹及皮孔样突起。支根脱落处有黑褐色胶状物。质稍硬或略韧，断面稍平坦，有裂隙，形成层环明显。有特殊香气，味微甜。

3. 南沙参 根圆锥形或圆柱形。表面黄白色或淡黄棕色，有横纹和纵沟。体轻，质松泡，易折断，断面黄白色，多裂隙。无臭，味微甘。

4. 茵陈

(1) 绵茵陈：多卷曲成团，灰白或灰绿色，绵软如绒。叶多为二至三回羽状深裂，全缘。茎细小，质脆，易折断。气微香，味微苦。

(2) 茵陈蒿：茎成圆柱形，多分枝。表面淡紫色，被短柔毛，体轻，质脆，断面类白色。下部叶二至三回羽状深裂，茎生叶一至二回羽状全裂。头状花序。瘦果长圆形，黄棕色。气微香，味极苦。

5. 红花 不带子房的管状花。红色。花冠筒细长，先端5裂，雄蕊5枚，花药聚合成筒状，黄白色，柱头外露，微分叉。质轻，柔润，气微香，味微苦。

二、显微鉴别

1. 桔梗根横切面 ①木栓细胞有时残存，细胞中含有草酸钙小棱晶。②皮部窄，常见裂隙。③韧皮部乳管群散在，壁略厚，内含微细的颗粒状黄棕色物。④形成层成环。⑤木质部导管单个散在或数个相聚，呈放射状排列。⑥薄壁细胞含有菊糖。

2. 粉末鉴别 按照粉末制片方法进行制片。

(1) 桔梗：①用水合氯醛装片(不加热)观察，薄壁细胞中的菊糖团块多呈扇形。②乳汁管连接成网状，内含浅黄色油滴及颗粒状物。③梯纹、网纹及具缘纹孔导管直径16～72 μm。④木薄壁细胞端壁细胞波状弯曲(图2-33)。

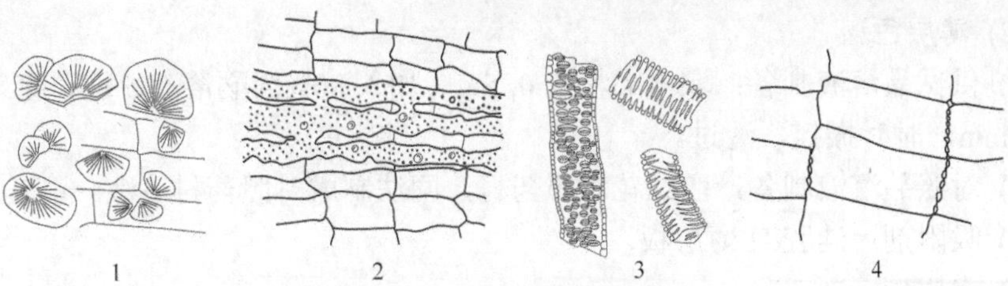

图 2-33　桔梗粉末显微特征图

1. 菊糖　2. 乳汁管　3. 导管　4. 木薄壁细胞

(2) 红花：①分泌细胞呈长管状，直径 5～66 μm，充满黄色或红棕色分泌物。②花粉粒深黄色，类球形或长球形，直径 39～84 μm，具 3 个萌发孔，外壁有短刺及疣状雕纹。③花柱碎片深黄色，柱头顶端表皮细胞分化成单细胞毛，呈圆锥形，先端尖。④草酸钙结晶方形或长方柱形。⑤花冠片顶端表皮细胞短柔毛状(图 2-34)。

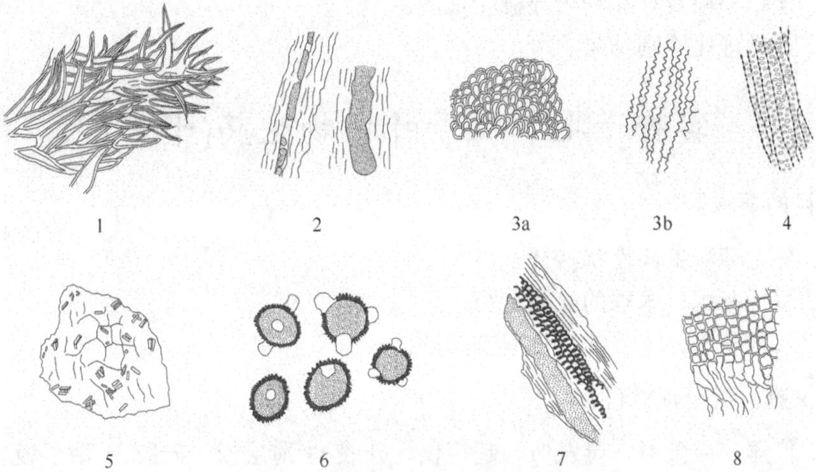

图 2-34　红花粉末显微特征图

1. 花柱碎片　2. 分泌细胞　3. 花冠表皮细胞(a.表面观 b.侧面观)　4. 网纹细胞　5. 草酸钙方晶　6. 花粉粒　7. 分泌细胞　8. 花药基部

三、理 化 鉴 别

1. 桔梗

(1) 粉末或切片置载玻片上，遇 α-萘酚、浓硫酸试液各 1 滴，显紫堇色(检查菊糖)。

(2) 取粉末 0. 5 g，置试管中，加入 10 ml 水，水浴中加热 10 min，放冷，取上清液，置带塞试管中用力振摇，产生持久性蜂窝状泡沫(检查皂苷成分)。

2. 红花

(1) 取本品 1 g，加乙醇 10 ml，浸渍。倾取浸出液，于浸出液内悬挂一滤纸条，5 min 后把滤纸条放入水中，随即取出，滤纸条上部显淡黄色，下部显淡红色。

(2) 薄层色谱

1) 供试品溶液制备：取本品粉末 0. 5 g，加入 80%丙酮溶液 5 ml，密塞，冷浸 15 min，时时振摇，滤过。

2) 对照品溶液制备：取红花对照药材，同法制成对照药材溶液。

3) 吸附剂：硅胶 H 薄层板。

4) 点样量：5 μl。

5) 展开剂：乙酸乙酯-甲酸-水-甲醇(7∶2∶3∶0.4)。

6) 显色结果：供试品色谱中，在与对照药材色谱相应的位置上，显相同颜色的斑点。

【作业】

1. 写出桔梗、党参、茵陈、红花的主要性状特征。

2. 绘桔梗根及红花粉末显微特征图。

3. 记录理化鉴别结果。

实验十七　双子叶植物生药(十六)

【目的要求】

1. 熟悉菊科生药性状特征。

2. 掌握苍术、木香的显微特征。

3. 掌握苍术、木香的理化鉴别方法。

【仪器、试剂、材料】

1. 仪器　显微镜、蒸发皿、超声仪、硅胶 G 薄层板，硅胶 H 薄层板、玻璃点样毛细管。

2. 试剂　水合氯醛液、稀甘油、5%-萘酚溶液、10%硫酸溶液、乙醇、乙醚、三氯甲烷、乙酸乙酯、环己烷、5%对二甲氨基苯甲醛的 10%硫酸溶液、香草醛、1%香草醛硫酸溶液、甲酸乙酯、甲酸，苍术酮、苍术素、去氢木香内酯、木香烃内酯对照品。

3. 材料

(1) 药材：青蒿、苍术、白术、木香、菊花。

(2) 组织切片及粉末：茅苍术根茎、木香根横切面永久制片及其粉末。

【实验内容】

一、性 状 鉴 别

1. 青蒿　茎圆柱形。表面黄绿色，有纵棱，断面有髓。叶互生，易碎，三回羽状细裂，两面被毛。头状花序，球形。气香特异。味微苦，有清凉感。

2. 苍术 根茎呈连珠状或结节状圆柱形。表面灰黄色或棕黑色，可见须根、皱纹。质坚脆，易折断，断面可见“朱砂点”，久置可析出白色丝状结晶“起霜”或“吐脂”。香气浓郁特异，味微甘、辛、苦。

3. 白术 不规则团块。表面灰黄色，有瘤状突起及沟纹，顶端残留有茎及芽痕。质坚硬，不易折断，断面黄白色，有棕黄色点状油室。气清香，味甘、微辛，嚼之带黏性。

4. 木香 圆柱形或半圆柱形。表面黄棕色至灰棕色，可见皱沟、纵纹及侧根痕。质坚实，不易折断，断面不整齐或稍平坦，周边及中心部分灰黄色，其余大部分灰褐色至棕褐色，深褐色油室小点随处散在，形成层环棕色，有放射状纹理，老根木部中心多枯朽成空洞。香气浓郁特异，味微苦。

5. 菊花 扁球形、不规则的球形或稍压扁，总苞由 3～4 层苞片组成，外围为数层舌状花，中央为管状花，黄白色。气清香，味甘、微苦。

二、显微鉴别

1. 横切面 观察以下生药的横切面永久制片，注意组织构造特征。

(1) 茅苍术根茎横切面：①木栓层为 10～40 层木栓细胞，其间夹有石细胞环带(硬栓部)3～8 条，每条环带由 2～3 层石细胞组成。②皮层中散有大型油室，直径达 450 μm。③韧皮部较窄。④形成层成环。⑤木质部内侧有木纤维束，射线和髓部散有油室。⑥薄壁细胞中含有菊糖，并充塞有细小草酸钙针晶。

(2) 木香根横切面：①木栓层为 2～6 层木栓细胞，其外时有残存的落皮层。②韧皮部较宽厚，筛管群明显；韧皮纤维束无或稀疏散在，或排列成 1～3 层。③形成层断续成环。④木质部导管单个散在或数个相连；木纤维少数，分布在导管周围或与导管相伴，近根中心纤维较多。⑤韧皮部及木射线中均有较大的油室散在，长径达 263 μm，短径 254 μm，常有黄色分泌物。⑥薄壁细胞中充满菊糖。

2. 粉末鉴别 按照粉末制片方法制片。

(1) 茅苍术：①木栓石细胞众多，单个散在或数个成群，多角形、圆多角形或长方形，直径 28～80 μm，壁较厚，胞腔内常含有黄色物质，有的含针晶。②木纤维大多成束，长梭形，直径 19～40 μm，壁甚厚，孔沟明显。③草酸钙针晶甚多，极细，散在或充塞于薄壁细胞中。④油室多破碎，有的细胞中含有淡黄色挥发油。⑤网纹导管多见，也有具缘纹孔导管，直径约至 48 μm。⑥木栓细胞淡黄色，有的木栓细胞相连。⑦菊糖略呈扇形或不规则形，常与草酸钙针晶粘连(图 2-35)。

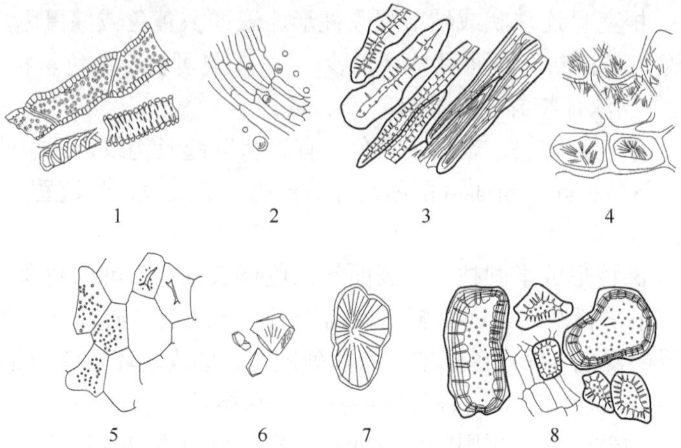

图 2-35　茅苍术粉末显微特征图

1. 导管　2. 油细胞碎片　3. 木纤维　4. 草酸钙针晶　5. 薄壁细胞
6. 菊糖结晶(扇形)　7. 菊糖结晶(不规则形)　8. 木栓细胞及石细胞

(2) 木香：有特异香气。①菊糖碎块众多，有时可见表面显放射状纹理。②木纤维多成束，黄色，长梭形，直径 16～24 μm，壁非木化，纹孔横裂孔状或十字状、人字形。③导管主为网纹导管，亦有具缘纹孔导管，直径 30～90 μm。④油室碎片有时可见，内含有黄色或棕色分泌物。⑤木栓细胞性状不一，壁薄，淡黄棕色，垂周壁有时呈微波状弯曲(图 2-36)。

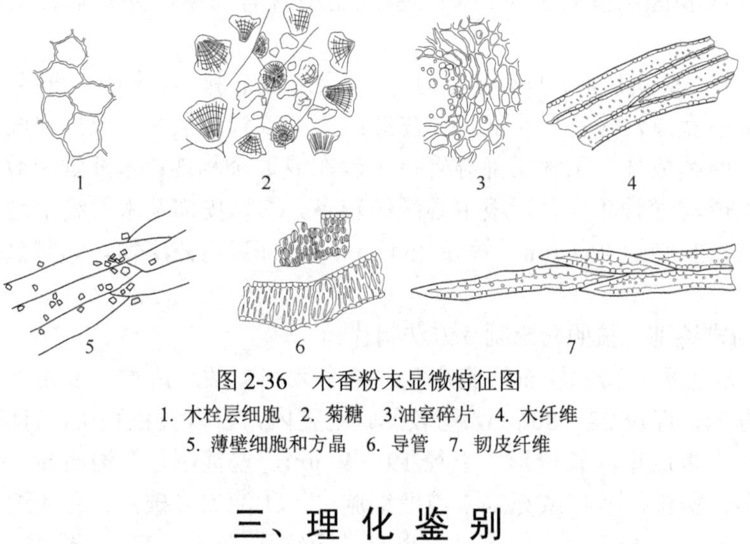

图 2-36　木香粉末显微特征图

1. 木栓层细胞　2. 菊糖　3.油室碎片　4. 木纤维
5. 薄壁细胞和方晶　6. 导管　7. 韧皮纤维

三、理 化 鉴 别

1. 苍术

(1) 取生药粉末 1 g，加乙醚 10 ml，振摇浸渍约 10 min，滤过。取滤液数滴置蒸发皿中，挥散乙醚，加 5%对二甲氨基苯甲醛的 10%硫酸溶液 1 ml，显玫瑰红色，100℃烘烤片刻出现绿色(检查苍术素成分)。

(2) 取上述乙醚液数滴同法操作，于残渣中加 50%硫酸 1 滴，少量香草醛与乙醇数滴，显樱红色(检查挥发油成分)。

2. 木香

(1) 取本品切片，经 70%乙醇浸软后，加 5%-萘酚溶液与硫酸溶液各一滴，即显紫色(检查菊糖)。

(2) 薄层色谱

1) 供试品溶液制备：取本品粉末 0.5 g，加甲醇 10 ml，超声处理 30 min，取滤液作为供试品溶液。

2) 对照品溶液制备：取去氢木香内酯、木香烃内酯对照品，加甲醇分别制成每 1 ml 含 0.5 mg 的溶液。

3) 吸附剂：硅胶 G 薄层板。

4) 点样量：5 μl。

5) 展开剂：环己烷-甲酸乙酯-甲酸(15∶5∶1)的上层溶液。

6) 显色剂：喷以 1%香草醛硫酸溶液，加热。

7) 显色结果：供试品色谱中，在与对照品色谱相应的位置上，显相同颜色的斑点。

【作业】

1. 写出生药苍术、木香、白术、菊花的主要性状特征。
2. 绘茅苍术根茎横切面简图及木香粉末显微特征图。
3. 记录理化鉴别结果。

实验十八　单子叶植物生药(一)

【目的要求】

1. 了解半夏的理化鉴别方法。
2. 熟悉天南星科、百合科等其他科常用生药性状特征。
3. 掌握徒手制片方法及麦冬的显微特征。

【仪器、试剂、材料】

1. 仪器　显微镜、滤纸，硅胶 G 薄层板、玻璃点样毛细管、干燥箱。

2. 试剂　水合氯醛液、稀甘油、甲醇、50%乙醇、正丁醇、冰乙酸、蒸馏水、0.2%茚三酮试液、精氨酸、丙氨酸、亮氨酸、缬氨酸对照品。

3. 材料

(1) 药材：泽泻、薏苡仁、槟榔、血竭、天南星、半夏、百部、川贝母、浙贝母、麦冬、知母。

(2) 组织切片及粉末：麦冬块根横切面永久制片及半夏、松贝、青贝、炉贝粉末。

【实验内容】

一、性状鉴别

1. 泽泻 块茎类球形、椭圆形。表面黄白色或淡棕色，有沟纹、须根痕以及茎、芽痕质坚实，断面黄白色，粉性，有多数细孔。气微，味微苦。

2. 薏苡仁 种仁矩圆形。表面乳白色，光滑，先端钝圆，基部宽而微凹，背部圆凸，腹部有纵沟。质坚实，断面粉白色。味微甜。

3. 槟榔 种子圆锥形或扁球形。顶端钝圆，基部平宽，表面淡黄棕色或黄棕色，有网状纹理，底部有珠孔，其旁有种脐。质坚硬，断面可见棕白相间大理石样花纹。味涩，微苦。

4. 天南星 呈扁球形。表面淡黄色或淡棕色，中心有浅凹的茎痕，周围有麻点状须根痕。质坚硬，不易破碎，断面白色，粉性。气微，味辛，麻舌刺喉。

5. 半夏 呈类球形。表面乳白色或淡黄色，中间有凹窝，周围密布麻点状须根痕。下端钝圆，较光滑。质坚实，断面白色，粉性。气微。味辛辣，嚼之发黏，麻舌。

6. 百部

(1) 直立百部：呈纺锤形。表面黄白色或土黄色，有纵沟和横皱纹。质脆。受潮韧软，断面黄白色，角质样。中柱扁小。气微，味甘、微苦。

(2) 蔓生百部：两端稍狭细。表面淡灰白色，不规则皱褶及横皱纹。味较苦。

(3) 对叶百部：呈长纺锤形或长条形。表面淡黄棕色或灰棕色，不规则的纵槽。质坚实，断面黄白色至暗棕色，中柱较圆而大，髓类白色。

7. 川贝母

(1) 松贝：类圆锥形。表面类白色；外层鳞叶两瓣，大小悬殊，大瓣紧抱小瓣，未抱部分呈新月形，习称“怀中抱月”，顶端抱合，内有心芽和小鳞叶。质硬而脆。断面白色，富粉性。气微。味微苦。

(2) 青贝：类扁球形。表面灰黄色。外层鳞叶两瓣大小相近，相对抱合不紧，习称“观音合掌”，顶端开口。气微。味微苦。

(3) 炉贝：较大，长锥形或卵圆形。表面类白色或淡棕黄色，常见棕色斑点，习称“虎皮斑”。外层鳞叶两瓣，大小相近，顶端开口，基部稍尖。气微。味微苦。

8. 浙贝母

(1) 大贝：单瓣鳞叶，呈新月形。外表面类白色至淡黄色，内表面白色或淡棕色，被有白色粉末。质硬脆，断面白色，粉性。气微，味微苦。

(2) 珠贝：完整鳞茎，扁球形。表面类白色，外层 2 枚鳞叶肥厚，略呈肾形，相对抱合，中央有 2～3 枚皱缩的小鳞叶或残茎。

9. 麦冬 纺锤形，两端尖。表面黄白色，一端常有细小中柱外露。质柔韧，干后质硬脆。断面类白色，半透明，中央有细小中柱。气微香，味微甘。嚼之有黏性。

10. 知母　呈长条状。表面黄棕色至棕色。一端残留淡黄色叶基(习称“金包头”)，上方有一纵沟，具紧密排列的环节，节上残存叶基，有根痕。质硬，易折断，断面黄白色。气微。味微甜、略苦，嚼之带黏性。

11. 血竭

(1) 原装血竭：呈四方形或不定形块状，大小不等，表面铁黑色或红色，常附有因摩擦而成的红粉。断面有光泽或粗糙而无光泽，黑红色，研成粉末血红色。无臭，味淡。

(2) 加工血竭：略呈扁圆四方形，直径 6～8 cm，厚约 4 cm，重 250～280 g。表面暗红色或黑红色，有光泽，底部平圆，顶端有包扎成型时所成的纵褶纹。质硬而脆，破碎面红色而粉末呈砖红色。

二、显 微 鉴 别

1. 麦冬块根横切面　①表皮为 1 层长方形细胞；根被为 3～5 层细胞，壁木化。②皮层宽广，其间有类长圆形分泌细胞；黏液细胞中含有草酸钙针晶束；内皮层外侧有 1～2 层石细胞，内壁及侧壁增厚，纹孔细密；内皮层细胞较小，类方形或类长方形，壁木化增厚，通道细胞壁薄，非木化。③中柱占根 1/5～1/4；中柱鞘为 1～2 层薄壁细胞；韧皮部束 15～24 个，与木质部束相间排列，各束木质部内侧由木化组织连接成环层。④髓薄壁细胞类圆形，非木化。

2. 粉末鉴别　按照粉末制片方法进行，制以下粉末片。

(1) 半夏：①淀粉粒极多，单粒类圆形、半圆形或圆多角形，直径 2～20 μm，脐点裂缝状、人字状或星状；复粒由 2～6 分粒组成。②草酸钙针晶多，散在或成束存在于椭圆形黏液细胞中，针晶长 20～110 μm。③螺纹导管直径 10～24 μm，少数为环纹导管(图 2-37)。

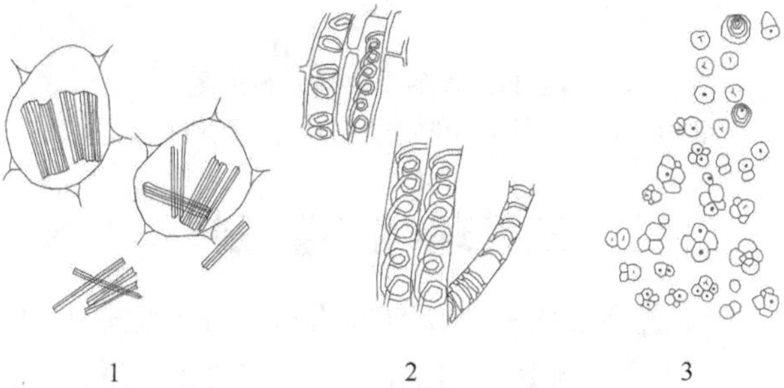

图 2-37　半夏粉末显微特征图

1. 草酸钙针晶束　2. 导管　3. 淀粉粒

(2) 松贝：①淀粉粒甚多，广卵形，长圆形或不规则圆形，有的边缘不平整或作分枝状，直径 5～64 μm，脐点短缝状、点状、人字形、马蹄状，层纹隐约可见，半复粒较多，可见 2～4 个脐点，复粒少，由 2 分粒组成。②表皮细胞类长方形，垂周壁微波状弯曲，偶见不定式气孔，圆形或扁圆形。③螺纹导管直径 5～26 μm(图 2-38)。

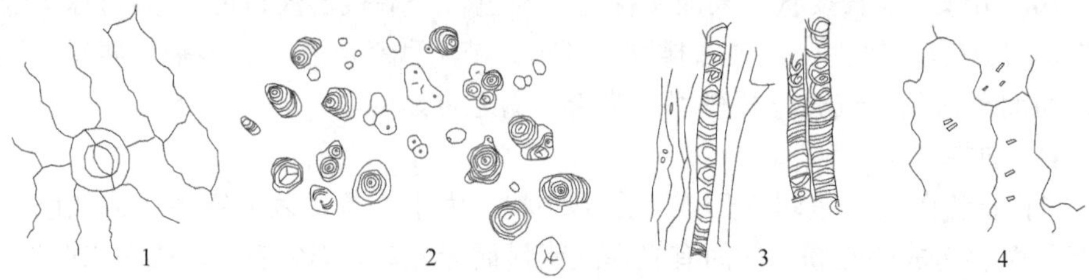

1　2　3　4

图 2-38　暗紫贝母(鳞茎)粉末显微特征图

1. 表皮细胞及气孔　2. 淀粉粒　3. 导管　4. 草酸钙结晶

(3) 炉贝：①淀粉粒广卵形、贝壳形、肾形，直径约至 60 μm，脐点人字形、星状或点状，层纹明显。②螺纹及网纹导管直径可达 64 μm。③气孔长圆形，直径约至 61 μm，副卫细胞 4～6 个。

(4) 麦冬：①草酸钙针晶成束或散在，长 24～50 μm。②石细胞类方形或长方形，常成群存在，直径 30～64 μm，长约 180 μm，壁厚至 16 μm，有的一边甚薄，纹孔甚密，孔沟较粗。③内皮层细胞长方形或长条形，壁增厚，木化，孔沟明显。④木纤维细长，末端倾斜，壁增厚，微木化。⑤导管及管胞多为单纹孔或网纹，少数为具缘纹孔导管，常与木纤维相连(图 2-39)。

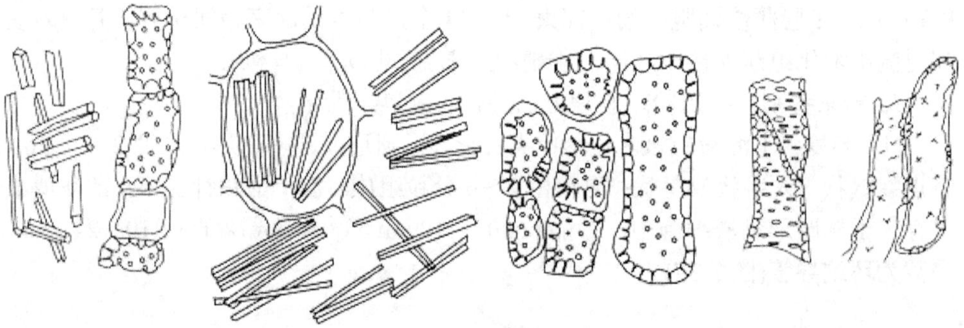

1　2　3　4　5　6

图 2-39　麦冬（块根）粉末图

1. 柱晶　2. 通道细胞　3. 黏液细胞和草酸钙针晶　4. 石细胞　5. 导管　6. 木纤维

三、理化鉴别

1. 取半夏粉末 1g 置锥形瓶中，以 50%乙醇 20 ml 温浸 0.5 h，滤过，滤液浓缩至 2 ml，进行以下试验：滤液 1～1.5 ml，加 0.2 %茚三酮试剂。煮沸数分钟，溶液显蓝紫色；取滤液点样于圆形滤纸上，以甲醇展开，喷 0.2 %茚三酮试剂，80℃烘干数分钟，显蓝紫色斑点(检查氨基酸成分)。

2. 薄层色谱

(1) 供试品溶液制备：取半夏粉末 1 g，加甲醇 10 ml，回流提取 30 min，过滤，取滤液加热挥发至 0.5 ml。

(2) 对照品溶液制备：另取精氨酸、丙氨酸、缬氨酸、亮氨酸对照品，加 70%甲醇制成每 1 ml 含 1 ml 的混合溶液。

(3) 吸附剂：硅胶 G 薄层板。

(4) 点样量：吸取供试品 5 μl，对照品 1 μl。

(5) 展开剂：正丁醇-冰乙酸-水(8∶3∶1)。

(6) 显色剂：喷以茚三酮试液，加热。

(7) 显色结果：供试品色谱与对照品在相应的位置上显相同颜色的斑点。

【作业】

1. 写出生药半夏、川贝母、麦冬的主要性状特征。

2. 绘麦冬块根横切面简图，半夏、松贝粉末显微特征图。

3. 记录理化鉴别结果。

实验十九 单子叶植物生药(二)

【目的要求】

1. 了解砂仁、莪术、天麻的理化鉴别方法。

2. 熟悉姜科及兰科等其他常用生药性状特征。

3. 掌握砂仁、莪术、天麻的显微特征。

【仪器、试剂、材料】

1. 仪器 显微镜、水浴锅、硅胶 G 薄层板、点样毛细管、分光光度计。

2. 试剂 水合氯醛液、稀甘油、甲醇、乙醇、乙酸乙酯、三氯甲烷、环己烷、苯、10%磷钼酸乙醇溶液、5%香草醛硫酸溶液、碘液、龙脑酯、乙酸龙脑酯、石油醚(30～60℃)、无水乙醇、丙酮、吉马酮对照品、天麻苷对照品。

3. 材料

(1) 药材：山药、西红花、砂仁、豆蔻、莪术、益智仁、石斛、天麻、白及。

(2) 组织切片及粉末：阳春砂种子、莪术根茎、天麻块茎横切面永久制片及阳春砂、莪术、天麻粉末。

【实验内容】

一、性状鉴别

1. 山药 略呈圆柱形。表面淡黄色，有纵皱纹、须根痕。去皮者“光山药”，表面白色，光滑细腻。质坚实，断面白色，粉质。味微酸，带黏性。

2. 西红花 柱头线形，三分叉。暗红色，上部较宽，顶端边缘有不整齐齿状，内有一断裂隙，下端可见黄色花柱。体轻，质松软。气特异，微有刺激性，味微苦。

3. 砂仁 椭圆形或卵圆形，具不明显的三棱。表面红棕色，有网状纹理和短刺，内表面淡棕色，纵棱明显。种子团圆形或长圆形，分3瓣。种子外皮具膜质假种皮，较小端具种脐。质坚硬，种仁黄白色。气芳香而浓烈，味辛凉、微苦。

4. 莪术

(1) 广西莪术：长卵圆形。表面黄棕色，光滑，有须根和茎、芽痕。质坚实。断面浅棕色，皮层易与中柱分离。气香。味微苦、辛。

(2) 温莪术：长卵圆形或纺锤形。表面灰黄色，粗糙，环节凸起，可见刀削痕。质坚实而重。断面黄棕色，角质样。内皮层环明显，有点状维管束散在。气香，味苦、辛。

(3) 蓬莪术：长圆形或卵圆形。顶端尖，基部钝圆。表面土黄色，环节明显。断面深绿色。皮层与中柱易分离。气微香，味辛。

5. 石斛 金钗石斛圆柱形，呈“之”字形，节明显。表面金黄色或黄绿色，具纵沟及纵纹，节膨大，节上有叶柄痕及残存的膜质叶鞘。质较脆，断面疏松，有纤维状维管束。气微，味微苦而回甜，嚼之有黏性。

6. 天麻 长椭圆形，扁缩而稍弯曲。表面黄白色，略透明，顶端有残留的茎基(春麻)或顶芽(习称“鹦哥嘴”或“红小辫”)(冬麻)，末端有圆脐形瘢痕(习称“肚脐眼”)，表面有多轮横纹。质坚实，不易折断。断面平坦，角质样。气微。味甘、微辛。

7. 豆蔻 呈类球形。表面白色或淡黄棕色，具3条钝棱，顶端及基部有黄色毛茸。果皮薄、木质，易开裂，种子团3瓣，易散碎。种子呈不规则多面体，背面略隆起，暗棕色，外被膜质假种皮，种脐圆形凹陷。气芳香，味辛、凉，略似樟脑。

8. 益智仁 果实椭圆形，两端稍尖。表面棕色或灰棕色，有纵向突起棱线。果实薄而较韧，与种子团紧贴。种子团被隔膜分为3瓣。种子呈不规则的多面形，具淡黄色假种皮。腹面有种脐。质硬，断面白色，粉性。气芳香，味辛，微苦。

9. 白及 不规则扁圆形或有爪状分枝。表面灰白色或黄白色。有凸起的茎痕，并有以茎痕为中心的数圈同心环节。节上有点状须根痕。质坚硬，断面类白色，半透明，角质样，可见点状维管束。味苦，嚼之黏性。

二、显微鉴别

1. 横切面 观察以下生药的横切面永久制片，注意组织构造特征。

(1) 阳春砂仁种子横切面：①假种皮为长型薄壁细胞，部分易脱落。②种皮表皮细胞1层，径向延长，壁厚，外被厚角质层。③下皮细胞1层，充满深红紫色物质。④油细胞切向延长，内含油滴。⑤色素层为数层切向延长的薄壁细胞；

种脊处有维管束。⑥内种皮为 1 层径向延长的石细胞，内壁极增厚，非木化，胞腔偏上端，内含硅质块。⑦外胚乳细胞略成圆柱形，辐射状排列；内胚乳细胞略小，多角形，排列不规则，均含淀粉粒。⑧胚位于中央，细胞多角形而小，内含油状物与糊粉粒。

(2) 天麻块根横切面：①表皮有时残存；下皮为 2～3 层切向延长的栓化细胞。②皮层细胞 10 数层，较老块茎皮层与下皮相接处有 2～3 层椭圆形木化厚壁细胞，纹孔明显。③中柱大，维管束散列，周韧型，木质部有数个导管。④髓部细胞类圆形，具纹孔。⑤薄壁细胞含草酸钙针晶束，并含长圆形或类圆形多糖团块或颗粒。

2. 粉末鉴别 按照粉末制片方法进行制片。

(1) 阳春砂：①种皮表皮细胞淡黄色或鲜黄色，常与下皮细胞上下层垂直排列，表面观呈长条形，直径 9～54 μm，长约至 216 μm，末端渐尖或钝圆。②下皮细胞类长方形，充满棕色或红棕色物，易破碎成色素块。③油细胞 1 层，断面观类长方形，有的含挥发油滴。④内种皮厚壁细胞成片，表面观多角形，壁厚，非木化，胞腔内含硅质块；断面观细胞 1 层，排成栅状，外壁薄，内壁极厚，胞腔偏外侧，内含硅质块。⑤外胚乳细胞类长方形或不规则形，胞腔内含众多细小的淀粉粒及草酸钙方晶(图 2-40)。

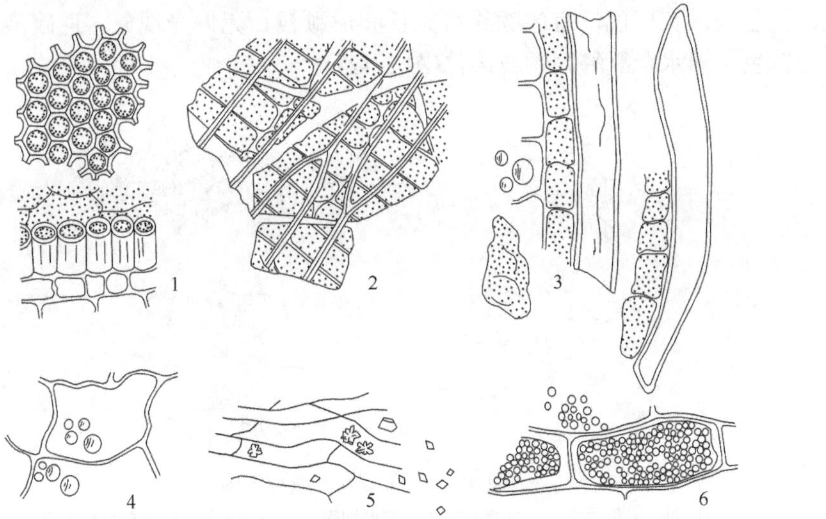

图 2-40 砂仁(阳春砂)粉末显微特征图

1. 内种皮细胞 2. 下皮细胞 3. 种皮表皮细胞 4. 油细胞 5. 假种皮及草酸钙结晶 6. 内胚乳细胞

(2) 莪术：①非腺毛碎片多见。②淀粉粒多糊化为团块状，未糊化的淀粉多为单粒，卵圆形，长 25～40 μm，宽 15～24 μm，具明显的层纹，脐点位于狭窄的一端。③螺纹、梯纹导管常见，木化。④可见木化的纤维。(图 2-41)

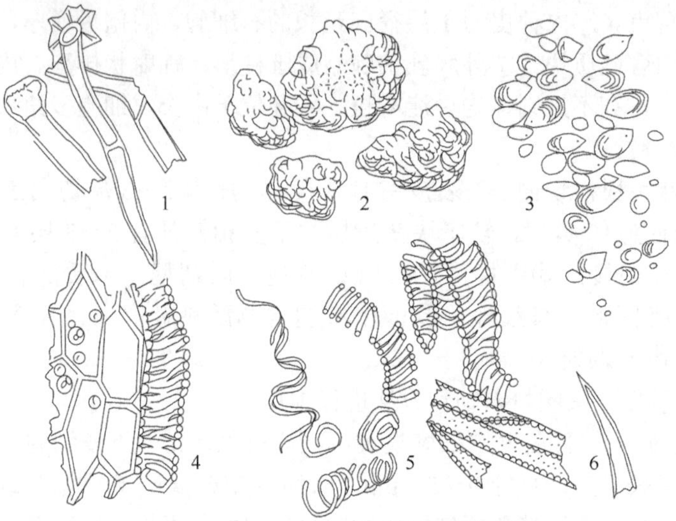

图 2-41 莪术(根茎)粉末显微特征图

1. 非腺毛 2. 糊化淀粉粒团块 3. 未糊化淀粉粒 4. 油细胞 5. 导管 6. 纤维

(3) 天麻：粉末黄白色。①木化厚壁细胞表皮观呈多角形或类椭圆形，直径 70～190 μm，壁厚 3～8 μm，纹孔明显。②草酸钙针晶成束或散在，长 25～93 μm。③有螺纹、网纹及环纹导管，直径 8～33 μm。④含糊化的多糖类物的薄壁细胞较大，无色或微灰棕色，有的隐约可见长卵形颗粒，无偏光现象，遇碘液呈棕色或淡棕紫色，遇水合氯醛则颗粒溶化(图 2-42)。

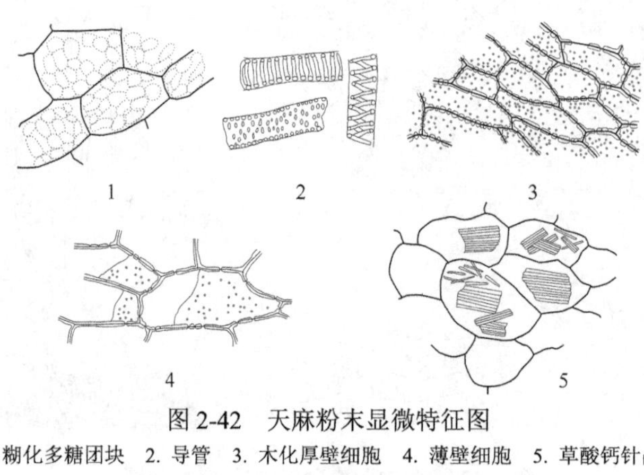

图 2-42 天麻粉末显微特征图

1. 糊化多糖团块 2. 导管 3. 木化厚壁细胞 4. 薄壁细胞 5. 草酸钙针晶束

三、理 化 鉴 别

1. 天麻

(1) 取本品粉末 1 g 置烧杯中，加水 10 ml，浸渍 4 h，随时振摇，滤过。滤液加碘液 2～4 滴，显紫红色至酒红色(检查天麻多糖成分)。

(2) 取本品粉末 0. 2 g，加乙醇 10 ml，加热回流 1 h，滤过。取滤液 1 ml，置

10 ml 量瓶中，加乙醇稀释至刻度，摇匀，以分光光度法测定，在 270 nm 附近有最大吸收或出现一肩峰；另取滤液 1 ml，置 25 ml 量瓶中，加乙醇稀释至刻度，摇匀，在 219～224 nm 波长范围内有最大吸收。

(3) 薄层色谱

1) 供试品溶液制备：取本品粉末 0. 5 g，加 70%甲醇 5 ml，超声处理 30 min，取滤液。

2) 对照品溶液制备：取天麻对照药材 0. 5 g，同法制成；再取天麻素对照品，加甲醇制成每 1 ml 含 1 mg 的溶液。

3) 吸附剂：硅胶 G 薄层板。

4) 点样量：吸取供试品溶液 10 μl、对照药材溶液及对照品溶液各 5 μl。

5) 展开剂：乙酸乙酯-甲醇-水(9∶1∶0.2)。

6) 显色剂：喷以 10%磷钼酸乙醇溶液，加热。

7) 显色结果：供试品色谱中，在与对照药材色谱和对照品色谱相应的位置上，显相同颜色的斑点。

2. 砂仁

薄层色谱：

1) 供试品溶液制备：取本品经水蒸气蒸馏得挥发油，加乙醇制成每 1 ml 含 20 μl 的溶液。

2) 对照品溶液制备：取乙酸龙脑酯对照品，加乙醇制成每 1 ml 含 10 μl 的溶液。

3) 吸附剂：硅胶 G 薄层板。

4) 点样量：吸取上述两种溶液各 1 μl。

5) 展开剂：环己烷-乙酸乙酯(22∶1)。

6) 显色剂：喷以 5%香草醛硫酸溶液，热风吹数分钟后检视。

显色结果：供试品色谱与对照品在相应的位置上显相同颜色的斑点。

3. 莪术

薄层色谱：

1) 供试品溶液制备：取本品粉末 0.5 g，置具塞离心管中，加石油醚(30～60℃)10 ml，超声处理 20 min，残渣加无水乙醇 1 ml 使溶解。

2) 对照品溶液制备：取吉马酮对照品，加无水乙醇制成每 1 ml 含 0.4 mg 的溶液，作为对照品溶液。

3) 吸附剂：硅胶 G 薄层板。

4) 点样量：10 μl。

5) 展开剂：石油醚(30～60℃)-丙酮-乙酸乙酯(94∶5∶1)。

6) 显色剂：喷以 1%香草醛硫酸溶液，加热。

7) 显色结果：供试品色谱中，在与对照品色谱相应的位置上，显相同颜色的斑点。

【作业】

1. 写出生药砂仁、莪术、天麻的主要性状特征。
2. 绘阳春砂横切面简图及天麻粉末显微特征图。
3. 记录理化鉴别结果。

实验二十　动物类生药(一)

【目的要求】

1. 了解鹿茸、全蝎、蟾酥的理化鉴别方法。
2. 熟悉所陈列生药的性状鉴别特征。
3. 掌握蟾酥的显微鉴别特征。

【仪器、试剂、材料】

1. 仪器　试管、吸管、超声波振荡器、漏斗、水浴锅、薄层色谱用具、烧杯、表面皿。

2. 试剂　水合氯醛试液、三氯甲烷、硫酸、乙酸酐、乙醇、冰乙酸、茚三酮试液、0.5%硫酸铜溶液、对二甲氨基苯甲醛固体、正丁醇、甲醇、碘试液、色谱滤纸。

3. 材料

(1) 药材：地龙、珍珠、海螵蛸、桑螵蛸、全蝎、蟾酥、鹿茸。

(2) 粉末：蟾酥粉末、鹿茸粉末、全蝎粉末。

【实验内容】

一、性状鉴别

1. 地龙

(1) 广地龙：全体呈长条薄片状，弯曲，长 15～20 cm，宽 1～2 cm。全体具明显环节。背部棕褐色至紫灰色，腹部浅黄棕色；第 14～16 环节为生殖带，习称“白颈”，较光亮。雄生殖孔在第 18 节腹部两侧，呈小突起状。受精囊孔 2 对，体轻，略呈革质，不易折断。气腥，味微咸。

(2) 沪地龙：全体长 8～15 cm，宽 0.5～1.5 cm。背部棕褐色至黄褐色。第 14～16 节为生殖带，较光亮。环毛蚓的雄交配腔能全部翻出，呈菜花状或阴茎状；威廉环毛蚓的雄交配腔孔呈纵向裂缝状；栉盲环毛蚓的雄生殖孔内侧有 1 或多个小乳头。受精囊 3 对。气微腥，味微咸。

2. 珍珠　呈类球形、长圆形、卵圆形或棒形，直径 1.5～8 mm。表面类白色、浅粉红色、浅黄绿色或浅蓝色，半透明，光滑或微凹凸，具特有的彩色光泽。质坚硬，破碎面现同心性层纹。无臭无味。用火烧有爆裂声，成层剥离，内外色泽一致，仍有烛光闪耀。

3. 海螵蛸

(1) 无针乌贼：呈扁长椭圆形，中间厚，边缘薄，厚约 1.3 cm，背面瓷白色，有脊状隆起及不甚明显的小疣点；腹面白色，自尾端到中部有细密波状横层纹；角质缘半透明，尾部较宽平，无骨针。体轻，质松，易折断，断面粉质，显疏松层纹。气微腥，味微咸。

(2) 金乌贼：呈扁长椭圆形，背面疣点明显；略呈层状排列，腹面细密波状横层纹占全体大部分，中间有纵向浅槽；尾部角质缘渐宽，向腹面翘起，末端有一骨针，多已断落。味微咸。

4. 全蝎 头胸部与前腹部呈扁平长椭圆形，后腹部呈尾状，皱缩弯曲，完整者体长约 6 cm。头胸部呈绿褐色，前面有一对短小的螯肢及一对较长大的钳肢，背面覆有梯形背甲，腹面有足 4 对，末端各具 2 爪钩；前腹部由 7 节组成，背面绿褐色，有 5 条隆脊线；后腹部 6 节，棕黄色，末节有锐钩状毒刺。气微腥，味咸。

5. 桑螵蛸

(1) 团螵蛸：略呈圆柱形或半圆柱形，宽 2～3 cm，由多层膜状薄片叠成。表面浅黄褐上面带状隆起不明显，底面平坦或有凹沟。体轻，质松而韧，横断面可见外层为海绵内层为许多放射状排列的小室，室内各有 1 细小椭圆形卵，深棕色，有光泽。

(2) 长螵蛸：呈长条形，一端较细，宽 1～1.5 cm，表面类黄色，上面带状隆起明显，带的两侧各有一条暗棕色浅沟及斜向纹理。质硬而脆。

(3) 黑螵蛸：略呈平行四边形，宽 1. 5～2 cm。表面灰褐色，上面带状隆起明显，两侧有斜向纹理，近尾端微向上翘。质硬而韧。

6. 蟾酥 呈扁圆形团块状或片块。棕褐色或红棕色。团块状者质坚，不易折断，断面棕褐色，角质状，微有光泽；片状者质脆，易碎，断面红棕色，半透明。气微腥，味初甜而后有持久的麻辣感，粉末嗅之作嚏。遇水泛出白色乳状液。

7. 鹿茸

(1) 花鹿茸：呈圆柱状分枝，外皮红棕色或棕色，光润，密生红黄色或棕黄色细茸毛；锯口黄白色，外围无骨质，中部密布细孔，体轻。具 1 个分枝者习称“二杠”。

(2) 三岔茸：具两个分枝者。主枝略呈弓形，下部多有纵棱筋及突起疙瘩；皮红黄色，茸尾较稀而粗；锯口外围多已骨化。

(3) 二茬茸：主枝大挺长而不圆，下部有纵棱筋。皮灰黄色，茸尾较粗糙，锯口外围已骨化。体较重。无腥气，质较次。

(4) 马鹿茸：较花鹿茸粗大，分枝较多，外皮灰黑色。

(5) 东马鹿茸：①侧枝 1 个者习称“单门”，主者大挺长 25～27 cm，直径约 3 cm，茸毛灰褐色或灰黄色，锯口面外皮较厚，灰黑色，中部密布细孔，质嫩；②侧枝 2

个者习称“莲花”，大挺长可达 33 cm，下部有棱筋，锯口面蜂窝状小孔稍大；③侧枝 3 个者习称“三岔”，皮色深，质较老；④侧枝 4 个者习称“四岔”茸毛粗而稀，大挺下部具棱筋及疙瘩，分枝顶端多无毛。

(6) 西马鹿茸：大挺多不圆，长 30～100 cm。表面有棱，多抽皱干瘪，分枝较长而弯曲，茸毛粗长，灰色或灰黑色。锯口色较深，常见骨质。气腥臭，味咸。

二、显微鉴别

蟾酥：粉末淡棕色。制蟾酥甘油水装片，观察：粉末有半透明或淡黄色不规则形碎块，附有沙粒状固体。

(1) 浓硫酸装片观察：橙黄色，碎块四周渐小变为透明的类圆形小块，表面显龟裂纹，久置渐溶解消失。

(2) 水装片：加碘试液观察，不应含有淀粉粒，不得显蓝紫色。

三、理化鉴别

1. 鹿茸 取本品粉末 0.1 g 置烧杯中，加水 4 ml，加热 15 min，放冷，滤过。取滤液 1 ml，加茚三酮试液 3 滴，摇匀，加热煮沸数分钟，显蓝紫色；另取滤液 1 ml，加 10%氢氧化钠溶液 2 滴，摇匀，滴加 0.5%硫酸铜溶液，显蓝紫色(检查蛋白质和氨基酸)。

2. 全蝎 纸色谱：取粉末 1 g，加水 10 ml 冷浸过夜，滤液点于色谱用滤纸上，以正丁醇-冰乙酸-乙醇-水(4∶1∶1∶2)展开，展距 22 cm，显色剂 0.5 %茚三酮丙酮液，斑点显紫色。

3. 蟾酥

(1) 取粉末 0.1 g 置试管中，加甲醇 5 ml，浸泡 1 h，滤过，滤液加对二甲氨基苯甲醛固体少许，再加硫酸数滴，滤液显蓝紫色(检查吲哚类成分)。

(2) 取粉末 0.1 g 置试管中，加三氯甲烷 5 ml，浸泡 1 h，滤过，滤液蒸干，残渣加乙酸酐少许使溶，滴加硫酸，初显蓝紫色渐变蓝绿色(检查甾醇类成分)。

【作业】

1. 记录全蝎、鹿茸、蟾酥的主要性状特征。
2. 绘蟾酥粉末显微特征图。
3. 记录理化鉴别结果。

实验二十一　动物类生药(二)

【目的要求】

1. 了解麝香、牛黄的理化鉴别方法。

2. 熟悉所陈列生药的性状鉴别特征。

3. 掌握麝香的显微鉴别特征。

【仪器、试剂、材料】

1. 仪器 试管、酒精灯、烧杯、分液漏斗、超声波振荡器、漏斗、紫外光灯(365nm)、薄层色谱用具、研钵。

2. 试剂 水合氯醛试液、三氯甲烷、盐酸、氢氧化钡试液、乙酸酐、硫酸、乙醇、异辛烷、乙酸乙酯、冰乙酸、10%硫酸乙醇溶液、1%氢氧化钠溶液、五氯化锑、硅胶 G 板、氨水；胆酸与去氧胆酸对照品。

3. 材料

(1) 药材：斑蝥、僵蚕、蛤蟆油、龟甲、鳖甲、蛤蚧、麝香、牛黄、羚羊角、阿胶。

(2) 粉末：麝香粉末、牛黄粉末。

【实验内容】

一、性状鉴别

1. 斑蝥

(1) 南方大斑蝥：呈长圆柱形，长 1.5～2.5 cm，宽 0.5～1 cm。头及口器下垂，有较大的复眼及触角各 1 对，触角多已脱落。背部具革质鞘翅 1 对，黑色，有 3 条黄色或棕黄色的横纹；鞘翅下面有棕褐色薄膜状内翅 2 片。胸腹部乌黑色，胸部有足 3 对。有特殊的臭气，刺激性强，不宜口尝。

(2) 黄黑小斑蝥：体型较小，长 1～1.5 cm。

2. 僵蚕 略呈圆柱形，多弯曲皱缩。长 2～5 cm，直径 0.5～0.7 cm。表面灰黄色，被白色粉霜。头部较圆，黄棕色；体节明显，体腹有足 8 对；尾部略呈二分枝状。质硬而脆，易折断，断面平坦，中间有亮棕色或亮黑色呈角质状的丝腺环 4 个“镜口胶面”。气微腥，味微咸。

3. 龟甲 本品背甲及腹甲由甲桥相连，背甲稍长于腹甲。背甲呈长椭圆形拱状，外表面棕褐色或黑色，前端有颈盾 1 块，脊背中央有椎盾 5 块，两侧各有对称肋盾 4 块，边缘每边具缘盾 11 块，尾部具臀盾 2 块。腹甲呈板片状，近长方椭圆形，前端钝圆平截，后端具缺刻，两侧均有呈翼状向斜上方弯曲的甲桥(墙板)；外表面淡黄棕色至棕色，角盾片 12 块，每块具紫褐色放射状纹理；内表面黄白色至类白色，骨板 9 块，呈锯齿状嵌接。质坚硬。气微腥，味微咸。

4. 鳖甲 呈椭圆形或卵圆形，背面隆起。外表面黑褐色或墨绿色，具细网状皱纹及灰黄色或灰白色斑点，中间有一条纵棱，两侧各有左右对称的横凹纹 8 条，外皮脱落后可见锯齿状嵌接缝。内表面类白色，中部有突起的脊椎骨，颈骨向内卷曲，两侧各有肋骨 8 条，伸出边缘。质坚硬。

5. 蛤蚧 呈扁平片状，头颈部及躯干部长 9～18 cm，头颈部占 1/3，尾部约与躯干部等长。头略呈扁三角状，两眼多凹陷呈窟窿，口内有细齿，无异型大齿，吻鳞不切鼻孔。腹背部呈椭圆形，背部呈灰黑色或银灰色，有黄白色或灰绿色斑点散在或密集成不显著的斑纹，脊椎骨及两侧肋骨突起。四足均具 5 趾，除每一趾外，均具爪，趾间仅具蹼迹，足趾底有吸盘。尾细而坚实，有不甚明显的 6～7 个银灰色环带。全身密被圆形或多角形微有光泽的细鳞。气腥，味微咸。

6. 蛤蟆油 呈不规则块状，弯曲而重叠，长 1. 5～2 cm，厚 1. 5～5 cm。表面黄白色，呈脂肪样光泽，手摸之有滑腻感。在温水中浸泡体积可膨胀 10～15 倍。气腥，味甘，嚼之有黏滑感。

7. 阿胶 呈扁长方形或方块形，黑褐色，有光泽。质硬而脆，断面光亮，碎片对光照视呈棕色半透明。气微，味微甘。

8. 麝香

(1) 毛壳麝香：呈类球形或扁球形的囊状体，直径 3～7 cm，厚 2～4 cm。开口面棕褐色，略平，密生灰白色或灰棕色短毛，从两侧围绕中心排列，中央有 1 小囊孔，直径 2～3 mm。另一面无毛，为棕褐略带紫色的皮膜，略有弹性。剖开后可见中层皮膜棕褐色，半透明，内层皮膜内含颗粒状、粉末状的康香仁和少量细毛及脱落的内层棕色皮膜，习称“银皮”。

(2) 麝香仁：①野生者质软，油润，疏松；其中呈不规则球形或颗粒状者习称“当门子”，表面多呈紫黑色，油润光亮，微有麻纹，断面深棕色或黄棕色。粉末状者多呈棕褐色或黄棕色，并有少量“银皮”和细毛。②饲养麝香仁呈颗粒状、短条形或不规则的团块状；表面不平，紫黑色或深棕色，显油性，微有光泽。香气浓烈而特异，味微辣、微苦带咸。

9. 牛黄 分胆黄及管黄两种。胆黄呈卵形、类球形、三角形或四方体形，大小不一，管黄呈管状或碎片，表面黄红色至棕黄色，有的表面挂有一层黑色光亮的薄膜，习称“乌金衣”，有的粗糙，具疣状突起，有的具龟裂纹。体轻，质酥脆，易分层剥落，断面金黄色，可见细密的同心层纹。气清香，味苦而后甜，有清凉感，嚼之易碎，不粘牙。

人工牛黄，为土黄色疏松粉末，或呈不规则球形或块状，质轻，味微甜而苦，块状者断面无明显的层纹；气微清香，略有腥气，入口无清凉感；水溶液也能染指甲。

10. 羚羊角 呈长圆锥形，略呈弓形弯曲，类白色或黄白色。全角呈半透明，对光透视，上半段中央有一条隐约可辨的细孔道直通角尖，习称“通天眼”，角的下半段成空洞，嫩枝透视有“血丝”或紫黑色斑纹。嫩枝表面光润如玉，无裂纹，老枝则有细纵裂纹；除尖端部分外，有 10～16 个隆起环脊，间距约 2 cm，用手握之，四指正好嵌入凹处。基部锯口面类圆形，内有坚硬质重的骨塞，骨塞长约占全角的1/2或1/3，骨塞与外鞘呈现出锯齿状紧密嵌合。质坚硬。气无，味淡。

二、显微鉴别

1. 麝香 取麝香粉末，用水合氯醛液装片，不加热。观察：由多数形状不一的颗粒状团块状物聚集而成，黄色、淡黄棕色或暗棕色；可见包埋或散在有方形、柱形、八面体或不规则结晶，结晶透明或半透明，方形结晶直径10～16 μm，柱状结晶长约至92 μm。可见油滴散在或存在于团块中，半透明。偶见细毛或脱落的皮膜组织。

2. 牛黄 取牛黄粉末，用水合氯醛液装片，不加热。观察：有黄棕色小颗粒或不规则团块，稍放置，色素迅速溶解，并显鲜黄色，久置后变绿色。

三、理化鉴别

1. 牛黄

(1) 取本品粉末0. 1 g置试管中，加盐酸1 ml及三氯甲烷10 ml，充分振摇，混匀，三氯甲烷层呈黄褐色；分取三氯甲烷层，加氢氧化钡试液5 ml，振摇，即生成黄褐色沉淀，分离除去水层和沉淀，取三氯甲烷层约1 ml，加乙酸酐1 ml，硫酸2滴，摇匀，放置，溶液呈绿色(检查结合型胆红素成分)。

(2) 取粉末少许，加清水调和，涂于指甲上，使指甲染黄色，习称“挂甲”。

(3) 薄层色谱

1) 供试品溶液制备：取本品粉末10 mg置锥形瓶中，加三氯甲烷20ml超声处理30 min，滤过，滤液蒸干，残渣加乙醇1 ml使溶解。

2) 对照品溶液制备：取胆酸、去氧胆酸对照品，加乙醇制成每1 ml各含2 mg的混合溶液。

3) 吸附剂：硅胶G薄层板。

4) 点样量：2 μl。

5) 展开剂：异辛烷-乙酸乙酯-冰乙酸(15∶7∶5)。

6) 显色剂：喷以10%硫酸乙醇溶液，在105℃烘约5 min，置紫外光灯(365 nm)下检视。

7) 显色结果：供试品色谱中，在与对照品色谱相应的位置上，显相同颜色的两个荧光斑点。

2. 麝香

(1) 经验鉴定

1) 取毛壳麝香，用特制槽针从囊孔插入，转动槽针，取麝香仁，立即检视，槽内的麝香仁应有逐渐膨胀高出槽面的现象，习称“冒槽”。

2) 取麝香仁粉末少量，置手掌中，加水润湿，用手搓之能成团，再用手轻揉即散，不应沾手、染手、顶指或结块。

3) 取麝香仁少许，撒于炽热的坩埚中灼烧，初则迸裂，随即融化膨胀起泡似珠，香气浓烈四溢，应无毛、肉焦臭，无火焰或火星出现。灰化后，残渣呈白色或灰白色。

(2) 化学定性鉴别

1) 取麝香细粉加五氯化锑于研钵中共研，香气消失，加氨水少许共研，香气恢复(检查甾萜类成分)。

2) 取滤纸条，悬挂浸入本品乙醇提取液中，1 h 后取出，干燥，在紫外光灯(365 nm)下观察，上部亮黄色，中间青紫色，加 1%氢氧化钠液变为黄色。

【作业】

1. 写出药材麝香、牛黄的主要性状特征。

2. 绘麝香、牛黄粉末显微特征图。

3. 记录牛黄、麝香的理化结果。

实验二十二　矿物类生药

【目的要求】

1. 熟悉朱砂、石膏的理化鉴别方法。

2. 掌握矿物类生药的性状鉴别特征。

【仪器、试剂、材料】

1. 仪器　铜片、酒精灯、蒸发皿、小漏斗、试管、玻片、药匙、具有小孔软木塞的试管、铂丝。

2. 试剂　盐酸、稀盐酸、硝酸、氢氧化钠试液、氯化钡试液。

3. 材料

(1) 药材：朱砂、雄黄、滑石、石膏、龙骨、芒硝。

(2) 粉末：朱砂粉末和石膏粉末。

【实验内容】

一、性状鉴别

1. 朱砂　全体呈颗粒状、粉末状或块片状。其中呈细小颗粒或粉末状，色红明亮者习称“朱宝砂”；呈不规则板片状，光亮如镜者习称“镜面砂”；颗粒较大，形如豆粒状者习称“豆瓣砂”。鲜红色或暗红色，条痕红色至褐红色，具光泽。体重，质脆，具金刚光泽。无臭，无味。

2. 雄黄　为块状或粒状集合体，呈不规则块状，深红色或橙红色，条痕淡橘红色，晶面具有金刚石样光泽。质脆，易碎，断面具树脂样光泽。微有特异的臭气，味淡。精矿粉为粉末状或粉末集合体，质松脆，手捏即成粉，橙黄色，无光泽。

3. 滑石　呈不规则块状，多为块状集合体。白色、黄白色或淡蓝灰色，半透明或微透明。条痕白色，有蜡样光泽。质软细腻，手摸有滑润感，无吸湿性，置水中不崩散。无臭，无味。

4. 石膏　呈长块状、板块状或不规则块状，为纤维状的集合体。白色、灰白色或淡黄色，条痕白色，有的半透明。体重，质软，纵断面具绢丝样光泽。无臭，味淡。

5. 龙骨　呈骨骼状或已破碎为不规则的块状，大小不一。表面白色、灰白色或淡黄白色，还有蓝灰色及棕红色花纹，表面平滑，有小裂隙。质硬，断面粗糙，关节处有多数蜂窝状小孔。具吸湿性，以舌舔之有吸力。

6. 芒硝　为棱柱状、长方形或不规则块状及粒状结晶。无色透明或类白色半透明，条痕白色。暴露空气中则表面渐风化而覆盖一层白色粉末。质脆，易碎，断面呈玻璃样光泽。无臭，味咸。

二、理 化 鉴 别

1. 朱砂

(1) 取本品粉末，用盐酸湿润后，在光洁的铜片上摩擦，铜片表面显银白色光泽，加热烘烤后，银白色即消失(检查汞盐)。

(2) 取本品粉末 2 g 于蒸发皿中，加盐酸-硝酸(3∶1)的混合溶液 2 ml 使溶解，蒸干，加蒸馏水 2 ml 使溶解，滤过，滤液分置两个试管中，一管中加氢氧化钠试液 1～2 滴，产生黄色沉淀(检查汞盐)；于另一管中加氯化钡试液，产生白色沉淀，分离，沉淀在盐酸或硝酸中均不溶解(检查硫酸盐)。

2. 石膏

(1) 取本品一小块(约 2 g)，置具有小孔软木塞的试管内，灼烧，管壁有水生成，小块变为不透明体(结晶水逸出，含水硫酸钙变为无水硫酸钙)。

(2) 取本品粉末 0.2 g 置试管中，加稀盐酸 10 ml，加热使溶解，滤过；取滤液 2 ml，加氯化钡试液生成白色沉淀；分离，沉淀在盐酸或硝酸中均不溶解(检查硫酸盐)。

(3) 取铂丝，用盐酸湿润后，蘸取本品粉末，在无色火焰中燃烧，火焰为砖红色(检查钙盐)。

【作业】

1. 写出商品朱砂、雄黄、石膏的主要性状特征。
2. 记录朱砂、石膏理化鉴别的反应过程及鉴别原理。

第三章　研究创新性实验

实验一　生药的质量标准制定

【目的要求】

1. 掌握性状及显微鉴定的各种方法。
2. 掌握中药质量标准制定的程序。
3. 掌握含量测定的原理、方法。
4. 熟悉含量测定的各项指标。

【仪器、试剂、材料】

1. 仪器　显微镜、解剖镜、透化液、载玻片、盖玻片、752 型分光光度计、恒温水浴、紫外分析仪、索氏提取器、圆底烧瓶、溶量瓶、漏斗、移液管、量筒、分析天平、层析缸等。

2. 试剂　芦丁对照品、镁粉、盐酸、甲醇、乙醚 0.7 mol/L 硝酸钠溶液、氢氧化钠试液、0.5 mol/L(10%)硝酸铝溶液、蒸馏水、乙酸乙酯、甲酸、0.1 mol/L 三氯化铝甲醇溶液，0.8% CMCNa-硅胶 G、滤纸等。

3. 材料　药材槐花。

【实验内容】

一、基 源 鉴 定

(一) 原植物鉴定

1. 槐花(*flos sophorae*)　豆科植物槐 *Sophora japonica* L.的干燥花及花蕾。夏季花开放或花蕾形成时采收，及时干燥，除去枝、梗及杂质。前者习称“槐花”，后者习称“槐米”。本品性微寒，味苦。主要含芸香苷(芦丁，rutin)等黄酮类成分。能凉血止血，清肝泻火。用于便血、痔血、血痢、崩漏、吐血、衄 血、肝热目赤、头痛眩晕。槐花炭鞣质含量提高，可增加止血的功效。

2. 原植物鉴定　槐 *Sophora japonica* L.又名豆槐、白槐、细叶槐、金药树、护房树等。落叶乔木，高达 25 m。树皮有臭味，粗糙纵列，外皮灰色或深灰色，内皮鲜黄色；枝条棕色，幼时绿色，具毛，皮孔明显。叶为奇数羽状复叶互生，长 25 cm；叶柄基部膨大；小叶 7～15 枚，卵状长圆形或卵状披针形，长 2.5～5 cm，宽 1.5～2.6 cm，先端尖，基部圆形或阔楔形，全缘；托叶镰刀状，早落。圆锥花序顶生；花乳白色，长 1.5 cm；花冠蝶形；雄蕊 10 枚，分离，不等长；子房上位，筒状，有细长毛，花柱弯曲；荚果长 2.5～5 cm，连珠状；种子 1～6 粒，深棕色，肾形。花期 7～8 月。果期 10～12 月。

(二) 花的解剖

取槐花用放大镜或解剖镜观察花各组成部分：花萼 5 浅裂；花冠蝶形，5 枚；雄蕊 10 枚，分离；子房上位，1 心皮，1 室，胚珠 1～6 枚。

二、性 状 鉴 定

1. 槐花 皱缩而卷曲，花瓣多散落。完整者花萼钟状，黄绿色，先端 5 浅裂，花瓣 5，黄色或黄白色，1 片较大，近圆形，先端微凹，其余 4 片长圆形。雄蕊 10 枚，其中 9 枚基部连合，花丝细长；雄蕊圆柱形，弯曲。体轻。无臭，味微苦。

2. 槐米 呈卵形或椭圆形，长 2～6 mm，直径约 2 mm。花萼下部有数条纵纹。萼的上方为黄白色未开放的花瓣。花梗细小。体轻，手捻即碎。气微，味微苦涩。一般以个大、紧缩、色绿者为佳。

三、显 微 鉴 定

粉末黄绿色。粉末片，置显微镜下观察，花粉粒类球形或钝三角形，直径 14～19 μm，具 3 个萌发孔。非腺毛 1～3 个细胞，长 86～660 μm。气孔不定式，副卫细胞 4～8 个。草酸钙方晶少见。

四、理 化 鉴 定

(一) 盐酸-镁粉反应

取槐花粉末 0.1 g，加乙醇 10 ml，置水浴上加热 5 min，过滤、取滤液 1 ml，加镁粉少许，再加盐酸 2～3 滴，即显樱红色。

(二) 薄层层析(TLC)

取槐花的甲醇提取液及芦丁对照品溶液，分别点于 0.8%CMCNa–硅胶 G 板上，用乙酸乙酯–甲酸–水(10∶2∶3)展开 15 cm 后，取出，晾干，喷以三氯化铝试液，挥干后，置紫外灯(365 nm)下检视。供试品色谱中，在与对照品色谱相应的位置上，显相同颜色的黄绿色荧光斑点，Rf 值约为 0.60。

(三) 总黄酮的含量测定

1. 供试品溶液的制备

(1) 黄酮提取原理：槐花主要含有芸香苷(芦丁，rutin)，异鼠李素(isorhamnetin)，槲皮素(quercetin)，赤豆皂苷(azukisaponic) Ⅰ、Ⅱ、Ⅲ、Ⅳ、Ⅴ，大豆皂苷(soyasaponin) Ⅰ、Ⅱ，白桦脂醇(betulin)，槐二醇(sophoradiol)，槐花皂苷

(kaikasaponin)，鞣质等成分。主要药效部位为黄酮类成分，其中芸香苷为其止血有效成分，含量达 14%；而槐米中芸香苷含量达 12%～20%。

芸香苷(芦丁，rutin，$C_{27}H_{30}O_{16}\cdot 3H_2O$)为黄色或黄绿色粉末，极细的针状结晶含有 3 分子结晶水，置空气中色渐变深，熔点 174～178℃，无水物为 183～190℃。在冷水中溶解度为 1/8000，在热水中溶解度为 1/200；在冷醇中溶解度为 1/300，在热醇中溶解度为 1/30；可溶于吡啶及碱性溶液中；不溶于苯、醚、氯仿及石油醚。

(2) 总黄酮提取方法：取本品粗粉约 1 g，精密称定，置索氏提取器中，加乙醚适量，加热回流至提取液无色，放冷，弃去乙醚液，药渣挥干乙醚。再加甲醇 90 ml，加热回流至提取液无色，转移至 100 ml 量瓶中，用甲醇少量洗涤容器，洗液并入同一量瓶中，加甲醇稀释至刻度，摇匀。精密量取 10 ml，置 100 ml 量瓶中，加水稀释至刻度，摇匀，即得。

2. 标准曲线的制定 按《中国药典》(一部)。

(1) 对照品溶液的制备：精密称取在 120℃减压干燥至恒重的芦丁对照品 50 mg，置 25 ml 量瓶中，加甲醇适量，置水浴上微热使溶解，放冷，加甲醇稀释至刻度，摇匀。精密量取 10 ml，置 100 ml 量瓶中，加水稀释至刻度，摇匀，即得芦丁标准溶液(0.2mg/ml)。

(2) 标准曲线的制定：精密量取芦丁对照品溶液 0.0、1.0、2.0、3.0、4.0、5.0、6.0 ml 分别置 25 ml 量瓶中，各加水至 6 ml，加 5%亚硝酸钠溶液 1 ml，使混匀，放置 6 min，加 10%硝酸铝溶液 1 ml，摇匀，放置 6 min，加 5%氢氧化钠试液 10 ml，再加水至刻度，摇匀，放置 15 min，以相应试剂作为空白，照紫外-可见分光光度法，在 500 nm 处测定吸光度，以吸光度为纵坐标，浓度为横坐标，绘制标准曲线。回归方程为 $Y=9.3786X-0.01127$，$r=0.9996$，对照品在 0.000～0.048 mg/ml 成良好线性。

3. 含量测定 精密量取 3 ml 供试品溶液，置 25 ml 量瓶中，照标准曲线制备项下的方法，自“加水至 6 ml”起依法测定吸光度，从标准曲线上读出供试品溶液中含无水芦丁的重量，计算，即得。

《中国药典》2015 年一部规定，总黄酮含量照紫外-可见分光光度法测定，本品按干燥品计算，含总黄酮以无水芦丁($C_{27}H_{30}O_{16}$)计，槐花不得少于 8.0%；槐米不得少于 20.0%。

计算公式：槐米中芦丁的含量(%)=$W_1/W\times 100\%$

其中：W_1 为由标准曲线计算求得的样品中芦丁的毫克数；W 为槐花生药的毫克数。

【作业】

1. 完成定性实验记录，绘制薄层层析图谱。
2. 绘制芦丁的标准曲线图。
3. 计算槐花中芦丁的含量。

实验二　中成药的鉴定

【目的要求】

1. 熟悉中成药的鉴定方法。

2. 掌握中成药鉴别技术。

【仪器、试剂、材料】

1. 仪器　生物显微镜，层析缸、硅胶 G 薄层板、烧杯、三角瓶等。

2. 试剂　水合氯醛，稀甘油，稀盐酸或30%硝酸、5%α-萘酚溶液与硫酸溶液、70%乙醇、甲醇、盐酸小檗碱对照品、正丁醇、乙酸、水、石油醚、乙酸乙酯、苯、香草醛硫酸溶液。

3. 材料

(1) 中成药：香连丸。

(2) 中药材：黄连、木香对照药物细粉。

【实验内容】

1. 记录中成药香连丸的批号、规格、生产日期、生产厂家。

2. 处方组成　黄连 80 g、木香 20 g。以上两味粉碎成细粉，过筛，混匀。每 10 g 粉末加米醋 8 g 与适量的水泛丸，干燥，即得。

3. 预处理　取香连丸，在研钵中研碎，加适量蒸馏水混匀，备用。

4. 显微鉴别

(1) 显微特征分析比较：确定各药专属性的显微特征。

(2) 制片与观察：按照粉末制片法制成显微标本片属性的显微特征，在显微镜下观察，仔细寻找各药专属性的显微特征，并对观察到的显微特征进行描述、记录。

5. 结果

(1) 黄连

1) 石细胞为类方形、类圆形、类长方形或近多角形，黄色，壁厚，层纹细密，孔沟明显，单个散在或数个聚集。

2) 中柱鞘纤维，黄色，纺锤形或梭形，长 136～180 μm，直径 27～37 μm，壁厚，木化，孔沟明显。

(2) 木香

1) 菊糖碎块众多，呈不规则或扇形团块，无色，有时可见表面显放射状纹理，久置渐溶化。

2) 木纤维多成束，黄色，长梭形，直径 16～24 μm，壁非木化，纹孔横裂孔状或十字状、人字形。

3) 导管主为网纹导管，多破碎，直径 30～90 μm，网孔细密。

6. 理化鉴别

(1) 化学定性鉴别

1) 取中成药粉末，加稀盐酸或30%硝酸1滴，放置片刻，镜检，有黄色针状或针簇状结晶析出(检查小檗碱成分)。

2) 取中成药粉末0.5 g，加70%乙醇10 ml，过滤，滤液加5% α-萘酚溶液与硫酸溶液各1滴，即显紫色(检查菊糖)。

(2) 薄层色谱

1) 供试品溶液的制备：取本品粉末0.5 g，置带塞瓶中，加甲醇10 ml，振摇10 min，滤过滤液作为供试品溶液。

2) 对照品及对照药材溶液的制备：另取盐酸小檗碱10 mg，木香对照药物细粉60 mg，照供试品溶液的制备方法制备。

3) 吸附剂：硅胶G薄层板，单向二次展开。

4) 点样量：以上溶液各25 μl。

5) 展开剂：正丁醇-乙酸-水(7∶1∶2)为第一次展开剂，展开距离约8 cm，取出晾干；再以石油醚-乙酸乙酯-苯(7∶1.5∶1.5)为第二次展开剂，展开距离约12 cm。取出。

6) 显色剂：立即喷以香草醛硫酸溶液(5→100)。

7) 显色结果：供试品色谱中出现与对照药材、对照品溶液色谱相同颜色的斑点。

【作业】

写出鉴定报告并绘制显微图。

实验三 未知生药混合粉末的鉴别

【目的要求】

1. 熟悉混合粉末鉴定的原理。

2. 掌握未知生药混合粉末的鉴定方法。

【仪器、试剂、材料】

1. 仪器 显微镜、临时装片用具、紫外光灯、微量升华装置。

2. 试剂 蒸馏水、水合氯醛试液、稀甘油、5%氢氧化钠、10%硫酸液、三氯甲烷液、碱液、盐酸、乙醚、氨液、乙醇、三氯化锑的三氯甲烷饱和溶液。

3. 材料 选择2～3种生药粉末，并两两混合，分别编号，供学生随机抽号使用。

【实验内容】

一、粉末性状观察

观察未知生药粉末的颜色、气味、质地、水试等特征，根据观察结果，进行初步判断所抽号的粉末由何种药材组成。

二、鉴　别

1. 制片　按照粉末显微制片法进行制片。

2. 显微观察　在显微镜下仔细观察，寻找各药材的专属性特征，并将所观察的显微特征绘图。根据观察结果，进行综合分析，得出结论或得出初步结论，并对观察到的显微特征进行描述、记录。如把握不准，需要继续鉴定，可以进一步进行理化鉴定。

3. 理化鉴别　根据显微鉴定所得出的初步结论及存在的疑问，根据你所学的知识，进行相关的理化实验，如微量升华实验、显色反应、沉淀反应、荧光反应等，进一步确证药材的真实性。

4. 结论　综合以上显微与理化鉴别实验的结果，最后得出准确的结论，确定未知粉末的正确药材名称，并填写鉴定报告。

【作业】

1. 写出你所抽号样本的实验设计方案。
2. 写出每一实验步骤完成的内容以及实验结果。
3. 最后进行综合分析判断，得出结论，写出未知生药名称。

【注意】

1. 此实验可作为实验考核用，供试品可以随机抽取样品，组成不同组合，编号，学生抽取不同编号进行实验。
2. 在进行显微特征观察时，需要观察至少3张粉末透化片，以保证显微特征不会遗漏，能全部观察到，否则会影响鉴定结果。
3. 为了保证鉴定结果及观察特征无误，一定要有合格的粉末制片，如果观察制片颜色较深时，可以用水合氯醛试液，在酒精灯上反复进行加热，以溶解色素物质，防止干扰。

实验四　生药的含量测定——高效液相色谱法

【目的要求】

1. 熟悉高效液相色谱法鉴定生药的技术。
2. 掌握测定生药黄芩中黄芩苷含量的方法。

【仪器、试剂、材料】

1. 仪器　岛津LC-10 Avp型高效液相色谱仪或Agilent 1100系列高效液相色谱仪，电子天平，超声波振荡器，微量进样器，圆底烧瓶，冷凝管，分液漏斗，容量瓶(25、50、1000 ml)，水浴锅，烧杯，量筒，试管等。

2. 试剂 黄芩苷对照品，甲醇为色谱纯，磷酸、乙醇均为分析纯。

3. 药材 黄芩粉末(过四号筛)。

【实验内容】

高效液相色谱法测定黄芩中黄芩苷的含量。

1. 色谱条件

填充剂：十八烷基硅烷键合硅胶。

流动相：甲醇-水-磷酸(47∶53∶0. 2)。

检测波长：280 nm。

理论塔板数：按黄芩苷峰计算应不低于 2500。

2. 对照品溶液的制备 精密称取在 60℃减压干燥 4 h 的黄芩苷对照品适量，加甲醇制成每 1 ml 含 60 μg 的溶液，即得。

3. 供试品溶液的制备 取本品中粉约 0.3 g(同时另取本品粉末测定水分)，精密称定，加 70%乙醇 40 ml，加热回流 3 h，放冷，滤过，滤液置 100 ml 量瓶中，用少量 70%乙醇分次洗涤容器和残渣，洗液滤入同一量瓶中，加 70%乙醇至刻度，摇匀。精密量取 1 ml，置 10 ml 量瓶中，加甲醇至刻度，摇匀。

4. 测定法 分别精密吸取对照品溶液与供试品溶液各 10 μl，注入液相色谱仪，测定。

5. 计算 测定供试品的水分后，采用外标法，按干燥品计算，含黄芩苷($C_{21}H_{18}O_{11}$)不得少于 9.0%。

【作业】

1. 记录实验数据。
2. 计算黄芩中黄芩苷的含量。

【注意】

1. 高效液相色谱法：其基本方法是用高压输液泵将流动相泵入到装有填充剂的色谱柱，注入的供试品被流动相带入柱内进行分离后，各成分先后进入检测器，用记录仪或数据处理装置记录色谱图并进行数据处理，得到测定结果。同其他色谱法一样，都是溶质在固定相和流动相之间进行的一种连续多次的分配过程，是借不同组分在两相间亲和力、吸附能力、离子交换过程或分子排阻作用等的差异进行分离。

2. 利用高效液相色谱法测定生药中化学成分的含量时，流动相中溶剂的纯度要高，要使用色谱纯或分析纯溶剂。

3. 使用时应注意溶剂的使用波长，即选择检测样品所使用的吸收波长必须大于溶剂的极限波长。

4. 样品溶剂应对样品溶解度大，但对样品稳定并与检测器相匹配，最好与流动相相同。

实验五　生药的含量测定——气相色谱法

【目的要求】

1. 了解气相色谱法工作的基本原理。
2. 熟悉检测丁香中挥发油丁香酚的含量方法。

【仪器、试剂、材料】

1. 仪器　Agilent 6890N 气相色谱仪，Agilent 7683 自动进样器、电子天平、超声波振荡器，容量瓶，锥形瓶，漏斗，试管，烧杯。

2. 试剂　丁香酚对照品，正己烷为分析纯。

3. 材料　丁香粉末。

【实验内容】

用气相色谱法测定丁香中丁香酚的含量。

1. 色谱条件　HP-FFAP 弹性石英毛细管柱(25 m×0.20 mm×0.33 μm)，柱温 190℃，检测期温度 190℃，汽化室温度 190℃。FID 检测器：载气为 N_2，流速 1 ml/min，分流进样，分流比为 40∶1，进样量 1 μl。

理论塔板数：按丁香酚峰计算应不低于 1500。

2. 对照品溶液的配制　取丁香酚对照品适量，精密称定，加正己烷制成每 1 ml 含 2 mg 的溶液，即得。

3. 供试品溶液的制备　取本品粉末(过二号筛)约 0.3 g，精密称定，精密加入正己烷 20 ml，称定重量，超声处理 15 min，放置至室温，再称定重量，用正己烷补足减失的重量，摇匀，滤过，即得。

4. 测定法　分别精密吸取对照品溶液与供试品溶液各 1 μl，注入气相色谱仪，测定，记录色谱图。

5. 计算　用外标法计算丁香酚的含量，含丁香酚($C_{10}H_{12}O_2$)不得少于 11. 0%。

【作业】

1. 记录实验数据。
2. 计算丁香挥发油中丁香酚的含量。

【注意】

1. 实验原理　气相色谱法是一种以气体作为流动相，液体或固体作为固定相的具有高分离效能的分析技术。气相色谱分离混合物的原理是基于各种化合物对流动的气相和固定相的相对亲和性有所不同。样品被注射进仪器，然后在色谱柱前端的加热区被汽化，样品的蒸气被载气运送通过色谱柱，组成了气相部分。气相色谱中所用的固定相可分为固体固定相、液体固定相和合成固定相三大类。不同的化合物在色谱柱中以不同的速率流动，于是流出色谱柱的时间也就不同，在流出柱时它们就被分离了。化合物在色谱柱中运行的时间称作保留时间，保留时间由化合物在流动相和固定相中的溶解度决定。

2. 气相色谱法主要用于含挥发性成分的生药鉴定。

3. 气相色谱分析法分为峰面积测量法和计算法。峰面积测量法包括峰高乘半峰宽法、峰高乘基线宽度法、峰高乘保留时间法等。计算法包括外标法、面积归一化法和内标法。

实验六 生药的含量测定——薄层扫描法

【目的要求】

1. 了解薄层扫描法的基本原理。
2. 熟悉测定生药黄连中小檗碱的含量方法。

【仪器、试剂、材料】

1. 仪器 岛津 CS-9301 型双波长飞点薄层扫描仪或 CAMAG 薄层扫描仪，CAMAG LINOMAT Ⅳ半自动点样仪，电子天平，超声波振荡器。

2. 试剂 盐酸小檗碱对照品，甲醇、乙醇、乙酸乙酯、异丙醇、苯、氨水、盐酸均为分析纯。

3. 材料 黄连细粉。

【实验内容】

用薄层扫描法测定黄连中小檗碱的含量。

1. 供试品溶液的制备 取本品粉末约 0.1 g，精密称定，置 100 ml 量瓶中，加入盐酸-甲醇(1∶100)约 95 ml，60℃水浴中加热 15 min，取出，超声处理 30 min，室温放置过夜，加甲醇至刻度，摇匀，滤过，滤液作为供试品溶液。

2. 对照品溶液的制备 取盐酸小檗碱对照品适量，精密称定，加甲醇制成每 1 ml 含 0.04 mg 的溶液，作为对照品溶液。

3. 扫描测定 吸取供试品溶液 1 μl、对照品溶液 1 μl 与 3 μl，交叉点于同一硅胶 G 薄层板上，以苯-乙酸乙酯-异丙醇-甲醇-水(6∶3∶1.5∶1.5∶0.3)为展开剂，在层析缸中加入等体积的浓氨试液，预平衡 15 min，展开至 8 cm，取出，挥干，置薄层色谱扫描仪上进行荧光扫描，激发波长 λ=366 nm。

4. 计算 测量供试品与对照品荧光强度的积分值，计算，即得。本品含小檗碱以盐酸小檗碱($C_{20}H_{17}NO_4·HCl$)计，不得少于 3. 6%。

【作业】

1. 记录用薄层扫描法测定生药中生物碱类成分的基本步骤和方法。
2. 计算黄连中小檗碱的含量。

【注意】

1. 实验原理　薄层扫描法是用一束长宽可以调节的、一定波长、一定强度的光照射薄层上的斑点，用仪器测量照射前后光束强度的变化，从而求得物质含量的方法。薄层扫描仪可分为单光束、双光束、双波长等类型。操作时可通过光源选择杆来变换光源选择镜的位置。检测器一般为光电倍增管。测定方法可分为吸收测定法、荧光测定法及荧光淬灭法。

2. 薄层色谱扫描用于含量测定时，通常采用线性回归二点法计算，如线性范围很窄时，可用多点法校正多项式回归计算。供试品溶液和对照品溶液应交叉点于同一薄层板上，供试品点样不得少于 2 个，对照品每一浓度不得少于 2 个。扫描时，应沿展开方向扫描，不可横向扫描。

实验七　生药的含量测定——紫外分光光度法

【目的要求】

1. 了解分光光度法测定生药中化学成分含量的基本原理。

2. 熟悉检测山楂叶中总黄酮含量的方法。

【仪器、试剂、材料】

1. 仪器　紫外-可见分光光度计、电子天平、超声波振荡器、索氏提取器。

2. 试剂　芦丁对照品，乙醇、甲醇、三氯甲烷、亚硝酸钠、氢氧化钠、硝酸铝为分析纯。

3. 材料　山楂叶粉末。

【实验内容】

用分光光度法测定山楂叶中总黄酮的含量。

1. 对照品溶液的制备　精密称取在 120℃干燥至恒重的芦丁对照品 25 mg，置 50 ml 量瓶中，加乙醇适量，超声处理使溶解，放冷，加乙醇至刻度，摇匀，精密量取 20 ml，置 50 ml 量瓶中，加水至刻度，摇匀，即得(每 1 ml 中含无水芦丁 0.2 mg)。

2. 供试品溶液的制备　取山楂叶细粉 1 g，精密称定，置索氏提取器中，加三氯甲烷加热回流提取至提取液无色，弃去三氯甲烷液，药渣挥去三氯甲烷，加甲醇继续提取至无色(约 4 h)，提取液蒸干，残渣加稀乙醇溶解，转移至 50 ml 量瓶中，加稀乙醇至刻度，摇匀，作为供试品溶液。

3. 标准曲线的制备　精密量取对照品溶液 1、2、3、4、5、6 ml，分别置 25 ml 量瓶中，各加水至 6 ml，加 5%亚硝酸钠溶液 1 ml，摇匀，放置 6 min，加 10%硝酸铝溶液 1 ml，摇匀，放置 6 min，加氢氧化钠试液 10 ml，再加水至刻度，摇匀，放置 15 min，以相应试剂为空白，立即在紫外-可见分光光度计上于 500 nm 的波长处测定吸光度，以吸光度为纵坐标，浓度为横坐标，绘制标准曲线。

4. 含量测定 取供试品储备液，滤过，精密量取续滤液 5 ml，置 25 ml 量瓶中，加水稀释至刻度，摇匀，精密量取 2 ml，置 25 ml 量瓶中，照标准曲线制备项下的方法，自“加水至 6 ml”起依法测定吸光度，从标准曲线上读出供试品溶液中芦丁的重量，计算，即得。

5. 计算 本品按干燥品计算，含总黄酮以无水芦丁($C_{27}H_{30}O_{16}$)计，不得少于 7.0%。

【作业】

1. 记录用紫外分光光度法测定生药中黄酮类成分的基本步骤和方法。
2. 计算山楂叶中总黄酮的含量。

【注意】

1. 实验原理 分光光度法是通过测定被测物质在特定波长处或一定波长范围内的光吸收度，对该物质进行定性和定量分析的方法。物质对光的选择性吸收波长及相应的吸收系数是该物质的物理常数。当已知某纯物质在一定条件下的吸收系数后，可用同样条件将该供试品配成溶液，测定其吸收度，即可由上式计算出供试品中该物质的含量。

2. 测定 除另有规定外，以吸收度最大的波长作为测定波长。一般供试品溶液的吸收度读数，以在 0.3～0.7 之间的误差较小。仪器的狭缝波带宽度应小于供试品吸收带的半宽度，否则测得的吸收度会偏低；狭缝宽度的选择，应以减小狭缝宽度时供试品的吸收度不再增加为准，由于吸收池和溶剂本身可能有空白吸收，因此测定供试品的吸收度后应减去空白读数，再计算含量。

3. 方法 主要方法有标准曲线法和比较法。

实验八 DNA 条形码鉴定

【目的要求】

1. 了解分子生物技术鉴定方法的基本原理、方法和技术。
2. 掌握乌梢蛇的 DNA 条形码鉴定特征和基本方法。

【仪器、试剂、材料】

1. 仪器 PCR 扩增仪、凝胶电泳仪、凝胶成像及分析系统、超低温离心机、高压灭菌锅、分析天平、烧杯、量筒、离心管等。

2. 试剂 Tap 酶、琼脂糖、双蒸水、液氮、1×TAE 缓冲液、乙醇、乙二胺四乙酸二钠溶液，蛋白酶 K，RNA 酶溶液，乙酸钾溶液，Tris-盐酸溶液等

引物：正向 5′GCGAAAGCTCGACCTAGCAAGGGGACCACA3′

反向 5′CAGGCTCCTCTAGGTTGTTATGGGGTACCG3′

3. 材料 乌梢蛇、乌梢蛇对照药材。

【实验内容】

1. 模板 DNA 提取 取本品 0.5 g，置乳钵中，加液氮适量，充分研磨使成粉末，取 0.1 g 置 1.5 ml 离心管中，加入消化液 275 μl[细胞核裂解液 200 μl，0.5 mol/L 乙二胺四乙酸二钠溶液 50 μl，蛋白酶 K(20 mg/ml)20 μl，RNA 酶溶液 5 μl]，在 55℃水浴保温 1h，加入裂解缓冲液 250 μl，混匀，加到 DNA 纯化柱中，离心(转速 10000 转/分)3 min；弃去过滤液，加入洗脱液 800 μl[5 mol/L 乙酸钾溶液 26 μl，1 mol/L Tris-盐酸溶液(pH7.5)18 μl，0.5 mol/L 乙二胺四乙酸二钠溶液(pH8.0)3 μl，无水乙醇 480 μl，灭菌双蒸水 273 μl]，离心(转速 10000 转/分)1 min；弃去过滤液，再离心 2 min，将 DNA 纯化柱转移入另一离心管中，加入无菌双蒸水 100 μl，室温放置 2 min，离心(转速 10000 转/分)2 min，取上清液，作为供试品溶液，置零下 20℃保存备用。另取乌梢蛇对照药材 0.5 g，同法制成对照药材模板 DNA 溶液。

2. PCR 反应 总反应体系 25 μl，反应体系包括 10×PCR 缓冲液 2.5 μl，dNTP(2.5mmol/L)2 μl，鉴定引物(10 μmol/L)各 0.5 μl，高保真 Taq DNA 聚合酶(5 U/μl)0.2 μl，DNA 模板 0.5 μl，无菌双蒸水 18.8 μl。将离心管置于 PCR 仪，PCR 反应参数：95℃预变性 5 min，循环反应 30 次(95℃30 s，63℃45 s)，延伸(72℃)5 min。

3. 电泳检测 取供试品与对照品 PCR 反应溶液各 8 μl，DNA 分子量标记(200～2000 bp)上样量为 2 μl(0.5 μg/μl)。电泳结束后，取凝胶片在凝胶成像仪上检视，在 300～400 bp 应有单一 DNA 条带，拍照。

【作业】

简述试验步骤，记录和分析实验结果。

附录 1　常用试剂的配制方法

1. 一氯化碘试液　取碘化钾 0.14 g 与碘酸钾 90 mg，加水 125 ml 使溶解，再加盐酸 125 ml，即得。本液应置玻璃瓶内，密闭，在凉处保存。

2. *N*-乙酰-*L*-酪氨酸乙酯试液　取*N*-乙酰-*L*-酪氨酸乙酯24.0 mg，加乙醇0.2 ml使溶解，加磷酸盐缓冲液(取 0.067 mol/L 磷酸二氢钾溶液 38.9 ml 与 0.067 mol/L 磷酸氢二钠溶液 61.6 ml，混合，pH 为 7.0) 2 ml，加指示液(取等量的 0.1%甲基红的乙醇溶液与 0.05%亚甲蓝的乙醇溶液，混匀) 1 ml，用水稀释至 10 ml，即得。

3. 乙醇制对二甲氨基苯甲醛试液　取对二甲氨基苯甲醛 1 g，加乙醇 9.0 ml 与盐酸 2.3 ml 使溶解，再加乙醇至 100 ml，即得。

4. 乙醇制氢氧化钾试液　可取用乙醇制氢氧化钾滴定液(0.5 mol/L)。

5. 乙醇制氨试液　取无水乙醇，加浓氨溶液使每 100 ml 中含 NH_3 9～11 g，即得。本液应置橡皮塞瓶中保存。

6. 乙醇制硝酸银试液　取硝酸银 4 g，加水 10 ml 溶解后，加乙醇使成 100 ml，即得。

7. 乙醇制硫酸试液　取硫酸 57 ml，加乙醇稀释至 1000 ml，即得。本液含 H_2SO_4 应为 9.5%～10.5%。

8. 乙醇制溴化汞试液　取溴化汞 2.5 g，加乙醇 50 ml，微热使溶解，即得。本液应置玻璃塞瓶内，在暗处保存。

9. 二乙基二硫代氨基甲酸钠试液　取二乙基二硫代氨基甲酸钠 0.1 g，加水 100 ml 溶解后，滤过，即得。

10. 二乙基二硫代氨基甲酸银试液　取二乙基二硫代氨基甲酸银 0.25 g，加三氯甲烷适量与三乙胺 1.8 ml，加三氯甲烷至 100 ml，搅拌使溶解，放置过夜，用脱脂棉滤过，即得。本液应置棕色玻璃瓶内，密塞，置阴凉处保存。

11. 二苯胺试液　取二苯胺 1 g，加硫酸 100 ml 使溶解，即得。

12. 二盐酸二甲基对苯二胺试液　取二盐酸二甲基对苯二胺 0.1 g，加水 10 ml，即得。需新鲜少量配制，于冷处避光保存，如试液变成红褐色，不可使用。

13. 二氨基萘试液　取 2,3-二氨基萘 0.1 g 与盐酸羟胺 0.5 g，加 0.1 mol/L 盐酸溶液 100 ml，必要时加热使溶解，放冷滤过，即得。本液应临用新配，避光保存。

14. 二硝基苯试液　取间二硝基苯 2 g，加乙醇使溶解成 100 ml，即得。

15. 二硝基苯甲酸试液　取 3,5-二硝基苯甲酸 1 g，加乙醇使溶解成 100 ml，即得。

16. 二硝基苯肼乙醇试液　取 2,4-二硝基苯肼 1 g，加乙醇 1000 ml 使溶解，再缓缓加入盐酸 10 ml，摇匀，即得。

17. 二硝基苯肼试液 取2,4-二硝基苯肼1.5 g，加硫酸溶液(1→2)20 ml，溶解后，加水使成 100 ml，滤过，即得。

18. 稀二硝基苯肼试液 取2,4-二硝基苯肼0.15 g，加含硫酸0.15 ml的无醛乙醇100 ml使溶解，即得。

19. 氯化汞试液 取氯化汞6.5 g，加水使溶解成100 ml，即得。

20. 二氯靛酚钠试液 取2,6-二氯靛酚钠0.1 g，加水100 ml溶解后，滤过，即得。

21. 丁二酮肟试液 取丁二酮肟1 g，加乙醇100 ml使溶解，即得。

22. 三硝基苯酚试液 本液为三硝基苯酚的饱和水溶液。

23. 三硝基苯酚锂试液 取碳酸锂0.25 g与三硝基苯酚0.5 g，加沸水80 ml使溶解，放冷，加水使成100 ml，即得。

24. 三氯化铁试液 取三氯化铁9 g，加水使溶解成100 ml，即得。

25. 三氯化铝试液 取三氯化铝1 g，加乙醇使溶解成100 ml，即得。

26. 三氯化锑试液 本液为三氯化锑饱和的三氯甲烷溶液。

27. 三氯乙酸试液 取三氯乙酸6 g，加三氯甲烷25 ml溶解后，加浓过氧化氢溶液0.5 ml，摇匀，即得。

28. 五氧化二钒试液 取五氧化二钒适量，加磷酸激烈振摇2h后得其饱和溶液，用垂熔玻璃漏斗滤过，取滤液1份加水3份，混匀，即得。

29. 水合氯醛试液 取水合氯醛50 g，加水15 ml与甘油10 ml使溶解，即得。

30. 水杨酸铁试液 ①取硫酸铁铵0.1 g，加稀硫酸2 ml与水适量使成100 ml。②取水杨酸钠1.15 g，加水使溶解成100 ml。③取乙酸钠13.6 g，加水使溶解成100 ml。④取上述硫酸铁铵溶液1 ml，水杨酸钠溶液0.5 ml，乙酸钠溶液0.8 ml与稀乙酸0.2 ml，临用前混合，加水使成5 ml，摇匀，即得。

31. 六氰铬铁氢钾试液 取六氰铬铁氢钾5 g，用少量水洗涤后，加水适量使溶解，用水稀释至100 ml，即得。本液应临用新制。

32. 甘油乙醇试液 取甘油、稀乙醇各1份，混合，即得。

33. 甘油淀粉润滑剂 取甘油22 g，加入可溶性淀粉9 g，加热至140℃，保持30 min并不断搅拌，放冷，即得。

34. 甘油乙酸试液 取甘油、50%乙酸溶液与水各1份，混合，即得。

35. 甲醛试液 可取用“甲醛溶液”。

36. 甲醛硫酸试液 取硫酸1 ml，滴加甲醛试液1滴，摇匀，即得。本液应临用新制。

37. 四苯硼钠试液 取四苯硼钠0.1 g，加水使溶解成100 ml，即得。

38. 对二甲氨基苯甲醛试液 取对二甲氨基苯甲醛0.125 g，加无氮硫酸65 ml与水35 ml的冷混合液溶解后，加三氯化铁试液0.05 ml，摇匀，即得。本液配制后在7日内使用。

39. 对甲苯磺酰-*L*-精氨酸甲酯盐酸盐试液 取对甲苯磺酰-*L*-精氨酸甲酯盐

酸盐 98.5 mg，加三羟甲基氨基甲烷缓冲液(pH8.1)5 ml 使溶解，加指示液(取等量 0.1%甲基红的乙醇溶液与 0.05%亚甲蓝的乙醇溶液，混匀)0.25 ml，用水稀释至 25 ml。

40. 对氨基苯磺酸-α-萘胺试液 取无水对氨基苯磺酸 0.5 g，加乙酸 150 ml 溶解后，另取盐酸-α-萘胺 0.1 g，加乙酸 150 ml 使溶解，将两液混合，即得。本液久置显粉红色，用时可加锌粉脱色。

41. 对羟基联苯试液 取对羟基联苯 1.5 g，加 5%氢氧化钠溶液 10 ml 与水少量溶解后，再加水稀释至 100 ml。本液贮存于棕色瓶中，可保存数月。

42. 亚铁氰化钾试液 取亚铁氰化钾 1 g，加水 10 ml 使溶解，即得。本液应临用新制。

43. 亚硝基铁氰化钠试液 取亚硝基铁氰化钠 1 g，加水使溶解成 20 ml，即得。本液应临用新制。

44. 亚硝基铁氰化钠乙醛试液 取 1%亚硝基铁氰化钠溶液 10 ml，加乙醛 1 ml，混匀，即得。

45. 亚硝酸钠乙醇试液 取亚硝酸钠 5 g，加 60%乙醇使溶解成 1000 ml，即得。

46. 亚硝酸钠试液 取亚硝酸钠 1 g，加水使溶解成 100 ml，即得。

47. 亚硝酸钴钠试液 取亚硝酸钴钠 10 g，加水使溶解成 50 ml，滤过，即得。

48. 亚硫酸氢钠试液 取亚硫酸氢钠 10 g，加水使溶解成 30 ml，即得。本液应临用新制。

49. 亚硫酸钠试液 取无水亚硫酸钠 20 g，加水 100 ml 使溶解，即得。本液应临用新制。

50. 亚碲酸钠(钾)试液 取亚碲酸钠(钾)0.1 g，加新鲜煮沸后冷至 50℃的水 10 ml 使溶解，即得。

51. 过氧化氢试液 取浓过氧化氢溶液(30%)，加水稀释成 3%的溶液。临用时配制。

52. 血红蛋白试液 取牛血红蛋白 1 g，加盐酸溶液(取 1 mol/L 盐酸溶液 65 ml，加水至 1000 ml)使溶解成 100 ml，即得。本液置冰箱中保存，2 日内使用。

53. 次氯酸钠试液 取次氯酸钠溶液适量，加水制成含 NaClO 不少于 4%的溶液，即得。本液应置棕色瓶内，在暗处保存。

54. 次溴酸钠试液 取氢氧化钠 20 g，加水 75 ml 溶解后，加溴 5 ml，再加水稀释至 100 ml，即得。本液应临用新制。

55. 异烟肼试液 取异烟肼 0.25 g，加盐酸 0.31 ml，加甲醇或无水乙醇使溶解成 500 ml，即得。

56. 多硫化铵试液 取硫化铵试液，加硫黄使饱和，即得。

57. 苏丹Ⅲ试液 取苏丹Ⅲ 0.01 g，加 90%乙醇 5 ml 溶解后，加甘油 5 ml，摇匀，即得。本液应置棕色的玻璃瓶中保存，在 2 个月内应用。

58. 吲哚醌试液 取 α, β-吲哚醌 0.1 g，加丙酮 10 ml 溶解后，加冰乙酸 1 ml，摇匀，即得。

59. 含碘酒石酸铜试液 取硫酸铜 7.5 g、酒石酸钾钠 25 g、无水碳酸钠 25 g、碳酸氢钠 20 g 与碘化钾 5 g，依次溶于 800 ml 水中；另取碘酸钾 0.535 g，加水适量溶解后，缓缓加入上述溶液中，再加水使成 1000 ml，即得。

60. 邻苯二醛试液 取邻苯二醛 1.0 g，加甲醇 5 ml 与 0.4 mol/L 硼酸溶液(用 45%氢氧化钠溶液调节 pH 至 10.4)95 ml，振摇使邻苯二醛溶解，加硫乙醇酸 2 ml，用 45%氢氧化钠溶液调节 pH 至 10.4。

61. 间苯二酚试液 取间苯二酚 1 g，加盐酸使溶解成 100 ml，即得。

62. 间苯三酚试液 取间苯三酚 0.5 g，加乙醇使溶解成 25 ml，即得。本液应置玻璃塞瓶内，在暗处保存。

63. 间苯三酚盐酸试液 取间苯三酚 0.1g，加乙醇 1ml，再加盐酸 9ml，混匀。本液应临用新制。

64. 钌红试液 取 10%乙酸钠溶液 1～2 ml，加钌红适量使呈酒红色，即得。本液应临用新制。

65. 玫瑰红钠试液 取玫瑰红钠 0.1 g，加水使溶解成 75 ml，即得。

66. 苯酚二磺酸试液 取新蒸馏的苯酚 3 g，加硫酸 20 ml，置水浴上加热 6h，趁其尚未凝固时倾入玻璃塞瓶内，即得。用时可置水浴上微热使融化。

67. 茚三酮试液 取茚三酮 2 g，加乙醇使溶解成 100 ml，即得。

68. 咕吨氢醇甲醇试液 可取用 85%咕吨氢醇的甲醇溶液。

69. 钒酸铵试液 取钒酸铵 0.25 g，加水使溶解成 100 ml，即得。

70. 变色酸试液 取变色酸钠 50 mg，加硫酸与水的冷混合液(9∶4)100 ml 使溶解，即得。本液应临用新制。

71. 茜素氟蓝试液 取茜素氟蓝 0.19 g，加氢氧化钠溶液(1.2→100)12.5 ml，加水 800 ml 与乙酸钠结晶 0.25 g，用稀盐酸调节 pH 约为 5.4，用水稀释至 1000 ml，摇匀，即得。

72. 茜素锆试液 取硝酸锆 5 mg，加水 5 ml 与盐酸 1ml；另取茜素磺酸钠 1 mg，加水 5 ml，将两液混合，即得。

73. 草酸试液 取草酸 6.3 g，加水使溶解成 100 ml，即得。

74. 草酸铵试液 取草酸铵 3.5 g，加水使溶解成 100 ml，即得。

75. 茴香醛试液 取茴香醛 0.5 ml，加乙酸 50 ml 使溶解，加硫酸 1 ml，摇匀，即得。本液应临用新制。

76. 枸橼酸醋酐试液 取枸橼酸 2 g，加醋酐 100 ml 使溶解，即得。

77. 品红亚硫酸试液 取碱性品红 0.2 g，加热水 100 ml 溶解后，放冷，加亚硫酸钠溶液(1→10)20 ml、盐酸 2 ml，用水稀释至 200 ml，加活性炭 0.1 g，搅拌并迅速滤过，放置 1h 以上，即得。本液应临用新制。

78. 品红焦性没食子酸试液 取碱性品红 0.1 g，加新沸的热水 50 ml 溶解后，冷却，加亚硫酸氢钠的饱和溶液 2 ml，放置 3h 后，加盐酸 0.9 ml，放置过夜，加焦性没食子酸 0.1 g，振摇使溶解，加水稀释至 100 ml，即得。

79. 钨酸钠试液 取钨酸钠 25 g，加水 72 ml 溶解后，加磷酸 2 ml，摇匀，即得。

80. 氟化钠试液 取氟化钠 0.5 g，加 0.1 mol/L 盐酸溶液使溶解成 100 ml，即得。本液应临用新制。

81. 氢氧化四甲基铵试液 取 10%氢氧化四甲基铵溶液 1 ml，加无水乙醇使成 10 ml，即得。

82. 氢氧化钙试液 取氢氧化钙 3 g，置玻璃瓶中，加水 1000 ml，密塞。时时猛力振摇，放置 1h，即得。用时倾取上清液。

83. 氢氧化钠试液 取氢氧化钠 4.3 g，加水使溶解成 100 ml，即得。

84. 氢氧化钡试液 取氢氧化钡，加新沸过的冷水使成饱和的溶液，即得。本液应临用新制。

85. 氢氧化钾试液 取氢氧化钾 6.5 g，加水使溶解成 100 ml，即得。

86. 香草醛试液 取香草醛 0.1 g，加盐酸 10 ml 使溶解，即得。

87. 香草醛硫酸试液 取香草醛 0.2 g，加硫酸 10 ml 使溶解，即得。

88. 重铬酸钾试液 取重铬酸钾 7.5 g，加水使溶解成 100 ml，即得。

89. 重氮二硝基苯胺试液 取 2,4-二硝基苯胺 50 mg，加盐酸 1.5 ml 溶解后，加水 1.5 ml，置冰浴中冷却，滴加 10%亚硝酸钠溶液 5 ml，随加随振摇，即得。

90. 重氮对硝基苯胺试液 取对硝基苯胺 0.4 g，加稀盐酸 20 ml 与水 40 ml 使溶解，冷却至 15℃，缓缓加入 10%亚硝酸钠溶液，至取溶液 1 滴能使碘化钾淀粉试纸变为蓝色，即得。本液应临用新制。

91. 重氮苯磺酸试液 取对氨基苯磺酸 1.57 g，加水 80 ml 与稀盐酸 10 ml，在水浴上加热溶解后，放冷至 15℃，缓缓加入亚硝酸钠溶液(1→10)6.5 ml，随加随搅拌，再加水稀释至 100 ml，即得。本液应临用新制。

92. 亮绿试液 取亮绿 0.1 g，加水 100 ml 使溶解。

93. 盐酸试液 取盐酸 8.4 ml，加水使稀释成 100 ml。

94. 盐酸氨基脲试液 取盐酸氨基脲 2.5 g 与乙酸钠 3.3 g，研磨均匀，用甲醇 30 ml 转移至锥形瓶中，在 4℃以下放置 30 min，滤过，滤液加甲醇使成 100 ml，即得。

95. 盐酸羟胺乙醇试液 取盐酸羟胺溶液(34.8→100) 1 份，乙酸钠-氢氧化钠试液 1 份和乙醇 4 份，混合。

96. 盐酸羟胺试液 取盐酸羟胺 3.5 g，加 60%乙醇使溶解成 100 ml，即得。

97. 盐酸羟胺乙酸钠试液 取盐酸羟胺与无水乙酸钠各 0.2 g，加甲醇 100 ml，即得。本液应临用新制。

98. 钼硫酸试液 取钼酸铵 0.1 g，加硫酸 10 ml 使溶解，即得。

99. 钼酸铵试液 取钼酸铵 10 g，加水使溶解成 100 ml，即得。

100. 钼酸铵硫酸试液 取钼酸铵 2.5 g，加硫酸 15 ml，加水使溶解成 100 ml，即得。本液配制后2周内使用。

101. 铁氨氰化钠试液 取铁氨氰化钠1 g，加水使溶解成100 ml，即得。

102. 铁氰化钾试液 取铁氰化钾1 g，加水10 ml使溶解，即得。本液应临用新制。

103. 稀铁氰化钾试液 取1%铁氰化钾溶液10 ml，加5%三氯化铁溶液0.5 ml与水40 ml，摇匀，即得。

104. 氨试液 取浓氨溶液400 ml，加水使成1000 ml，即得。

105. 浓氨试液 可取浓氨溶液应用。

106. 氨制硝酸银试液 取硝酸银1 g，加水20 ml溶解后，滴加氨试液，随加随搅拌，至初起的沉淀将近全溶，滤过，即得。本液应置棕色瓶内，在暗处保存。

107. 氨制硝酸镍试液 取硝酸镍2.9 g，加水100 ml使溶解，再加氨试液40 ml，振摇，滤过，即得。

108. 氨制氯化铜试液 取氯化铜22.5 g，加水200 ml溶解后，加浓氨试液100 ml，摇匀，即得。

109. 氨制氯化铵试液 取浓氨试液，加等量的水稀释后，加氯化铵使饱和，即得。1-氨基-2-萘酚-4-磺酸试液取无水亚硫酸钠5 g、亚硫酸氢钠94.3 g与1-氨基-2-萘酚-4-磺酸0.7 g，充分混匀；临用时取此混合物1.5 g，加水10 ml使溶解，必要时滤过，即得。

110. 高氯酸试液 取70%高氯酸13 ml，加水500 ml，用70%高氯酸精确调节pH至0.5，即得。

111. 高氯酸铁试液 取70%高氯酸10 ml，缓缓分次加入铁粉0.8 g，微热使溶解，放冷，加无水乙醇稀释至100 ml，即得。用时取上液20 ml，加70%高氯酸6 ml，用无水乙醇稀释至500 ml。

112. 高碘酸钠试液 取高碘酸钠1.2 g，加水100 ml使溶解，即得。

113. 高锰酸钾试液 可取用高锰酸钾滴定液(0.02 mol/L)。

114. 酒石酸氢钠试液 取酒石酸氢钠1 g，加水使溶解成10 ml，即得。本液应临用新制。α-萘酚试液取15%的萘酚乙醇溶液10.5 ml，缓缓加硫酸6.5 ml，混匀后再加乙醇40.5 ml及水4 ml，混匀，即得。

115. 硅钨酸试液 取硅钨酸10 g，加水使溶解成100 ml，即得。

116. 铜吡啶试液 取硫酸铜4 g，加水90 ml溶解后，加吡啶30 ml，即得。本液应临用新制。

117. 铬酸钾试液 取铬酸钾5 g，加水使溶解成100 ml，即得。

118. 联吡啶试液 取2,2'-联吡啶0.2 g、乙酸钠结晶1 g与冰乙酸5.5 ml，加水适量使溶解成100 ml，即得。

119. 硝铬酸试液 ①取硝酸10 ml，加入100 ml水中，混匀。②取三氧化铬10 g，加水100 ml使溶解。

120. 用时将两液等量混合，即得。

121. 硝酸亚汞试液 取硝酸亚汞 15 g，加水 90 ml 与稀硝酸 10 ml 使溶解，即得。本液应置棕色瓶内，加汞 1 滴，密塞保存。

122. 硝酸亚铈试液 取硝酸亚铈 0.22 g，加水 50 ml 使溶解，加硝酸 0.1 ml 与盐酸羟胺 50 mg，加水稀释至 1000 ml，摇匀，即得。

123. 硝酸汞试液 取黄氧化汞 40 g，加硝酸 32 ml 与水 15 ml 使溶解，即得。本液应置玻璃塞瓶内，在暗处保存。

124. 硝酸钡试液 取硝酸钡 6.5 g，加水使溶解成 100 ml，即得。

125. 硝酸铈铵试液 取硝酸铈铵 25 g，加稀硝酸使溶解成 100 ml，即得。

126. 硝酸银试液 可取用硝酸银滴定液(0.1 mol/L)。

127. 硫化钠试液 取硫化钠 1 g，加水使溶解成 10 ml，即得。本液应临用新制。

128. 硫化氢试液 本液为硫化氢的饱和水溶液。本液应置棕色瓶内，在暗处保存。本液如无明显的硫化氢臭，或与等容的三氯化铁试液混合时不能生成大量的硫沉淀，即不适用。

129. 硫化铵试液 取氨试液 60 ml，通硫化氢使饱和后，再加氨试液 40 ml，即得。本液应置棕色瓶内，在暗处保存，本液如发生大量的硫沉淀，即不适用。

130. 硫代乙酰胺试液 取硫代乙酰胺 4 g，加水使溶解成 100 ml，置冰箱中保存。临用前取混合液(由 1 mol/L 氢氧化钠溶液 15 ml、水 5.0 ml 及甘油 20 ml 组成)5.0 ml，加上述硫代乙酰胺溶液 1.0 ml，置水浴上加热 20 s，冷却，立即使用。

131. 硫代硫酸钠试液 可取用硫代硫酸钠滴定液(0.1 mol/L)。

132. 硫脲试液 取硫脲 10 g，加水使溶解成 100 ml，即得。

133. 硫氰酸汞铵试液 取硫氰酸铵 5 g 与氯化汞 4.5 g，加水使溶解成 100 ml，即得。

134. 硫氰酸铬铵试液 取硫氰酸铬铵 0.5 g，加水 20 ml，振摇 1 h 后，滤过，即得。本液应临用新制。配成后 48 h 内使用。

135. 硫氰酸铵试液 取硫氰酸铵 8 g，加水使溶解成 100 ml，即得。

136. 硫酸亚铁试液 取硫酸亚铁结晶 8 g，加新沸过的冷水 100 ml 使溶解，即得。本液应临用新制。

137. 硫酸汞试液 取黄氧化汞 5 g，加水 40 ml 后，缓缓加硫酸 20 ml，随加随搅拌，再加水 40 ml，搅拌使溶解，即得。

138. 硫酸苯肼试液 取盐酸苯肼 60 mg，加硫酸溶液(1→2)100 ml 使溶解，即得。

139. 硫酸钙试液 本液为硫酸钙的饱和水溶液。

140. 硫酸钛试液 取二氧化钛 0.1 g，加硫酸 100 ml，加热使溶解，放冷，即得。

141. 硫酸钾试液 取硫酸钾 1 g，加水使溶解成 100 ml，即得。

142. 硫酸铁试液 称取硫酸铁 5 g，加适量水溶解，加硫酸 20 ml，摇匀，加水稀释至 100ml，即得。

143. 硫酸铜试液　取硫酸铜 12.5 g，加水使溶解成 100 ml，即得。

144. 硫酸铜铵试液　取硫酸铜试液适量，缓缓滴加氨试液，至初生的沉淀将近完全溶解，静置，倾取上层的清液，即得。本液应临用新制。

145. 硫酸镁试液　取未风化的硫酸镁结晶 12 g，加水使溶解成 100 ml，即得。

146. 稀硫酸镁试液　取硫酸镁 2.3 g，加水使溶解成 100 ml，即得。

147. 紫草试液　取紫草粗粉 10 g，加 90%乙醇 100 ml，浸渍 24 h 后，滤过，滤液中加入等量的甘油，混合，放置 2 h，滤过，即得。本液应置棕色玻璃瓶中，在 2 个月内应用。

148. 氰化钾试液　取氰化钾 10 g，加水使溶解成 100 ml，即得。

149. 氯铂酸试液　取氯铂酸 2.6 g，加水使溶解成 20 ml，即得。

150. 氯化三苯四氯唑试液　取氯化三苯四氮唑 1 g，加无水乙醇使溶解成 200 ml，即得。

151. 氯化亚锡试液　取氯化亚锡 1.5 g，加水 10 ml 与少量的盐酸使溶解，即得。本液应临用新制。

152. 氯化金试液　取氯化金 1 g，加水 35 ml 使溶解，即得。

153. 氯化钙试液　取氯化钙 7.5 g，加水使溶解成 100 ml，即得。

154. 氯化钡试液　取氯化钡的细粉 5 g，加水使溶解成 100 ml，即得。

155. 氯化钴试液　取氯化钴 2 g，加盐酸 1ml，加水溶解并稀释至 100 ml，即得。

156. 氯化铵试液　取氯化铵 10.5 g，加水使溶解成 100 ml，即得。

157. 氯化铵镁试液　取氯化镁 5.5 g 与氯化铵 7 g，加水 65 ml 溶解后，加氨试液 35 ml，置玻璃瓶内，放置数日后，滤过，即得。本液如显浑浊，应滤过后再用。

158. 氯化锌碘试液　取氯化锌 20 g，加水 10 ml 使溶解，加碘化钾 2 g 溶解后，再加碘使饱和，即得。本液应置棕色玻璃瓶内保存。

159. 氯亚氨基-2,6-二氯醌试液　取氯亚氨基-2,6-二氯醌 1 g，加乙醇 200 ml 使溶解，即得。

160. 氯试液　本液为氯的饱和水溶液。本液应临用新制。

161. 氯酸钾试液　本液为氯酸钾的饱和硝酸溶液。

162. 稀乙醇　取乙醇 529 ml，加水稀释至 1000 ml，即得。本液在 20℃时含 C_2H_5OH 应为 49.5%～50.5%(ml/ml)。

163. 稀甘油　取甘油 33 ml，加水稀释使成 100 ml，再加樟脑一小块或液化苯酚 1 滴，即得。

164. 稀盐酸　取盐酸 234 ml，加水稀释至 1000 ml，即得。本液含 HCl 应为 9.5%～10.5%。

165. 稀硝酸　取硝酸 105 ml，加水稀释至 1000 ml，即得。本液含 HNO_3 应为 9.5%～10.5%。

166. 稀硫酸 取硫酸 57 ml，加水稀释至 1000 ml，即得。本液含 H_2SO_4 应为 9.5%～10.5%。

167. 稀乙酸 取冰乙酸 60 ml，加水稀释至 1000 ml，即得。

168. 焦锑酸钾试液 取焦锑酸钾 2 g，在 85 ml 热水中溶解，迅速冷却，加入氢氧化钾溶液(3→20)10 ml；放置 24 h，滤过，加水稀释至 100 ml，即得。

169. 蒽酮试液 取蒽酮 0.7 g，加硫酸 50 ml 使溶解，再以硫酸溶液(70→100)稀释至 500 ml。

170. 碘化汞钾试液 取氯化汞 1.36 g，加水 60 ml 使溶解，另取碘化钾 5 g，加水 10 ml 使溶解，将两液混合，加水稀释至 100 ml，即得。

171. 碘化钾试液 取碘化钾 16.5 g，加水使溶解成 100 ml，即得。本液应临用新制。

172. 碘化钾碘试液 取碘 0.5 g 与碘化钾 1.5 g，加水 25 ml 使溶解，即得。

173. 碘化铋钾试液 取次硝酸铋/碱式硝酸铋 0.85 g，加冰乙酸 10 ml 与水 40 ml 溶解后，加碘化钾溶液(4→10)20 ml，摇匀，即得。

174. 改良碘化铋钾试液 取碘化铋钾试液 1 ml，加 0.6 mol/L 盐酸溶液 2 ml，加水至 10 ml，即得。

175. 稀碘化铋钾试液 取次硝酸铋/碱式硝酸铋 0.85 g，加冰乙酸 10 ml 与水 40 ml 溶解后，即得。临用前取 5 ml，加碘化钾溶液(4→10)5 ml，再加冰乙酸 20 ml，用水稀释至 100 ml，即得。

176. 碘化镉试液 取碘化镉 5 g，加水使溶解成 100 ml，即得。

177. 碘试液 可取用碘滴定液(0.05 mol/L)。

178. 碘试液(用于微生物限度检查) 取碘 6 g 与碘化钾 5 g，加水 20 ml 使溶解，即得。

179. 碘铂酸钾试液 取氯化铂 20 mg，加水 2 ml 溶解后，加 4%碘化钾溶液 25 ml，如发生沉淀，可振摇使溶解。加水使成 50 ml，摇匀，即得。

180. 浓碘铂酸钾试液 取氯铂酸 0.15 g 与碘化钾 3 g，加水使溶解成 60 ml，即得。

181. 硼酸试液 本液为硼酸饱和的丙酮溶液。

182. 溴化钾溴试液 取溴 30 g 与溴化钾 30 g，加水使溶解成 100 ml，即得。

183. 溴化氰试液 取溴试液适量，滴加 0.1 mol/L 硫氰酸铵溶液至溶液变为无色，即得。本液应临用新制，有毒。

184. 溴百里香酚蓝试液 取溴百里香酚蓝 0.3 g，加 1mol/L 的氢氧化钠溶液 5 ml 使溶解，加水稀释至 1000 ml，即得。

185. 溴试液 取溴 2～3 ml，置用凡士林涂塞的玻璃瓶中，加水 100 ml，振摇使成饱和的溶液，即得。本液应置暗处保存。

186. 福林试液 取钨酸钠 10 g 与钼酸钠 2.5 g，加水 70 ml、85%磷酸 5 ml 与盐酸 10 ml，置 200 ml 烧瓶中，缓缓加热回流 10 h，放冷，再加硫酸锂 15 g、水 5 ml 与溴滴定液 1 滴煮沸约 15 min，至溴除尽，放冷至室温，加水使成 100 ml。滤过，滤液作为贮备液。置棕色瓶中，于冰箱中保存。临用前，取贮备液 2.5 ml，加水稀释至 10 ml，摇匀，即得。

187. 福林酚试液 福林酚试液 A 取 4%碳酸钠溶液与 0.2 mol/L 的氢氧化钠溶液等体积混合(溶液甲)；取 0.04 mol/L 硫酸铜溶液与 2%酒石酸钠溶液等体积混合(溶液乙)，用时将溶液甲、溶液乙两种溶液按 50∶1 混合，即得。

188. 福林酚试液 B 取钨酸钠 100 g、钼酸钠 25 g，加水 700 ml、85%磷酸 50 ml 与盐酸 100 ml，置磨口圆底烧瓶中，缓缓加热回流 10 h，放冷，再加硫酸锂 150 g、水 50 ml 和溴数滴，加热煮沸 15 min，冷却，加水稀释至 1000 ml，滤过，滤液作为贮备液，置棕色瓶中。临用前加水一倍，摇匀，即得。

189. 酸性茜素锆试液 取茜素磺酸钠 70 mg，加水 50 ml 溶解后，缓缓加入 0.6%二氯化氧锆($ZrOCl_2 \cdot 8H_2O$)溶液 50 ml 中，用混合酸溶液(每 1000 ml 中含盐酸 123 ml 与硫酸 40 ml)稀释至 1000 ml，放置 1 h，即得。

190. 酸性硫酸铁铵试液 取硫酸铁铵 20 g 与硫酸 9.4 ml，加水至 100 ml，即得。

191. 酸性氯化亚锡试液 取氯化亚锡 20 g，加盐酸使溶解成 50 ml，滤过，即得。本液配成后 3 个月即不适用。

192. 碱式乙酸铅试液 取一氧化铅 14 g，加水 10 ml，研磨成糊状，用水 10 ml 洗入玻璃瓶中，加含乙酸铅 22 g 的水溶液 70 ml，用力振摇 5 min 后，时时振摇，放置 7 日，滤过，加新沸过的冷水使成 100 ml，即得。

193. 稀碱式乙酸铅试液 取碱式乙酸铅试液 4 ml，加新沸过的冷水使成 100 ml，即得。

194. 碱性三硝基苯酚试液 取 1%三硝基苯酚溶液 20 ml，加 5%氢氧化钠溶液 10 ml，加水稀释至 100 ml，即得。本液应临用新制。

195. 碱性四氮唑蓝试液 取 0.2%四氮唑蓝的甲醇溶液 10 ml 与 12%氢氧化钠的甲醇溶液 30 ml，临用时混合，即得。

196. 碱性亚硝基铁氰化钠试液 取亚硝基铁氰化钠与碳酸钠各 1 g，加水使溶解成 100 ml，即得。

197. 碱性连二亚硫酸钠试液 取连二亚硫酸钠 50 g，加水 250 ml 使溶解，加含氢氧化钾 28.57 g 的水溶液 40 ml，混合，即得。本液应临用新制。

198. 碱性枸橼酸铜试液 ①取硫酸铜 17.3 g 与枸橼酸 115.0 g，加微温或温水使溶解成 200 ml A 液。②取在 180℃干燥 2h 的无水碳酸钠 185.3 g，加水使溶解成 500 ml B 液。临用前取 B 液 50 ml，在不断振摇下，缓缓加入 A 液 20 ml 内，冷却后，加水稀释至 100 ml，即得。

199. 碱性盐酸羟胺试液 ①取氢氧化钠 12.5 g，加无水甲醇使溶解成 100 ml。②取盐酸羟胺 12.5 g，加无水甲醇 100 ml，加热回流使溶解。用时将两液等量混合，滤过，即得。本液应临用新制，配制后 4 h 内应用。

200. 碱性酒石酸铜试液 ①取硫酸铜结晶 6.93 g，加水使溶解成 100 ml。②取酒石酸钾钠结晶 34.6 g 与氢氧化钠 10 g，加水使溶解成 100 ml。用时将两液等量混合，即得。

201. 碱性 β -萘酚试液 取 β -萘酚 0.25 g，加氢氧化钠溶液(1→10)10 ml 使溶解，即得。本液应临用新制。

202. 碱性焦性没食子酸试液 取焦性没食子酸 0.5 g，加水 2 ml 溶解后，加氢氧化钾 12 g 的水溶液 8 ml，摇匀，即得。本液应临用新制。

203. 碱性碘化汞钾试液取 碘化钾 10 g，加水 10 ml 溶解后，缓缓加入氯化汞的饱和水溶液，随加随搅拌，至生成的红色沉淀不再溶解，加氢氧化钾 30 g，溶解后，再加氯化汞的饱和水溶液 1 ml 或 1 ml 以上，并用适量的水稀释使成 200 ml，静置，使沉淀，即得。用时倾取上层的澄明液应用。[检查]取本液 2 ml，加入含氨 0.05 mg 的水 50 ml 中，应即时显黄棕色。

204. 碳酸钠试液 取一水合碳酸钠 12.5 g 或无水碳酸钠 10.5 g，加水使溶解成 100 ml，即得。

205. 碳酸氢钠试液 取碳酸氢钠 5 g，加水使溶解成 100 ml，即得。

206. 碳酸钾试液 取无水碳酸钾 7 g，加水使溶解成 100 ml，即得。

207. 碳酸铵试液 取碳酸铵 20 g 与氨试液 20 ml，加水使溶解成 100 ml，即得。

208. 乙酸汞试液 取乙酸汞 5 g，研细，加温热的冰乙酸使溶解成 100 ml，即得。本液应置棕色瓶内，密闭保存。

209. 乙酸钠试液 取乙酸钠结晶 13.6 g，加水使溶解成 100 ml，即得。

210. 乙酸钠-氢氯化钠试液 取乙酸钠 10.3 g，氢氧化钠 86.5 g，加水溶解并稀释至 1000 ml。

211. 乙酸钴试液 取乙酸钴 0.1 g，加甲醇使溶解成 100 ml，即得。

212. 乙酸钾试液 取乙酸钾 10 g，加水使溶解成 100 ml，即得。

213. 乙酸铅试液 取乙酸铅 10 g，加新沸过的冷水溶解后，滴加乙酸使溶液澄清，再加新沸过的冷水使成 100 ml，即得。

214. 乙酸氧铀锌试液 取乙酸氧铀 10 g，加冰乙酸 5 ml 与水 50 ml，微热使溶解，另取乙酸锌 30 g，加冰乙酸 3 ml 与水 30 ml，微热使溶解，将两液混合，放冷，滤过，即得。

215. 乙酸铵试液 取乙酸铵 10 g，加水使溶解成 100 ml，即得。

216. 乙酸铜试液 取乙酸铜 0.1 g，加水 5 ml 与乙酸数滴溶解后，加水稀释至 100 ml 滤过，即得。

217. 浓乙酸铜试液 取乙酸铜 13.3 g，加水 195 ml 与乙酸 5 ml 使溶解，即得。

218. 靛胭脂试液 取靛胭脂，加硫酸 12 ml 与水 80 ml 的混合液，使溶解成每 100 ml 中含 $C_{18}H_8N_2O_2(SO_3Na)_2$ 0.09～0.11 g，即得。

219. 靛基质试液 取对二甲氨基苯甲醛 5.0 g，加入戊醇(或丁醇)75 ml，充分振摇，使完全溶解后，再取浓盐酸 25 ml 徐徐滴入，边加边振摇，以免骤热导致溶液色泽变深；或取对二甲氨基苯甲醛 1.0 g，加入 95%乙醇 95 ml，充分振摇，使完全溶解后，取盐酸 20 ml 徐徐滴入。

220. 磺胺试液 取磺胺 50 mg，加 2 mol/L 盐酸溶液 10 ml 使溶解，即得。

221. 磺基丁二酸钠二辛酯试液 取磺基丁二酸钠二辛酯 0.9 g，加水 50 ml，微温使溶解，冷却至室温后，加水稀释至 200 ml，即得。

222. 磷试液 取对甲氨基苯酚硫酸盐 0.2 g，加水 100 ml 使溶解后，加焦亚硫酸钠 20 g，溶解，即得。本液应置棕色具塞玻璃瓶中保存，配制后 2 周即不适用。

223. 磷钨酸试液 取磷钨酸 1 g，加水使溶解成 100 ml，即得。

224. 磷钨酸钼试液 取钨酸钠 10 g 与磷钼酸 2.4 g，加水 70 ml 与磷酸 5 ml，回流煮沸 2 h，放冷，加水稀释至 100 ml，摇匀，即得。本液应置玻璃瓶内，在暗处保存。

225. 磷钼钨酸试液 取钨酸钠 100 g、钼酸钠 25 g，加水 700 ml 使溶解，加盐酸 100 ml、磷酸 50 ml，加热回流 10 h，放冷，再加硫酸锂 150 g、水 50 ml 和溴 0.2 ml，煮沸除去残留的溴(约 15 min)，冷却，加水稀释至 1000 ml，滤过，即得。本液不得显绿色(如放置后变为绿色，可加溴 0.2 ml，煮沸除去多余的溴即可)。

226. 磷钼酸试液 取磷钼酸 5 g，加无水乙醇使溶解成 100 ml，即得。

227. 磷酸氢二钠试液 取磷酸氢二钠结晶 12 g，加水使溶解成 100 ml，即得。

228. 镧试液 取氧化镧(La_2O_3)5 g，用水润湿，缓慢加盐酸 25 ml 使溶解，并用水稀释成 100 ml，静置过夜，即得。

229. 糠醛试液 取糠醛 1 ml，加水使溶解成 100 ml，即得。本液应临用新制。

230. 鞣酸试液 取鞣酸 1 g，加乙醇 1 ml，加水溶解并稀释至 100 ml，即得。本液应临用时新制。

附录2　常用试纸的制备方法

1. 氯化汞试纸　取滤纸条浸入氯化汞的饱和溶液中，1h 后取出，在暗处以 60℃干燥，即得。

2. 三硝基苯酚试纸　取滤纸条浸入三硝基苯酚的饱和水溶液中，湿透后，取出，阴干，即得。临用时，浸入碳酸钠溶液(1→10)中，使均匀湿润。

3. 刚果红试纸　取滤纸条浸入刚果红指示液中，湿透后，取出晾干，即得。

4. 红色石蕊试纸　取滤纸条浸入石蕊指示液中，加极少量的盐酸使成红色，取出，干燥，即得。

5. 姜黄试纸　取滤纸条浸入姜黄指示液中，湿透后，置玻璃板上，在 100℃干燥，即得。

6. 氢氧化镍试纸　取滤纸条浸入 30%硫酸镍浓氨溶液中，取出，晾干；再浸入 1 mol/L 氢氧化钠溶液中数分钟，使滤纸上布满均匀的氢氧化镍沉淀，取出滤纸用水洗涤(不可晾干)，储藏在潮湿的棉绒上备用。

7. 氨制硝酸银试纸　取滤纸条浸入氨制硝酸银试液中，湿透后，取出，即得。

8. 硝酸汞试纸　取硝酸汞的饱和溶液 45 ml，加硝酸 1 ml，摇匀，将滤纸条浸入此溶液中，湿透后，取出晾干，即得。

9. 蓝色石蕊试纸　取滤纸条浸入石蕊指示液中，湿透后，取出，干燥，即得。

10. 碘化钾淀粉试纸　取滤纸条浸入含有碘化钾 0.5 g 的新制的淀粉指示液 100 ml 中，湿透后，取出干燥，即得。

11. 溴化汞试纸　取滤纸条浸入乙醇制溴化汞试液中，1 h 后取出，在暗处干燥，即得。

12. 乙酸铅试纸　取滤纸条浸入乙酸铅试液中，湿透后，取出，在 100℃干燥，即得。

13. 乙酸铜联苯胺试纸　取乙酸联苯胺的饱和溶液 9 ml，加水 7 ml 与 0.3%乙酸铜溶液 16 ml，将滤纸条浸入此溶液中，湿透后，取出晾干，即得。

14. 乙酸镉试纸　取乙酸镉 3 g，加乙醇 100 ml 使溶解，加氨试液至生成的沉淀绝大部分溶解，滤过，将滤纸条浸入滤液中，临用时取出晾干。

附录3 常用缓冲溶液的配制方法

1. 乙醇-乙酸铵缓冲液(pH3.7) 取5 mol/L乙酸溶液15.0 ml，加乙醇60 ml和水20 ml，用10 mol/L氢氧化铵溶液调节pH至3.7，用水稀释至1000 ml，即得。

2. 0.5%十二烷基硫酸钠的磷酸盐缓冲液 取磷酸二氢钠6.9 g，氢氧化钠0.9 g，十二烷基硫酸钠5 g，加水800 ml，超声30 min，用2 mol/L氢氧化钠溶液调节pH至6.8，用水稀释至1000 ml。

3. 三乙胺缓冲液(pH3.2) 取磷酸8 ml，三乙胺14 ml，加水稀释至1000 ml，用三乙胺调节pH至3.2，加水500 ml，混匀，即得。

4. 0.1mol/L三羟甲基氨基甲烷缓冲液 称取三羟甲基氨基甲烷121 g，加水溶解并稀释至900 ml，用25%枸橼酸溶液调节pH至7.2，并用水稀释至1000 ml。

5. 三羟甲基氨基甲烷缓冲液(pH8.0) 取三羟甲基氨基甲烷12.14 g，加水800 ml，搅拌溶解，并稀释至1000 ml，用6mol/L盐酸溶液调节pH至8.0，即得。

6. 三羟甲基氨基甲烷缓冲液(pH8.1) 取氯化钙0.294 g，加0.2mol/L三羟甲基氨基甲烷溶液40 ml使溶解，用1mol/L盐酸溶液调节pH至8.1，加水稀释至100 ml，即得。

7. 三羟甲基氨基甲烷缓冲液(pH9.0) 取三羟甲基氨基甲烷6.06 g，加盐酸赖氨酸3.65 g、氯化钠5.8 g、乙二胺四乙酸二钠0.37 g，再加水溶解使成1000 ml，调节pH至9.0，即得。

8. 乌洛托品缓冲液 取乌洛托品75 g，加水溶解后，加浓氨溶液4.2 ml，再用水稀释至250 ml，即得。

9. 巴比妥缓冲液(pH7.4) 取巴比妥钠4.42 g，加水使溶解并稀释至400 ml，用2 mol/L盐酸溶液调节pH至7.4，滤过，即得。

10. 巴比妥缓冲液(pH8.6) 取巴比妥5.52 g与巴比妥钠30.9 g，加水使溶解成2000 ml，即得。

11. 巴比妥-氯化钠缓冲液(pH7.8) 取巴比妥钠5.05 g，加氯化钠3.7 g及水适量使溶解，另取明胶0.5 g加水适量，加热溶解后并入上述溶液中。然后用0.2 mol/L盐酸溶液调节pH至7.8，再用水稀释至500 ml，即得。

12. 甲酸钠缓冲液(pH3.3) 取2 mol/L甲酸溶液25 ml，加酚酞指示液1滴，用2 mol/L氢氧化钠溶液中和，再加入2 mol/L甲酸溶液75 ml，用水稀释至200 ml，调节pH至3.25～3.30，即得。

13. 邻苯二甲酸盐缓冲液(pH5.6) 取邻苯二甲酸氢钾10 g，加水900 ml，搅拌使溶解，用氢氧化钠试液(必要时用稀盐酸)调节pH至5.6，加水稀释至1000 ml，混匀，即得。

14. 邻苯二甲酸氢钾-氢氧化钠缓冲液(pH5.0) 取 0.2 mol/L 的邻苯二甲酸氢钾 100 ml，用 0.2mol/L 氢氧化钠溶液约 50 ml 调节 pH 至 5.0，即得。

15. 枸橼酸盐缓冲液 取枸橼酸 4.2 g，加 1 mol/L 的 20%乙醇制氢氧化钠溶液 40 ml 使溶解，再用 20%乙醇稀释至 100 ml，即得。

16. 枸橼酸盐缓冲液(pH6.2) 取 2.1%枸橼酸水溶液，用 50%氢氧化钠溶液调节 pH 至 6.2，即得。

17. 枸橼酸-磷酸氢二钠缓冲液(pH4.0) 甲液：取枸橼酸 21 g 或无水枸橼酸 19.2 g，加水使溶解成 1000 ml，置冰箱内保存。乙液：取磷酸氢二钠 71.63 g，加水使溶解成 1000 ml。取上述甲液 61.45 ml 与乙液 38.55 ml 混合，摇匀，即得。

18. 枸橼酸-磷酸氢二钠缓冲液(pH7.0) 甲液：取枸橼酸 21 g 或无水枸橼酸 19.2 g，加水使溶解成 1000 ml，置冰箱中保存。乙液：取磷酸氢二钠 71.63 g，加水使溶解成 1000 ml。取上述甲液 17.65 ml 与乙液 82.35 ml 混合，摇匀，即得。

19. 盐酸三羟甲基氨基甲烷缓冲液(pH7.2) A 液：盐酸三羟甲基氨基甲烷 15.8 g，细菌内毒素检查用水 100 ml。B 液：三羟甲基氨基甲烷 1.2 g，细菌内毒素检查用水 10 ml。A 液 100 ml B 液 10 ml 细菌内毒素检查用水加至 550 ml。用 0.1 mol/L 盐酸溶液或 0.1 mol/L 氢氧化钠溶液调节 pH 至 7.2，用无热源的输液瓶分装，加塞压盖后 121℃灭菌 15 min。

20. 2-氯代戊二酸缓冲液 取 2-氧代戊二酸 220 mg，用盐酸三乙醇胺缓冲液(pH8.0)(取三乙醇胺 1 ml，加无氨蒸馏水 60 ml，用稀盐酸溶液调节 pH 至 8.0)60 ml 溶解。

21. 氨-氯化铵缓冲液(pH8.0) 取氯化铵 1.07 g，加水使溶解成 100 ml，再加稀氨溶液(1→30)调节 pH 至 8.0，即得。

22. 氨-氯化铵缓冲液(pH10.0) 取氯化铵 5.4 g，加水 20 ml 溶解后，加浓氨溶液 35 ml，再加水稀释至 100 ml，即得。

23. 硼砂-氮化钙缓冲液(pH8.0) 取硼砂 0.572 g 与氯化钙 2.94 g，加水约 800 ml 溶解后，用 1 mol/L 盐酸溶液约 2.5 ml 调节 pH 至 8.0，加水稀释至 1000 ml，即得。

24. 硼砂-碳酸钠缓冲液(pH10.8～11.2) 取无水碳酸钠 5.30 g，加水使溶解成 1000 ml；另取硼砂 1.91 g，加水使溶解成 100 ml。临用前取碳酸钠溶液 973 ml 与硼砂溶液 27 ml，混匀，即得。

25. 硼酸-氯化钾缓冲液(pH9.0) 取硼酸 3.09 g，加 0.1 mol/L 氯化钾溶液 500 ml 使溶解，再加 0.1 mol/L 氢氧化钠溶液 210 ml，即得。

26. 乙酸钠缓冲液 取乙酸-乙酸钠缓冲液(pH3.6)4 ml，加水稀释至 100 ml。

27. 乙酸盐缓冲液(pH3.5) 取乙酸铵 25 g，加水 25 ml 溶解后，加 7 mol/L 盐酸溶液 38 ml，用 2 mol/L 盐酸溶液或 5 mol/L 氨溶液准确调节 pH 至 3.5(电位法指示)，用水稀释至 100 ml，即得。

28. 乙酸-锂盐缓冲液(pH3.0) 取冰乙酸 50 ml，加水 800 ml 混合后，用氢氧化锂调节 pH 至 3.0，再加水稀释至 1000 ml，即得。

29. 乙酸-乙酸钠缓冲液(pH3.6)　取乙酸钠5.1 g，加冰乙酸20 ml，再加水稀释至250 ml，即得。

30. 乙酸-乙酸钠缓冲液(pH3.7)　取无水乙酸钠20 g，加水300 ml溶解后，加溴酚蓝指示液1 ml及冰乙酸60～80 ml，至溶液从蓝色转变为纯绿色，再加水稀释至1000 ml，即得。

31. 乙酸-乙酸钠缓冲液(pH3.8)　取2 mol/L乙酸钠溶液13 ml与2 mol/L乙酸溶液87 ml，加每1 ml含铜1 mg的硫酸铜溶液0.5 ml，再加水稀释至1000 ml，即得。

32. 乙酸-乙酸钠缓冲液(pH4.5)　取乙酸钠18 g，加冰乙酸9.8 ml，再加水稀释至1000 ml，即得。

33. 乙酸-乙酸钠缓冲液(pH4.6)　取乙酸钠5.4 g，加水50 ml使溶解，用冰乙酸调节pH至4.6，再加水稀释至100 ml，即得。

34. 乙酸-乙酸钠缓冲液(pH6.0)　取乙酸钠54.6 g，加1 mol/L乙酸溶液20 ml溶解后，加水稀释至500 ml，即得。

35. 乙酸-乙酸钾缓冲液(pH4.3)　取乙酸钾14 g，加冰乙酸20.5 ml，再加水稀释至1000 ml，即得。

36. 乙酸-乙酸铵缓冲液(pH4.5)　取乙酸铵7.7 g，加水50 ml溶解后，加冰乙酸6 ml与适量的水使成100 ml，即得。

37. 乙酸-乙酸铵缓冲液(pH4.8)　取乙酸铵77 g，加水约200 ml使溶解，加冰乙酸57 ml，再加水至1000 ml，即得。

38. 乙酸-乙酸铵缓冲液(pH6.0)　取乙酸铵100 g，加水300 ml使溶解，加冰乙酸7 ml，摇匀，即得。

39. 磷酸-三乙胺缓冲液(pH3.2)　取磷酸约4ml与三乙胺约7 ml，加50%甲醇稀释至1000 ml，用磷酸调节pH至3.2，即得。

40. 磷酸盐缓冲液　取磷酸二氢钠38.0 g，与磷酸氢二钠5.04 g，加水使成1000 ml，即得。

41. 磷酸盐缓冲液(pH2.0)　甲液：取磷酸16.6 ml，加水至1000 ml，摇匀。乙液：取磷酸氢二钠71.63 g，加水使溶解成1000 ml。取上述甲液72.5 ml与乙液27.5 ml混合，摇匀，即得。

42. 磷酸盐缓冲液(pH2.5)　取磷酸二氢钾100 g，加水800 ml，用盐酸调节pH至2.5，用水稀释至1000 ml。

43. 磷酸盐缓冲液(pH5.0)　取0.2 mol/L磷酸二氢钠溶液一定量，用氢氧化钠试液调节pH至5.0，即得。

44. 磷酸盐缓冲液(pH5.8)　取磷酸二氢钾8.34 g与磷酸氢二钾0.87 g，加水使溶解成1000 ml，即得。

45. 磷酸盐缓冲液(pH6.5)　取磷酸二氢钾0.68 g，0.1 mol/L氢氧化钠溶液15.2 ml，用水稀释至100 ml，即得。

46. 磷酸盐缓冲液(pH6.6)　取磷酸二氢钠1.74 g、磷酸氢二钠2.7 g与氯化钠

1.7 g，加水使溶解成 400 ml，即得。

47. 磷酸盐缓冲液(pH6.8) 取 0.2 mol/L 磷酸二氢钾溶液 250 ml，加 0.2 mol/L 氢氧化钠溶液 118 ml，用水稀释至 1000 ml，摇匀，即得。

48. 磷酸盐缓冲液(含胰酶)(pH6.8) 取磷酸二氢钾 6.8 g，加水 500 ml 使溶解，用 0.1 mol/L 氢氧化钠溶液调节 pH 至 6.8；另取胰酶 10 g，加水适量使溶解，将两液混合后，加水稀释至 1000 ml，即得。

49. 磷酸盐缓冲液(pH7.0) 取磷酸二氢钾 0.68 g，加 0.1 mol/L 氢氧化钠溶液 29.1 ml，用水稀释至 100 ml，即得。

50. 磷酸盐缓冲液(pH7.2) 取 0.2 mol/L 磷酸二氢钾溶液 50 ml 与 0.2 mol/L 氢氧化钠溶液 35 ml，加新沸过的冷水稀释至 200 ml，摇匀，即得。

51. 磷酸盐缓冲液(pH7.3) 取磷酸氢二钠 1.9734 g 与磷酸二氢钾 0.2245 g，加水使溶解成 1000 ml，调节 pH 至 7.3，即得。

52. 磷酸盐缓冲液(pH7.4) 取磷酸二氢钾 1.36 g，加 0.1 mol/L 氢氧化钠溶液 79 ml，用水稀释至 200 ml，即得。

53. 磷酸盐缓冲液(pH7.6) 取磷酸二氢钾 27.22 g，加水使溶解成 1000 ml，取 50 ml，加 0.2 mol/L 氢氧化钠溶液 42.4 ml，再加水稀释至 200 ml，即得。

54. 磷酸盐缓冲液(pH7.8) 甲液：取磷酸氢二钠 35.9 g，加水溶解，并稀释至 500 ml。乙液：取磷酸二氢钠 2. 76 g，加水溶解，并稀释至 100 ml。取上述甲液 91.5 ml 与乙液 8.5 ml 混合，摇匀，即得。

55. 磷酸盐缓冲液(pH7.8～8.0) 取磷酸氢二钾 5.59 g 与磷酸二氢钾 0.41 g，加水使溶解成 1000 ml，即得。

56. 乙醇-乙酸铵缓冲液(pH3.7) 取 5 mol/L 乙酸溶液 15.0 ml，加乙醇 60 ml 和水 20 ml，用 10 mol/L 氢氧化铵溶液调节 pH 至 3.7，用水稀释至 1000 ml，即得。

57. 0.5%十二烷基硫酸钠的磷酸盐缓冲液 取磷酸二氢钠 6.9 g，氢氧化钠 0.9 g，十二烷基硫酸钠 5 g，加水 800 ml，超声 30 min，用 2 mol/L 氢氧化钠溶液调节 pH 至 6.8，用水稀释至 1000 ml。

58. 三乙胺缓冲液(pH3.2) 取磷酸 8 ml，三乙胺 14 ml，加水稀释至 1000 ml，用三乙胺调节 pH 至 3.2，加水 500 ml，混匀，即得。

59. 0.1 mol/L 三羟甲基氨基甲烷缓冲液 称取三羟甲基氨基甲烷 121 g，加水溶解并稀释至 900 ml，用 25%枸橼酸溶液调节 pH 至 7.2，并用水稀释至 1000 ml。

60. 三羟甲基氨基甲烷缓冲液(pH8.0) 取三羟甲基氨基甲烷 12.14 g，加水 800 ml，搅拌溶解，并稀释至 1000 ml，用 6 mol/L 盐酸溶液调节 pH 至 8.0，即得。

61. 三羟甲基氨基甲烷缓冲液(pH8.1) 取氯化钙 0.294 g，加 0.2 mol/L 三羟甲基氨基甲烷溶液 40 ml 使溶解，用 1 mol/L 盐酸溶液调节 pH 至 8.1，加水稀释至 100 ml，即得。

62. 三羟甲基氨基甲烷缓冲液(pH9.0) 取三羟甲基氨基甲烷 6.06 g，加盐酸赖氨酸 3.65 g、氯化钠 5.8 g、乙二胺四乙酸二钠 0.37 g，再加水溶解使成 1000 ml，调节 pH 至 9.0，即得。

63. 乌洛托品缓冲液 取乌洛托品 75 g，加水溶解后，加浓氨溶液 4.2 ml，再用水稀释至 250 ml，即得。

64. 巴比妥缓冲液(pH7.4) 取巴比妥钠 4.42 g，加水使溶解并稀释至 400 ml，用 2 mol/L 盐酸溶液调节 pH 至 7.4，滤过，即得。

65. 巴比妥缓冲液(pH8.6) 取巴比妥 5.52 g 与巴比妥钠 30.9 g，加水使溶解成 2000 ml，即得。

66. 巴比妥-氯化钠缓冲液(pH7.8) 取巴比妥钠 5.05 g，加氯化钠 3.7 g 及水适量使溶解，另取明胶 0.5 g 加水适量，加热溶解后并入上述溶液中。然后用 0.2 mol/L 盐酸溶液调节 pH 至 7.8，再用水稀释至 500 ml，即得。

67. 甲酸钠缓冲液(pH3.3) 取 2 mol/L 甲酸溶液 25 ml，加酚酞指示液 1 滴，用 2 mol/L 氢氧化钠溶液中和，再加入 2 mol/L 甲酸溶液 75 ml，用水稀释至 200 ml，调节 pH 至 3.25～3.30，即得。

68. 邻苯二甲酸盐缓冲液(pH5.6) 取邻苯二甲酸氢钾 10 g，加水 900 ml，搅拌使溶解，用氢氧化钠试液(必要时用稀盐酸)调节 pH 至 5.6，加水稀释至 1000 ml，混匀，即得。

69. 邻苯二甲酸氢钾-氢氧化钠缓冲液(pH5.0) 取 0.2 mol/L 的邻苯二甲酸氢钾 100 ml，用 0.2 mol/L 氢氧化钠溶液约 50 ml 调节 pH 至 5.0，即得。

70. 枸橼酸盐缓冲液 取枸橼酸 4.2 g，加 1 mol/L 的 20%乙醇制氢氧化钠溶液 40 ml 使溶解，再用 20%乙醇稀释至 100 ml，即得。

71. 枸橼酸盐缓冲液(pH6.2) 取 2.1%枸橼酸水溶液，用 50%氢氧化钠溶液调节 pH 至 6.2，即得。

72. 枸橼酸-磷酸氢二钠缓冲液(pH4.0) 甲液：取枸橼酸 21 g 或无水枸橼酸 19.2 g，加水使溶解成 1000 ml，置冰箱内保存。乙液：取磷酸氢二钠 71.63 g，加水使溶解成 1000 ml。取上述甲液 61.45 ml 与乙液 38.55 ml 混合，摇匀，即得。

73. 枸橼酸-磷酸氢二钠缓冲液(pH7.0) 甲液：取枸橼酸 21 g 或无水枸橼酸 19.2 g，加水使溶解成 1000 ml，置冰箱中保存。乙液：取磷酸氢二钠 71.63 g，加水使溶解成 1000 ml。取上述甲液 17.65 ml 与乙液 82.35 ml 混合，摇匀，即得。

74. 盐酸三羟甲基氨基甲烷缓冲液(pH7.2) A 液：盐酸三羟甲基氨基甲烷 15.8 g，细菌内毒素检查用水 100 ml。B 液：三羟甲基氨基甲烷 1.2 g，细菌内毒素检查用水 10 ml。A 液 100 ml B 液 10 ml 细菌内毒素检查用水加至 550 ml。用 0.1 mol/L 盐酸溶液或 0.1 mol/L 氢氧化钠溶液调节 pH 至 7.2，用无热源的输液瓶分装，加塞压盖后 121℃灭菌 15 min。

75. 2-氯代戊二酸缓冲液 取 2-氧代戊二酸 220 mg，用盐酸三乙醇胺缓冲液(pH8.0)(取三乙醇胺 1 ml，加无氨蒸馏水 60 ml，用稀盐酸溶液调节 pH 至 8.0) 60 ml 溶解。

76. 氨-氯化铵缓冲液(pH8.0) 取氯化铵 1.07 g，加水使溶解成 100 ml，再加稀氨溶液(1→30)调节 pH 至 8.0，即得。

77. 氨-氯化铵缓冲液(pH10.0) 取氯化铵 5.4 g，加水 20 ml 溶解后，加浓氨溶液 35 ml，再加水稀释至 100 ml，即得。

78. 硼砂-氯化钙缓冲液(pH8.0) 取硼砂 0.572 g 与氯化钙 2.94 g，加水约 800 ml 溶解后，用 1 mol/L 盐酸溶液约 2.5 ml 调节 pH 至 8.0，加水稀释至 1000 ml，即得。

79. 硼砂-碳酸钠缓冲液(pH10.8～11.2) 取无水碳酸钠 5.30 g，加水使溶解成 1000 ml；另取硼砂 1.91 g，加水使溶解成 100 ml。临用前取碳酸钠溶液 973 ml 与硼砂溶液 27 ml，混匀，即得。

80. 硼酸-氯化钾缓冲液(pH9.0) 取硼酸 3.09 g，加 0.1 mol/L 氯化钾溶液 500 ml 使溶解，再加 0.1 mol/L 氢氧化钠溶液 210 ml，即得。

81. 乙酸钠缓冲液 取乙酸-乙酸钠缓冲液(pH3.6)4 ml，加水稀释至 100 ml。

82. 乙酸盐缓冲液(pH3.5) 取乙酸铵 25 g，加水 25 ml 溶解后，加 7 mol/L 盐酸溶液 38 ml，用 2 mol/L 盐酸溶液或 5mol/L 氨溶液准确调节 pH 至 3.5(电位法指示)，用水稀释至 100 ml，即得。

83. 乙酸-锂盐缓冲液(pH3.0) 取冰乙酸 50 ml，加水 800 ml 混合后，用氢氧化锂调节 pH 至 3.0，再加水稀释至 1000 ml，即得。

84. 乙酸-乙酸钠缓冲液(pH3.6) 取乙酸钠 5.1 g，加冰乙酸 20 ml，再加水稀释至 250 ml，即得。

85. 乙酸-乙酸钠缓冲液(pH3.7) 取无水乙酸钠 20 g，加水 300 ml 溶解后，加溴酚蓝指示液 1 ml 及冰乙酸 60～80 ml，至溶液从蓝色转变为纯绿色，再加水稀释至 1000 ml，即得。

86. 乙酸-乙酸钠缓冲液(pH3.8) 取 2 mol/L 乙酸钠溶液 13 ml 与 2 mol/L 乙酸溶液 87 ml，加每 1 ml 含铜 1 mg 的硫酸铜溶液 0.5 ml，再加水稀释至 1000 ml，即得。

87. 乙酸-乙酸钠缓冲液(pH4.5) 取乙酸钠 18 g，加冰乙酸 9.8 ml，再加水稀释至 1000 ml，即得。

88. 乙酸-乙酸钠缓冲液(pH4.6) 取乙酸钠 5.4 g，加水 50 ml 使溶解，用冰乙酸调节 pH 至 4.6，再加水稀释至 100 ml，即得。

89. 乙酸-乙酸钠缓冲液(pH6.0) 取乙酸钠 54.6 g，加 1 mol/L 乙酸溶液 20 ml 溶解后，加水稀释至 500 ml，即得。

90. 乙酸-乙酸钾缓冲液(pH4.3) 取乙酸钾 14 g，加冰乙酸 20.5 ml，再加水稀释至 1000 ml，即得。

91. 乙酸-乙酸铵缓冲液(pH4.5) 取乙酸铵 7.7 g，加水 50 ml 溶解后，加冰乙酸 6 ml 与适量的水使成 100 ml，即得。

92. 乙酸-乙酸铵缓冲液(pH4.8) 取乙酸铵 77 g，加水约 200 ml 使溶解，加冰乙酸 57 ml，再加水至 1000 ml，即得。

93. 乙酸-乙酸铵缓冲液(pH6.0) 取乙酸铵 100 g，加水 300 ml 使溶解，加冰乙酸 7 ml，摇匀，即得。

94. 磷酸-三乙胺缓冲液(pH3.2) 取磷酸约 4 ml 与三乙胺约 7 ml，加 50%甲醇稀释至 1000 ml，用磷酸调节 pH 至 3.2，即得。

95. 磷酸盐缓冲液 取磷酸二氢钠 38.0 g，与磷酸氢二钠 5.04 g，加水使成 1000 ml，即得。

96. 磷酸盐缓冲液(pH2.0) 甲液：取磷酸 16.6 ml，加水至 1000 ml，摇匀。乙液：取磷酸氢二钠 71.63 g，加水使溶解成 1000 ml。取上述甲液 72.5 ml 与乙液 27.5 ml 混合，摇匀，即得。

97. 磷酸盐缓冲液(pH2.5) 取磷酸二氢钾 100 g，加水 800 ml，用盐酸调节 pH 至 2.5，用水稀释至 1000 ml。

98. 磷酸盐缓冲液(pH5.0) 取 0.2 mol/L 磷酸二氢钠溶液一定量，用氢氧化钠试液调节 pH 至 5.0，即得。

99. 磷酸盐缓冲液(pH5.8) 取磷酸二氢钾 8.34 g 与磷酸氢二钾 0.87 g，加水使溶解成 1000 ml，即得。

100. 磷酸盐缓冲液(pH6.5) 取磷酸二氢钾 0.68 g，0.1 mol/L 氢氧化钠溶液 15.2 ml，用水稀释至 100 ml，即得。

101. 磷酸盐缓冲液(pH6.6) 取磷酸二氢钠 1.74 g、磷酸氢二钠 2.7 g 与氯化钠 1.7 g，加水使溶解成 400 ml，即得。

102. 磷酸盐缓冲液(pH6.8) 取 0.2 mol/L 磷酸二氢钾溶液 250 ml，加 0.2 mol/L 氢氧化钠溶液 118 ml，用水稀释至 1000 ml，摇匀，即得。

103. 磷酸盐缓冲液(含胰酶)(pH6.8) 取磷酸二氢钾 6.8 g，加水 500 ml 使溶解，用 0.1 mol/L 氢氧化钠溶液调节 pH 至 6.8；另取胰酶 10 g，加水适量使溶解，将两液混合后，加水稀释至 1000 ml，即得。

104. 磷酸盐缓冲液(pH7.0) 取磷酸二氢钾 0.68 g，加 0.1 mol/L 氢氧化钠溶液 29.1 ml，用水稀释至 100 ml，即得。

105. 磷酸盐缓冲液(pH7.2) 取 0.2 mol/L 磷酸二氢钾溶液 50 ml 与 0.2 mol/L 氢氧化钠溶液 35 ml，加新沸过的冷水稀释至 200 ml，摇匀，即得。

106. 磷酸盐缓冲液(pH7.3) 取磷酸氢二钠 1.9734 g 与磷酸二氢钾 0.2245 g，加水使溶解成 1000 ml，调节 pH 至 7.3，即得。

107. 磷酸盐缓冲液(pH7.4) 取磷酸二氢钾 1.36 g，加 0.1 mol/L 氢氧化钠溶液 79 ml，用水稀释至 200 ml，即得。

108. 磷酸盐缓冲液(pH7.6) 取磷酸二氢钾 27.22 g，加水使溶解成 1000 ml，取 50 ml，加 0.2 mol/L 氢氧化钠溶液 42.4 ml，再加水稀释至 200 ml，即得。

109. 磷酸盐缓冲液(pH7.8) 甲液：取磷酸氢二钠 35.9 g，加水溶解，并稀释至 500 ml。乙液：取磷酸二氢钠 2. 76 g，加水溶解，并稀释至 100 ml。取上述甲液 91.5 ml 与乙液 8.5 ml 混合，摇匀，即得。

110. 磷酸盐缓冲液(pH7.8～8.0) 取磷酸氢二钾 5.59 g 与磷酸二氢钾 0.41 g，加水使溶解成 1000 ml，即得。

附录 4　中药材 DNA 条形码分子鉴定法指导原则

本法用于中药材(包括药材及部分饮片)及基原物种的鉴定。

DNA 条形码分子鉴定法是利用基因组中一段公认的、相对较短的 DNA 序列来进行物种鉴定的一种分子生物学技术，是传统形态鉴别方法的有效补充。由于不同物种的 DNA 序列是由腺嘌呤(A)、鸟嘌呤(G)、胞嘧啶(C)、胸腺嘧啶(T)四种碱基以不同顺序排列组成，因此对某一特定 DNA 片段序列进行分析即能够区分不同物种。

中药材 DNA 条形码分子鉴定通常是以核糖体 DNA 第二内部转录间隔区(ITS2)为主体条形码序列鉴定中药材的方法体系，其中植物类中药材选用 ITS2/ITS 为主体序列，以叶绿体 psbA-trnH,为辅助序列，动物类中药材采用细胞色素 C 氧化酶亚基 I(COI)*f* 为主体序列，ITS2 为辅助序列。

一、仪器的一般要求

所用仪器有电子天平、离心机、聚合酶链式反应(polymerase chain reaction，PCR)仪、电泳仪和测序仪。

DNA 序列测定用测序仪，是一台具有自动灌胶、自动进样、自动数据收集分析等全自动电脑控制的测定 DNA 片段中碱基顺序或大小，以及定量用精密仪器。测序方法主要采用双脱氧链终止法，又称 Sanger 法。4 种双脱氧核苷酸(ddNTP)的碱基分别用不同的荧光进行标记，在通过毛细管时，不同长度的 DNA 片段上的 4 种荧光基团被激光激发，发出不同颜色的荧光，被电荷耦合元件图像传感器(charge-coupled device，CCD)检测系统识别，并直接翻译成 DNA 序列，获得供试品的峰图文件和序列文件。

二、测 定 步 骤

本法主要包括供试品处理、DNA 提取、DNA 条形码序列 PCR 扩增、电泳检测和序列测定、序列拼接及结果判定，主要步骤如下。

1. 供试品处理　按药材和饮片取样法取样。为防止外源微生物污染，药材和饮片一般使用 75%乙醇擦拭表面后晾干，或采取其他有效去除微生物污染的方法。称取 10～100 mg 备用。供试品具体取样部位根据不同药材特性作出相应规定。

2. DNA 提取　DNA 的提取包括使用研钵或研磨仪破碎细胞，粉碎成细粉，用试剂盒法进行 DNA 的分离和纯化等步骤，目前常用试剂盒包括植物基因组

DNA 提取试剂盒和动物组织/细胞基因组 DNA 提取试剂盒，实验选用的试剂盒须能够提取到满足后续实验要求的模板 DNA。

由于植物类中药材种类繁多，可根据所鉴定的中药材的具体情况对提取方法加以改进。例如：植物细胞内含有大量多糖、多酚等次生代谢产物，这些物质在提取 DNA 的过程中与 DNA 共沉淀，形成黏稠的胶状物，难以溶解或氧化产生褐变，严重影响 DNA 提取的产量与质量，以及后续的 PCR 扩增实验。但如在提取 DNA 过程中加入抗氧化剂 β-巯基乙醇，则可抑制氧化反应，避免其褐化。再如：PVP(聚乙烯吡咯烷酮)是酚的络合物，能与多酚形成一种不溶的络合物质，有效去除多酚，减少 DNA 提取过程中酚的污染；同时它也能和多糖结合，有效去除多糖。因此若将 PVP 和 β-巯基乙醇配合使用，能够有效地防止 DNA 提取过程中多酚及多糖的污染。此外，乙二胺四乙酸(EDTA)能螯合 Mg^{2+}或 Mn^{2+}，从而抑制 DNA 酶(DNase)活性，防止 DNA 被其降解；在天然状态下，DNA 与蛋白质以 DNA 蛋白质复合物(DNP)的形式存在，十六烷基三甲基溴化铵(CTAB)是一种阳离子去污剂，可溶解细胞膜，并与 DNA 形成复合物，使细胞中的 DNP 释放出来，该复合物在高盐溶液(＞0.7 mol/L NaCl)中能充分溶解，存在于液相中，通过有机溶剂抽提，去除蛋白质、多糖、酚类等杂质后加入乙醇沉淀即可使 DNA 分离出来。三羟甲基氨基甲烷(Tris-HCl)(pH8.0)溶液可提供一个缓冲环境，防止 DNA 被降解。

(1) 根、根茎、茎木类、皮类：通常根和根茎组织中多酚、多糖含量高，在研磨时多酚极易氧化成醌类，使 DNA 带有一定颜色，在纯化过程中很难去除，影响后续的 PCR 反应，所以在提取根及根茎类药材 DNA 时一定要注意多糖、多酚的去除。提取此类药材 DNA 时水浴时间一般为 90 min，对于质地坚硬的根、根茎类和茎木类药材，可以延长水浴时间并降低水浴温度，如 56℃水浴 8～12 h，使得 DNA 充分释放到缓冲溶液中。此外，根茎类药材由于富含纤维和淀粉等贮藏物质，需加大样品量才能提取到足量 DNA，可用大体积离心管(5ml 或 15ml)抽提。皮类中药材组织中富含薄壁组织和纤维等，加液氮不易研磨成细粉，需适当增加样品量，同时应增加 β-巯基乙醇和 PVP 的使用量。

(2) 叶、花、全草类：该类药材采用试剂盒法一般都能成功提取其 DNA，对于保存时间较久的叶、花、全草类药材可适当增加水浴时间，同时适当降低水浴温度，如 56℃水浴 8～12 h。

(3) 果实、种子类果实及种子类　中药材中多富含油脂，研磨时易被氧化，且易黏着在研钵壁上，损失较大，提取时需增加样品量。另外，对研磨后的材料可用丙酮浸提，去除脂溶性酚类化合物。

(4) 动物药材：肌肉类动物药材如海龙、蛇类、蛤蚧等，需使用 75%乙醇擦拭表面消除外源性污染，待乙醇挥发后进行充分磨碎。含有脂类较多的动物内脏器官如蛤蟆油，首先用不含蛋白酶 K 和十二烷基硫酸钠(SDS)的缓冲液浸泡药材，SDS 是一种阴离子表面活性剂，在 55～65℃条件下能裂解细胞，释放出核酸；然后在试剂盒消化缓冲液中增加 SDS 含量，有利于脱去脂类。角甲类药材如龟甲、鳖甲和鹿茸等，由于 DNA 含量较低，样品量要适当增大，也可用大体积离心管抽提。壳类药材如石决明、瓦楞子、蛤壳等，由于存在共生或寄生生物，提取前需进行去除。

3. PCR 扩增 植物类中药材及其基原物种扩增 ITS 或 psbA-trnH 序列，动物类中药材及其基原物种扩增 COI 序列，通用引物及扩增条件如下，特殊规定见各药材项下。

ITS2 序列扩增正向引物 ITS2F：5′-ATGCGATACTTGGTGTGAAT-3′；反向引物 ITS3R：5′-GACGCTTCTCCAGACTACAAT-3′。

psbA-trnH 序列扩增正向引物 psbAF：5′-GTTATGCATGAACGTAATGCTC-3′；反向引物 trnHR：5′-CGCGCATGGTGGATTCACAATCC-3′。

COI 序列扩增正向引物 HCO2198：5′-TAAACTTCAGGGTGACCAAAAAATCA-3′；反向引物 LCO1490：5′-GGTCAACAAATCATAAAGATATTGG-3′。

PCR 反应体系以 25 μl 为参照，包括：1×PCR 缓冲液(不含 $MgCl_2$)，2.0 mmol/L $MgCl_2$，0.2 mmol/L dNTPs，0.1 μmol/L 引物对，模板 DNA，1.0 U *Taq* DNA 聚合酶，加灭菌双蒸水至 25 μl。设置未加模板 DNA 的 PCR 反应为阴性对照。

ITS2 序列扩增程序：94℃ 5min；94℃ 30s，56℃ 30 s，72℃ 45 s，35～40 个循环；72℃ 10 min。psbA-trnH 序列扩增程序：94℃ 5 min；94℃ 1 min，55℃ 1 min，72℃ 1. 5 min，30 个循环；72℃ 7 min。COI 序列扩增程序：94℃ 1 min；94℃ 1 min，45℃ 1.5 min，72℃ 1.5 min，5 个循环；94℃ 1 min，50℃ 1. 5 min，72℃ 1 min，35 个循环；72℃ 5 min。

4. PCR 产物检测 采取琼脂糖凝胶电泳方法检测 PCR 产物。电泳后，PCR 产物应在相应的 DNA 条形码序列长度位置(具体见各药材项下)出现一条目的条带，阴性对照应无条带。

5. 测序 切取目的条带所在位置的在紫外灯下迅速凝胶，采用琼脂糖凝胶 DNA 回收试剂盒进行纯化。使用 DNA 测序仪对目的条带进行双向测序，PCR 扩增引物作为测序引物，测序原理同 Sanger 测序法。有目的条带的样品在测序仪上进行双向测序。

6. 中药材 DNA 条形码序列获得

(1) 序列拼接：对双向测序峰图应用有序列拼接功能的专业软件进行序列拼接，去除引物区。

(2) 序列质量与方向：为确保 DNA 条形码序列的可靠性，需去除测序结果两端信号弱或重叠峰区域，序列方向应与 PCR 扩增正向引物方向一致，获得相应的 DNA 序列。

7. 结果判定 将获得的序列与国家药品管理部门认可的中药材 DNA 条形码标准序列比对。

三、方法学验证

1. 影响因素考察 考察 DNA 条形码分子鉴定法的影响因素，包括 DNA 提取(样品量、水浴温度和水浴时间)、PCR 条件(变性时间、退火温度与时间及延伸时间)和产物纯化(考察不同纯化试剂盒)，保证实验方法的准确性。

2. 方法适用性考察 采用 DNA 条形码分子鉴定法对 20 批次以上药材或基原物种进行测定，积累数据，确定种内序列变异大小，保证该测定方法的适用性。

3. 基原物种对比验证 以分类学家确认的基原物种叶片为对象，采用该方法获得 DNA 条形码数据，与相应药材产生的 DNA 条形码数据进行对比，避免内生真菌等污染，保证结果准确性。

四、注 意 事 项

1. 实验场所应具备分子生物学实验室的基本条件。

2. 本法暂不适用于混合物与炮制品的鉴定及硫黄熏蒸等造成不适用的情况。

3. 为防止外源微生物污染，实验前须将实验用具进行高压灭菌，并用 75%乙醇擦拭药材表面。有些药材本身含有内生真菌，如果内生真菌存在于药材的外围组织，则选用内部组织进行实验。如果真菌遍布整个药材，植物类药材需选用 psbA-trnH 条形码(真菌内不含有该基因片段)，不能选用 ITS2 序列。为进一步确保实验结果不被真菌污染，实验者可在 GenBank 数据库应用 BLAST 方法对所获 ITS2 序列进行检验，以确保序列鉴定准确。

4. 本法用于鉴定药材的基原物种，不能确定药用部位。

5. 必要时结合其他鉴别方法综合判断。

6. 种内阈值的确定。同一物种的不同样品间存在一定的变异范围，即种内变异阈值。不同物种，不同条形码序列均会影响种内变异范围。各基原物种的种内变异范围(种内遗传距离阈值)应在药材品种项下具体明确。

(1) ITS2：ITS(internal transcribed spacer of nuclear ribosomal DNA)为内部转录间隔区，是核糖体 RNA(rRNA)基因非转录区的一部分。ITS 位于 18S rRNA 基因和 28S rRNA 基因之间，中部被 5.8S rRNA 基因一分为二，即 ITS1(the first internal transcribed spacer)区和 ITS2(the second internal transcribed spacer)区。5.8S、18S 和 28S 进化速率较慢，常用于探讨科级和科级以上等级的系统发育问题。而间隔区 ITS(包括 ITS1 和 ITS2)进化速率较快，一般用于研究属间、种间甚至居群间等较低分类等级的系统关系。

(2) psbA-trnH：psbA-trnH 基因间区是位于叶绿体 psbA 基因和 trnH 基因之间的一段非编码区，该间区进化速率较快，常用于植物属间、种间的系统发育研究。

(3) COI：COI 为线粒体基因组的蛋白质编码基因，全称为细胞色素 C 氧化酶亚基 I(cytochrome C oxidase subimit I)，由于该基因进化速率较快，常用于分析亲缘关系密切的种、亚种及地理种群之间的系统关系。

附录5　生药性状鉴定中常用鉴定术语

1. 大黄：**星点**——大黄根茎横切面上髓部的异形维管束呈暗红色的星芒状小点；**锦纹**——大黄表面或横切面上类白色薄壁组织与红棕色射线及星点交互排列形成的织锦状纹理相间的纹理。

2. 何首乌：**云锦花纹**——何首乌横切面皮部存在的异性维管束与正常维管束所形成的云朵状纹理。

3. 银柴胡：**砂眼**——根类生药表面似沙粒样大小的凹孔(须根脱落的痕迹)。**珍珠盘**——银柴胡根头部密集的白色疣状突起的茎痕。

4. 黄连：**过桥杆**——黄连根茎中具有较细长且光滑如茎杆的节间，或叫“过桥枝”。鸡爪黄连——味连根茎较多，弯曲互抱，形如鸡爪。

5. 防己：**车轮纹**——药材横切面上由维管束与射线相间放射状排列而形成的较稀疏的、颜色不一的车轮状纹理。如广防己、青风藤、关木通、川木通等。

6. 厚朴：**亮银星**——药材断面在光照下可见的点状亮星，多为药材成分的结晶，如厚朴、牡丹皮。

7. 板蓝根：**金井玉栏**——药材横切面上，皮部白色，木质部黄色或淡黄色称之为。如**桔梗、黄芪、桔梗、党参**等。

8. 山楂：**石榴嘴**——指山楂的顶端有凸起的残留宿萼，中央凹陷，形似石榴宿萼。

9. 黄芪：**菊花心**——药材横断面上，外侧色较淡，呈白色或淡黄白色，中央色较深，呈黄色或深黄色，从中央至外圈由不甚直的致密的放射状纹理，形如开放的菊花，如**桔梗、甘草、党参、白芍**等。

10. 人参：**芦头**——根类生药顶端的根茎；**芦碗**——芦头上的圆形或半圆形的碗状茎痕。**艼**——人参芦头上生长的不定根，有的不定根两头较细，中间膨大形如枣核，习称“枣核艼”。**黄马褂**——红参表面的黄褐色的斑块。**雁脖芦**——野山参细长而略扭曲的根茎，形如大雁的脖子。**马牙芦**——野山参根茎上端芦碗紧密排列，边缘平齐如马牙形者。**圆芦**——野山参根茎近根部位较光滑，习称圆芦。**铁线纹**——指野山参主根上端细密的横环纹。**珍珠须**——野山参长有多数疣状突起的须根。

11. **狮子(盘)头**——某些根类生药顶端有多数疣状突起的茎痕，膨大突起，状如狮子头，如党参等。**铜皮铁骨**——三七断面皮部灰绿色，呈“铜皮”；木部色较深，称为“铁骨”，击碎后皮部与木部易分离，称为“**骨肉分离**”。

12. 川芎：**蝴蝶片**——川芎纵切片，形成层环呈波状，边缘不整齐。

13. 白芷：**疙瘩丁**——白芷表面横向的皮孔样突起。

14. 防风：**蚯蚓头**——根类生药头部具有的密集的横环纹。如防风、前胡等。**凤眼圈**——防风横切面皮部棕色，木质部淡黄色。

15. 茅苍术：**朱砂点**——生药断面黄白色或灰白色，散有多数橙黄色或棕红色油室。如茅苍术、白术、云木香。

16. 白术：**云头**、**鹤茎**——白术根下部两侧膨大，形似如意头，称“云头”；向下渐细，可见一段较细的木质茎，如仙鹤脖，称为鹤茎。

17. 槟榔：**大理石样纹理(错入组织)** ——槟榔的种皮和外胚乳的折合层不规则的嵌入到内胚乳中形成的纹理。

18. 川贝母：**怀中抱月**——松贝外侧的两枚鳞叶大小悬殊，大鳞叶紧抱小鳞叶，未抱部分呈新月形。虎皮斑——炉贝外表皮粗糙，表面具有的黄棕色斑点。**观音坐莲**——松贝平放时能端正稳坐，形似观音坐在莲花之上。

19. 知母：**金包头**——知母表面黄棕色至棕色，一端残留的淡黄色叶基。

20. 天麻：**鹦哥嘴**——天麻中的冬麻块茎顶端的红棕色干枯的芽孢。较长者称为“红小辫”。**芝麻点**——天麻表面的退化须根痕，呈断续排列成环的小点。**凹肚脐**——天麻根茎一端的圆形凹陷疤痕。

21. 石斛：**龙头凤尾**——药材茎下部留有根须称龙头，茎上端留有半块叶片或叶柄，两者合称“龙头凤尾”，如霍山石斛。

22. 鹿茸：二杠——具有一个侧枝的梅花鹿茸，主枝称为“大挺”，侧枝称为“门庄”。**独挺**——没有分枝的梅花鹿茸。**单门**——具有一个侧枝的马鹿茸。**莲花**——具有两个侧枝的马鹿茸。黄毛茸指花鹿茸；青毛茸指马鹿茸。**珍珠盘**——鹿角的基部盈状突起，形似珍珠。

23. 麝香：**当门子**——呈不规则圆形或颗粒状的麝香仁，由于多集中在囊口，称之为当门子。**子眼清楚**——“子”指细小均匀的麝香仁，“眼”指麝香仁之间的空袭，麝香仁油润、光亮、颗粒均匀自然疏松者，称之为子眼清楚。**云皮(银皮)** ——麝香仁中脱离的内皮膜。**冒槽**——将槽针从毛壳麝香的囊口插入，旋转，取出立即检视，槽内麝香仁逐渐膨胀，高出槽面的现象。

24. 牛黄：**挂甲**——牛黄粉末用清水调后，涂于指甲上，能将指甲染成黄色，并经久不褪色，称为挂甲。**透甲**——牛黄粉末或有清水调和后的溶液，涂抹于指甲上，有清凉感透过指甲为透甲。**乌金衣**——牛黄表皮附着的黑色光亮薄膜。

25. 地龙：**白颈**——广地龙体部前端14～16环节处类白色生殖环带。

26. 僵蚕：**胶口镜面**——僵蚕药材断面平坦，外层白色，呈粉性，中间棕黑色，有四个光亮的丝线环。

27. 蕲蛇：**方胜纹**——蕲蛇的背部有纵向排列的 24 个呈“V”形灰白色的花纹。**佛指甲**——蕲蛇末端的三角形深灰色角质的鳞片。**翘鼻头**——蕲蛇头呈三角形而扁平，吻端向上。

28. 珍珠：**珠光(宝光)** ——珍珠表面的半透明状的玉白色、浅粉红色或淡黄色等彩色光泽。

29. 羚羊角：**羚羊塞**——羚羊角下半段的长圆锥形骨塞。**通天眼**——羚羊角对光透视，上半段中间有一条三角形的细孔直通角尖。**水波纹**——羚羊角外形有10～20个隆起的波状轮环纹。**无影纹**——羚羊角尖部光润如玉，对光透视可见中心部分有血丝或紫黑色斑纹，无裂。**乌云盖顶**——羚羊角角尖部分多为黑棕色的盖顶。

参考文献

《全国中草药汇编》编写组. 1975. 全国中草药汇编（上册）. 北京：人民卫生出版社.

《全国中草药汇编》编写组. 1978. 全国中草药汇编（下册）. 北京：人民卫生出版社.

蔡少青. 2015.生药学（第6版）. 北京：人民卫生出版社.

江苏省植物研究所 1988. 新华本草纲要（第一册）上海：上海科学技术出版社.

江苏省植物研究所.1990. 新华本草纲要（第二册）上海：上海科学技术出版社.

江苏省植物研究所.1991.新华本草纲要（第三册）上海：上海科学技术出版社.

康廷国. 2007. 中药鉴定学. 北京：中国中医药出版社.

李家实. 1996. 中药鉴定学.上海：上海科学技术出版社.

刘塔斯. 2007. 生药学实验指导.北京：人民卫生出版社.

任仁安. 1986. 中药鉴定学.上海：上海科学技术出版社.

石俊英. 2004. 中药鉴定学实验. 北京：中国医药科技出版社.

王喜军. 2012. 生药学.北京：中国医药科技出版社.

王喜军. 2012. 中药鉴定学.北京：中国医药科技出版社.

王永珍. 1998. 中药鉴定学实验指导.上海：上海科学技术出版社.

徐国钧.1996.中国药材学.北京：中国医药科技出版社.

徐国钧.1997.常用中草药品种整理和质量研究·南方协作组（第一册）.福州：福建科学技术出版社.

徐国钧. 1987. 生药学.北京：人民卫生出版社.

阎文玫.1994. 中药材真伪鉴定.北京：人民卫生出版社.

张贵君. 2004.中药鉴定学.北京：科学出版社.

张贵君. 2004.中药鉴定学实验.北京：科学出版社.

中国科学院植物研究所. 1972~1983.中国高等植物图鉴（第一、二、三、四、五册，补编）.北京：科学出版社.

中国医学科学院药物研究所.1979. 中药志（第一册）.北京：人民卫生出版社.

中国医学科学院药物研究所.1981. 中药志（第二册）.北京：人民卫生出版社.

中国医学科学院药物研究所.1984. 中药志（第三册）.北京：人民卫生出版社.

中国医学科学院药物研究所.1988. 中药志（第四册）.北京：人民卫生出版社.

周荣汉. 1993.中药资源学.北京：中国医药科技出版社.

肇庆学院学术著作出版资助金资助

Sustainable Development of Chinese International Education

汉语国际教育可持续发展研究

苏文兰◎著

科学出版社
北京

内 容 简 介

顺应全球化、国际化、智能化等教育发展潮流，汉语国际教育秉承构建人类命运共同体的发展理念，呈现出全新的发展目标和文化追求。本书从教育国际化视角出发，对汉语国际教育的可持续发展进行了深入探讨，基于对汉字特征和中华文化内涵的深刻阐述，系统回顾和总结了汉语国际教育的发展历程、发展成就，集中探讨了汉语国际教育学科专业发展、人才培养模式和教学方法改革等主要问题，为汉语国际教育可持续发展指出了方向和路径。

本书既是对汉语国际教育实践的理论提升，也是对汉语国际教育人才培养的实践总结；既可为国际汉语教师、相关学科的研究者提供理论参考，也可为高校教学管理者和汉语国际教育专业学生提供实践指导。

图书在版编目（CIP）数据

汉语国际教育可持续发展研究/苏文兰著. —北京：科学出版社，2021.11

ISBN 978-7-03-070782-6

Ⅰ. ①汉…　Ⅱ. ①苏…　Ⅲ. ①汉语-对外汉语教学-可持续性发展-研究　Ⅳ. ①H195.3

中国版本图书馆 CIP 数据核字（2021）第 243243 号

责任编辑：卢　森　黄雪雯 / 责任校对：严　娜

责任印制：李　彤 / 封面设计：润一文化

科学出版社 出版

北京东黄城根北街 16 号

邮政编码：100717

http://www.sciencep.com

北京中科印刷有限公司 印刷

科学出版社发行　各地新华书店经销

*

2021 年 11 月第　一　版　开本：720 × 1000　1/16

2023 年 2 月第二次印刷　印张：13 1/2

字数：220 000

定价：89.00 元

（如有印装质量问题，我社负责调换）

前　言

进入全球化时代后，世界各个国家之间的经济、文化交往活动更加频繁，交流领域不断扩展，人类社会成为一个互相联系、荣辱与共的共同体。就人类社会的未来而言，每个国家的发展都休戚相关，面临灾难和挑战时，均不可能“独善其身”，于是构建人类命运共同体日益成为全球共识。特别是随着互联网、人工智能等新技术的广泛应用，人与人之间以及国家与国家之间的交流手段更加便捷和多元，地球成了“地球村”，国际交往与交流成为世界发展的常态和必需。“当前，世界多极化、经济全球化、文化多样化、社会信息化深入发展，人类社会充满希望。同时，国际形势的不稳定性不确定性更加突出，人类面临的全球性挑战更加严峻，需要世界各国齐心协力、共同应对。”①当今的世界日益复杂多样，各种不确定性显著增加，一方面，全球化和国际化不断强化，各国都将共同面对不断出现的问题和挑战；另一方面，多元化和不确定性成为常态，各国将面对更加多样和复杂的变化。伴随国际关系格局、全球经济结构和各国综合实力的持续调整，国际竞争与合作深入到各个发展领域，文化领域的交流与合作表现出更加活跃的态势。文化交往已成为引领其他领域互动发展的重要力量，成为国家之间沟通、交流与合作的重要途径。

中国是历史悠久的文明古国之一，对世界文明进程产生着重要影响，在世界文化发展史上处于重要地位。尤其是21世纪以来，中国进一步加大改革开放力度，国家综合实力和竞争力不断增强，在国际舞台上发挥着日益重要的作用，成为影响世界格局与安全稳定的重要力量。随着“一带一路”倡议的实施，中国和沿线国家在经贸、教育、文化等领域的交流合作快速拓展，中华文化日益彰显出独特

---

① 习近平在亚洲文明对话大会开幕式上的主旨演讲[EB/OL]. http://baijiahao.baidu.com/s?id=1633574794289876476&wfr=spider&for=pc，2019-05-15.

的“中国式智慧”。文化是人类社会的重要现象，是人类活动的主要表现形式。由于文化的多样性和多种形态，文化的传播方式也呈现出多样化，其中，语言交流是文化传播最重要的方式。语言不仅是文化的表现形式和呈现方式，而且语言本身就是文化，语言是文化“存在的家”。当前，汉语作为重要的文化交流媒介，备受推崇，很多国家均兴起了“汉语热”，掌握汉语被认为是未来国际化人才的一项重要能力，学习汉语成为一些国家的新时尚和国际化的新趋势。截至 2020 年底，全球共有 180 多个国家和地区开展中文教育，70 多个国家将中文纳入国民教育体系，外国正在学习中文的人数超过 2000 万。自 2021 年 1 月 25 日起，中文正式成为联合国世界旅游组织官方语言。①由此，汉语国际教育迎来新的历史发展机遇。

中华文化是世界文化的重要遗产和精神财富，源远流长、博大精深，涵盖了物质文化、行为文化、制度文化和精神文化等层面，体现在社会生活、风俗习惯、科技、教育、文学、艺术等方面。从汉语和中华文化的发展史来看，汉语和中华文化具有同源性，两者互为条件、相互支撑、相互交融，汉语是中华文化的凝结，是中华文化传承发展的主要载体，蕴含着中华文化的精髓和灵魂。可以说，了解中华文化要从学习汉语入手，离开了汉语，我们就无从理解中华文化的底蕴和内涵。换句话说，学习汉语是进入中华文化大门的“敲门砖”，学习汉语的过程就是学习中华文化的过程。汉语国际教育虽然是汉语教育的一部分，但与汉语言文学教育有着根本的不同，不仅表现在教学内容上，还表现在人才培养目标的巨大差异上。汉语国际教育更加重视文化认知理解能力的养成，突出培养学生理解不同文化的价值取向和文化敏感性的能力。因为没有对中华文化的认同和对中华文化多元一体内涵的深刻理解，汉语国际教育就难以达成其最终的发展目标。可以说，中华文化素养和国际文化交际能力是衡量汉语国际教育人才培养质量最为重要的标准。汉语国际教育不仅要培养学生的汉语言文字教学技能，更要培养学生的中华文化素养并促进其对中华文化的深入理解；不仅要体现专业教育和技能训练的要求，更为重要的是培养的人才要具备中华文化底蕴和国际文化交际能力，

① 中华人民共和国教育部. 教育部、国家语委发布 2020 年中国语言文字事业和语言生活状况[EB/OL]. http://www.moe.gov.cn/jyb_xwfb/gzdt_gzdt/s5987/202106/t20210602_534959.html, 2021-06-02.

同时要具备较好的文化理解能力以及文化使命感和敏感性。

当下，中国正面临百年未有之大变局，新时代对汉语国际教育提出了新要求。汉语国际教育的培养对象具有多元性，不仅要面对海外华人和世界各地不同文化背景的汉语学习者，同时要满足一些国家教育体系中汉语教学的多样性要求，源于此，汉语国际教育的教学方式必须多样化。汉语国际教育是全球化和人类命运共同体建设的必然要求，是中国推进人类命运共同体建设的文化担当。文化教育交流活动能够增强中国文化影响力，丰富世界文化的多样性，为人类命运共同体的构建做出“中国贡献”。从发展趋势来看，汉语国际教育不仅要从全球视野出发，根据各国的国际汉语人才需求，创新汉语国际教育人才培养模式，而且要突破语言能力培养的局限，关注学生国际化情怀、文化素养和文化理解能力培养。“没有语言意识，没有合乎国情、领先时代的科学的语言意识，就不可能有合乎国情、领先时代的科学的语言政策，就不可能有利国利民、充分发挥语言的社会作用、政治作用、文化作用和经济作用的语言行为。”①本书根据国际中文教育发展趋势和《国际中文教育中文水平等级标准》的要求，以构建人类命运共同体为核心理念，按照汉语国际化发展方向，深化国际中文课程内容和教学方式改革，探索国际化、多元化、国别化和本土化的国际中文教学模式，以期提高汉语国际教育人才培养质量，推进汉语国际教育的可持续发展。

苏文兰

2021 年 5 月 10 日

① 教育部语言文字信息管理司. 中国语言生活状况报告（2013）[M]. 北京：商务印书馆，2013：序.

目　录

第一章 绪 论

我国的汉语国际教育已走过近40年的发展历程，既有对学科知识的持续积累和对汉语国际教育理论的不断探索，又有对政策的调整改进和对实践的创新深化，为汉语国际教育在新时代的可持续发展奠定了坚实的实践和理论基础。特别是举办汉语国际教育专业的高等院校，积累了具有自身特色的培养经验和可供借鉴的改革举措，需要我们进行深度总结和提炼。汉语国际教育教学改革与发展不仅涉及实践层面的问题，还涉及理论层面的问题。尤其是关于汉语国际教育的国家发展战略，必须从宏观上加以研究，准确进行学科定位并明确其发展方向。

伴随汉语国际教育的持续发展，汉语国际教育的研究领域不断拓展，从汉语国际教育人才培养和教学的实践研究走向以学科专业建设为主题的理论研究。汉语国际教育要顺应全球化发展大趋势，努力突破地域间政治、经济和文化的束缚，推进可持续发展，进一步深化国际中文教学改革，不断提高学生的多元文化素养和文化理解能力，培养有文化包容心和文化互动能力的世界公民。国际中文教育是汉语国际教育实践和研究的新发展，在一定程度上指明了汉语国际教育学科未来的发展方向，且为汉语国际教育的学科命名及定位提供了新思路。[①]国际中文教育具有相对清晰、明确的学科内涵与外延，应按照此思路推进汉语国际教育的学科与专业建设，为新一轮学科目录调整提供决策依据，这也是本书研究的缘起。

第一节 研究综述

汉语国际教育事业获得快速发展，相关问题的研究不断深入，尤其是进入21

① 邵滨，刘帅奇. 说说“国际中文教育”[N]. 语言文字报，2020-03-22.

世纪以来，随着汉语国际教育事业在全球的迅速推广和传播，汉语国际教育实践和理论研究相互促进，为汉语国际教育事业发展提供了有力支撑。目前，汉语国际教育处于新的发展阶段，很多问题需要进一步研究，如教育体制、发展战略目标、教师水平、课程设计、教材、管理体制等。[①]回顾汉语国际教育的研究历程和取得的研究成果，可以为我们探讨汉语国际教育可持续发展提供理论指导，从而进一步深化新时代汉语国际教育教学研究。

一、关于汉语国际教育基本理论问题的研究

汉语国际教育究竟是一门学科还是一项事业，学界对此开展了广泛讨论。关于汉语国际教育的学科属性和定位，学者从不同视角提出了不同观点，并对学科培养目标与对象、学科专业发展进行了深入研究。

（一）关于汉语国际教育本质属性的主要观点

从“对外汉语”发展到“汉语国际教育”，相关研究也越发受到重视，首先值得关注的是关于汉语国际教育的本质问题，即汉语国际教育究竟是一门学科还是一项事业。作为一门学科，汉语国际教育仍处于探索阶段；而作为一项事业，汉语国际教育的发展尤为迅速。随着全球化、现代化进程的加快，各国之间交往日益密切，汉语国际教育站在新的历史起点上，担负起国际交流、文化传承等重要任务。部分学者认为，从国家战略层面出发，汉语国际教育属于一项“国家与民族的事业”，因为汉语国际教育不仅培养具有语言技能的人才，而且是中华文化传播、经济繁荣发展、国际密切交流的重要着力点。还有学者认为，汉语国际教育不仅是一门学科，更是一项关乎国家发展和民族繁荣的重要事业。

两种观点从不同的视角对汉语国际教育的属性进行了讨论，无论是作为“学科”还是“事业”，汉语国际教育都应站在新的历史阶段、适应新的生存环境、担负起时代任务，从而使自身获得长远发展。

---

① 王志英，闫城宇. 汉语国际教育的发展战略与体制建设研究[J]. 社会科学论坛，2016(5)：231-237.

（二）汉语国际教育的目标研究

近年来，随着国际发展环境的快速变化、国际交流与合作的日益密切、“一带一路”倡议和有关政策的落地实施，汉语国际教育的目标问题引发了学界更多的关注。汉语国际教育目标随着时代环境的变化逐渐深化，从最初注重语言能力的获得到如今逐渐认识到还有传播中华文化、培养交叉学科复合型创新人才、实现经济繁荣增长等多种目标，学者对汉语国际教育的本质目标看法各异。有的学者认为，汉语国际教育的本质目标是中华文化的传播，而“一带一路”倡议为汉语国际教育和中华文化传播带来新机遇与挑战。[①]汉语国际教育是推动中华文化走向世界的重要手段，中华文化输出才是对外汉语教育的根本目的。[②]还有学者认为，在文化传播过程中，汉语国际教育教师应具有世界眼光，汉语国际教育应培养第二语言学习者的跨文化交际能力，以为国际交流建造通向中国的友谊之桥。[③]概括而言，汉语国际教育的目标包括汉语能力获得、交际能力建构、经济利益实现、中华文化传播、中外社会互动等五个层面，其中最高目标应该是“中外社会互动”。[④]

关于汉语国际教育的目标还有其他观点，如个人能力的实现、国家经济文化发展、国际交往交流等，目前尚无定论。无论是个人能力提升还是国家经济文化发展，抑或是国际交往交流等方面，都体现出汉语国际教育已经处在新的历史背景、到达了新的发展阶段，国际化对汉语国际教育提出了新的要求，汉语国际教育应构建起多样化的目标体系。

（三）汉语国际教育学科归属的探讨

汉语国际教育专业自2012年正式设置至今，仍有困惑与不明之处，从学科层面来看，汉语国际教育本科专业存在着学科归属不确定、定位不明晰、体系

---

① 李雅，夏添.“一带一路”背景下中亚汉语国际教育与中华文化传播机遇与挑战[J]. 当代教育与文化，2019（6）：31-36.

② 耿潇. 论汉语国际教育的价值追求[J]. 教育研究与实验，2016（6）：59-63.

③ 赵明. 对外汉语文化教学的误区和目标[J]. 云南师范大学学报（对外汉语教学与研究版），2013（3）：81-88.

④ 胡范铸，刘毓民，胡玉华. 汉语国际教育的根本目标与核心理念——基于“情感地缘政治”和“国际理解教育”的重新分析[J]. 华东师范大学学报（哲学社会科学版），2014（2）：145-150，156.

不完整等问题。

目前，汉语国际教育本科人才培养与硕士人才培养的学科归属仍不一致。汉语国际教育本科专业归属于文学类，而汉语国际教育硕士归属于教育学类。有学者认为，汉语国际教育本科专业属于文学门类，主要源于汉语国际教育专业是由对外汉语、中国语言文化和中国学三个文学类专业合并而成的，因此，汉语国际教育专业的人才培养目标、课程设置等都延续了文学类专业人才培养的相关要求。也有学者认为，汉语国际教育本科专业应归属于教育学类，因为汉语国际教育专业培养的人才承担着汉语教学的任务，与教育学的关系更为密切。

二、关于汉语国际教育教学有关问题的研究

在“一带一路”倡议的推动下，越来越多的发展中国家学生来到中国学习，对汉语国际教育产生了重要影响。新冠肺炎疫情的暴发也对汉语国际教育提出了新的挑战，在线汉语教学和线上线下混合式教学模式推动了教学方式的创新，汉语国际教育既面临挑战，也迎来机遇。如何适应新的发展形势，创新汉语国际教学、提高教学质量是本研究的重要内容。

（一）汉语国际教育专业人才培养的研究

根据现有相关研究，汉语国际教育人才培养目标日趋多样化，且国际化发展趋势的深化也对其提出了新的要求，概括而言至少包括以下三个方面：第一，汉语国际教育的人才培养目标应符合时代发展要求，培养具有开阔的国际视野、良好跨文化交际能力、扎实专业基础的多语种复合应用型人才。[①]第二，新时代背景下的汉语国际教育应培养具有创新精神及从多视角分析和解决问题的能力的人才，在教育教学过程中注重实践教学，把培养实践能力和提高学生整体素质作为实践教学的主要目的。[②]在人才培养过程中应当注重将创新创业教育融入人才培养各个环节，重视培养学生的创新思维及多视角、多方位、多途径地思考和解决问

① 许艳平．创新汉语国际教育人才培养模式[N]．中国社会科学报，2017-02-17.

② 徐晶，赵丽，韦宏．“一带一路”视角下汉语国际教育专业人才培养改革探析——以大庆师范学院汉语国际教育专业为例[J]．大庆师范学院学报，2016（3）：97-99.

题的能力。第三，培养面向网络时代的掌握现代教育技术的高水平跨学科人才。“没有掌握这些的人，解决上述问题就一定是句空话。比如网络汉语教学早就开始了，但是我们的主流教学机构对此贡献不多，一个重要原因就是缺少网络技术人才。中小学汉语教学问题早已出现，但是我们的主流研究机构对此缺少作为，除了缺少实践之外，最根本的是缺少这方面的人才。”①汉语国际教育需要根据时代发展要求校正人才培养目标，按照跨学科复合型人才培养目标构建课程体系，提高专业人才的文化哲学、教育学、心理学素养，增强他们的现代科技应用能力，把培养跨学科综合能力和提高学生整体素质作为教学改革的主要目的，改革教学内容和教学方法，创新汉语国际教育人才培养模式。②

（二）汉语国际教育课程建设研究

汉语国际教育具有多学科特点，专业课程主要有汉语类、教育类、文化类以及实习实训类等。但目前汉语国际教育课程建设仍处于探索和不断改进的发展阶段，现行的课程设置与培养目标还不够匹配，课程体系仍存在不足之处。例如，专业课程只是汉语类课程和英语类课程的简单相加③，缺乏系统性设计和有针对性的融通；课程设置偏重学科导向，缺乏问题导向和实践性要求，语言文学类课程占比较大，忽视了对学生跨文化交际能力的培养④。汉语国际教育课程需要根据培养目标进行优化设置，注重各类课程之间的平衡与互补，加大对中华文化课程和实践实训课程的开发力度，突出课程的本土化和国际化，增强学生的文化理解能力，全面提升学生的综合素质，培养具有创新精神与实践能力的汉语国际教育人才。

对于汉语国际教育课程设置与实施方面的改革，不同学者持不同意见，具体可归纳为以下三个方面。第一，调整优化课程体系。根据人才培养目标，遵循学科自身的特点与内在逻辑，考察研究课程设置的合理性与人才培养的有效性，据

---

① 崔永华. 试说汉语国际教育的新局面、新课题[J]. 国际汉语教学研究，2020（4）：3-8.

② 许艳平. 创新汉语国际教育人才培养模式[N]. 中国社会科学报，2017-02-17.

③ 任志萍. “普通”新建本科院校汉语国际教育人才培养问题与对策——以乐山师范学院为例[J]. 乐山师范学院学报，2017（1）：119-123.

④ 王丽，朱宏. 汉语国际教育专业本科课程设置探析[J]. 华北科技学院学报，2013（3）：106-108，112.

此调整课程结构和比例，使核心基础课、选修课与实践技能课能有效结合，课程设置更加合理有效，从而促进学生成为全面发展的人。[①]第二，增加跨文化类课程。通过开设跨文化类课程丰富学生的知识储备，提升其综合素养，此外，需整合各类课程的跨文化要素，在具体场景中培养学生的跨文化交际能力。[②]第三，重视实践类课程。多开设国际交往经典案例分析、外事问题应急处理案例分析、国际交往与传播、言语交际学等案例学习和教育实践类课程[③]；以实践性为导向，构建由核心课程、辅助课程和实践课程等 3 大模块组成、贯穿本科 4 年的中华才艺课程体系[④]；调整优化课程体系结构，构建体现实践、应用的课程体系[⑤]；遵循学科自身的特点与内在逻辑，调整课程结构和比例。汉语国际教育的课程开设应注重各类课程之间的平衡与互补，培养学生具备基本知识与技能的同时，丰富学生知识体系，全面提升学生综合素质，从而培养以传播中华文化与文化交流为己任、极具创新精神与实践能力的优质汉语国际教育人才。

（三）汉语国际教育教学创新研究

关于汉语国际教育教学改革，学者从不同视角提出了建议。“长期以来，汉语二语教学对汉字、文学、文化和汉语的特殊关系关注不够，未能依照汉语自身特征进行汉语教学，更多是套用西方语言研究和语言教学的理论方法，因而教学效果不甚理想。”[⑥]高校应针对汉语国际教育发展趋势，追求教学的个性化、本土化、特色化，采取国内国外定向培养、联合培养等多种人才培养方式，解决专业

---

① 孔桂英. 地方高校汉语国际教育专业创新性人才培养模式的机制创新研究[J]. 教育观察（上半月），2017（1）：61-62.

② 于本凤. 汉语国际教育专业人才跨文化交际能力培养模式研究[J]. 辽宁经济职业技术学院学报，2015（4）：106-108.

③ 刘娟，李婧. 高校汉语国际教育中跨文化交际能力的培养[J]. 黑河学刊，2016（4）：113-114.

④ 陈慧. 汉语国际教育本科专业中华才艺课程体系研究[J]. 湖北工业大学学报，2013（6）：72-75，78.

⑤ 孔桂英. 地方高校汉语国际教育专业创新性人才培养模式的机制创新研究[J]. 教育观察（上半月），2017（1）：61-62.

⑥ 李如龙，陈艳艺. 汉语国际教育应关注与文字、文学、文化的关系[J]. 语言教学与研究，2021（3）：22-30.

与就业需求不匹配等实际问题。汉语国际教育教学经历了由线下到线上线下相结合、由单一到多元的发展过程，呈现出多样化、创新性的改革趋势。互联网信息技术的高速发展为汉语国际教育提供了新型教学方式。互联网具有开放性、终身性及普及性，能在更广阔的时间与空间开展教学，是应当受到重视的教学途径。[①]教师可采用体验教学法，提高学生对中外文化的了解程度[②]；也可通过影视教学、文化参观、文化表演等途径[③]，探索对外汉语教学的创新路径，包括游戏教学法、文化教学法、案例教学法等[④]。

随着全球化和国际化对国际汉语人才要求的不断提高，汉语国际教育呈现出现代化、多样化的发展趋势，汉语国际教育人才培养呈现出开放、多元的态势。然而，目前的汉语国际教育人才培养存在着人才培养目标模糊、人才培养过程缺乏实效性、理论知识学习与实习实践安排不尽合理等不足。

（四）汉语国际教育教学发展走向研究

新一轮改革开放和"一带一路"倡议等推进了我国的国际合作与交流，汉语国际教育的重要作用日益凸显，汉语国际教育发展研究得到进一步深化，关于汉语国际教育应如何服务"一带一路"建设，即具体路径的研究成为学界新的关注点。为推动"一带一路"建设顺利发展，充分体现汉语国际教育的战略性、重要性和特殊性，实现汉语国际教育在"一带一路"倡议下的转型升级发展，学者以服务"一带一路"建设发展为目标导向，对汉语国际教育在"一带一路"倡议下的战略定位、发展契机和发展优势展开了研究。[⑤]就相关研究关注的问题而言，汉语国际教育的发展战略引人注目，并取得了一些研究成果，但仍须加大研究力度，开展系统性研究。"一带一路"倡议的提出赋予了汉语国际教育新的发展机遇和新的使命，为了更好地推进汉语国际教育事业发展，高校应该坚持"请进来"和"走出去"的发展方针，积极探索新的汉语教育模式，充分发挥非营利组织和企业

---

① 宋婧婧．"互联网+"背景下的汉语国际教育[J]．语文建设，2015（36）：23-24.

② 王鑫．汉语国际教育中体验文化教学法的应用[J]．文学教育（下），2016（5）：93.

③ 赵朦朦．文化教学在对外汉语教学中的运用[J]．科技视界，2015（3）：130，328.

④ 王犹男．试论汉语国际教育教学的创新路径[J]．语文建设，2016（17）：11-12.

⑤ 刘旭，李明航．响应与突破："一带一路"倡议下的汉语国际教育研究回顾与展望（2014—2019）[J]．云南师范大学学报（对外汉语教学与研究版），2020（6）：76-83.

在汉语国际教育发展中的作用。[①]新冠肺炎疫情给汉语国际教育造成了直接的长期影响，如办学实体减少、入学人数下降等，这将改变汉语国际教育课堂教学的教学模式、教学内容、教学方法、教学管理方式，影响学生的学习方式、学习动机和语言习得效果。因此，高校需要适时做出变革，重视知识内容，打造优质课程。[②]

三、评述

现有研究成果主要是关于汉语国际教育发展中的基本理论和实践问题的研究，解决了对汉语国际教育的地位、作用的认识问题，为汉语国际教育的学科专业建设提供了理论依据；同时解决了从对外汉语教学到汉语国际教育发展进程中的实践问题，促进了汉语国际教育的发展；还提出了研究设想，如汉语国际教育研究应从国内转向海外、研究内容应注重解决实际应用问题、研究范围应由宏观转向微观、注重多学科的整合与团队合作等。[③]其中实践研究主要关注对外汉语语法研究、汉语国际教育语体研究、语料库建设与应用研究等微观问题研究，同时总结了对外汉语教学、国际汉语教学和汉语国际教育的经验，为汉语国际教育承担文化传播使命提供了理论支持和实践指导。

汉语国际教育理论体系有待进一步完善，具体问题也有待进一步细化研究。汉语国际教育是一个交叉学科的研究领域，但交叉学科理论基础的优势尚未充分体现。例如，关于“一带一路”建设的需求调研仍不充分，难以为开展更为系统的理论研究提供支撑；关于具体国别、语言政策、母语背景、学习者等调研材料尚不充分，仍需要对国别性语言政策对语言传播与教学的影响、沿线国家不同母语学习者的习得规律等问题进行更深入的系统研究，加速厘清沿线国家的汉语学习需求、汉语教学现状及其发展趋势，以切实推动汉语国际教育的创新

① 安亚伦，段世飞. “一带一路”倡议下的汉语国际教育：现状、问题及对策[J]. 湖南师范大学教育科学学报，2018（6）：45-52.

② 李秉震. 疫情带给汉语国际教育事业的新思考和新机遇[J]. 语言教学与研究，2020（4）：2-3.

③ 宋婧婧. “互联网+”背景下的汉语国际教育[J]. 语文建设，2015（36）：23-24.

与发展。[1]

可以说，目前关于汉语国际教育的研究主要是针对已存在的问题进行的探索，可以看成是“以问题为中心”的研究，研究的目标是解决汉语国际教育发展中的问题。此外，目前关于汉语国际教育的研究主要是中观层面的研究，对汉语国际教育宏观层面的研究不够深入，微观层面的研究还需要向教学过程延伸，特别是新时代全球化背景下汉语国际教育的可持续发展研究还不够系统深入，需要我们向宏观和微观两个层面拓展。

第二节 核心概念与理论基础

从对外汉语教学到汉语国际教育，再到国际中文教育，反映了汉语国际教育的发展历程。从实践层面来讲，汉语国际教育目标明确，即通过语言教学实现文化传播与交流；从学科建设层面来讲，汉语国际教育不仅与中国语言文学取得了一致，同时也规避了跟着“英语作为第二语言”亦步亦趋的“嫌疑”。[2]实际上，要促进汉语国际教育的发展，不仅需要对相关概念进行界定，更需要对相关理论做深入研究。

一、核心概念

近年来，有研究者把汉语作为第二语言的教学称作“汉语国际教育”，以与国家专业目录中本科和硕士两个层次的“汉语国际教育”保持一致。也有研究者认为，应该用“国际汉语教学”替代“对外汉语教学”。在一些探讨汉语国际教育的文献中，既有谈对外国人的汉语教学问题的，也有谈本硕专业人才培养问题

① 刘旭，李明航. 响应与突破：“一带一路”倡议下的汉语国际教育研究回顾与展望（2014—2019）[J]. 云南师范大学学报（对外汉语教学与研究版），2020（6）：76-83.

② 张华. 从“汉语国际教育”到“国际中文教育”[J]. 美文（上半月），2020（8）：98.

的，造成了话语体系的混乱。汉语国际教育与对外汉语教学、国际中文教育、华文教育等概念存在混淆，所以对这些概念进行界定并加以区别是非常必要的。

（一）汉语国际教育

汉语国际教育作为一门专业，本科阶段招收中国学生，硕士阶段则以招收中国本科生为主，兼招外国本科生。2007 年 5 月，国务院学位委员会办公室（简称国务院学位办）批准设立汉语国际教育专业硕士；2012 年，普通高等学校本科专业目录中设置汉语国际教育专业。汉语国际教育专业旨在培养掌握扎实的汉语基础知识，具有较高的人文素养，具备中国文学、中国文化、跨文化交际等方面的专业知识与能力，能够从事汉语教学和语言文化传播交流相关工作的应用型专门人才。汉语国际教育有对内和对外之分，对内的汉语国际教育是为培养国际汉语教师设置的，教学对象是中国学生；对外的汉语国际教育是专门为外国留学生、海外华人设置的，教学对象是外国学生。[①]从知识结构方面来讲，对内的汉语国际教育要培养具有较高人文素养，对汉字有着敏锐鉴赏和评判能力，掌握扎实的汉语基础知识，具备丰富的中国文学、中国文化、跨文化交际等方面的专业知识与能力的专门人才。从能力结构上讲，对内的汉语国际教育要培养一批具有较高的汉语素养和表达能力的人才。[②]他们不仅要能够掌握基础的汉语知识，同时要能够探究汉语发展的内在规律。

（二）对外汉语教学

对外汉语教学，从字面意思上来看，指的是在中国境内对外国留学生进行汉语教学，或者可以理解为将汉语作为一门外语进行教学；从更深层次的意义来看，对外汉语教学也指代概括这种教学研究活动的学科。1982 年，“对外汉语教学”首次被提出，对外汉语研究者将其界定为“对外国人的汉语教学”，专指“汉语作为第二语言教学”。之后，“对外汉语教学”不仅在国内语境中被广泛使用，也在海外语境中被使用。1994 年底，对外汉语教学的定性、定位、定量问题座谈

① 左云. 来华留学生汉语国际教育（本科）专业课程设置研究——以海南省高校留学生教育为例[D]. 海南师范大学硕士学位论文，2014.

② 陆俭明. 汉语国际教育专业的定位问题[J]. 语言教学与研究，2014（2）：11-16.

会对“对外汉语教学”做了说明，其既可以是一项事业的名称，也可以是一种工作或职业的名称，还可以是一个专业的名称、一门学科的名称。[①]在大多数的研究中，研究者都把它当作一门学科进行研究。事实上，“对外汉语教学”和“国际汉语教学”不是替代关系，“国际汉语教学”特指海外各国的汉语教学。

（三）国际中文教育

国际中文教育是最近才出现的概念，是一项包含不同学科、支持多路径发展的庞大事业，是关于中文在全球传播与传承的工作，包含国内的对外汉语教学、海外的国际中文教学、海外华文教育等三个方面。[②]国际中文教育宏观上可以分为两个方面，即国际中文传播和海外华语传承，二者相辅相成，构成了国际中文教育事业的“一体两翼”。随着国际中文教育在世界各国的深入发展，“中文”的定义有可能被进一步拓展，如从特指标准汉语普通话到涵盖诸多汉语方言，从特指汉语言文学扩展为中国语言文学。

（四）华文教育

华文教育分为狭义的华文教育和广义的华文教育，狭义的华文教育指海外华侨华人在当地国对子女进行的中华民族语言与优秀文化教育；广义的华文教育则涵盖了一切针对海外华侨华人与部分其他族裔学生开展的中国语言、文化及专业教育。[③]从教育性质来看，华文教育是属于当地国的少数民族教育。从教学对象来看，华文教育以华侨华人学生为主，以其他族裔学生为辅。从教学内容来看，华文教育主要是汉语言教育，同时辅以英语和当地国的语言教育。从教学形式来看，华文教育以全日制的普通教育为主，辅以进修班和补习班等形式。从地域上来看，华文教育主要集中在东南亚地区。华文教育的目标是培养具有中华文化气质的所在国公民。华侨华人通过华文教育让自己的后代不忘来路，形成对中华文化的认同，可以说是一种传承中华文化的“留根工程”，也是培育下一代华裔的“希望工程”。

① 唐智芳. 文化视域下的对外汉语教学研究[D]. 湖南师范大学博士学位论文，2012.
② 郭熙，林瑀欢. 明确“国际中文教育”的内涵和外延[N]. 中国社会科学报，2021-03-16.
③ 陈小荣. 从华文教育的角度看海外华人的文化追寻[D]. 暨南大学硕士学位论文，2012.

二、理论基础

汉语国际教育是一个多学科交叉的综合学科和应用型专业，其学科体系主要包括学科理论基础、学科理论体系和学科应用研究等三方面。其中，语言学、教育学、心理学等的理论成果是其学科理论基础；汉语第二语言教学理论、汉语习得理论、汉语语言学的理论是其学科理论体系；对汉语国际教育进行总体设计、教材研发、课堂教学、测试评估、教育管理、师资培养等方面的探讨是其学科应用研究。在新的发展阶段，汉语国际教育的可持续发展要以人类命运共同体思想为指导，应用中华民族多元一体格局理论和跨文化交际理论，对汉语国际教育学科专业建设和人才培养实践有关问题进行深入研究。

（一）人类命运共同体思想

2015 年 9 月，习近平总书记在联合国成立 70 周年系列峰会上向世界阐述了人类命运共同体的内涵，即“建立平等相待、互商互谅的伙伴关系，营造公道正义、共建共享的安全格局，谋求开放创新、包容互惠的发展前景，促进和而不同、兼收并蓄的文明交流，构筑尊崇自然、绿色发展的生态体系”①。人类命运共同体思想把全世界看作一个整体，倡导和平、发展、合作、共赢，构建与全世界人类命运相关的全球治理体系。人类命运共同体包括三部分内容：第一部分是人类，即全世界的所有人类；第二部分是命运，即全世界所有国家的发展前景；第三部分是共同体，即人类社会形成你中有我、我中有你的整体，形成互帮互助、共同发展的局面。人类命运共同体思想弘扬了《联合国宪章》的宗旨和原则，符合全球治理共商、共建、共享原则的核心理念，旨在超越消极意义上的“人类只有一个地球，各国共处一个世界”，形成积极意义上的“命运相连，休戚与共”，开创天下为公、世界大同的人类新文明。②人类命运共同体思想是解决世界发展问题的“中国智慧”，赋予了国际社会更宏伟的目标，超越了西式全球化的狭隘，以共同身份化解价值观分歧。人类命运共同体思想的来源是中华文化中的“和合”

---

① 习近平. 习近平在联合国成立 70 周年系列峰会上的讲话[M]. 北京：人民出版社，2019：1-20.

② 王义桅. 人类命运共同体的内涵与使命[J]. 人民论坛·学术前沿，2017（12）：6-12.

观念，如儒家思想中的“和为贵”“和而不同”，揭示了全球化时代人类共同生存的基本法则，是解决新时代国际关系问题的“中国智慧”，对汉语国际教育的可持续发展具有指导价值。

（二）中华民族多元一体格局理论

中华民族是由56个民族组成的，各民族共同创造了悠久的中国历史和灿烂的中华文化。各民族共同开拓疆域、书写历史、创造文化、培育伟大精神，形成了具有多元性、多样性的中华文化。各民族长期的交往交流交融、文化上的共享互补、心理过程的共同性特征以及各民族价值上的趋同性，为中华民族的多元一体性特点研究提供了别样的视角。[①]中华文明的起源是多源多流的，中华民族的形成也是在多民族互动交融中凝聚的，秦汉雄风、盛唐气象、康乾盛世是各民族共同铸就的辉煌，这种文化和群体的多样性构成了“多元一体”的“多元”。中华民族的主流是由许多分散孤立存在的民族单位经过接触、混杂、联结和融合，同时也有分裂与消亡，形成了你来我去、我来你去、我中有你、你中有我，而又各具个性的多元统一体。[②]习近平总书记指出：“我们伟大的祖国，幅员辽阔，文明悠久，中华民族多元一体是先人们留给我们的丰厚遗产，也是我国发展的巨大优势。”“一部中国史，就是一部各民族交融汇聚成多元一体中华民族的历史，就是各民族共同缔造、发展、巩固统一的伟大祖国的历史。”[③]中华文化一经形成便具有强大的生命力，尽管政权不断更替，疆域不断扩张，中外文化不断交流拓展，但中华文化绵延不绝，其文化精神始终贯穿其中，根基日深、文脉永续，中华文化在交流中不断丰富和发展，在冲突中不断融合和成熟，成为世界上唯一没有中断的古代文明。中华民族多元一体格局理论对汉语国际教育教学具有指导意义。

（三）跨文化交际理论

跨文化交际理论的创始人是美国的人类学家爱德华·霍尔（Edward Hall）。

---

① 李静，陈丽丽. 交往与共生：试论中华民族多元一体特征[J]. 贵州民族研究，2020（10）：2-7.

② 费孝通. 中华民族多元一体格局[M]. 北京：中央民族大学出版社，1999：1-20.

③ 习近平. 在全国民族团结进步表彰大会上的讲话[EB/OL]. http://www.ccps.gov.cn/xxsxk/zyls/201909/t20190927_134584.shtml，2019-09-27.

跨文化交际理论指的是来自不同文化背景的个体和群体间的交流，内容涵盖思想、信息以及肢体语言等。[①]跨文化交流的目的是消除文化中心主义，促进不同文化背景下的人产生情感共鸣，对异质文化形成客观、公正、全面的认识和理解。跨文化交流要坚持文化多元共存理念，在相互尊重的基础上，正视文化之间的差异性，推动人类社会的文化交流和理解，以实现不同文化背景下个体、群体之间的和谐共处。[②]由于地域、经济等多方面的原因，不同国家在文化上存在着差异，而这种差异正是跨文化交际的动力。美国学者詹姆斯·班克斯（James Banks）认为，多元文化教育将不同的种族、民族、性别、社会阶层等群体视为不同的文化群体，致力于创设一定的环境和手段，用恰当的方式对待不同的学生，以使所有学生得到平等的教育机会及充分的发展。[③]汉语国际教育的目标是提高学生的文化交际能力，促进文化交往和交流。汉语国际教育教师要以平等的理念对待不同文化背景的学生，以尊重、包容的态度接受各国学生的文化差异，通过汉语国际教学推进文化交往和交流。

---

① 岳曼曼. 跨文化交际理论下高校英语教学研究[J]. 吉林省教育学院学报，2016（8）：43-45.

② 刘维婷. 浅谈跨文化交流的动因、趋向和形态[J]. 文化学刊，2019（2）：47-50.

③ 唐之斌. 浅析多元文化教育理论体系[J]. 文化学刊，2017（8）：111-114.

第二章　汉字与中华文化

语言是人所特有的精神活动，也是区分人和动物的重要标志，因为“人类不仅是生物性的存在，也不仅是社会性的存在，而且是文化性的存在”[①]。语言是人的社会性和文化性存在的主要标志。正是因为有了语言，人类才得以超越物质的、身体的和行动的局限，实现可持续的社会发展和精神成长，并成为文化的创造者。文字是记录语言的书写符号系统，能够突破时空的限制，将人类的实践成果和认知记录并流传下来，使人类得以走出野蛮时代进入文明时代，所以文字是人类社会文明的主要标志之一。在人类漫长的发展历程中，语言和文字作为记录文化的主要载体，担负着记载、传播文化的重任，可以说，语言和文字是人类社会实践活动的结晶。汉语是中华文明的重要成果，汉字作为汉语的书写符号系统，与汉语共同构成了中华文化的独特标志，成为中华文化发展的精华和可持续发展的重要力量。汉字与中华文化血脉相连，从汉字的角度来理解中华文化是汉语国际教育教学的有效方式。

第一节　汉字的产生与发展

汉字是中华文化的主要载体，汉字和汉语本身就是文化的一部分。汉字是记录汉语和中华文化的符号，是世界上使用人数较多、影响力较大的文字之一。“汉字也是中国文化中博大精深的一部分，深深浸润在中国文化之中，汉字的起源、

① 冯雷. 理解空间：20 世纪空间观念的激变[M]. 北京：中央编译出版社，2017：125.

发展都离不开中国文化的影响。时至今日，我们仍能从这些优美符号的结构中窥见到中国文化——中国人的传统思维方式、人文思想、物质文明和思想价值观念等。”[①]汉字作为汉语的书写符号系统，包含了丰富的中华文化。所以，要想全面了解中华文化，首先要学好汉字，并通过掌握汉字进入中华文化的广阔世界。

一、汉字的起源与发展

汉字对中华文化的记载、传承、发展做出了重大贡献，在漫长的历史发展进程中，对中华民族多元一体文化的形成和发展产生了重要影响，并成为国际通用文字，进一步发挥了文化凝聚作用。根据考古史料，河南省舞阳县贾湖遗址出土的龟甲和石器上的 20 多个刻符，可以认为是汉字起源的上限，时间大约在公元前 6000 年。河南省安阳市殷墟出土的甲骨文，是用来记事、占卜的卜辞，时间大约是公元前 19 世纪至公元前 14 世纪的殷商后期。甲骨卜辞是完整记录汉语的文字体系，被视为中国汉语言文字出现的标志。据此推断，汉字起源于公元前 6000 年到公元前 2100 年。

关于汉字的起源有多种说法，古代有八卦、图画、结绳记事、仓颉造字等传说。其中，结绳记事、仓颉造字的影响比较广泛。《周易·系辞》《说文解字》等典籍中都有结绳记事的记载，如“神农氏结绳为治，而统其事”[②]。可见，结绳记事对汉字的产生起到了启发作用。然而，结绳记事存在诸多局限和弊端，如既无语音功能，也不具备文字的基本属性。关于仓颉造字传说的记载也较多，如“昔者仓颉作书，而天雨粟，鬼夜哭”[③]，“奚仲作车，仓颉作书”[④]。相传，黄帝时期有一个叫仓颉的史官观察自然万物，从飞鸟走兽的形态和鸟爪、兽迹中得到启发，据此创造了汉字。仓颉创造的汉字大多是描摹事物的形状和动物的形态，这种根据事物的外观和动物的形态表达意义的文字被称为象形文字。民间还有仓颉造字后“天雨粟，鬼夜哭，龙为之潜藏”的神话。秦汉时期的启蒙书以《仓

---

① 阮桂君. 跨文化交际与实践[M]. 武汉：武汉大学出版社，2011：148.

② 许慎. 说文解字[M]. 北京：中华书局，2013：316.

③ 刘安. 淮南子（卷八·本经训）[M]. 重庆：重庆出版社，2007.

④ 吕不韦. 吕氏春秋通诠[M]. 王晓明注译. 南昌：江西人民出版社，2010.

颉篇》命名，就是对仓颉造字功绩的颂扬。实际上，汉字并非出自一人之手，应该是中国古代先民集体智慧的结晶，是中华各民族共同创造的伟大文化成果。

汉字产生之后，经历了甲骨文、金文、篆书、隶书、草书、楷书、行书等字体的演变，甲骨文、金文、篆书属于古文字阶段，隶书、草书、楷书和行书属于今文字阶段。汉字根据便利易写的原则沿着由繁向简的方向发展，主要表现在四个方面：第一，从图画象形文字逐步演变为不具象形的书写符号；第二，笔形从类似绘画的线条逐步变成横、竖、撇、点、折、钩的笔画；第三，结构和笔画逐步简化；第四，甲骨文、金文都是异体繁多，而篆书、隶书、楷书的异体减少了。[①]汉字形体的演变非常复杂，但万变不离其宗，具有独特的造字规律，同时，从汉字结构的发展中可以看到文化的形成和中国人独特的思维方式。尤其是象形字，需要我们回溯汉字的早期形态，才能准确理解其所指和独特的含义，如甲骨文中的“女”字，形似一个卑躬屈膝的人，是古代人对女性卑微地位的形象表达，再如“天”“大”“首”等字，都经历了一系列文字形态的演变，通过对其演变过程的考察，我们可以体会到文字中蕴含的中华文化特征和深刻内涵。

二、汉字的构造

汉字的构造是指汉字的结构问题。《〈汉书・艺文志〉讲要》中记载：“古者八岁入小学，故周官保氏掌国子，教之六书，谓象形、象事、象意、象声、转注、假借，造字之本也。”[②]之后，郑众在作《周官解诂》时，又将这“六书”的名目及其次第调整为象形、会意、转注、处事、假借、谐声。东汉的许慎在《说文解字》中对“六书”的名目进行界定，并举例加以说明，把“六书”的名目及其次第修正为指事、象形、形声、会意、转注、假借。传统文字学的“六书”为我们学习和理解汉字提供了基本依据和方法论。所谓“六书”，就是指象形、指事、会意、形声、转注、假借等六种汉字构造的方式。

---

① 黄伯荣，廖序东. 现代汉语（上）[M]. 北京：高等教育出版社，2011：147.

② 温浚源.《汉书・艺文志》讲要[M]. 北京：社会科学文献出版社，2018：4-72.

（一）象形

象形是一种图画式的造字方法，象形文字是最古老的文字。“象形者，画成其物，随体诘诎，日月是也。”“仰则观象于天，俯则观法于地，视鸟兽之文与地之宜，近取诸身，远取诸物，于是始作八卦，以垂宪象。”[①]象形是早期汉字的主要特征，也是汉字造字的基本方法。象形造字法造出的字就是象形字，基本要求是描绘物体的轮廓，具体的“画”法是随着物体外部线条变化而弯曲。根据所画物体的复杂程度，可以将象形字分为独体象形字与合体象形字两种。例如，“日”“月”画的是太阳和月亮的形状，太阳是一个完整的圆形，而月亮则是一个不完整的半圆形；“山”“川”画的是自然界事物的整体形象；“羊”“牛”“鹿”“鱼”画的是动物的整体或者局部形象。这些字以象形来凸显事物特征，能让人一眼就看出所画的是什么物体，我们把这一类文字称为独体象形字。“向”“眉”“栗”“果”“血”“须”“石”等这一类象形字比较复杂，由物体的形态和背景构成，我们把这一类文字称为合体象形字。例如，“栗”字和“果”字，如果下面没有“木”字作衬托，难以知晓所画的是果实；再如“眉”字，如果下方没有“目”字作衬托，就难以理解上面所画的是眉毛的形状。象形字反映了造字者独特的观察视角，体现了其文化倾向和生活经验，对我们了解中华民族先民早期的生活和实践具有重要启发。

（二）指事

指事是在象形字的基础上增加表义符号来造字，或者由纯粹的象征性符号来表字义的造字法。用指事造字法造出的字就是指事字。“指事者，视而可识，察而见意，上下是也。”[②]简单地说，指事含有标识事物、指明事物的意思。指事的“事”，在古代与“物”相通。物体有整体和局部之分，要给某物的整体造字，只要“画成其物”就可以了；要给某物的局部造字，就只能先画出物体的整体，然后再在这个象形字的基础上增加表义的符号，以标识某一局部特征，由此就可以根据物体的整体象形以及标识符号，解读出字要表达的意思。例如，“本”和“末”，“木”下面的一笔和上面的一笔都是指事性符号，在象形字“木”的基础上加上表

① 许慎. 说文解字[M]. 北京：中华书局，2013：12.

② 许慎. 说文解字[M]. 北京：中华书局，2013：12.

义符号，两个字的意思分别为树木之根和树木的末端。

（三）会意

会意造字法是把两个或两个以上的部件组合成一个字，用会意造字法造出的字就是会意字，会意字的内涵更加丰富。许慎在《说文解字》中说：“会意者，比类合谊，以健指撝，武信是也。”[①]会意字是由两个或两个以上的象形字组合而成的，这些组合而成的汉字构成新的字义，而对这个新的字义的理解需要依据相关事物之间所存在的内在或外在关系。诸如“休”字，从人从木，从这个字部件的组合方式可以看出人与树的关系，那就是人依偎在树下，表示“背靠大树乘凉”的意思，也就是在辛苦劳动感觉很累时，就需要休息了；“友”字，由两个“手”组成，两只手互相帮助，手牵着手，正所谓“执子之手，与子偕老”，表示朋友之间的情谊和两个人互相关照之意；“武”字，从止从戈，止戈为武，寓意停止战争才是“武”的真正目的，蕴含了中华民族热爱和平的文化观念；“信”字，从人从言，人言为信，寓意人说话要恪守信用，反映了中华民族诚实守信的道德观念和行为方式。

（四）形声

形声是由表示字义类属部件和表示字音的部件组成新字，用形声造字法造出的字就是形声字。许慎在《说文解字》中说：“形声者，以事为名，取譬相成，江河是也。”[②]“以事为名”的意思是，在给某个事物定名的时候，首先要确定它在万事万物中的属类，然后再用这个表示属类的字作新造字的标义部分。“取譬相成”的意思是，把一个读音相同或相近的字作新造字的标声部分。用标义和标声两个部分构成新字，如“江”“河”，取三点水为形旁，表示“江”“河”的意义类属；取“工”“可”作为“江”“河”的声旁，表示读音。在汉字中，形声字的数量最多，占比最大，大多数汉字都是形声字。在汉语学习中要注意汉字的形声字和会意字的区别，不能把形声字作为会意字来解释，更要防止牵强附会，做到严谨科学，准确理解汉字的意思及其蕴含的文化内涵。

---

① 转引自：任学良. 说文解字引论[M]. 福州：福建人民出版社，1985：33.

② 转引自：任学良. 说文解字引论[M]. 福州：福建人民出版社，1985：35.

（五）转注

转注就是相互注释，也就是在同一个部首内两个意义相同的字可以相互解释，不重新造字，而是用这个字来解释说明另外一个字的意思，一般把“转注”看作用字之法。许慎在《说文解字》中说：“转注者，建类一首，同意相受，考老是也。”[①]“建类一首”中的“类”指事类，“首”指部首，也就是《说文解字》所分立的 540 个部首。许慎所举的“考”“老”二字，“老”字为部首，“考”为老部所属之字，“老，考也”“考，老也”，“考”和“老”同属于一个部首，可以把“考”解释为“老”，也可以把“老”解释为“考”，它们之间可以相互解释。

（六）假借

许慎在《说文解字》中说：“假借者，本无其字，依声托事，令长是也。”[②]意思是说，当表达某种意思时，不再重新造字，而是利用音同音近的关系借用某个专用字来记录所表示的事物。比如“令”“长”，利用语音相同这个条件，借用了原来表示“施令”意义的“令”和表示“久远”意义的“长”来记录。“假借”之“假”也就是“借”的意思，假借一般被看作用字之法。

三、汉字的主要特征

中国文字是以汉字为代表的包括各少数民族文字在内的各民族记录语言的书写符号系统的统称。汉字具有以下主要特征。

（一）汉字是表意文字

汉字是表意文字，形体与语音之间没有必然的联系。人们学习汉字时往往需要死记硬背，牢牢地记住汉字的读音，很难有捷径可走。虽然形声字中用声旁来表示汉字的大致读音，但是形声字声旁的表音率太低，准确度也远远不够。从字义角度看，汉字表意非常有规律性，如“桦、桉、柳、桂、椅”等字以“木”表

---

① 转引自：任学良. 说文解字引论[M]. 福州：福建人民出版社，1985：38.

② 转引自：任学良. 说文解字引论[M]. 福州：福建人民出版社，1985：52.

示字义类属，体现出表意特点。虽然汉字经历了形体的演变，但是字形与字义之间依然保持了极为密切的关系。从汉字的构造来看，汉字的象形、指事、会意等造字法都是从汉字字义入手的。

（二）汉字形、音、义相统一

汉字是由音和义构成的语素文字，加上用来记录语素的形体，实际上就是形、音、义所构成的统一体。汉字与拼音文字有很大的不同，一个汉字有可能记录了多个语素，也有可能记录了几个音节，但是独立地看一个汉字，每个汉字一定是表示一个音节的（“儿化”除外）。绝大多数汉字都是一个汉字记录一个语素，而且有外在的书写形式，所以汉字是形、音、义三位一体的。比如“山”字，有“山”这样的书写形式，有“shān”这样的语音形式，同时又有“地面上由石、土形成的高耸的部分”这样的意思，所以“山”就是形、音、义的结合体。

（三）汉字为方块结构

汉字是形体复杂的方块平面结构，在宽与高的二维平面上构形。与拼音文字按照发音顺序排列形成线性结构的一维空间相比，汉字有两个维度，其构形更加灵活，且信息量更大。不同的构件可以组合成不同的汉字，相同的构件也可以构成不同的汉字。比如“人”“从”“众”由构件多少构成，“叶”“古”“呆”“杏”由构件位置不同构成，“比”“从”“北”“化”则是由构件置向不同构成。汉字在由篆书向隶书再到楷书的演变过程中，线条逐渐转化为笔画，字的形状逐渐由圆形演变为方形，最终在两维空间呈现出方块形。汉字的结构单位有笔画和部件两种，基本笔画有点、横、竖、撇、捺、提、折、钩等八种，笔画构成的部件有很多，如“子”“木”“刀”等。无论笔画和部件有多少，笔画和部件组成的汉字都写在同一个方框内，这是汉字非常突出的特点。

四、汉字的文化功能

汉字作为中华文化的重要标志，既是中华文化的一部分，又具有丰富的文化功能。

（一）汉字是中华文化的主要载体

汉字自产生起就具有相当丰富的文化意义，绽放出无比灿烂的文化光芒，推动了中华文明的发展进程。自殷商甲骨文字开始，汉字就成为中华文化发展过程中独特的一种文化现象和文化的一部分。汉字的产生标志着中华文明时代的到来，使文化典籍得以保存下来并流传至今，并和汉语共同成为中华文化的重要内容。不难想象，没有汉字就没有汉语的发展，也就没有中华文化的积淀与源远流长。

（二）汉字承载了丰富的文化信息

汉字不仅蕴含着丰富的文化意义，而且蕴含着中国人的价值观念。汉字的产生与我们身边的万事万象有着密切关系，蕴含着古代社会的生产生活方式。从“男”字的构形可以看出，父系氏族时期，男性因体力上的优势成为农耕生产的主要承担者，由此带来社会地位的提高。这种文化意义的获取，就是从“男”字的构形上分析得来的。与“男”字相反，女性由于生理条件的限制，以操持家务为主，甲骨文的“妇”字右旁是一个长跪女子的形象，左旁是扫帚的形状，这一形体构造形象地表明了古代女子较低的社会地位和不太重要的社会角色。

第二节　汉语和中华文化

语言是人类群体生活和社会实践的产物，是一个民族或族群的独特性和民族识别的主要依据，然而，并不是所有的语言都有相应的文字系统，有些民族或者族群有自己独有的语言，但并没有形成自己的文字。文字的出现超越了口头语言的局限性，使语言形成书面表达的符号系统，更加有利于文化的传播和传承。汉语是汉藏语系中最主要的语言，汉语的标准语是以北方官话为基础、东北官话为辅助、北京语音为标准音逐渐形成的。汉语的标准语在中国境内被称为普通话，在东南亚的新加坡、马来西亚等国家被称为华语。以新文化运动为界，之前使用的汉语书面语叫“文言文”，之后使用的汉语书面语叫“白话文”，现代汉语的书面语保留了文言文中的某些部分，并随着时代的不断发展而丰富。汉语书面语言规范，有非常严密的文字系统与之相匹配，形成了独特的文化内涵，对维系中华民族统一和中华文化发展发挥着主导作用。

一、汉字、汉语与中华文化

汉字是汉语的书写符号系统，通过“因形求义”与汉语和中华文化联系起来，可以毫不夸张地说，学好汉字是学习汉语和理解中华文化的必经之道。汉字具有深厚的文化传统，很多汉字都表现出了中华文化的人本倾向。例如，“大”取人的正立之形，“天”为人的头顶，“央”为人立门框中，“好”为女人抱子之状。汉字还产生了许多中华文化的特有现象。例如，“拙作”“浅见”“寒舍”等，在交际中使用这些词表示使用人的谦虚，而“哪里哪里”“过奖过奖”“谬赞”等，是对别人夸奖的推脱。可见，汉字内涵丰富、信息量大，如果丢弃汉字蕴含的文化特质，就无法理解汉语和中华文化的意蕴。

（一）汉字与汉语教学

汉字是形、音、义统一的语素，具备文字和语言的两重性。汉语教学中的汉字教学，要准确把握汉字和汉语的内在关系。汉字表音能力差，但表意能力强，如果教不得法，学生就会望而生畏。汉字植根于语言，与汉语相适应、相互矛盾又和谐统一。

要做到善用汉字教授汉语，首先应该从以简驭繁和借助偏旁部首两方面入手；其次应该重点掌握高频字，按照“常用先学”的原则编教材并保证有足够的复现率，这样就能大大降低识字的难度。“字词句直通”是授人以渔、落实快速扩词的重要策略。“文学是语言和文化的最强传播渠道，语言经过文学创造而升华为具备魅力的艺术品，成为传承民族优秀文化的主渠道，使社会言语交际更具感染力和鼓动性。”[①]汉语是在中华本土自源生成的，采用汉字作为表达工具，字词句的基本意义和组织方式古今相承。近年来，《中国诗词大会》上涌现的中小学生诵读诗词的感人场面，以及外籍学生在《汉语桥》中的出色表演，都给我们提供

① 李如龙，陈艳艺. 汉语国际教育应关注与文字、文学、文化的关系[J]. 语言教学与研究，2021（3）：22-30.

了可贵的启发。

（二）中华文化与汉语教学

文化与语言的关系是全方位的，语言是文化的表征，文化是语言的内涵、底蕴和魅力。汉语、汉字集中体现了中华文化的特征和汉民族的思维特点。汉语教学要关注文化，语言的文化蕴涵主要体现在词汇的语义上，“词汇语义中的文化内容有三个层次：物质文化是表层的；制度文化和词语的引申义、比喻义是中层的；精神文化是深层的”[①]。深层的文化词往往是基本词汇中的核心词，是民族精神中那些经过提炼的基本观念，不但是语言中的核心词、基本词，以及形成许多词语的序列，而且体现着不同民族思想文化的重大差异。例如，关于社会生活和道德行为的许多观念词，善——善良-亲善-和善-善有善报，忠——忠诚-忠实-愚忠-忠心耿耿，心——心脏-死心-忠心-问心无愧-日久见人心。对这类词的讲解应举一反三，并借用常用的成语、谚语，深入理解这些词语的深刻内涵。充实汉语教学的文化内容，有助于提高词汇语法教学的质量，通过对汉语、汉字特点的认识了解博大精深的中华文化。

二、文化典籍

书籍是用文字来记录发生的事情的文化产品，用汉字所记载的内容不同的文化典籍，使得中华文化的精髓得以保存流传。文化典籍浩如烟海，大致可以划分为经、史、子、集四大部类。

（一）经学著作

经书是指以孔子为代表的儒家的书籍，包括儒家经典和对儒家经典的注疏。最早成为经书的是《诗经》、《书经》（《尚书》）、《礼经》、《乐经》、《易经》和《春秋》，被称为“六经”。汉武帝时期，《乐经》失传，增补了《孝经》和《论语》，与其他经书合称“七经”。唐代把《礼经》分为《周礼》《仪礼》

① 李如龙，陈艳艺. 汉语国际教育应关注与文字、文学、文化的关系[J]. 语言教学与研究，2021（3）：22-30.

《礼记》，加上《春秋三传》（即《春秋公羊传》《春秋穀梁传》《春秋左氏传》）和《尔雅》，扩大为“九经”和“十二经”。宋代在“十二经”的基础上又增加了《孟子》，合为“十三经”，包括《诗经》《书经》《周礼》《仪礼》《礼记》《易经》《春秋左氏传》《春秋穀梁传》《春秋公羊传》《论语》《孝经》《尔雅》《孟子》等十三部经典。“十三经”作为儒家经典，历代儒学大师对之进行研究阐释，出现了大量研究经学的著作，其中《十三经注疏》最具代表性并流传至今。

（二）史学著作

中国的史学著作体裁多样，卷帙浩繁。南朝梁代阮孝绪的《七录》中的纪传录把史籍分为 12 部，包括国史、注历、旧事、职官、仪典、法制、伪史、杂传、鬼神、土地、谱状、簿录，共计 1017 种、2260 帙、14 881 卷。[①]《四库全书总目》将史部书籍分为 15 类，包括正史、编年、纪事本末、别史、杂史、诏令奏议、传记、史钞、载记、时令、地理、职官、政书、目录、史评等。其中，传记类包括官制和宫箴；政书类包括通制、典礼、军政、法令、考工等；史评类包括经籍、金石等。

（三）诸子百家

“诸子”是指先秦至汉初各学派的代表人物及其著作。东汉班固在《汉书·艺文志》中把先秦诸子分为儒、道、墨、阴阳、法、名、纵横、杂、农、小说等十家。汉魏六朝诸子中，代表性的著作有《淮南子》《盐铁论》《论衡》《世说新语》《申鉴》《法言》《颜氏家训》等。在《四库全书总目》中，子部有儒家、兵家、法家、农家、医家、天文算法、术数、艺术、谱录、杂农、类书、小说家、释家、道家 14 个部类。

（四）诗文集

“集部”是诗文词等书的部称，诗文集是指文学作品总集，我国第一部诗歌总集是《诗经》。西汉时，刘向把战国时期楚国屈原、宋玉等在民间歌谣基础上创作的诗歌等汇编成合集，定名为《楚辞》。汉魏六朝的萧统编的《昭明文选》（简称《文选》）、南朝徐陵编的《玉台新咏》是我国现存较早的诗文集。《隋书·经

---

① 转引自：孟建安，苏文兰. 中国文化概论[M]. 广州：暨南大学出版社，2016：12.

籍志》的集部分为楚辞、别集和总集。《四库全书》将集分为五类，即楚辞、别集、总集、诗文评、词曲。其中，别集是指收录个人诗文的集子，总集是指汇录多人作品的集子。中国历代文人多有别集，别集的命名有很多种方法，大多用自己的字或者谥号来命名，如李白的《李太白集》、欧阳修的《欧阳文忠公集》；也有以姓名命名的，如陶渊明的《陶渊明集》；还有以官职来命名的，如杜甫的《杜工部集》等。

三、文学经典

汉语是中华文化的标志。中华民族在长期的文化发展历程中创造出辉煌的文学作品，其中光芒四射的文学经典是中华文化的精品和宝贵精神财富。中国文学分为古典文学、近现代文学与当代文学。中国古典文学又分先秦两汉、魏晋南北朝、隋唐五代、宋代、辽金元、明代、清代七个历史时段，依次出现了诗经、汉赋、唐诗、宋词、元曲及明清小说等文学形式。文学经典星光灿烂、浩如烟海，充分体现了中华文化的源远流长与博大精深，展现出了古代中国人文精神的独特内涵与文化魅力。中国文学传统具有言志与载道的传统。“诗言志，歌永言，声依永，律和声。”[①]“诗言志”就是要求诗歌应该表达创作主体的内心情志，重抒情表意而非写实、重概貌描写而非细节叙述。抒情性的表现手法广泛地运用于中国散文、戏曲、小说等各种文学形式，出现了发愤著书而成“一家之言”的《史记》、依托历史但终究归于情爱离合的《桃花扇》，以及“满纸荒唐言，一把辛酸泪”的《红楼梦》等伟大文学作品。载道的文学传统具有“铁肩担道义”的儒家思想特征，对中国文学创作影响深远，如屈原“香草美人”意象下的爱国之心。

第三节 中华文化的基本特征

中华文化是56个民族共同创造的文化，是中华民族共同体长期实践的伟大成

① 孔安国，孔颖达. 十三经注疏·尚书正义[M]. 上海：上海古籍出版社，2007：106.

果。在漫长的发展历程中，华夏民族“像滚雪球一般地越滚越大”，这个具有包容性的民族集团被其他民族称为汉族。“‘中华’一词一般认为出现于魏晋时期，取‘中国’与‘华夏’各一字，复合成为‘中华’。华人、夏人、中国人、汉人、中华等，是不同历史阶段汉人的族称，其内涵在不同的历史时期也各有不同。”①在很长的历史时期，“中华民族”就是指汉族，中华文化主要指汉民族的文化。但随着“汉族继续不断吸收其他民族的成分而日益壮大，而且渗入其他民族的聚居区，构成起着凝聚和联系作用的网络，奠定了以这个疆域内许多民族联合成的不可分割的统一体的基础，成为一个自在的民族实体，经过民族自觉而称为中华民族”②。虽然“中华民族”概念的出现只有一百余年的历史，但在中国发展历史进程中，中华民族一直就是多民族水乳交融、荣辱与共的命运共同体，多元一体的中华民族共同缔造了光辉灿烂的中华文化，中华文明在世界文化大花园中独树一帜。

一、中华文化的一脉相承

“中国”是我国各民族文化的摇篮，经历了一个从地理概念渐次扩展为国家概念的过程。上古时期，华夏族的主要活动范围是黄河流域，自认为居天下之中央，故称中国，将周边地区称为四方。自秦代建立统一的中央集权国家之后，国家疆域进一步扩大，奠定了中国疆域的基本范围。汉武帝时期，张骞出使西域打通了河西走廊，西汉的版图向西拓展，国家疆域更加辽阔。中原汉族人口在向西部民族地区迁徙的过程中，先进的经济方式和物品随之传入周边民族地区，促进了各民族之间的交往和交流，为文化繁荣发展注入新鲜血液。各民族之间的交往对增强中华民族凝聚力起到了很大作用，经过数千年的民族交往和融合，形成了中华民族多元一体格局。“从 1840 年至辛亥革命以前，中华民族在反帝反封建斗争中自发联合，保卫祖国的统一与疆域的基本完整，在不同层次上寻求将古代中国转为现代中国的强国之道。其主要成果是在最艰难的历史条件下，共同保卫了祖国

① 丹珠昂奔. 中华民族共同体意识的概念构成、内涵特质及铸牢举措[J]. 民族学刊，2021（1）：1-9，83.

② 费孝通. 中华民族多元一体格局[M]. 北京：中央民族大学出版社，2018：17.

的统一与疆域的基本完整，并推翻了两千余年的君主专制制度，建立了现代国家。”[①]因此，中华民族是一体多元的民族共同体，各民族都是中华文化的创造主体，各民族在中华文化形成发展中都做出了自己特有的贡献，各民族的交往、交流和交融贯穿中华民族历史和文化发展的始终。

中华各民族的交往、交流和交融推动了中华文化的发展和进步。从商周时期始，各民族间就有了相互的交往、交流和交融，“华夷之辨”与“华夷互变”正是那个时代处理民族关系的具体体现。之后有了汉代的“华夷共祖”、魏晋南北朝时期的“华夷皆正统”、隋唐时期的“华夷一家”、辽宋夏金元时期的“华夷互动”、明清时期的“华夷有别”和“改土归流”、中华民国的“五族共和”。在各民族数千年的互动过程中，一方面，周边地区各族人民的生产技能与文化艺术不断传入中原地区并影响着华夏族的发展；另一方面，华夏族先进的经济和文化向四周传播，给周边地区各民族注入发展动力。在这种相互交往和交融中产生了中华民族认同，中华民族共同体形成的文化、意识和理念成为凝结于中国人心中的民族精神。

中华各民族在历经迁徙、贸易、婚嫁以及碰撞、冲突，甚至兵戎相见后，交往范围不断扩大，融合程度不断加深，造就了各民族间社会文化关系的变迁。正是这种变迁，形成了各民族在分布上的交错杂居、文化上的兼收并蓄、经济上的相互依存、情感上的相互亲近，最终形成了中华民族的多元一体格局。进入近代，由于西方资本主义殖民势力的入侵，中国各族进一步形成自觉的民族观念，“中华民族”遂成为包括中国诸民族的共同称谓。正如梁启超所说，在全世界范围内，“凡遇一他族而立刻有‘我，中国人’之一观念浮于其脑际者，此人即中华民族一员也”[②]。

文化的民族性是指能够反映民族精神、民族特性的价值观、思维方式、国民品性、人格追求、伦理情趣等思想文化的本质特征。中华民族有崇尚民族气节的优秀传统，“天下兴亡，匹夫有责”“人生自古谁无死，留取丹心照汗青”“苟利国家生死以，岂因祸福避趋之”等诗句，均是中华民族气节品格和精神追求的

① 马茜. 深刻认识中华民族多元一体的内涵[J]. 回族研究，2019（4）：57-60.

② 转引自：蒋嘉骏. 论梁启超的“中华民族”概念[J]. 广东省社会主义学院学报，2011（7）：84-87.

表达，是中华民族自强不息、家国情怀的独特民族文化精神和力量源泉。

二、中华文化的一体多元

中华文化具有包容性和多元性的特点。“天行健，君子以自强不息；地势坤，君子以厚德载物”①。自强不息、厚德载物既是君子的理想人格，也是中华文化的内在特征。厚德载物是虚怀若谷、包罗万象的包容性。中华文化的多元性体现为各民族间由长期的交流、交往和交融形成的包容特征。“自汉代以后的近 2000 年中，不论中国境内是治是乱，是统一是分裂，或如何改朝换代，其他民族融入汉族，或汉族吸纳其他民族的情况史不绝书，从未中断……”②由于各民族生活在不同的地域，在生产方式和社会发展水平上存在差异，每个民族都形成了自己独特的文化，但各民族之间相互交往、交流和交融是主要的社会生活方式。在几千年的文明史中，包容性和多元性为中华文化的创造、转化和发展注入了活力，各民族文化相互借鉴共同发展，形成了一脉相承又蓬勃发展的中华文化。例如，汉语就吸收了其他民族的语言元素，宋词、元曲的一些词牌和曲牌就来自其他民族语言。

中华文化的多元性还表现为中外文化的互鉴和相互影响，中华文化史上的儒、道、佛“三教并流”即例证。中华传统文化主要是由儒、道、佛三大支柱构成的，但这三种文化的内涵有着显著的差别。儒家以“人”为本位，着重从人的角度来观察人生、社会和宇宙，强调人要在现实世界中修养品德，以达到理想世界。道家崇尚“自然”，主张用自然原理来观察、解释人生、社会和宇宙，强调人的一切选择和行动都要合乎自然规律。佛教以“解脱”来观察众生，“万难之题皆有破解之法。若信佛修行，便可免苦海灭顶，无八苦羁身”③，宣扬从迷惑、妄念、烦恼、痛苦和生死轮回中寻求解脱，进入“涅槃”境界。儒、道、佛从不同角度满足了不同人群的精神需求，并能做到各安其位、和谐相处。历史事实表明，儒、

---

① 高亨. 周易大传今注[M]. 济南：齐鲁书社，1979：56，58.

② 杨建新. 再论各民族共创中华民族[J]. 中央民族大学学报（哲学社会科学版），2020（4）：5-12.

③ 吴仕民. 佛印禅师[M]. 北京：作家出版社，2020：166.

道、佛具有广泛的社会基础和持久的影响力，“三教并流”不仅成为中华文化的独特景观，也进一步强化了中华文化的多元性，三家哲学中的正确思想观念成为促进社会和谐、推动历史发展的推动力。

中华文化的伟大之处在于兼容并包、共存并处、相互调剂。例如，儒家的人本、民本、刚健、自强、革新、崇德、仁义、爱众、人和等哲学思想，值得在现代社会生活中加大阐释和弘扬力度。道家的顺其自然、尊道贵德、天人合一、齐同慈爱等哲学思想，体现了中华文化深刻的人生智慧，也具有重要的人文伦理价值。佛教的缘起、因果、平等、慈悲、中道、容忍、圆融、解脱等理念，对我们体悟人生也有启发意义。

三、中华文化的伦理价值

中华文化总是把人放在一定的伦理政治关系中来考察，把个人价值的实现、个体道德精神境界的升华寄托于整体关系的良性互助。政治上的君臣关系，家庭中的父子、夫妇、兄弟关系，社会上的朋友关系，各有其特定的道德行为规范和相应的伦理要求，如君仁臣忠、父慈子孝、夫敬妇从、兄友弟恭、朋友有信。每个人在社会中都要履行一定的义务，彼此关联，相互制约，以维系社会的正常运转。

“和合”文化是中国社会和谐的思想基础，“和合”是实现“和谐”的途径，“和谐”是“和合”的理想状态，也是人类社会的理想状态。老子提出“万物负阴而抱阳，冲气以为和”[①]，即万物都包含着阴阳，阴阳相互作用而构成和。“夫和实生物，同则不继。以他平他谓之和，故能丰长而物归之；若以同裨同，尽乃弃矣……”[②]意思是说，聚集不同的事物而得其平衡，就是和，就能产生新事物；而把相同的事物加起来，是不能产生新事物的。“礼之用，和为贵。”[③]孔子把“和”作为与人相处的最高境界。“和合”概念在先秦时期基本形成，在中国传统文化的儒、道、佛中通用，并被其他文化流派普遍接受并广泛运用。

---

① 朱谦之. 老子校释[M]. 北京：中华书局，1984：101-102.

② 徐元诰. 国语集解[M]. 北京：中华书局，2002：47.

③ 杨伯峻译注. 论语译注[M]. 北京：中华书局，2019：7.

民本思想是中华文化基本精神的重要内容。民本思想萌生于周代，周公姬旦提出了“敬天保民”的主张。春秋战国时期，儒家学者在民本主义思想的指引下，推崇“大同”的理想社会，倡导以仁政德治来治国。例如，孔子力图重整社会秩序，消除纷乱，宣传施行“仁政”，达到“天下有道”的理想境界。他认为君王“其身正，不令而行；其身不正，虽令不从”[①]。孟子提出“民为贵，社稷次之，君为轻”的著名论述。在漫长的封建社会里，民本思想得到广泛认同。

中国几千年以来形成的孝悌、忠信、恭敬等伦理传统，是中华民族自立于世界民族之林的文化根基。对自己，严于律己，廉洁奉公，“先天下之忧而忧，后天下之乐而乐”；对别人，“己所不欲，勿施于人”，“己欲立而立人，己欲达而达人”。古代一些帝王以史为鉴，为避免重蹈历史的覆辙，推行轻徭薄赋和休养生息政策，出现了大治和盛世的局面。例如，唐太宗李世民领会“水可载舟，亦可覆舟”的道理，从隋末农民起义中吸取教训，取得“贞观之治”的卓越成绩。以德治国的思想对我们今天仍有借鉴意义。

第四节 中华文化的基本精神

中华文化绵延不断、一脉相承，始终保持着自身独特的思想基础和基本精神。其基本精神包括以下三个方面。

一、贵和持中

中华文化具有贵和持中的和谐意识，表现在两个方面：一是“天人合一”，指人与自然关系的和谐；二是“中庸”，指人际关系，即人与人、人与社会关系的和谐。“天人合一”旨在承认人与自然的统一性，“中庸”则强调对待事物关系要把握一个度，“贵和”“持中”有利于处理社会矛盾，保持社会稳定。

① 杨伯峻译注. 论语译注[M]. 北京：中华书局，2019：134.

（一）天人合一

“天人合一”是古代中国人处理人与自然关系的基本思想，贯穿于中国古代哲学、科学和艺术之中。中国古代哲学关于人与自然的关系主要有三种学说：第一种，顺其自然；第二种，改造自然；第三种，天人合一。人本身就是自然界的一部分，所以人要敬畏自然，按照自然规律办事，努力达到天人合一。“与天地合其德，与日月合其明，与四时合其序，与鬼神合其吉凶。先天而天弗违，后天而奉天时，天且弗违，而况于人乎！”[①]意思是说，先天即引导自然，后天即随顺自然，做到天不违人，人亦不违天，进而达到顺应自然的境界。老子提出“人法地，地法天，天法道，道法自然”[②]，即宇宙间有四大，人居其一，人以地为法则，地以天为法则，天以道为法则，依次确立了人与天的关系。庄子提倡“弃事则形不劳，遗生则精不亏。夫形全精复，与天为一”[③]，即抛弃世事，忘怀生命，使形体健全、精神饱满，从而达到天人合一的自然无为境界，实现道德规范与自然规律的协调一致。

《黄帝内经》提出“天人相应”的命题，强调人与天地相应，与四时相符，与天地如一，认为天人同构，人体的小宇宙与天地的大宇宙相对应，如“天圆地方，人头圆足方以应之；天有日月，人有两目；地有九州，人有九窍；天有风雨，人有喜怒”[④]。宋代张载等理学家的“天人合一”思想更趋精致和完善。“天人合一”作为中国哲学的一种重要思想，对中国人认识自然和社会均具有指导作用。

（二）中庸之道

中庸之道是“和合”文化在与人相处方面的具体准则，被视为人生和道德的至高境界。孔子说“君子和而不同，小人同而不和”，进而提出了“中庸”的观念，中庸思想在中国文化史上产生了深远的影响。“君子中庸，小人反中庸。

---

① 高亨. 周易大传今注[M]. 济南：齐鲁书社，2003：56.

② 饶尚宽译注. 老子[M]. 北京：中华书局，2007：63.

③ 陈鼓应注译. 庄子今注今译[M]. 北京：中华书局，2017：500.

④ 中华文化讲堂译. 黄帝内经[M]. 北京：团结出版社，2018：922.

君子之中庸也，君子而时中；小人之反中庸也，小人而无忌惮也。”[①]孔子以“时中”“用中”来解说中庸，“时中”即随时处中，依条件的不同随时选取适当的标准。中庸之道塑造了中国人的思维特征与行为方式，进而影响了中国人的人格特征和人生境界。中庸之道的真谛在于坚守中正，寻求适度，不偏不倚，无过无不及。

中庸是道德的至高境界，“中庸之为德”就是既不过，亦不是不及。中庸思想还深刻影响了中国人的审美心理，使得中国人具有以对应性、相融性、辩证性、和谐性为特征的审美习惯。中国人特别强调真善统一、情理统一、人与自然的统一、有限与无限的统一、认知与直觉的统一，这些都是中庸思想的逻辑延伸。中庸思想也是中国人的辩证法，是中国人的生活哲学，在今天仍然具有积极意义，如传承与创新、原则性与灵活性相结合等办事规则，都是中国人适应社会、创造性工作的基本原则。

二、多元包容

中华各民族经历民族交融孕育了多元包容的价值理念，表现为和而不同、求同存异、协同发展的为人处世观念。“和而不同”的思想有助于处理国与国之间、不同文化之间的关系。习近平总书记强调：“各国和各国人民应该共同享受尊严。要坚持国家不分大小、强弱、贫富一律平等，尊重各国人民自主选择发展道路的权利，反对干涉别国内政，维护国际公平正义。‘鞋子合不合脚，自己穿了才知道’。一个国家的发展道路合不合适，只有这个国家的人民才最有发言权。”[②]只有坚持文化共生，承认和尊重不同文化对其人民的影响与作用，和谐的世界才能够得以建构。

“共生”是一个生物学的概念，是指多样性生物之间的一种相互关系。文化共生指多元文化的共生关系，即不同民族、不同区域的相互尊重、兼容并包、相互交流的文化形态。中华文化提倡“和为贵”“仁者爱人”，先秦哲人很早就提出

---

① 王国轩译注. 大学・中庸[M]. 北京：中华书局，2007：49.

② 习近平. 国家主席习近平在莫斯科国际关系学院的演讲(全文)[EB/OL]. http://www.gov.cn/ldhd/2013-03/24/content_2360829.htm，2013-03-24.

了“群”的概念，“人能群，彼不能群也”[①]，倡导人与人的关系是相互依赖、彼此共生的。“忠恕之道”是多元共生的道德规范要求。“忠”要求人们不断超越狭隘的个人主义、地方主义，具有强烈的社会责任感并能善待他者，“己欲立而立人，己欲达则达人”[②]。“恕”要求人将心比心，推己及人，设身处地考虑别人的处境，也就是遵守“己所不欲，勿施于人”的道德黄金律，这是人与人相处的底线。墨子主张“兼相爱，交相利”，“视人之国若视其国，视人之家若视其家，视人之身若视其身”[③]，即以博爱之心对待他人，底线是不能损害他人利益。张载提出“民胞物与”，主张平等看待世间万物，践行互利共赢、相互关爱的行为准则，至今仍有积极意义。

中华文化倡导和而不同，主张“君子和而不同，小人同而不和”，即人与人之间、国与国之间要用和而不同的理念来调节双方关系。“和者，无乖戾之心。同者，有阿比之意。尹氏曰：‘君子尚义，故有不同。小人尚利，安得而和’。”[④]董仲舒崇尚“和”，强调“和者，天之正也，阴阳之平也，其气最良。物之所生也，诚择其和者，以为大得天地之泰也”[⑤]。“百家争鸣”的文化繁荣景观就是“和而不同”理念的呈现，“和而不同”已经成为中华文化的基因。

三、刚健有为

《周易大传》提出“刚健”的学说，主张“自强不息”，“文明以健，中正而应，君子正也”，“大有，柔得尊位大中而上下应之，曰大有，其德刚健而文明，应乎天而时行，是以元亨”[⑥]。《说卦》云：“乾，健也，坤，顺也。”[⑦]健是阳气的本性，顺是阴气的本性，阳居于主导地位。“天行健，君子以自强不

---

① 方勇，李波译注. 荀子[M]. 北京：中华书局，2011：127.

② 杨伯峻译注. 论语译注[M]. 北京：中华书局，2019：64.

③ 方勇译注. 墨子[M]. 北京：中华书局，2011：126.

④ 朱熹撰. 四书章句集注[M]. 北京：中华书局，1983：147.

⑤ 张世亮，钟肇鹏，周桂钿译注. 春秋繁露·循天之道第七十七[M]. 北京：中华书局，2012：6，610.

⑥ 余万伦. 周易经解[M]. 成都：巴蜀书社，2019：43-46.

⑦ 余万伦. 周易经解[M]. 成都：巴蜀书社，2019：233.

息。”[①]天体运行，永无已时，故称为健。“健”含有主动性、能动性以及刚强不屈之义。孔子主张“发愤忘食，乐以忘忧”，表现了自强不息的精神。自强不息的思想在历史上激励过一代代文人志士，推动中华文化不断超越向前发展。

“刚健有为”是中华文化的基本精神。刚健有为的思想最早可以追溯到《尚书》和《诗经》，它们均重视“刚”的品德，强调人要有坚定性、责任感和奋斗精神。孟子提出，“富贵不能淫，贫贱不能移，威武不能屈”，即大丈夫应有“舍生而取义”的独立人格，不畏强暴、不受诱惑，追求独立人格成为中国人奋发图强的精神动力。

中华文化的基本精神超越了地域、时代的限制，将中华民族凝聚成一体，形成民族认同，激励中华民族自强不息，洋溢着文化活力。

① 余万伦. 周易经解[M]. 成都：巴蜀书社，2019：2.

第三章　汉语国际教育发展历程

我国的汉语国际教育已走过近40年的历程，尤其是改革开放以来，我国对外开放交流的力度不断加大，国际交流与合作对汉语国际教育提出了新的需求，汉语国际教育在探索中得到快速发展。回顾汉语国际教育的发展历程，大概经历了留学生教育、对外汉语教学、汉语国际推广、汉语国际传播和汉语国际教育等几个阶段，从教学活动拓展到文化领域，逐步成为一个新的学科领域和专业。可以说，汉语国际教育是对外开放背景下汉语国际化的产物，是中国综合国力日益强盛的表现，反映了中文国际化发展的大趋势。

第一节　汉语国际教育发展回顾

随着中国综合国力和国际地位的不断提升，汉语国际教育步入快速发展时期。2005年7月，以“多元文化架构下的汉语发展”为主题的世界汉语大会在北京召开，汉语大踏步走向世界，推动了中华文化在世界各国的传播，为推进世界和谐发展贡献了力量。回顾过去，汉语国际教育作为中国教育国际化的重要部分，其发展已经走过了三个阶段。

一、起步阶段：留学生教育的发展

20 世纪 50 年代初，清华大学设立东欧交换生中国语文专修班，这是我国汉语国际教育的起点。1952年，该专修班并入北京大学并改名为北京大学外国留学生中国语文专修班。当时，对外汉语教学仅局限于社会主义阵营和一些友好国家。1960 年 9 月，北京外国语学院成立非洲留学生办公室。1962 年，北京大学外国留学生中国语文专修班与北京外国语学院非洲留学生办公室合并，成立北京外国语学院外国留学生办公室，这是新中国第一个专门从事对外汉语教学的机构。1964 年，经国务院批准，外国留学生高等预备学校更名为北京语言学院（北京语言大学的前身），是以来华留学生语言教育为主要任务的高等学府。1973 年，联合国大会第 28 届会议将汉语列为大会和安理会的工作语言之一，标志着中国的国际地位得到提升，这为对外汉语教学大发展提供了可能。

二、快速发展阶段：对外汉语教学与国际汉语推广

改革开放是汉语国际教育飞跃发展的关键原因。1978 年，中国实施改革开放政策，对外汉语教学成为对外开放的重要行动，被提升到“国家和民族事业”的高度。随着改革开放的不断深入，学习汉语的留学生和开展对外汉语教学的高校数量快速增长。1983 年，北京语言学院开设对外汉语教学本科专业，专门培养对外汉语教师。1987 年，国家对外汉语教学领导小组成立，统一指导全国对外汉语教学工作。1998 年发布的《中华人民共和国高等教育法》规定，国家鼓励和支持高等教育事业的国际交流与合作。高等学校按照国家有关规定，自主开展与海外高等学校之间的科学技术文化交流与合作。为促进留学生教育事业的健康发展，2000 年，教育部、外交部和公安部颁布《高等学校接受外国留学生管理规定》，从管理体制，外国留学生的类别、招生和录取，奖学金制度，教学管理，校内管理，社会管理，出入境和居留手续等方面，明确了留学生的教育和管理办法。

21 世纪，对外汉语教学事业进入新的发展时期。2003 年，我国实施中国教育品牌战略，按照“扩大规模、提高层次、保证质量、规范管理”的原则，积极创造条件，扩大来华留学生的规模，积极实施“汉语桥工程”，加强海外“孔子中文学院”建设，大力推进网络和多媒体汉语教学项目，丰富对外汉语教学资源，全面推广汉语水平考试（Hanyu Shuiping Kaoshi，HSK），培训对外汉语教学教

师，推动各国教育机构开设汉语课程。[①]2004 年，为顺应汉语教育蓬勃发展的趋势，国家汉语国际推广领导小组办公室（简称国家汉办）在韩国设立了全球首家孔子学院，由此开启了在海外设立孔子学院的历程。2005 年 7 月，世界汉语大会在北京召开是对外汉语教学的转折点，标志着中国对外汉语教学向汉语国际推广的转变。国家汉办正式提出“汉语国际推广”，即把对外汉语教育作为一项事业推广到世界各地。“汉语国际推广不是纯教育，因为语言本身是一种产品，特别在向国际上推广的时候，就更是一个文化产品，必须以产业、市场的方式来运作。”[②]汉语国际推广具有增进世界人民对中国了解的功能，对塑造良好的中国国家形象发挥着积极作用。2007 年，为提高我国汉语国际推广能力，加快汉语走向世界的步伐，教育部设置了汉语国际教育硕士专业学位，旨在培养适应汉语国际推广新形势需要的国内外从事汉语作为第二语言/外语教学和传播中华文化的专门人才。

对外汉语教学作为一项新的教育事业，随着改革开放和人才培养建设的不断推进，教师和研究人员积极探索对外汉语教学遇到的问题，在理论和实践研究方面取得了可喜的成果。例如，创办了《国际汉语教学研究》《汉语国际传播研究》等期刊，以探索对外汉语教学理论和教学方法；出版了“对外汉语教学专题研究书系”，全面总结了对外汉语教学在各个领域的代表性成果，为对外汉语教学提高质量和加强学科专业建设奠定了基础。

三、规范发展阶段：汉语国际教育蓬勃发展

2012 年，教育部设置汉语国际教育本科专业，旨在培养能在国内外各类学校从事汉语教学及与语言文化传播交流相关工作的中国语言文学学科的应用型专门人才。[③]以汉语国际教育本科专业设置为标志，汉语国际教育进入规范发展的新阶

① 教育部. 2003—2007 年教育振兴行动计划[EB/OL]. http://www.moe.gov.cn/jyb_sjzl/moe_177/201003/t20100304_2488.html，2010-03-04.

② 许琳. 汉语文化“软推广”[EB/OL]. http://www.hinews.cn/news/system/2008/05/08/010232950_01.shtml，2008-05-08.

③ 陈学广，等. 汉语国际教育专业建设与教学研究[M]. 南京：东南大学出版社，2019：38-45。

段。党的十八大之后，中国广泛参与世界文明对话，促进文化相互借鉴，增强中华文化在世界上的感召力和影响力。越来越多的外国人渴望了解中国文化，一些国家甚至以官方的名义大力倡导汉语教育，如法国教育部设立“汉语总督学”一职，新加坡总理李显龙的重要讲话用中文演讲，英国政府提出把汉语列入中学必修外语课程，泰国政府宣布将汉语作为第一外语，世界上学习汉语的非华人学生数大幅增长。随着“一带一路”倡议的实施，中国与沿线国家在经济、社会、文化等方面的合作交流不断深入，语言互通为“一带一路”建设提供了保障，同时也成为互联互通建设的重要支撑。[①]汉语在“一带一路”建设中发挥了有效的沟通作用。

近年来，“一带一路”沿线国家开设汉语专业或课程的高校数量增速明显，以中亚四国（吉尔吉斯斯坦、塔吉克斯坦、土库曼斯坦和哈萨克斯坦）为例，2010—2015 年设置汉语专业或课程的高校数量达到 26 所，大约是 1991—2000 年的两倍。[②]据 2015 年全国来华留学数据统计，“一带一路”沿线有 25 个国家的大学开设中文专业。其中，11 个国家有 5 所以上的大学开设中文专业，俄罗斯有 300 多所大学开设了中文专业，泰国开设中文专业的高校有 55 所。[③]目前，一些“一带一路”沿线国家已经将汉语课程纳入中小学国民教育体系，反映出汉语国际教育蓬勃发展的态势。

第二节　走向世界的汉语

语言是交际工具，是不同国家沟通的桥梁。语言代表着一个民族的独特文化，

---

① 陈涛．“一带一路”战略下汉语国际传播的契机与挑战[J]．青海师范大学学报（哲学社会科学版），2017（2）：6-10.

② 李琰，聂曦．中亚高校汉语国际教育发展现状研究[J]．新疆师范大学学报（哲学社会科学版），2016（5）：77-84.

③ 陈涛．“一带一路”战略下汉语国际传播的契机与挑战[J]．青海师范大学学报（哲学社会科学版），2017（2）：6-10.

作为文化标识和文化载体，通过文化交流显示文化的影响力。2014 年的世界语言大会深入讨论了“语言能力与人类文明和社会进步”的话题，进一步加强了当今社会对提升语言能力重要性的认识，并达成《世界语言大会苏州共识》。

世界语言大会苏州共识

世界语言大会于 2014 年 6 月 5 日至 6 日在中华人民共和国江苏省苏州市举行。全体代表感谢中国政府与联合国教科文组织合作，为举办此次盛会所作出的慷慨贡献。会议代表围绕“语言能力与人类文明和社会进步”这一主题，就语言能力与社会可持续发展、语言能力与语言教育创新、语言能力与国际交流合作等议题进行了认真讨论，并达成了以下共识。

一、语言能力和社会可持续发展

语言是人类文明世代相传的载体，是相互沟通理解的钥匙，是文明交流互鉴的纽带。作为推动历史发展的重要力量，语言对于激发个体潜能，实现 2015 后全球发展新目标至关重要。语言能力是激发文化活力，促进认知发展，推动社会进步和经济繁荣的根本因素。

采取措施提升全体公民多种语言的能力，将有助于满足日益显现的全球社会需求。语言能力包括母语能力、国家通用语言能力、区域以及国际交流语言能力等。

二、语言能力与语言教育创新

以科学研究带动语言教育创新，从而提升语言能力。研究领域包括：人脑语言机制、信息交流技术（ICT）、有效教学法和基于母语的多语教学。

使用学习者的母语开展教学，是提高教学效果、促进身份认同的重要基础，母语教育应该应用在初期教育阶段。家庭和社区在母语学习中发挥着重要作用。手语和盲文应得到尊重并在教育中得到使用。各民族和土著民为使他们的语言世代相传所付出的努力，对一个公正和富有成效的世界亦很重要。教师教育是提升语言能力的一项重要投入。

三、语言能力与国际交流合作

促进人民、机构、国家之间的交流和学习是提升语言能力的重要途径，语言能力的提升也有利于促进人民、机构、国家之间的交流和文明互鉴。网络空间应体现世界的语言多样性，各语言社区都应该从信息交流技术中受益。

呼应国家、土著民以及移民社区需要的语言政策和实践，可以为一个全球化社会的和平共处增进有效沟通。[①]

进入21世纪，中华文化备受世界各国关注，中国对国际关系调整和全球化发展产生重要影响，一些国家学习汉语的需求和学习汉语的学生人数急速增长，为汉语国际教育飞跃发展提供了机遇。汉语国际教育以汉语教学为载体、以中华文化为主要内容，推动汉语走向世界，这是中国推进国际化的有效途径。

一、汉语的国际化

世界上的语言多达五六千种，各种语言使用人数差别显著、使用范围差异极大，存在一国一语、一国多语和一语多国等情况。近代以来，英语被公认为全球性语言，在全球众多领域得到广泛使用，在国际交流和全球化进程中发挥了重要作用。随着全球学习汉语的人口和需求急剧增长，汉语国际化进程不断加快。一些专家开始讨论汉语是否能成为全球性语言、汉语如何才能成为全球性语言、汉语成为全球性语言还需要具备哪些条件等问题。

（一）全球性语言的基本特征

根据社会交流功能的不同层次，语言可分为六类：一是民族语言，指一个民族的通用语言；二是族际通用语，指两个及以上的民族共同使用的语言；三是国家通用语，指在一个国家普遍通用的语言；四是区域性语言，指某区域内两个或两个以上国家或地区通用的语言；五是国际性语言，指在两个或两个以上国家中通用，或在众多国际组织、国际交往中经常使用的语言；六是全球性语言，指使用者人数众多，且在世界各地广泛分布，在国际政治、经济、文化、教育等领域广泛使用的语言。[②]全球性语言是社会交流功能最强大的语言，学习使用该语言已成为各国民众的自身需求和自觉行动。以英语的国际化为例，全球性语言一般要

---

① 世界语言大会苏州共识[EB/OL]. http://www.moe.gov.cn/s78/A18/moe_807/201406/t20140612_170233.html，2014-06-12.

② 吴应辉. 让汉语成为一门全球性语言——全球性语言特征探讨与汉语国际传播的远景目标[J]. 汉语国际传播研究，2014（2）：1-12，213.

具备以下基本特征。

第一，该语言的使用人口达到全球总人口的1/4，包括该语言的母语人口、作为第二语言和外语使用的人口。英国文化教育协会的统计数据显示，2012年，全球将英语作为第一语言、第二语言和外语使用的人数约为15亿，2012年全球人口为63亿，使用英语的人口约占全球人口的1/4。[①]

第二，该语言作为外语的使用人数众多。作为全球性语言，将其作为外语使用的人数应占全球总人数的12%左右。2013年，英语的母语人口仅为3.75亿，但把英语作为第二语言、外语的使用者却达到了11亿多。[②]

第三，该语言的使用者在全球分布广泛。将该语言作为母语、官方语言或通用语言的国家数量众多。参照英语的使用国家数量，应达到全世界国家总数的1/3[③]，且分布在世界各大洲。

第四，该语言是世界各国官方和民间交流的重要语言。该语言在世界经济、文化、教育、科技、传媒等领域被普遍使用，如重要的经贸文件、在全球广泛传播的文学艺术作品、各国的外语教学、主要媒体和信息载体等，都使用该语言。

（二）汉语全球化的可能性

语言是人类文明传递的载体和相互沟通的媒介，是国家和民族之间交往交流的纽带。在全球化进程中，随着中国国际交流活动的日益频繁和深入，汉语国际化显得日益重要。“随着当今人类进入信息时代，语言、语言能力、语言教育在全球各个国家都占有越来越重要的地位而备受重视。”[④]汉语作为全球使用人数较多的语种之一，对世界的影响逐渐加强。2020年4月，“全球中文学习平台”国际版手机移动端App正式上线，支持中、英、日、韩、俄、泰六种语言。截至5

① 转引自：吴应辉. 让汉语成为一门全球性语言——全球性语言特征探讨与汉语国际传播的远景目标[J]. 汉语国际传播研究，2014（2）：1-12，213.

② 根据英国文化协会网站公布的英语作为第二语言人数3.75亿和英语作为外语使用人数7.5亿相加而得。

③ 吴应辉. 让汉语成为一门全球性语言——全球性语言特征探讨与汉语国际传播的远景目标[J]. 汉语国际传播研究，2014（2）：1-12，213.

④ 陆俭明. 话说汉语走向世界[M]. 北京：商务印书馆，2019：1.

月底，该平台累计用户达 64.7 万人，覆盖 152 个国家和地区。[①] “全球中文学习平台”充分利用人工智能等先进技术手段，汇聚各类中文学习资源，打造能够随时随地、自主学习中文的网络学习环境。对外国人而言，掌握了汉语就意味着掌握了走进中国大门的“钥匙”，就会获得更多发展机会。对中国来说，汉语能否成为全球性语言最终取决于综合国力，因此需要不断提升国际地位，让更多的国家和人民了解汉语和认识中华文化，参与到学习汉语、使用汉语的行列。

目前，汉语成为全球性语言已经具备以下条件。

第一，使用汉语的人口众多。目前，以汉语为母语的人口总数约为 14 亿[②]，此外在东南亚还有数量较大的以汉语为第一语言的华人华侨。在新加坡，汉语被确定为四种官方语言之一，根据新加坡有关教育政策，华裔学生在小学和中学都必须学习汉语；在马来西亚，华人社区通行汉语，汉语教学完整地存在于华人举办的从幼儿园到大专的各级教育体系中；在泰国，汉语已进入各类教育体系中，“目前泰国有 3000 多所学校开设了汉语课程，100 多万人在学习汉语”[③]。汉语在泰国的快速传播堪称当今汉语走向世界的一面旗帜，预示着汉语成为全球性语言的美好前景。

第二，汉语的国际话语权日益扩大。话语权是指所表达的话语能被确认。国际话语权就是以国家利益为核心就国际事务发表意见的权利，是对国际事务和国际事件的定义权、对各种国际标准和游戏规则的制定权，以及对是非曲直的评议权、裁判权。[④]行使国际话语权，主要涉及话语施行者、话语内容、话语对象、话语平台和话语反馈，这五个要素是互相关联而成为一体的。世界格局已呈现多元化、多极化和多样性特征，需要中国担负“责任大国”使命，以中国主张为人类持久和平和共同繁荣做出贡献。据统计，世界上有 38 个国家或地区将汉语列为通用语言之一，母语人数在 5000 万以上的 23 种语言中，汉语仅次于英语、阿拉伯

---

① “全球中文学习平台”国际版已覆盖 152 个国家和地区[EB/OL]. http://www.moe.gov.cn/fbh/live/2020/52038/mtbd/202006/t20200603_462236.html，2020-06-03.

② 王春辉. 历史大变局下的国际中文教育——语言与国家治理的视角[J]. 云南师范大学学报（哲学社会科学版），2021（2）：50-63.

③ 杨讴，王天乐. 中文给泰国大学生插上梦想的翅膀[EB/OL]. http://www.cssn.cn/yyx/yyx_tpxw/201406/t20140616_1212078.shtml，2014-06-16.

④ 陈文力，陶秀璈. 中国文化对外传播战略研究[M]. 北京：九州出版社，2012：4.

语和法语。截至 2017 年，共有 67 个国家（地区）将汉语教学纳入国民教育体系，汉语学习者层级从中产阶层向上层和下层的扩散，显示了汉语学习的广阔前景。[①]汉语在各国教育体系的地位不断提升，汉语学习者规模逐步扩大，为中国话语权的扩大和汉语国际化创造了条件。

第三，汉语国际教育标准已经确立。2021 年，教育部、国家语言文字工作委员会正式发布《国际中文教育中文水平等级标准》，并于 2021 年 7 月 1 日起正式实施。这是对《汉语水平词汇与汉字等级大纲》《国际汉语教师标准》《国际汉语教学通用课程大纲》《中国汉语水平考试大纲》等汉语国际标准的升级和完善，是适应国际中文教育事业蓬勃发展的标准体系。该标准是面向外国中文学习者的规范标准，为国际中文教育事业发展提供了制度依据。该标准将学习者中文水平分为“三等九级”，并以音节、汉字、词汇、语法四种语言基本要素构成“四维基准”，以言语交际能力、话题任务内容和语言量化指标形成三个评价维度，以中文听、说、读、写、译作为五项语言技能，从而准确标定学习者的中文水平，为开展国际中文教育的各类学校、机构和企事业单位提供规范性参考。[②]

第四，中国的综合国力不断增强。汉语能否成为全球性语言和世界各国的首选外语，“取决于多方面的因素，而其中最重要的因素是两个：第一是国家强盛，特别是在经济、政治和综合国力上能居世界前列。这是最根本的因素。第二是国家科技、教育事业的高度发展，这是在具备前一个因素条件下的关键性因素”[③]。中国经济持续稳步增长，通过经济转型不断拓展发展空间。在新冠肺炎疫情对世界经济造成严重影响的情况下，中国经济仍然呈现出良好的发展势头，通过“双循环”策略创造了世界经济的奇迹，中国经济持续稳步增长并显示出强劲的发展潜力，国际影响力和综合实力持续增强，这是汉语成为全球性语言的决定性因素。[④]此外，中国大力发展教育，努力建设世界高等教育强国，有望成为全球最大的留学目的地国家。

---

① 王春辉. 汉语：从陆地型语言到陆地-海洋型语言[J]. 世界汉语教学，2019（1）：3-19.

②《国际中文教育中文水平等级标准》发布[EB/OL]. http://www.moe.gov.cn/jyb_xwfb/gzdt_gzdt/s5987/202103/t20210329_523304.html，2021-03-31.

③ 陆俭明. 汉语国际教育专业的定位问题[J]. 语言教学与研究，2014（2）：11-16.

④ 吴应辉. 让汉语成为一门全球性语言——全球性语言特征探讨与汉语国际传播的远景目标[J]. 汉语国际传播研究，2014（2）：1-12，213.

伴随世界政治经济格局的根本性变革，世界语言格局出现了新变化。汉语正在从陆地型语言向陆地-海洋型语言转换，汉语传播的范围开始遍布全世界，因此应重新定位汉语在当今世界语言格局中的位置，推动汉语建设全球性语言的进程。[①]可以预见，随着中国的日益强盛，如果在中国的国际企业招聘员工时要求其必须会使用汉语，各国学生在中国学习和研究必须参考中文文献的话，那么汉语就离全球性语言不远了。

二、汉语国际化的进程

“汉语热”加快了汉语国际化的进程。学汉语人数的增多，是汉语国际化“量”的显性标志。世界上从事汉语教学的机构增多，一些国家建立起从幼儿园、小学、中学到大学的汉语教学体系。比如在中亚地区，吉尔吉斯斯坦是开设汉语课程历史较长、汉语课程最多的国家，2015 年，共有 22 所高校开设了汉语课程，其中 9 所开设了汉语专业，5 所将汉语设置为必修课，15 所将汉语设置为选修课程。同年，哈萨克斯坦的阿拉木图市 3 所高校有本土汉语教师 54 人，远远超过了中国汉语教师的数量，本土汉语教师成为汉语国际传播的主力军。[②]汉语教学层次的多样化和汉语教育体系的不断完善，是汉语国际化的具体体现。

（一）汉语国际应用日益广泛

作为国际交流语言，汉语不仅应用在汉语教学、学术研讨等场合，而且在海外旅游景点标识、外销产品说明中也被广泛应用，应用场合的多样化，增加了世界各国人民对汉语的了解和学习机会。近年来，汉语国际教学事业获得空前发展，汉语走向世界的步伐明显加快，成为双边、多边以及区域性乃至国际性的媒介语。例如，在东亚的中、日、韩及东南亚各国的国际交流和国际事务中，汉语在一些场合逐步替代英语成为新的媒介语。[③]汉语学习呈现出大众化趋势，学习目标从“学

① 王春辉. 汉语：从陆地型语言到陆地-海洋型语言[J]. 世界汉语教学，2019（1）：3-19.

② 李琰，聂曦. 中亚高校汉语国际教育发展现状研究[J]. 新疆师范大学学报（哲学社会科学版），2016（5）：77-84.

③ 李泉，张海涛. 汉语国际化的内涵、趋势与对策[J]. 语言文字应用，2014（2）：107-117.

术和专业”向“实用和兴趣”拓展，学习方式和学习内容也呈现出多样化。“海外汉语教学由先前少数精英的学术性、猎奇性需求，转变为实用化、社会化、平民化和多元化需求趋势。”[①]习近平总书记指出：“沟通交流的重要工具就是语言。一个国家文化的魅力、一个民族的凝聚力主要通过语言表达和传递。掌握一种语言就是掌握了通往一国文化的钥匙。学会不同语言，才能了解不同文化的差异性，进而客观理性看待世界，包容友善相处。”[②]随着中国深度融入国际社会，汉语发挥着越来越重要的媒介功能。

孔子学院致力于在全球开展汉语教学并进行中外教育、文化交流合作。2004年首家孔子学院设立以来，孔子学院成为带动中国汉语教学与文化传播走向国际化的重要平台，被海外诸多媒体誉为“迄今为止中国出口的最好最妙的文化产品”。2013年2月，教育部制定《孔子学院发展规划（2012—2020年）》，强调基本建成功能较全、覆盖广泛的中国语言文化全球传播体系，汉语成为外国人广泛学习使用的语言之一。孔子学院推行儒家“和为贵”“和而不同”的理念，以推动中华文化与世界各国文化的交流与融合，促进世界多元文化发展。2017年，在146个国家（地区）建立了525所孔子学院和1113个孔子课堂，各类面授学员达170万人，网络注册学员达62.1万人。截至2020年底，全球范围内已有162个国家（地区）设立了541所孔子学院和1170个孔子课堂。[③]通过有效开展文化交流与合作，全球已有70多个国家将中文纳入国民教育体系，4000多所国外大学开设了中文课程，中国以外累计学习和使用中文的人数近2亿，奠定了国际中文教育的坚实基础。[④]

2020年，教育部宣布孔子学院总部更名为教育部中外语言交流合作中心，作为发展国际中文教育事业的专业公益性教育机构。该中心致力于为世界各国民众学习中文、了解中国提供优质服务，为中外语言交流合作、世界多元文化互学互

① 李泉. 关于建立国际汉语教育学科的构想[J]. 世界汉语教学，2009（3）：399-413.

② 习近平同德国汉学家、孔子学院师生代表等座谈[EB/OL]. http://www.xinhuanet.com/video/2014-03/30/c_126333471.htm，2014-03-30.

③ 国家汉办. 关于孔子学院/课堂[EB/OL]. http://www.hanban.org/confuciousinsti-tutes/node_10961.htm，2020-12-10.

④ 全球已有 70 多个国家将中文纳入国民教育体系[EB/OL]. http://www.moe.gov.cn/jyb_xwfb/gzdt_gzdt/moe_1485/202012/t20201215_505528.html，2020-12-15.

鉴搭建友好协作平台。在《孔子学院章程》中，孔子学院的宗旨被描述为“致力于适应世界各国（地区）人民对汉语学习的需要，增进世界各国（地区）人民对中国语言文化的了解，加强中国与世界各国教育文化交流合作，发展中国与外国的友好关系，促进世界多元文化发展，构建和谐世界”。中国国际中文教育基金会官网也明确指出孔子学院的宗旨是，“促进中文传播，加深世界人民对中国语言文化的了解，推动中外人文交流，增进国际理解”。从“构建和谐世界”向“增进国际理解”的转变，进一步明确了孔子学院的时代定位，即促进中国文化与世界文化相互交流、相互理解、相互包容。①

（二）孔子学院发展的困境分析

孔子学院致力于促进文化理解和沟通、文化交流，深化国际理解，构建人类命运共同体。然而，随着孔子学院的不断发展壮大，“社会身份的叠加、利益群体的多元、外部环境的复杂，以及意识形态的存在等，形成了一个纷繁广袤的想象空间，附着在孔子学院的身躯之上”②。分析孔子学院被质疑的原因，首先在于中方作为供给侧和外方作为需求侧的错位与不匹配，中方关注孔子学院的整体发展、运营管理、制度设计、服务定位等宏观问题，而外方主要关注学习者的学习动机、学习困难、教师的执教理念与教材使用等微观问题。其次在于角色和站位的不同。中方具有主位意识，外方则具有一种旁观者心态，既希望获得汉语教学资源，又顾虑中国文化影响力可能会对其自身文化产生威胁。最后在于评价主体的思维方式不同。中方以关系与互利为导向，外方以竞争与比较为导向。③概括而言，孔子学院的可持续发展面临着以下问题。

一是语言教学与文化传播孰轻孰重的问题。孔子学院的教学对象是来自不同文化背景的不同国家的民众，要求中文教学要与学习者个人的知识文化背景有效对接，在外国人知识结构中重构中国在西方世界的形象，从而使中国被越来越多

① 袁玉芝，李清煜. 融入、创新、发展：新时代孔子学院发展的困境与出路[J]. 中国人民大学教育学刊，2021（1）：170-180.

② 宁继鸣. 孔子学院研究年度报告（2017）[M]. 北京：商务印书馆，2017：1-18.

③ 张东辉，郑佳. 孔子学院海内外镜像之比较——基于 2015—2020 年间的孔子学院中英文文献述评[J]. 中国人民大学教育学刊，2021（1）：151-169.

地外国人理解和接受。[①]考察英语国际化的历史进程不难发现，英语的国际化进程既存在着市场需求，同时与语言和文化推广有着密切关系。汉语的国际化应该借鉴英语国际化的经验，积极开展汉语的国际推广工作，帮助外国人学习汉语，了解中华文化，加快汉语走向世界的步伐。

二是运行模式的问题。《孔子学院章程》规定，对新开办的中外合作设置的孔子学院，中方投入一定数额的启动经费。年度项目经费由外方承办单位和中方共同筹措，双方承担比例一般为 1∶1 左右。虽然在一些发达国家，学区和政府会对孔子学院有额外的财政预算，社会组织每年也会有一定数额的捐赠，但在一些经济不甚发达的地区，孔子学院往往处于资金不充裕、发展受限的状态。[②]孔子学院现在实行的"汉语教学+文化"的教学内容和形式过于单一，频繁地采用"汉语教学+武术""汉语教学+包饺子""汉语教学+剪窗花"等形式的传统文化活动，无法体现中国国内的真实生活状态。[③]事实上，孔子学院与其他汉语教学机构的不同在于它承载着文化功能，不仅要教授武术、书法等中国传统文化，更应该向世界传播电子支付、短视频等更能代表当代中国发展的特色现代文化。

三是汉语师资和汉语教材的问题。汉语国际教育人才供给缺口较大，很多国际中文学校和孔子学院面临专业教师数量不足的困境。2015 年，孔子学院组织培训各国本土教师 4 万人，派出中方院长、教师和志愿者 16 100 人。[④]同时，走出国门的汉语教材还出现了不能满足汉语学习者本土化需求的所谓"水土不服"的问题。[⑤]国内出版的通用型汉语教材容量较大、内容较难，无法兼顾海外学习者课时少的情况，且难以体现具体国别学习者的社会环境和文化习俗。此外，汉语教

---

① 袁玉芝，李清煜. 融入、创新、发展：新时代孔子学院发展的困境与出路[J]. 中国人民大学教育学刊，2021（1）：170-180.

② 詹海玉."一带一路"背景下的孔子学院发展策略探讨[J]. 河北师范大学学报（教育科学版），2017（6）：121-125.

③ 张虹倩，胡范铸. 全球治理视域下的汉语国际教育及孔子学院建设：问题、因由与对策[J]. 社会科学，2017（10）：26-35.

④ 许琳. 2015 年孔子学院总部工作汇报[J]. 孔子学院，2016（1）：10-17.

⑤ 李泉，宫雪. 通用型、区域型、语别型、国别型——谈国际汉语教材的多元化[J]. 汉语学习，2015（1）：76-84.

材编写者不具备国际化视野，缺少多元化意识，无法满足不同母语环境、文化背景和年龄层次学习者的个性化学习需求。

（三）孔子学院推进汉语国际化的策略

文化的认同和相互交流是汉语国际化的基础。根据孔子学院发展过程中面临的内在体制机制和发展环境问题，汉语国际教育需要实施融入、创新、可持续发展等发展策略，建立多元模式和长效机制。

首先是尊重文化多样性。在全球化时代，“和而不同”是世界多元文化发展的必由之路，是人类共同生存的基本法则。将中庸、和谐等儒家思想贯穿汉语课程，不仅能让外国民众了解中国博大精深的历史文化，还能为解决环境问题、污染问题、老龄化问题等提供有益借鉴，为不同文化交流提供一个合作、互鉴的平台。汉语国际教育教师应对当地社会开展全方位调研，了解当地中文学习者的需求和兴趣，在尊重文化多样性基础上开展语言教育，向世界有效介绍中华文化，提升中华文化的吸引力。

其次是创新发展模式。积极探索“汉语+高铁”等代表现代中国新科技发展水平的特色文化项目，通过灵活多样的教学模式，全方位展现中国文化，激发学生的汉语学习兴趣；允许民办教育机构和企业进入汉语国际教育领域提供产品与服务，将民间对外汉语教学机构纳入国际汉语推广体系①，激励民办教育机构开展对外汉语师资培训和对外汉语网络教学建设，树立民间公益教育机构新形象。

汉语国际化是一个双向的文化互动过程，需要吸收异质语言的因子，实现与其他语言和文化的互动。汉语国际化必然有一个汉语本土化的过程②，要考虑学生主体诉求，提升教育教学水平，进一步提升学生的国际理解能力；着力培养本土教师，建立健全教师专业发展机制，为本土教师提供深入体验中华文化的机会；推动孔子学院进入本土社会系统，切实保障学生、教师的发展权利。

---

① 安亚伦，段世飞. “一带一路”倡议下的汉语国际教育：现状、问题及对策[J]. 湖南师范大学教育科学学报，2018（6）：45-52.

② 高增霞. 简论汉语国际化[J]. 中国社会科学院研究生院学报，2007（6）：100-104.

第三节　中华文化的国际化

国际化成为全球化时代世界发展的大趋势。随着中国经济国际化的发展，文化国际化趋势不断强化，中华文化的国际交流与合作领域和方式不断拓展并日益多元化。

一、中华文化的发展

全球化和国际化是两个相关度很高的概念。全球化指世界经济、政治、技术以及科学的发展趋势，以及作为全球成员的各个国家和地区走向互相依存、休戚与共的发展状态。国际化则指全球成员走向世界的行动，“通常被视为社会组织、院校机构所采用的应对全球化的战略，也是高等教育机构积极参与全球化市场的方法或进程”，是“政府职能部门、学术系统、高等院校乃至高校各个院系为应对全球化所制定的各种政策和开展的各种项目”[1]。国际化是社会组织所采用的应对全球化的战略。中华文化国际化是中国主动走向世界的行动，也是中华文化可持续发展的必由之路。

（一）文化多元化

文化在广义上指人类在社会历史发展过程中所创造的物质财富和精神财富的总和；狭义上指人的精神活动成果、社会意识形态以及与之相适应的制度和组织，是精神和价值体系，核心是传统观念和道德规范。对文化可以做以下归类：第一类把文化作为动词来理解，如以文教化；第二类把文化理解为人类在社会历史发展过程中所创造的物质财富的总和和人类生活方式的总和，强调文化的人为性；

① 菲利普·阿赫巴特. 全球化与国际化[J]. 姜川，陈廷柱译. 高等教育研究，2010（2）：12-18.

第三类把文化理解为社会某一种具体的活动或社会生活的某些方面。[①]文化是对社会政治、经济的独特反映，主要指与人类精神活动及其产品有关的方面。

文化是建立在一定的物质要素、生产方式和社会形态基础之上的，每种文化都具有独特的性质和精神内核，记录着各民族历史发展的轨迹和特殊性。虽然各个国家和民族的文化存在显著差异，但它们的发展历程具有一般的历时性逻辑，大都经历了石器时代、青铜器时代、奴隶社会、封建社会等发展阶段，文化的源头及社会的载体使得文化发展具有某种同一性。“世界上每一个因具有高级活动而闻名的时代，在其顶峰阶段，以及在造成这一顶峰阶段的代表人物中间，都能发现某种深刻、普遍的特征，它们被不声不响地接受，在人们日常发生的行为上打下自己的印记。”[②]也就是说，文化是统一性与多样性的统一。多样性是客观存在的事实，即使同一种文化也会体现出某种“分叉”的属性。

文化的多样性指在社会生活或一个特定组织中，总是同时存在多种不同的文化样式，它们各自独立又相互联系，并在空间上并存。社会是由不同民族、不同群体组成的，社会成分的多样性决定了文化样式的多元化，每一种文化样式都有其客观性和独特价值，不同文化的相互交往和冲突融合促进了文化的发展与创新。纵观人类社会发展历程，世界上存在多种多样的文化，如中华文化、欧洲文化、俄罗斯文化、印度文化和非洲文化等，每一种文化自成体系，既具有独特性，又包含着多种文化样式。世界文化呈现多样性、交互影响的发展趋势，不同文化形态相互依存、互相碰撞，在相互交流沟通、互相借鉴中取长补短，增强了世界文化的多元化和丰富性。可以说，“每个社会的一部分文化都正在成为世界文化的一部分”[③]。全球化进程拉近了各种文化间的距离，互联网和智能技术拓宽了信息共享与沟通的渠道，不同文化背景的人和国家之间有了更多交往与交流的机会。

新时代是一个多元文化融合发展的全新世界，“和而不同”是世界文化多元发展的基本理念和生存状态。世界必将呈现出主体多层多元的特征，并最终走向休戚与共、互联互通，在文化上则表现为不同国家、不同民族文化的交流互鉴、兼容并包，尊重语言的多样性就是顺应世界文化的发展趋势。近代以来，英语作

① 叶澜. 教育概论[M]. 北京：人民教育出版社，1999：163-180.

② 裔昭印. 世界文化史[M]. 上海：华东师范大学出版社，2000：6-10.

③ 杨阳. 浅析文化在国际关系中的作用[J]. 现代国际关系，2002（4）：38-42.

为国际通用语言，在全球国际化进程中发挥着重要作用。对于非英语国家来讲，国际化语言的应用前提是本土文化背景下的国际语言表达。[①]中华文化以其丰富性、独特性与世界文化平等对话，这是中华文化国际化的重要方式。

（二）文化发展的主要机制

冲突与融合是文化发展的主要机制，反映了事物内部的对立统一关系。"所有的两极对立，总是决定于相互对立的两极的相互作用；这两极的分离和对立，只存在于它们的相互依存和相互联系之中，反过来说，它们的相互联系，只存在于它们的分离之中，它们的相互依存，只存在于它们的相互对立之中。"[②]"随着经济全球化进程的深入，在世界的大舞台上展现各民族文化间的交融与碰撞，即出现世界多元文化的融合化，这是总体趋势。"[③]文化的相互融合与创新发展表现为文化冲突、文化融合、文化适应与文化转型等主要形式。

文化冲突指不同性质、特征的文化，其功能和力量在释放过程中由于差异而引起的互相冲撞和对抗的状态，即不同文化在相互依存、相互碰撞的过程中，或某一文化由一阶段发展到另一阶段时，由价值观念、行为规范的差异导致文化之间相互对立、相互排斥，甚至相互对抗。随着经济全球化和社会变迁的加速，文化变迁的速度明显加快，同一文化内部的文化样式不断更迭，不同文化间的碰撞和互动越加频繁，文化冲突成为客观现实。文化冲突的产生可以分为两种情形：一种是两种或两种以上的不同文化发展的不平衡，以及相互冲突的矛盾；另一种是同一种文化在发展的不同历史阶段的变化和革新。文化冲突的根源是不同文化的对抗和同一种文化内部存在的矛盾，换句话说，文化冲突是文化关系中各种矛盾的展开过程。

文化融合是异质文化之间相互接触、彼此交流和融会贯通的过程，是文化发展演进的必然过程。文化融合是一个赋予旧文化生命力和发展动力的互动过程，一般是指在物质技术、制度行为和精神观念等三个层次的互动和渗透。正是文化

---

① 田振江. 中国文化国际化传播中的文化自觉[J]. 对外传播，2015（12）：54-56.

② 中共中央马克思恩格斯列宁斯大林著作编译局. 马克思恩格斯选集·第4卷[M]. 北京：人民出版社，1995：349.

③ 曹德本. 中国传统文化与世界多元文化[J]. 清华大学学报（哲学社会科学版），2001（4）：2-5，15.

融合过程中各种文化要素的相互借鉴和重新组合，以及各种对立面和矛盾关系的调适和共存，才使得文化具有强大的生命力。

文化适应是外来文化和本土文化的互动过程。对于本土文化而言，主动地适应外来文化是一种有目的地吸纳和主动选择的行为。例如，近代中国在面对西方列强的坚船利炮时，仁人志士围绕选择何种发展道路的问题进行了争论和探索，从“师夷长技以制夷”到新文化运动再到中国共产党的成立，均表现为积极学习和借鉴外来文化，在传统文化与西方文明的冲突过程中寻找适合中国的发展道路。我们会在本土文化与外来文化的碰触中感受到文化差异，通过认识并产生主动变化的过程就是文化适应。①可以说，文化适应是一种与自身要求紧密联系的理性反应或应变措施。

文化转型是通过外来文化与本土文化的冲突与调和，产生新型文化的过程。人类文明发展历程就是不同文化的交流史，如希腊学习埃及、罗马借鉴希腊。文化转型是一种内在创造性的转化，是通过吸收其他文化的精神内核和积极因素，对自身进行积极改造并创新的文化发展方式。

（三）中华文化与汉语国际教育

我们通常所说的文化，是相对于经济、政治而言的人类全部精神活动及其产品。文化虽然看不见摸不着，却时刻影响着人的思想和行为，影响着人认识事物的角度、深度和广度，影响着人的生活目标、思维方式和行为选择。文化与教育密不可分，教育是文化的一部分，教育关乎人文，化成天下。文化对教育的影响潜移默化且深远持久，决定着教育的发展方向。中国的教育之所以与众不同，源于中国独特的文化传统和精神底蕴，所以中国教育只有扎根“中国文化”，成为根植于中国文化的“教育”，才能走出一条独特的教育发展之路。

中华文化先后借鉴并容纳了中亚游牧文化、波斯文化、印度佛教文化、欧洲文化等不同的文化类型，最终形成了中华文化具有包容性的多元一体格局。中华文化的包容性涵养了中国人独特的“海纳百川，有容乃大”的精神品质和“兼爱非攻”的宽广胸怀。汉字中蕴含着深厚的中华文化内涵，如“中”字，结构上体现了中华文化“协调和均衡”的特点，凸显了中国人审美心理均衡对称和四平八

① 陈平. 多元文化的冲突与融合[J]. 东北师大学报，2004（1）：35-40.

稳的特征；“忍”字的结构是“心头一把刀”，寓意“要能耐得住寂寞”，既要有“卧薪尝胆”的坚韧，还要有“十年寒窗”的不懈追求，隐含着中国人“不妥协，有坚守”的文化性格。

汉语国际教育的载体是汉语，而语言离不开文化。汉语国际教育不仅是汉语言教学，也是中华文化的传播过程，是语言、文化一体化的教学，是语言教学与文化教学的有机结合。外国人学习汉语不仅仅是在学习汉语的语音、汉字、词汇、语法等，更是在学习中华文化。比如“龙”字，龙是中华民族的图腾和表达“卓越”“崇敬”等理想的文化符号，在中华文化中具有特别重要的意义，“龙的传人”“望子成龙”等都有典型的中华文化意蕴。当外国学生了解了“龙”字产生的渊源和蕴含的意义之后，就会对“龙”肃然起敬。又比如“班门弄斧”“愚公移山”等成语，都蕴含着深厚的历史文化内涵及引申意义，如果不了解成语背后的故事，仅从字面上是无法理解其真正含义的。再比如“路遥知马力，日久见人心”“人不可貌相，海水不可斗量”等谚语格言，蕴含了中国式的人生哲理和哲学思想，只有理解了中国历史文化，才能准确掌握这些语言知识，进而加深对中华文化精神的体悟。

汉语国际教育要求教师树立多元文化教育理念，具有深厚的中华文化修养，把中华文化融入语言教学和交际能力的训练中，根据汉语教学不同阶段的教学目标嵌入中华文化的相关内容。例如，初级汉语教学阶段的重心是语音和汉字等基础语言知识的训练，应集中介绍汉字的结构及其文化渊源，让初学汉语者掌握开启汉字学习大门的“钥匙”。中级汉语教学阶段要在语言教学中重视文化内容的讲解，语言教学主要集中在掌握并运用大量的汉语词汇和句式，可以进行汉语词汇文化底蕴和文化背景的介绍和讲解，激发学生的学习兴趣，给他们拓展汉语学习提供广阔的文化空间。高级汉语教学阶段要集中介绍中国的文学、历史、地理、习俗及中国人的思维方式和道德观念，让学生深入理解中华文化的精神特征和中国人的行为特点，让他们充分融入中华文化生活场景，提高他们的语言交际能力。

二、中华文化的多元融合发展

中华文化历史悠久、底蕴深厚，具有开放包容和多元融合的显著特征，历史上汉族与其他民族广泛交往、交流和交融，不断借鉴和吸收外来文化，文化内涵得到持续丰富和发展。中华文化走向世界，深刻影响着世界文化的发展进程，是世界文化多元化的重要力量。

中华各民族最终能交融汇聚成多元一体的多民族共同体，还有两个外部条件起到了重要作用：一个是辽阔的疆域；另一个是悠久的历史。我国疆域四周或是高山峻岭，或是荒漠戈壁，或是严寒冻土，或是浩渺大海，形成了相对封闭的自然环境，由内向外迁徙、流动较易，而大量人群由外向内迁徙则比较艰难。辽阔的疆域为各民族的交往、交流和交融提供了稳定的空间和纽带，相对封闭的环境有利于保持中华各民族的独立性和稳定性。中华各民族围绕中原地区进行了丰富的政治、经济、社会、文化活动，为创造丰富多彩、多元多样、悠久绵长的中国历史做出了巨大贡献，同时也给中国社会历史发展打上了多元化和多样性的印记。[①]中国历史悠久，有上下五千年的文明史，在长期的历史发展过程中积累了丰富的文化成果，并趋于文化大一统。多元一体的中华民族共同体是一个具有强大内聚力和强大生命力的命运共同体。

中华文化是一个庞大的体系，主要包括生活文化、习俗文化、文化经典、制度文化和观念文化五个部分，每个部分都能反映中国人某些方面文化生活的独特性。生活文化包括饮食起居和日常交往等方面，在《三字经》《颜氏家训》等中有较多体现。例如，在姓氏后加辈分和职位表示尊敬，不允许晚辈对长辈直呼其名。习俗文化指各地的风土人情，包括婚丧嫁娶、忌讳、节日等。例如，除夕全家守夜，春节互相拜年、给孩子“压岁钱”，清明踏青、扫墓、祭奠先人，形成了独特的节日民俗文化。文化经典是中华民族宝贵的文化遗产。例如，《道德经》《易经》《逍遥游》《论语》等古代经典，《永乐大典》《四库全书》等集大成的文化典籍，汉赋、唐诗、宋词、元曲等中国文学的表现形式，《清明上河图》《兰亭序》等古代艺术珍品。制度文化包括政治制度、经济体制、教育制度等。例如，郡县制、科举制及中国人对“学而优则仕”的教育追求。观念文化主要指世界观、价值观、道德教化等深层次的文化心理特征，传统伦理和道德规范渗透在中国人工作和生活的方方面面。例如，中庸之道、和为贵、顺其自然、无为而治等观念

① 杨建新. 再论各民族共创中华民族[J]. 中央民族大学学报(哲学社会科学版)，2020(4)：5-12.

对中国人的行为方式产生了深远影响；孔子、长城、故宫、四大发明、京剧等中国独特的文化符号，被称为中华民族特有的文化记忆；中国人推崇礼尚往来、礼贤下士，倡导低调、内敛和谦虚，经常使用“寒舍”“犬子”“拙作”等自谦语，表示礼节和对他人的尊重，这些都与西方观念文化有着根本差异。

中华文化总体上表现为“和合”文化，尊重差异、包容多样是其核心内容。中华各民族都有其各具特色的文化，这些文化与其生存发展环境相适应，表现出地域和民族差异。但各民族文化均产生于中国的广阔疆域，一脉相承，具有共同的历史遭遇和文化境遇，各民族间交往、交流和交融，相互借鉴和融合发展，共同的文化基因既是各民族长期密切联系的重要精神纽带，也是形成中华民族文化认同的根基所在。①中华民族共同的文化基因主要包含两个方面：一是民族文化的外在表现符号，也就是显性文化的代表因素；二是民族文化的内在价值理念，以精神文化为主。多元一体的中华民族文化不仅成为联结各民族的重要精神纽带，也为中华民族的一体性和中华民族文化的多元性，以及构筑中华民族共有精神家园提供了重要保障。②各民族的语言文字在文化的相互影响和借鉴中不断融合，部分民族的语言文字发生了变化，或失去了自身的特性，或融入了其他民族的语言文字中。例如，满语的很多词汇被汉民族吸纳、借鉴，汉语经过吸纳借鉴别的语言最终成为中华民族通用语言，反映出中华文化多元一体发展的历史趋势。

三、中华文化的国际交流

历史上，中华文化与世界各种文化平等交流，为世界文化做出过独特贡献。即使在近代，中华文化的国际交流也没有中断过。“20 世纪二三十年代，在当时西方文化强势的背景下，留德生能够凭借中国文化的高度自觉，向德国乃至西方世界传播中国文化的多彩内容，展示了中国文化的独特价值，维护了中国文化的

---

① 张国祥，姜伯奎，唐豪. 中华文化认同的基因、现实问题及未来走向[J]. 武陵学刊，2019（4）：17-26.

② 李静，陈丽丽. 交往与共生：试论中华民族多元一体特征[J]. 贵州民族研究，2020(10)：2-7.

尊严。”[①]随着全球化进程加快，各种文化的交往和交流范围日益扩大，不同文化之间相互借鉴、相互影响、相互渗透，呈现出多元互补、竞争发展的态势。21世纪，中国顺应知识经济、全球化发展大趋势，实施文化“走出去”的开放发展战略，积极参与国际文化交流，搭建国际文化交流平台，展示了中华文化的博大精深，有力地推进了中华文化的国际化进程。

近年来，汉语国际教育成为中华文化传播的重要方式。美国外语教学委员会（American Council on the Teaching of Foreign Languages，ACTFL）的一项外语学习招生调查显示，美国有大约25万中小学生在学校和课外班学习汉语。中小学的中文沉浸式教学项目数量迅速增加，成为仅次于西班牙语和法语的第三大外语课程。[②]在美国讲授中国古典文学的蔡宗齐教授认为，“在全球化时代，先要懂得自己的文化，又要走出去，对国际文化有一定了解，才能以平常心相互参照，知己知彼。这是一对互动关系，缺一不可，否则就容易滋生各种偏执观点”，“在英语世界里传播中国古典文学，所求也并不是非得让美国大学生对中国古典诗词之美如痴如醉，而是希望他们体会和领悟文化的多样性，认识到每一种文化，都是世界文化的一部分”[③]。他开设了中国古典诗歌与翻译、中国古典文学等课程，教美国学生推演律诗平仄，发现中国古典诗词之美，理解中国传统审美思想，接受中华文化中具有普遍意义的价值观，为汉语国际传播奠定了文化认同基础。

中华文化的国际化关系着世界的和谐发展。“一个民族和国家文化的进步，离不开本民族和国家文化的健康传播。没有交流的文化系统是没有生命力的静态系统；断绝与外来文化信息交流的民族不可能是朝气蓬勃的民族。”[④]文化是综合国力的重要体现，文化影响力是指一个国家或地区基于文化而具有的凝聚力、生命力、创新力和传播力，以及由此而产生的感召力。“推动中华文化走向世界，是一项重大战略任务；推动中华文化走出去，是营造良好外部环境、塑造良好国家形象的战略选择；推动中华文化走向世界，是促进各国文化交流互鉴、维护人

① 元青，王晓霞. 20世纪二三十年代留德生与中国文化对德传播[J]. 天津师范大学学报（社会科学版），2013（2）：25-30.

② 西莫内·麦卡锡. 汉语沉浸式教育在美结出硕果[N]. 参考消息，2018-09-11.

③ 徐剑梅. 让美国大学生读懂唐诗宋词——专访美国伊利诺伊大学教授蔡宗齐[N]. 参考消息，2017-02-17.

④ 冯天瑜，何晓明，周积明. 中华文化史[M]. 上海：上海人民出版社，1990：77.

类文明多样性的必然要求……”①

第四节 汉语国际教育的发展趋势

随着汉语得到国际社会前所未有的重视，如何构建一个面向世界的汉语国际教育学科成为重要课题，理论研究为教学实践提供理论、标准、策略、模式等方面的支持，为汉语、汉字和中华文化教学提供知识、方法、规律等方面的学术保障。②近年来，随着中国综合国力和国际影响力的提升，“全球学习汉语的人数持续快速增长，低龄汉语学习者显著增加，越来越多的国家把中文教育纳入国民教育体系，汉语国际教育呈现出蓬勃发展、欣欣向荣的景象”③。然而，汉语国际教育发展水平与国际需求还不相适应，如缺乏业务精湛的汉语教师，难以满足世界各国对汉语教师的多层次需求；缺乏具有针对性的本土化教材，难以满足海外汉语教材的多元化、多层次需求。我们对汉语国际教育的研究还不够深入，尤其是对汉语作为第二语言教学服务的汉语本体研究还远远不够，汉语国际教育的学科定位还存在分歧，学术资源的分配无法支撑汉语国际教育学科发展。④为适应全球经济一体化、政治多极化、文化多元化的发展趋势，我们需要对汉语国际教育的学科属性和发展定位进行进一步的研究和确认。

一、夯实汉语国际教育学科发展基础

2007 年 5 月，国务院学位办下达《关于开展汉语国际教育硕士专业学位教育

① 刘奇葆. 大力推动中华文化走向世界[N]. 光明日报，2014-05-22.

② 李泉. 关于建立国际汉语教育学科的构想[J]. 世界汉语教学，2009（3）：399-413.

③ 施家炜. 汉语国际教育专业人才培养的现状、问题和发展方向[J]. 国际汉语教育（中英文），2016（1）：13-17.

④ 崔希亮. 对外汉语教学与汉语国际教育的发展与展望[J]. 语言文字应用，2010（2）：2-11.

试点工作和推荐全国汉语国际教育硕士专业学位教育指导委员会委员人选的通知》，批准北京大学、中国人民大学、北京师范大学等 24 所研究生培养单位开展汉语国际教育硕士专业学位教育试点工作。2009 年，国务院学位办再次批准中国传媒大学、中央民族大学等 39 所院校新增为汉语国际教育硕士专业学位培养单位，汉语国际教育硕士专业学位研究生培养单位增至 63 家，标志着汉语国际教育成为一门独立学科。学科有两种含义：一种是作为知识体系的科目和分支；另一种是指高校开展教学、科研活动的组织形式，是对教师教学、科研业务隶属范围的相对界定。专业和学科不同，学科为专业建设提供知识、理论和平台等支撑，专业为学科承担人才培养的任务。汉语国际教育作为一门新兴学科，将在世界第二语言教学领域扮演日益重要的角色。但在我国目前的学科设置中，汉语国际教育人才的培养缺乏学科依托，“人才培养主要分散在中国语言文学、外国语言文学、教育学等不同学科领域，不利于培养汉语国际推广需要的综合性人才”①。

汉语国际教育学科还处于建设与发展阶段，其学科体系构建还需要夯实学科知识基础、加强学科本体建设并拓展学科应用领域。汉语国际教育具有学科与事业的双重属性，超越了传统意义上的学术与学科。汉语国际教育究竟是一门什么样的学科呢？从学科属性来看，汉语国际教育属于人文社会学科，与哲学、中国语言文学、外国语言文学、新闻与传播学、教育学、法学、经济学、管理学等是平行学科。实际上，汉语国际教育学科理论体系建设尚处于草创阶段，迫切需要学科理论创新。中国有世界上规模最大的汉语师资队伍和汉语国际教育学科团队，理应创建出具有汉语特色和中国气派、世界领先的汉语国际教育学科理论体系。②汉语国际教育要有学术自信，主动与国际接轨，虚心学习国际先进第二语言教学理论与方法，深刻认识汉语及汉语教学的特殊性，构建一套既具有汉语教育特色又能与国际第二语言教学接轨的理论体系。汉语国际教育学科理论建设要吸收对外汉语教学学科的理论基础，将学科理论建设的重点转为主要针对世界各国的汉

---

①《汉语国际教育硕士专业学位设置方案》说明[EB/OL]. http://yz.chsi.com.cn/kyzx/zcdh/200706/20070601/917291.html，2007-06-01.

② 吴应辉. 汉语国际教育面临的若干理论与实践问题[J]. 云南师范大学学报（哲学社会科学版），2016（1）：38-46.

语教学，充分反映汉语作为第二语言教学的需要，构建汉语国际教育学科的全新理论体系。

“双一流”建设作为我国高等教育的重大战略决策，目标是推动一批高水平大学和学科进入世界一流行列或前列。国务院印发的《统筹推进世界一流大学和一流学科建设总体方案》明确提出“加快建成一批世界一流大学和一流学科，提升我国高等教育综合实力和国际竞争力”。汉语国际教育具有鲜明的跨学科性，支撑汉语国际教育的学科包括中国语言文学、外国语言文学、教育学、文化学、传播学、心理学、艺术学、国际关系学、华人华侨学等。汉语国际教育的基础理论体系包括国际汉语教学与习得理论、文化教学与传播理论、汉语国际教育史。汉语国际教育的应用理论体系包括国际汉语教学能力（主要包括汉语基础知识、教学设计、教材编写与使用、课堂教学、语言测试、教学评估、教具制作、现代教育技术应用、教学组织与管理、教学调查分析等）、中国文化传播能力（主要包括中国文化基础知识与技能、才艺展示、各种文化活动的组织、文化宣传等）、跨文化交际能力（主要包括外语能力、国际礼仪、跨文化交际技巧等）、国际汉语教师培训（主要包括培训设计、培训的组织与实施、培训评估等）。[①]

二、突出汉语国际教育的文化使命

根据《全球外语学习标准》（2014 版）和国际外语教学界的新理论、新方法，全球外语学习标准是建立在 5 C[沟通（communication）、文化（culture）、贯连（connection）、比较（comparison）、社区（community）]基础之上的，其中沟通位于最核心的位置，文化的重要性仅次于沟通，社区、贯连、比较必须有文化的参与方可完成。[②]“文化”是完成“沟通”的必要条件，因此我们需要重新认识汉语作为外语教学中“文化”的使命。

① 李向农，贾益民. 对外汉语与汉语国际教育：专业与学科之辨[J]. 湖北大学学报（哲学社会科学版），2011（4）：21-25.

② 赵明. 对国际汉语教育中“文化”的再认识——由《全球外语学习标准》引发的思考[J]. 云南师范大学学报（对外汉语教学与研究版），2016（4）：32-39.

（一）汉语教学要承担起文化使命

文化不仅是汉语国际教育学科的构成部分，也是课堂教学的有机组成部分。汉语国际教育中的文化并不是语言本体研究的对立物，而是语言要素的有机组成部分。语言教学与文化教学的关系并不是非此即彼的矛盾关系，而是互为表里的内在关系，就像一枚硬币的两面。例如，下乡（到农村去）、下海（指放弃原来的工作而经营商业）、下岗（职工因企业破产、裁减人员等失去工作岗位），分别发生在 20 世纪 50 年代、90 年代初期和 90 年代中后期，属于特定历史时期的产物，是纯粹的中国文化知识，如果不了解中国的历史文化背景，对这三个词的理解就存在困难。

汉语教学离不开文化教育。“汉语国际教育面对的是来自世界各地的莘莘学子。他们母语各异，文化背景不同；在汉语学习中有不同文化的交融与碰撞，彼此的沟通与交际，这本身就是一个跨文化交流与交际过程。”[①]近年来，国际汉语教学出现了营造文化语境的方式，诸如节庆风俗展示、学习琴棋书画或民族歌舞、文化考察等文化表层的活动。这种文化活动虽然引起了外国人学习汉语的兴趣，但还达不到“语言与文化相结合”的教学目标。国际汉语教学中的文化是隐藏在民俗、风俗习惯与技能背后深层次的东西，深刻影响着人们的行为模式，决定着人们怎么做以及为什么这么做。

（二）文化是准确使用语言的保证

语言是文化的载体，要准确理解语言，只懂得字词句的意思是远远不够的，必须结合文化语境来理解语言的意义。汉语国际教育研究者对汉语教学中的文化现象存在多种认识，如“交际文化”“知识文化”“文化表象”“文化因素”“文化知识”“行为文化”“物态文化”“制度文化”“文化技能”等。《全球外语学习标准》（2014 版）把文化视为一种语境，语境是指某个词句的上下文，即语言语境。语境分为情景语境和文化语境。在语言的学习中，强调在文化适当的情境中整体地使用语言，这是检验一项外语教学是否成功的根本准则。[②]评判成功的

① 亓华，等. 汉语国际教育跨文化交流理论与实践[M]. 北京：北京师范大学出版社，2016：序.

② 赵明. 对国际汉语教育中“文化”的再认识——由《全球外语学习标准》引发的思考[J]. 云南师范大学学报（对外汉语教学与研究版），2016（4）：32-39.

外语教学的原则不仅是语法准确、语音准确，更重要的是能在文化适当的语境下得体地使用语言。基于《全球外语学习标准》（2014 版），文化成为语言学习和使用的语言环境，学习者只有在作为语境的文化中得体地使用语言，方能准确理解语言的意义。

（三）汉语国际教育的文化价值追求

任何语言都承载着一定的价值观念，承载着一个民族的文化传统及其精神信仰，并向外界展示着该民族的精神特质和思维方式。文化是一个国家、民族的精神命脉，已渗透到社会生活的方方面面，成为民族社会文化性格的基础。汉语国际教育需通过探究语言背后隐含的文化基因，把外国学生的注意力引导到中华文化上来，深化对中华民族精神的理解，创设帮助其深入理解中文意蕴的文化语境。

汉语国际教育应关注语言背后的文化价值，通过文化架起人与人之间心灵和情感沟通的桥梁，形成国与国之间加深理解和信任的文化纽带。汉语国际教育要大力培养拔尖创新人才，包括各国本土汉语国际教育高端人才，提升汉语国际教育尤其是海外汉语教学的研究水平，产出具有国际影响力的前沿理论成果，研发丰富多彩的汉语国际教育产品，在推动中华文化国际传播中提升学科地位。“让愿意学习汉语的外国学生学习、掌握好汉语汉字，培养他们综合运用汉语的能力……并以此让外国学生了解灿烂的中国文化。”[①]了解汉语背后丰富的文化传统底蕴，可以为外国留学生学习独具魅力的汉语言奠定扎实基础。

① 陆俭明. 汉语国际教育专业的定位问题[J]. 语言教学与研究，2014（2）：11-16.

第四章　汉语国际教育人才培养的探索

目前，国际汉语师资培养在本硕博各层次均已展开，并形成了基本完善的汉语国际教育专门人才培养体系，培养了一大批从事汉语作为第二语言教学的专门人才。2012 年以来，学者围绕汉语国际教育本科专业定位、汉语国际教育教师素质、汉语国际教育专业课程体系建设等主题进行了深入研讨，旨在进一步推动汉语国际教育本科专业建设与发展。汉语国际教育的目的是为世界各国建造通向中国的友谊之桥，核心任务与内容是汉语言文字教学，出发点和终极目标是让愿意学习汉语的外国学生学习并掌握汉语和汉字，培养他们综合运用汉语的能力。2019 年“第四届全国高校汉语国际教育本科专业建设研讨会”提出以全人发展为指导，以知识、技能、智慧、情感、态度为基本框架，构建汉语国际教育专业人才培养的能力指标体系，以推进汉语国际教育专业建设和人才培养。

第一节　汉语国际教育专业建设

汉语国际教育本科专业的前身是对外汉语本科专业。1985 年，北京语言学院、北京外国语学院、华东师范大学、上海外国语学院等四所高校获批设立对外汉语本科专业，为我国培养对外汉语教学和汉语国际教育专业人才。1998 年，教育部颁布的《普通高等学校本科专业目录》设置对外汉语专业（控制设置专业），2005 年，全国有 62 所高等院校开设对外汉语教学本科专业，截至 2007 年，共 87 所院校开办对外汉语专业，2008 年，教育部高教司审批新增对外汉语专业高校 31 所，

2009年，新增15所，至此开设对外汉语专业的高校达到133所。[①]2012年，教育部将对外汉语、中国语言文化、中国学合并为汉语国际教育专业，与此同时，硕士和博士层次的国际汉语人才培养工作也逐步展开。1986年，北京大学和北京语言学院等院校开始培养对外汉语教学方向的硕士研究生；1999年，教育部批准北京语言文化大学（今北京语言大学）设立我国第一个对外汉语教学专业博士点；2007年，国务院学位委员会颁布《汉语国际教育硕士专业学位设置方案》，设置汉语国际教育硕士专业学位；2010年，国务院学位委员会将汉语国际教育硕士专业学位归为教育学门类；2013年，北京语言大学自主增设汉语国际教育博士学位点；2016 年，北京语言大学等高校自主设立汉语国际教育博士二级学科；2018年，北京大学等高校招收汉语国际教育博士专业学位研究生。

一、汉语国际教育专业人才培养规格

汉语国际教育专业的人才培养定位体现在以下四个方面：一是培养应用型人才，使其具有从事国际汉语教学的基本理论知识和技能；二是突出适应能力，根据本行业与区域发展需求构建课程体系；三是强化实践能力，培养学生活学活用、解决问题的能力；四是具有强烈的创新意识和创新能力，培养学生独立思考和独立解决问题的综合能力。《国际汉语教师标准》对国际汉语教师应该具备的知识、能力、素质等做了明确要求，该标准由语言知识与技能、文化与交际、第二语言习得理论与学习策略、教学方法和综合素养五大模块组成，并根据办学层次，分别对汉语国际教育本科和研究生的人才培养规格制定了规范。

（一）汉语国际教育本科专业

汉语国际教育本科专业培养既具有系统、扎实的汉语言文学的基本理论知识和技能，又具有跨文化交际理论，同时具备较高的人文素质及较宽厚的相关学科知识，能用双语进行交流、教学，对中国文学、中国文化及中外文化交往有较全面的了解，能在国内外有关部门、各类学校、新闻出版、文化管理和企事业单位

---

① 李向农，贾益民. 对外汉语与汉语国际教育：专业与学科之辨[J]. 湖北大学学报（哲学社会科学版），2011（4）：21-25.

从事对外汉语教学及中外文化交流等相关工作的应用型专门人才。毕业生经国家汉办的考试和选拔可以志愿者和汉语教师的身份去国外从事汉语作为第二语言的教学工作，也可在国内汉语培训机构、汉语学校及国际中小学从事教学或教学管理工作。

汉语国际教育本科专业开设的主要课程包括现代汉语、古代汉语、语言学概论、对外汉语教学概论、对外汉语教学法、词义辨析、中国古代文学作品选、中国现当代文学作品选、外国文学作品选、中国文化概论、教育心理学、中外语言文化比较、汉语写作、英语等。学生取得毕业资格并符合授予学位条件，可获得文学学士学位。

（二）汉语国际教育硕士

汉语国际教育硕士是与汉语国际教育本科专业相衔接的专业学位，主要培养具有熟练的汉语作为第二语言教学技能和良好的文化传播技能、跨文化交际能力，适应汉语国际推广工作，胜任多种教学任务的高层次、应用型、复合型、国际化专门人才。专业培养方案要求学生具备良好的专业素质和职业道德；热爱汉语国际教育事业，具有奉献精神和开拓意识；具备熟练的汉语作为第二语言教学技能，能熟练运用现代教育技术和科技手段进行教学；具有较高的中华文化素养和传播能力；能流利地使用一种外语进行教学和交流，具有跨文化交际能力；具有语言文化国际推广项目的管理、组织与协调能力。汉语国际教育硕士课程设置以实际应用为导向，以国际汉语教师的职业需求为目标，围绕汉语教学能力、中华文化传播能力和跨文化交际能力的培养，形成了以核心课程为主导、模块拓展为补充、实践训练为重点的课程体系，强调教学实践，赴海外顶岗实习或在国内教育机构进行教学实习，学位论文选题应具有应用价值，紧密结合汉语国际教育实践。完成课程学习及实习实践环节，修满规定学分，教学实习合格，完成学位论文并通过答辩者，可获得汉语国际教育硕士专业学位。

近年来，随着汉语国际教育专业建设和人才培养实践的深入，对现有培养方案的修订和完善已经开始。例如，“培养目标的描述如何更加切合专业人才培养的需要和就业的实际情况，学制学时的规定和课程设置如何更加合理和实用，具体课程设置及体系建构如何与培养目标更加匹配，国际汉硕生的课程设置如何更有针对性，汉硕生的学位论文内容取向与写作要求如何更有可操作性”[①]。对这些问题的深入研究，有助于提升汉语国际教育硕士培养的针对性，突出人才培养方案的专业特色。

二、汉语国际教育本科人才培养的新变化

随着“汉语热”的持续升温和来华留学生数量的快速增长，为顺应世界多元文化融合发展趋势，汉语国际教育本科专业的培养对象和培养目标都发生了重大变化。2012 年之后，汉语国际教育本科专业的培养对象不断拓展，涵盖了国内外母语为汉语的学生和母语为外语的学生，培养目标由“实践性语言学高级人才”转变为“中国语言文学学科应用型专门人才”。不断被修订的人才培养方案更加重视培养学生的汉语能力、多元文化交际能力和实践能力等，本科专业人才培养呈现出以下主要特点。

（一）以汉语为根本

汉语国际教育本科专业的前身是对外汉语本科专业，对外汉语本科专业的主干学科是中国语言文学和外国语言文学，其课程设置大多采用“英语+汉语”的模式，而汉语国际教育本科专业突出“汉语为本”，人才培养要求由“具备扎实的汉语和英语基础”调整为“具备扎实的汉语基础”，核心课程增加了应用语言学，将中国文学分解为中国古代文学和中国现代文学两门课程，将外国文学、西方文化与礼仪、国外汉学研究 3 门课程移出核心课程板块。同时，明确了汉语国际教育本科专业的一级学科归属，主干学科为中国语言文学，并增加了对学习者汉语教学、表达和传播等方面的具体要求。

（二）重视应用和实践

汉语国际教育本科专业重视应用和实践，明确指出培养“能在国内外各类学校从事汉语教学，在各职能部门、外贸机构、新闻出版单位及企事业单位从事与

---

① 李泉. 汉语国际教育专业硕士《指导性培养方案》修订建议[J]. 国际中文教育(中英文)，2021（2）：18-26.

语言文化传播交流相关工作的中国语言文学学科应用型专门人才”[①]，可见，应用型是汉语国际教育本科专业的基本培养目标和定位。新的专业目录中对汉语国际教育专业人才培养方案做了修订和完善，将“具有从事语言或文化研究的基本能力”修改为“掌握综合运用所学知识开展语言文字工作、汉语国际教育以及国际文化交流实践的基本能力”；实践性教学环节由“参观访问、社会调查和教学实习等”修改为“对外汉语教学实习、中华才艺训练、汉语语言现象以及对外汉语教学热点问题的研讨”[②]。新的汉语国际教育本科专业人才培养方案突出了跨文化交际和应用能力，并强化了实践环节，表明了汉语国际教育本科专业人才培养的重大转向。

（三）强调多语种为用

对外汉语本科专业注重汉英双语教学，而汉语国际教育本科专业不再提倡汉英并重，且外语不仅指英语，而是指多种外国语言，强调外语只是交际工具，汉语才是汉语国际教育本科专业人才培养的根本。伴随“世界格局的不断变化，虽然英语在国际上已经占据重要的地位，但是，汉语国际教育所培养出来的汉语教师是面向全世界的，不仅仅是英语国家”[③]。随着汉语国际教育本科专业培养方案的不断完善，英语不再作为外语的典型代表出现，而仅是和其他语种并列的一门普通外国语。多语种汉语国际人才培养适应了汉语国际化和国别化的发展趋势，指明了国际中文教育的发展方向。

第二节　汉语国际教育人才培养现状分析

目前，我国汉语国际教育形成了由本硕博三个层次构成的完备的人才培养体

① 中华人民共和国教育部高等教育司. 普通高等学校本科专业目录和专业介绍(2012)[M]. 北京：高等教育出版社，2012：87.

② 中华人民共和国教育部高等教育司. 普通高等学校本科专业目录和专业介绍(2012)[M]. 北京：高等教育出版社，2012：87-88.

③ 陈学广，等. 汉语国际教育专业建设与教学研究[M]. 南京：东南大学出版社，2019：39.

系，具备汉语国际教育本科专业、汉语国际教育硕士专业学位、对外汉语教学硕士、对外汉语教学博士、汉语国际教育博士等学位类型。汉语国际教育本科专业、汉语国际教育硕士的发展日益规范，人才培养质量不断提高。

一、汉语国际教育硕士培养

2007 年，国务院学位办批准北京大学、北京师范大学、北京语言大学等 24 所院校为开设汉语国际教育硕士专业学位的首批院校；2009 年，中央民族大学、湖南大学、陕西师范大学等 58 所院校相继成为第二批和第三批具有汉语国际教育硕士培养资质的高等院校。截止到 2020 年 12 月底，我国共有 147 所高校获得汉语国际教育硕士专业学位授权[①]，汉语国际教育硕士培养形成了点面结合的布局。

（一）汉语国际教育专业硕士培养取得的成效

根据对 56 所通过合格评估的院校的培养方案、课程设置、实习实践和学位论文等方面情况的调查分析，汉语国际教育专业硕士人才培养基本形成了有别于学术型硕士的培养体系，建立了专业硕士的培养模式[②]，主要表现在以下几个方面。

一是建立了高水平的汉语国际教育导师队伍。有汉语国际教育专业学位点的高校均建立了汉语国际教育专业硕士导师队伍，有些院校除了设置专业硕士导师外，还设置了校外行业导师，专兼职相结合的导师队伍为汉语国际教育专业硕士的实践和论文指导提供了保障。各培养单位均建立起包括招生、导师遴选、论文指导、实习实践、出国管理和就业在内的比较完备的专业硕士人才培养和管理制度。

二是构建了培养方案所要求的课程体系。汉语国际教育专业硕士人才培养方案的核心课程包括汉语作为第二语言教学、第二语言习得、中华文化、跨文化交际、国外汉语教学案例课等五门课程；拓展课程包括语言要素教学、现代语言教育技术、语言测试、教学设计等课程；训练课程包括课堂观察与实践、中华才艺

① 吴应辉. 专业学位水平评估对汉语国际教育硕士人才培养带来的影响及反思[J]. 天津师范大学学报（社会科学版），2021（2）：10-18.

② 赵世举. 汉语国际教育类专业的困境与出路[J]. 中国大学教学，2017（6）：46-49.

等。80%左右的培养单位开设了培养方案中的五门核心课程，在拓展课程和训练课程的开设上不同院校之间有所差异。所有高校都重视案例教学，56 所院校都将国外汉语教学案例课作为核心课程开设。

三是加强了实习实践基地建设。为保障汉语国际教育专业硕士人才培养质量，各院校建立了比较完善的实习实践管理保障制度，保证了实习质量。所调查的院校 85%以上有专门的实习实践基地，有些院校的国内外实习基地在 10 个左右，如天津师范大学、浙江师范大学、辽宁师范大学等，大部分海外实践基地是依托学校合作的孔子学院而建，海内外实习基地为汉语国际教育专业硕士培养提供了良好的实习实践平台。[①]

（二）汉语国际教育硕士培养的困境

汉语国际教育专业硕士的招生人数呈上升趋势，但是毕业生的就业状况并不乐观。虽然大部分院校的汉语国际教育专业硕士的就业率可以达到 80%以上，但是就业的行业相关率很低。据统计，56 所通过合格评估的院校中，2012—2014 年汉语国际教育专业硕士的就业行业相关率均值为 41%，行业相关率在 60%以上的院校只有 13 所，仅占调查院校总数的 23%。如果只统计从事汉语教学工作的毕业生，很多院校毕业生的就业行业相关率只有 10%左右。[②]汉语国际教育专业硕士培养要达到“高层次、应用性、复合型、国际化”的目标，必须进一步明确培养定位，处理好通用型人才培养目标与定向型人才培养目标、特色建设与规范发展、教学实践能力与专业研究能力的关系，突出和强化应用型和专业化，这样才能培养出真正能胜任多种教学任务、符合国际汉语教师职业需求的汉语教学人才。

《全日制汉语国际教育硕士专业学位研究生指导性培养方案》将汉语国际教育硕士的培养目标确定为“适应汉语国际推广工作，胜任多种教学任务的高层次、应用型、复合型、国际化专门人才”，其中“胜任多种教学任务”“应用型、国

① 亓海峰，邵滨. 高校汉语国际教育专业硕士人才培养的问题与思考[J]. 辽宁师范大学学报（社会科学版），2018（4）：38-43.

② 亓海峰，邵滨. 高校汉语国际教育专业硕士人才培养的问题与思考[J]. 辽宁师范大学学报（社会科学版），2018（4）：38-43.

际化”是关键，是汉语国际教育专业硕士人才培养的出发点。培养院校应细化培养目标，针对具有的师资、生源、海外实习单位等办学条件，制订符合院校实际和办学定位的专业人才培养方案。根据对56所院校的调查，汉语国际教育专业硕士课程设置呈现显著的同质化倾向。[①]从课程结构看，绝大部分院校的课程都是由四部分组成，即外语、政治等公共课，《全日制汉语国际教育硕士专业学位研究生指导性培养方案》中建议的12个学分的学位核心课，8个学分三个模块的拓展课和4个学分的训练课，但落实的情况不够理想，只有少数院校开设了特色课程，如中央民族大学开设了美国教育概况、中美跨文化交际等特色课程。各培养院校应进一步优化课程结构，形成核心课程、拓展课程、训练课程互补的课程体系，并结合自身实际实行分层分类教学，开设专门的研究方法类课程，凸显人才培养特色，有效保证汉语国际教育人才培养目标的顺利实现。

二、汉语国际教育本科专业人才培养

2017年，全国共有384所高校设置了汉语国际教育本科专业，国外留学生人数持续增长，汉语国际教育对象多元化，有来自200多个国家和地区的40多万各类外国留学人员在中国学习。其中，韩国、美国和泰国的留学生人数位居前三，主体生源国人数稳中有增。汉语学习者群体构成呈多元化，还出现了一些“非典型”学生，如政府官员、企业高管和员工等。[②]为顺应世界对汉语和汉语人才的需求，汉语国际教育专业人才培养目标发生了变化，汉语学习的目的性和实用性显著增强，出现了“专业迷茫”、就业难等问题。

（一）存在的问题

1. 毕业生专业对口就业率较低

汉语国际教育本科专业发展迅速，导致该专业的毕业生就业难和专业对口就

---

① 亓海峰，邵滨. 高校汉语国际教育专业硕士人才培养的问题与思考[J]. 辽宁师范大学学报（社会科学版），2018（4）：38-43.

② 曾小燕，等. 汉语国际教育发展报告（2015—2016）[J]. 辽宁师范大学学报（社会科学版），2019（3）：1-11.

业率较低。“就全国来说，据有关方面调查最后能从事汉语教学工作的不超过15%。”[①]以乐山师范学院为例，对外汉语专业开办于2003年，2010年获批为省级特色专业，2012年改为汉语国际教育，但2013届和2014届仅有不到7%的毕业生在海外从事汉语教学，1%的毕业生在合资企业工作，15%的毕业生选择攻读硕士学位，27%的毕业生在党政企事业单位从事行政工作，48%的毕业生从事中小学语文教学，另有约2%的学生去向不明。[②]以上数据反映了汉语国际教育专业人才培养目标与毕业生的就业方向存在明显错位，在专业领域和行业就业的比例不高，从事其他行业工作的比例较高，这需要我们认真分析和反思，通过修订专业人才培养方案，来增强汉语国际教育专业的社会适应性。

2. 专业培养能力不足

从总体上看，多数学校的汉语国际教育专业按照教育部的要求进行建设，人才培养定位准确，教学条件基本具备，教学管理比较规范，但也有部分学校存在专业定位不明确和培养方案千差万别等问题，导致课程设置随意、课程体系不科学。例如，将汉语国际教育专业设置在外语学院的采用“外语+”模式，培养方案中外语类课程占主导；而将汉语国际教育专业设置在文学院的则简单地在汉语言文学专业培养方案中加上几门教学类课程，人才培养方案无法实现汉语国际教育专业人才培养目标。由于汉语国际教育专业设置门槛降低，有些学校甚至在缺乏基本的办学条件下盲目设置该专业，导致该专业口径狭窄，专业内涵不足，课程设置和培养过程随意，造成学生知识结构单一，岗位适应能力和就业竞争力不强。

3. 忽视学生跨文化交际能力培养

汉语国际教育专业具有跨专业和国际化的特征，具有培养学生多元文化意识和跨文化交际能力的比较优势。然而，汉语国际教育专业大多依托汉语言文学或英语专业，缺少符合国际化专门人才培养的专业化教学设计，且现代汉语、英语听说读写、中国文化等主干课程大多沿用汉语言文学或大学英语等课程的教学设计和教法，缺少培养学生多元文化意识和跨文化交际能力的有效措施。加上海外

---

① 陆俭明. 汉语国际教育专业的定位问题[J]. 语言教学与研究，2014（2）：11-16.

② 任志萍. “普通”新建本科院校汉语国际教育人才培养问题与对策——以乐山师范学院为例[J]. 乐山师范学院学报，2017（1）：119-123.

实习基地不足，无法提供充足的海外实习机会，学生缺少国际汉语教学体验和跨文化交际实践，难以适应全球化发展趋势对国际汉语教师的专业化要求，毕业生的就业竞争力不强。

（二）发展趋势

《国际汉语教师标准》为汉语国际教育专业人才培养提供了基本依据。《普通高等学校本科专业目录和专业介绍（2012 年）》对汉语国际教育本科专业的培养要求做了规定："掌握语言学的基础理论和基本知识"（毕业生应获得的知识和能力），这与核心课程中的现代汉语、古代汉语、语言学概论等课程匹配；"具备中国文学、中国文化等方面的知识和能力"，这与中国古代文学、中国现代文学、中国文化通论等课程匹配；"有较强的汉语口头表达和写作能力"，这与核心课程写作匹配；"具备汉语作为第二语言教学的专业技能"，通过实践教学环节中的教学实习来达成；具备"跨文化交际方面的知识和能力"，这与跨文化交际类课程匹配。另外，随着全球化的持续推进，高校可根据多语种培养要求，优先考虑开设汉语国际人才培养服务面向的国家语言课程，如广西高校开设越南语、泰语等语言课程。

近年来，伴随汉语国际教育的改革发展，很多高校开始进一步落实办学定位和突出办学特色，探索汉语国际教育人才培养模式，出现了许多可资借鉴和推广的汉语国际教育人才培养模式。例如，南京大学的"三三制"模式，第一个"三"指三个培养阶段，即大类培养、专业培养、多元培养；第二个"三"指三种发展路径，即专业学术类、交叉复合类、就业创业类。安徽大学的"卓越对外汉语人才教育培养计划"，实行"2.5+1.5"分层培养，"2.5"指大类培养，"1.5"指分方向培养，包括汉语国际推广方向、语言文字应用方向、语言学及应用语言学方向。浙江师范大学的"一三六"人才培养模式，具体指"一个理念"、"三个课堂"以及 6C 综合素养。"一个理念"即"包容理解、和而不同"的教育理念；"三个课堂"指第一课堂、第二课堂与第三课堂，第一课堂着力夯实学生的基础知识和基本技能，第二课堂侧重训练学生的师范技能、扩大学生的知识面，第三课堂重在实践、拓展学生的视野、加快其专业成长；"6C"[Chinese（汉语）、culture（文化）、communication（沟通）、comparison（比较）、compassion（同情）、

community（合作）]涵盖了人才培养的六个方面的素养。[①]这些有益的探索和实践为创新汉语国际教育人才培养模式提供了借鉴。

第三节 汉语国际教育人才培养的实践探索

汉语国际教育本科专业培养的是应用型人才，培养过程对实践教学提出了较高要求，如大力加强汉语国际教育教学实习基地建设。各学校鼓励学生参加各类教学实习和实践，积极参加普通话水平测试、汉字应用水平测试、演讲比赛、朗诵比赛等课外活动，不断提高专业技能和跨文化交往能力，努力成为国际化高水平的应用型专门人才。中央民族大学、梧州学院和肇庆学院积极推进汉语国际教育人才培养改革，其实践探索和形成的成功经验值得借鉴。

一、中央民族大学汉语国际教育专业人才培养模式创新

为适应汉语国际教育本科专业人才就业新形势，培养具有竞争力的创新型国际化人才，中央民族大学进行了“知–行–研+国际化”的培养模式探索。[②]根据学生需求和社会需求，在分层培养理念的指导下，注重夯实学生的学科基础知识，培养学生的外语能力、教学实践能力、创新创业能力、研究能力和跨文化交际能力，使学生成为具有专业性、研究性、实用性的国际化复合型人才和国际汉语教师，具体的做法如下。

（一）制定特色化专业培养目标

为培养具有竞争力的国际化人才，在充分考虑专业特性和新形势下汉语国际

① 徐从辉，郑崧. 汉语国际教育本科人才培养的探索与思考——以浙江师范大学为例[J]. 国际汉语教学研究，2020（1）：20-25.

② 江傲霜. 汉语国际教育本科专业创新人才培养模式探索——以中央民族大学为例[J]. 国际汉语教育（中英文），2020（3）：20-29.

教育本科人才的培养目标、培养规格的情况下，中央民族大学结合民族大学人才培养优势、培养特色，培养具有多元文化意识和家国情怀、“三语三文化”（即掌握汉语、英语和第二外语，了解三种语言承载的文化）能力素养和全球视野的复合型国际化人才和国际汉语教师。在“知–行–研”的基础上，实施“知–行–研+国际化”的人才培养模式。其中“知”是培养学生掌握专业基础知识并形成基本技能，“行”是培养学生将所掌握的基础知识和基本技能运用于教学和实践活动的能力，“研”是培养学生发现问题、思考问题的研究意识和解决问题的研究能力，“国际化”是培养学生的国际化视野、中华文化的国际传播能力和跨文化的沟通交流能力。“知–行–研”是一个循环往复的闭环，“知”是起点，只有掌握了基础知识和基本技能，才能在“行”的实践中运用；通过“行”发现和解决问题，形成“研”的能力；“研”的能力进一步促进“知”的深化和“行”的巩固。“国际化”贯穿汉语国际教育本科专业人才培养的全过程，凸显人才培养特色，有利于提高毕业生的竞争力。

（二）突出人才培养优势

1. 明确人才培养规格

中央民族大学将培养复合型国际化人才和国际汉语教师作为汉语国际教育本科专业的培养目标。“知–行–研+国际化”的人才培养模式为有深造意愿的学生搭建了平台，汉语国际教育本科专业 2/3 的毕业生考取了硕士研究生[①]，他们既可以攻读国内的硕士学位，还可以参加中外联合培养项目，体验国际化的教育之旅。通过厚基础、宽口径的培养，学生能够提升综合素质，拓宽就业领域，就业竞争力得到显著增强。国际化是汉语国际教育本科专业突出的专业特征，国际化能力主要包括“三语三文化”的外语能力和跨文化交际能力，具有多元文化意识和文化包容性，能以平等开放的心态理解和尊重他国文化，提高跨文化交际能力。

2. 完善课程设置

中央民族大学根据《普通高等学校本科专业类教学质量国家标准》的规定，围绕“知–行–研+国际化”的人才培养模式，对课程进行了模块化设计，将本科四

---

① 江傲霜. 汉语国际教育本科专业创新人才培养模式探索——以中央民族大学为例[J]. 国际汉语教育（中英文），2020（3）：20-29.

年划分为两个阶段：前两年为学科基础阶段，以宽口径的通识课、学科基础课及相关拓展课、英语课为主；后两年为专业培养阶段，以专业基础课及相关拓展课为主。具体的课程包括以下几类。

一是培养“知”类的课程，分为核心课和拓展课，核心课主要夯实学生的专业知识，包括中国语言文学类课程、汉语国际教育类课程和外语类课程。中国语言文学类核心课程有现代汉语、古代汉语、中国古代文学、中国现代文学、中国当代文学、文学概论、语言学概论 7 门；汉语国际教育类核心课程有中国文化概论、汉语国际教育概论、教育心理学（双语）、跨文化交际、第二语言教学法、第二语言习得概论（双语）、现代教育技术、语言测试概论 8 门。拓展课也有两个模块的课程可供学生选修，内容较为丰富，主要涉及汉语国际教育各领域的 13 门课程。

二是培养“行”类的课程，主要包括汉语教学技能训练和创新创业教育。其中汉语教学技能训练由教学经验丰富的教师一对一指导和点评，这种“师徒传艺式”的训练为学生进行教学实习奠定了基础。创新创业教育是为培养学生的创新能力而设置的，旨在鼓励学生参与各类创新创业竞赛，开阔视野。此外，中央民族大学启动了“引航项目”，为每位本科生安排导师，引航导师引领大一新生顺利完成从高中生到大学生的身份转变，迅速适应大学生活并做好相应规划；大二、大三学生可选择学业导师，帮助他们选定本专业的相关题目，申请创新创业实践孵化项目；大四学生的论文导师指导他们确定选题并完成毕业论文。

三是培养“研”类的课程，开设了科学研究方法概论、统计分析、统计分析方法进阶等 3 门课程。通过该类课程的学习，学生能够在发现问题后，学会运用恰当的研究方法来解决问题。

四是培养“国际化”类的课程，该类课程旨在培养学生的国际视野、多元文化意识和跨文化交际能力，主要体现为教学语言的国际化、教学内容的国际化和教学师资的国际化。涉及外语教学的课程有 19 门，占专业类课程的 1/3。[①]任课教师都有海外学习或教学经历，有助于开阔学生视野，培养学生的国际化意识和跨文化交际能力。

---

① 江傲霜. 汉语国际教育本科专业创新人才培养模式探索——以中央民族大学为例[J]. 国际汉语教育（中英文），2020（3）：20-29.

二、梧州学院汉语国际教育专业人才培养模式的构建

梧州学院汉语国际教育本科专业借助学校转型发展的契机，以“外语+汉语国际教育专业方向化+国际化”为培养目标，注重培养学生的自主学习能力、教学教育应用能力、跨文化交际能力、汉语和外语（英语、泰语）综合语言能力，结合校内外（海内外）实习实训基地建设，从人才培养目标的设定、课程设置、教学实践环节设定等三方面探索了汉语国际教育本科专业的人才培养模式。①

（一）强化培养目标的特色

梧州学院汉语国际教育本科专业人才培养方案中明确了培养目标，即培养具有系统、扎实的汉语言文学基本理论知识和技能以及双语（中英、中泰）基础应用技能，能掌握并熟练运用汉语国际教育知识、理论、方法和技能，具有跨文化交际理论知识和实践能力，同时具备较高的人文素质及较宽厚的相关学科知识，能用双语进行交流，对中国文学、中国文化及中外文化交往有较全面了解，具有良好的中国文化传播和汉语国际教学能力，能在国内外外事部门、各类学校和企事业单位从事汉语教学、文化传播与交流等工作的高素质复合型、应用型汉语国际教育人才。该培养目标不仅注重对学生汉语言文学基本功的培养，也重视对学生外语能力的培养。该校结合学校与东盟国家相邻的地域特点，把通用性外语（英语）和东南亚国家语言（泰语）作为学生需掌握的两门外语；同时要求学生较全面地了解和掌握中国语言文化的相关知识，掌握并熟练运用汉语国际教育的相关知识、理论、方法和技能，兼具国际化的思维和视野，能用双语进行沟通交流，并能出色地完成中国语言文化对外传播与交流的工作。

（二）课程体系的设置

根据上述培养目标，该校对汉语国际教育本科专业的课程设置进行了探索，除了按照传统的课程性质（必修课和选修课）对课程进行划分外，还对课程体系模块进行了探究，分为外语（英语类）课程模块、外语（泰语类）课程模块、中

---

① 蒋樟健. 地方应用型高校汉语国际教育本科专业人才培养模式初探——以梧州学院为例[J]. 广西广播电视大学学报，2018（2）：57-60.

国语言文学类课程模块、教育类课程模块和跨文化类课程模块。每个模块包括的具体课程如下所示。

外语（英语类）课程模块：大学英语、英语听说等。

外语（泰语类）课程模块：基础泰语、泰国国家概况等。

中国语言文学类课程模块：古代汉语、现代汉语、中国古代文学史、中国现当代文学史、中国文化概论（双语）等。

教育类课程模块：对外汉语教学概论、对外汉语教学课堂用语（双语）、教育学原理、教育心理学等。

跨文化类课程模块：中西语言文化比较（双语）、中泰语言文化比较、跨文化交际概论（双语）、英汉互译等。

（三）课堂教学和课外实践环节的设定

梧州学院以应用型人才培养为指导，将过去教师为中心的教学模式转为“学生为中心，教师为引导”的新教学模式，不仅关注相关理论知识的传授，注重对学生学习主动性、自主性的综合培养，而且把学生的课堂教学与课外学习有机结合起来。汉语国际教育本科专业依托丰富的留学生资源（泰国交换生、哈萨克斯坦留学生班、“一带一路”留学生班），设立校内实习实训基地，让该专业的学生指导校内的留学生学习汉语。通过让学生指导留学生参加省内外的汉语比赛（如中华经典诵读大赛等），把课堂所学的理论知识运用到具体的比赛项目中，来培养学生的学习兴趣、自主学习能力和汉语国际教育的应用能力。通过与外国留学生的沟通与交流，学生学习到了课本外的跨文化知识，国际化视野得以开阔，跨文化意识得以提高，跨文化沟通技能得以提升。

汉语国际教育人才培养推广体验式外语教学，探索适合应用型、复合型人才培养的课程教学模式，促进理论环节与实践环节有效衔接。结合校内和海外实习实训基地建设，派遣该专业教师随同该专业毕业生进入海外实习实训点，以提升教师的实际指导能力和水平。尝试多种多样的课程考核形式，把课内考核与课外实践考核联系起来。大力发展海外实习实训基地导师制度，广泛收集、整理和分析海外实习实训基地导师所反馈的意见和建议，形成协同育人机制，构建起汉语国际教育本科专业人才培养模式。

三、肇庆学院汉语国际教育本科专业人才培养的创新与实践

（一）明确设定培养目标

该校汉语国际教育本科专业培养德智体美全面发展，具有扎实的汉语言文学和英语专业的基本理论、知识和技能，具备良好的文化素养，特别是跨文化理论与交流能力，能够胜任对外汉语教学、涉外秘书、对外文化传播、基础教育等领域工作的高级专门人才。学生主要学习语言学和汉语作为第二语言教学的基本理论，掌握扎实的汉语言文学基本理论和知识，接受汉语国际传播、汉语作为第二语言教学、跨文化交际、语言研究等方面的基本训练，具有良好的人文素养和教师职业素养，具备从事相关职业需要的教学能力和初步的科研能力。

第一，掌握汉语言文学专业的基本理论和基本知识，对相关的社会科学、人文科学与自然科学有一定的了解；具有现代教育理念，熟悉教育法规，具有良好的口语、书面语表达能力和较高的汉字书写水平，能运用教育学、心理学基本理论和汉语国际教育的基本理论与方法从事课堂教学、教研和班主任工作。

第二，具有较强的语言能力，能正确、熟练使用普通话，普通话达到国家二级甲等及以上水平；具备较强的英语听、说、读、写、译能力，英语水平达到大学英语六级（College English Test-6，CET6）的要求，能满足双语教学和对外文化交流的需要。

第三，了解对外交往的有关方针、政策和法规，了解外国文化和国情，具有一定的外事活动能力。

第四，掌握现代信息技术，具有运用现代教育技术辅助教学的能力；具备文献检索、资料收集、社会调查、计算机网络和数据库应用的能力，能初步从事语言研究和语言教学研究。

（二）优化课程结构

该校汉语国际教育专业结合社会发展需求优化课程设置，通过课程体系设置培养语言能力较高、知识素养过硬、应用能力强、适应社会岗位需求的人才，以最大限度地满足地方经济发展需求和文化建设需求。汉语国际教育专业课程体系

的结构为“平台+模块”，即由通识教育课程平台、学科专业课程平台、教师教育课程平台以及实践课程平台构成。其中通识教育课程平台由必修课程模块和选修课程模块构成，包括人文社会科学类课程、自然科学类课程和艺术类课程；学科专业课程平台由学科平台课程模块、专业核心课程模块和专业方向课程模块构成；教师教育课程平台由基础理论课程模块、教学能力课程模块、学科教育课程模块和教育实践课程模块构成；实践课程平台由基础性实践课程模块、提高性实践课程模块和素质拓展实践课程模块构成。同时，在课程设置中加大了专业应用型课程比重，重技能实训，强化实习基地建设，追求实习实训方式的多样化。

（三）强化实践教学

该校汉语国际教育本科专业人才培养突出对学生实践能力的培养，把培养创新创业能力、实践能力和提高学生整体素质作为实践教学的主要目的，并依此目的设计实践教学方案，将实践教学贯穿学习过程各环节，以提高实践教学的有效性。第一，基本功训练环节，该环节开设了专业见习、毕业实习实践课程。根据汉语国际教育专业的特点，进行教学能力的专业基本功训练，让学生多观看留学生课堂教学的经典案例视频，了解不同的教学理念，学习不同的教学方法，掌握不同的教学技巧，提高实际动手能力。第二，见习环节，该环节旨在巩固学生的专业知识，增强学生的专业意识，培养学生从事汉语教学的独立工作能力。第三，培养对外汉语教学能力的实习环节，该环节旨在培养学生的应用能力和职场能力，以使毕业生具有一定工作经验，具备独立工作的能力。通过加强普通话训练、对外汉语教学技能、才艺训练等技能训练，提升学生的诗文背诵及理解能力，历史典故讲解能力，书法、剪纸等传统技艺能力。此外，充分利用学校外教、留学生等资源，搭建学生“真枪实弹”的演练平台，将学生实践操作技能提高到一个新的层次。

肇庆学院不断加强校外实践基地建设，选择适合的海外实习基地与之建立稳定的合作关系，为学生海外实习和实践提供优质实习教育资源。该校与越南河内大学建立了友好关系，互派学生开展汉语言学习和交流，人才培养成效显著。（参见附录一）

第四节　汉语国际教育人才培养改进策略

目前，汉语国际教育人才培养主要有研究型培养模式、应用型培养模式、实践型培养模式以及一些高校进行的区域性探索模式。其中研究型培养模式主张汉语教师要参加语言理论和语言学习理论的研究，注重面向教学的语言本体研究和教学法研究；应用型培养模式强调适应世界上因各种应用目的选择学习汉语者的需要，应用型人才培养是汉语国际教育人才培养的主要特征和规格要求；实践型培养模式关注实践性知识，突出汉语教学、文化传播与跨文化交际等三项基本技能的培养，强调实践教学和实习指导。[①]三种模式各有所长，分别代表了汉语国际教育不同的实践指向，为改进汉语国际教育人才培养模式提供了创新思路。

一、进一步明确应用型人才培养定位

随着中国国际影响力的快速提升，世界各国对汉语人才的需求不断增长，汉语国际教育的专业定位和培养口径需要进一步调整。各院校应密切关注多元化、在地化等发展趋势，按照“需求侧”的理念对接各个国家及地区的汉语发展和汉语人才需求，培养高质量国际化的多元应用型语言人才。“从区域化汉语教学的三个维度来思考和探索国际汉语师资的培养，可以帮助我们采取更加科学、可行的培养方法，建立一个多元的、全方位的、多层次的汉语师资培养系统。”[②]特别是针对汉语国际教育存在的学生身份模糊和专业发展不明确等问题，需要全面调查分析并明确专业建设目标和专业定位，强化培养特色，改进人才培养方案并优

---

① 彭建玲. 汉语国际教育人才培养模式研究综述[J]. 昆明理工大学学报（社会科学版），2014（3）：86-92.

② 魏红. 区域化汉语国际教育视野下汉语师资培养的理论与实践探索//世界汉语教学学会秘书处. 第十一届国际汉语教学研讨会论文选[M]. 北京： 高等教育出版社，2013：459-462.

化课程设计。

“三型一化”是为提高汉语国际教育专业人才培养质量构建的一种应用型模式。“三型”即应用型、复合型、创新型，“一化”即国际化。“应用型指注重培养学生掌握汉语、英语、东南亚语、文化、经济、教育等学科中的相关应用技能。”①汉语国际教育专业人才要按照应用型人才来培养，实行跨国或跨区域的校校联合、校企合作，从人才培养目标、课程设置、师资队伍建设等方面进行改革，创新汉语国际教育应用型人才培养模式；突出对学生的专业训练和能力培养，建立海外实习基地和多元化的汉语教学案例库，让学生到海外实习和训练，在真实的教学场景中实践和体验，在总结和反思中改进，切实提高学生的语言应用能力和跨文化交往能力。

二、重视汉语国际教育教师的专业发展

为顺应全球化背景下汉语国际教育多元化的发展形势，加强教师队伍建设并促进教师专业发展成为大势所趋。各高校应加大引进高水平优秀师资的力度，引进有国际汉语教学经验和国际文化交流从业经历的专业教师，打造职业化的双语教学团队，为提高专业人才培养水平提供优质教学资源保障；注重开发国内国际教育资源，加强与国内外院校的交流与合作，邀请国内知名的汉语国际教育专家来校指导，合作开展教研和交流等学术活动；要不断挖掘地方特色文化资源，聘请行业专家开设国学、书法等语言文化类选修课，建设稳定的专兼职结合的高水平师资队伍。

根据汉语国际教育学科和专业建设规划做好师资培训计划，开展具有前瞻性、针对性的在职培训和教师专业发展工作。国际汉语教师需要具有多元文化教育理念，不断提高跨文化交际能力和跨文化施教能力，增强多元文化教学意识等，因此培训工作要鼓励教师到国外访学和开展国际交流，如赴国外孔子学院和国际组织交流挂职，参加汉语教学专家组赴国外培训项目，与国外汉语教学机构联合举

① 熊家良，黄高飞. 对外汉语专业“三型一化”人才培养模式改革初探——以湛江师范学院为例[J]. 湛江师范学院学报，2010（5）：171-176.

办培训活动。[①]各院校应构建职前、入职和职后一体化教师专业发展机制，建设适应汉语国际教育高质量发展的高水平教师队伍。现代教育技术素养是教师专业发展的重要内容，可借助网络化、数字化、信息化等技术手段，推广大规模开放式网络课程（massive open online courses，MOOC，也称慕课），开展线上线下混合式教学，扩大优质教育资源应用范围；坚持专业和人的双向发展，提倡教师开展理论学习和教学探究活动，在实践中主动反思和改进，不断更新知识和提高技能，持续改进教育方式和教学手段，增强自主发展能力，成为一个自主的“反思实践者”。

三、创新汉语国际教育人才培养机制

汉语国际教育面临新的发展形势，如国际国内发展环境已发生根本变化，各个国家构建人类命运共同体的意识增强，全球化进程中国际合作交流的领域不断拓展，汉语国际化进程加快，这些都是汉语国际教育发展的新机遇。高校应建立联合培养、协同育人等新机制，拓展汉语国际教育人才培养的新路径，创新汉语国际教育人才培养模式[②]，提高国际汉语教学人才的培养质量。

（一）联合培养

汉语国际教育是一个多学科交叉的综合学科和应用型专业，多元主体参与的联合培养才是符合其学科特点和专业发展要求的有效形式。各高校要充分利用各种办学资源和有利条件，结合所在地区的特点及需求，开展多元主体合作办学、个性化培养、特色化发展。比如可以采取“国际汉语教学+其他专业通识”的复合型培养模式，把汉语教学与某一专业领域（如新闻传播、文秘、外事、商务等）有机结合，培养能够从事专业汉语教学或在相关领域（如涉外的企业事业单位）工作的人才，以对接世界各类国际化语言人才的大量需求，培养全球化复合型语言人才。

汉语国际教育的目标是促进多元文化交流与沟通，为构建人类命运共同体贡

---

① 孙红. 强化汉语国际教育的师资培养[J]. 中国高等教育，2014（Z1）：66-68.

② 许艳平. 创新汉语国际教育人才培养模式[N]. 中国社会科学报，2017-02-17.

献力量。汉语国际教育人才培养必须与当今汉语国际教学接轨，确立多学科观念和跨文化交流意识，推进联合培养。联合培养既是一种教学或人才培养的方式，也是一种文化交流和多元文化融合的有效途径，因此，联合培养不仅可以是办学主体之间合作交流的办学机制，也可以是产学研用结合、科教融合等协同育人的培养方式，如建立实践基地或实习基地，构建学校、实习单位和学生之间的联合体。汉语国际教育应突破和超越“文化依附”观念，采取文化融通策略。2020 年，为适应多元文化发展和国际文化合作的新形势，孔子学院的性质、模式以及办学定位发生了新的转变[①]，开启了汉语国际教育发展的新路径。多元主体联合办学创新了汉语国际教育人才培养的运行机制。

（二）协同育人

协同育人是多元主体的协同活动。汉语国际教育强调学科间交融，即根据国际汉语人才的发展趋势，打通学科壁垒，形成多主体培养体系。文化适应理论是第二语言习得和跨文化交流理论中一个重要的基础理论。文化适应理论有四种发展模式，即单维度模式、双维度模式、多维度模式、融合模式。[②]其中融合模式对创新汉语国际教育人才培养具有重要启发。例如，按照多学科交叉融合的要求，充分发挥汉语国际教育的跨学科优势，将行业和国际交流前沿热点融入课程教学和实践实训环节，提高学生的岗位适应能力；倡导以学生为中心，运用慕课、翻转课堂、嵌入式课堂等现代化教学方式，构建实践导向的协同育人培养机制；拓展海外实习实践基地，与其共建汉语国际人才培养平台，实现办学资源共享，协同提高汉语国际教育人才培养质量。

（三）实践育人

实践育人是应用型人才培养的主要途径。汉语国际教育专业的实践教学以提高学生的汉语教学能力和文化交往能力为目标，通过构建实践教学体系、搭建实

---

① 袁玉芝，李清煜. 融入、创新、发展：新时代孔子学院发展的困境与出路[J]. 中国人民大学教育学刊，2021（1）：170-180.

② 转引自：亓华，等. 汉语国际教育跨文化交流理论与实践[M]. 北京：北京师范大学出版社，2016：182.

践育人平台、建设实习基地、创新实践教学方式等，确保学生在四年学习中教学实践不间断，并在教师的指导下通过实践活动将所学知识转化为技能。汉语国际教育专业学生的实践教学主要体现在两方面：一是在专业选修课进行的实践教学活动；二是在实习基地进行的见习和实习工作。[①]学校要根据实践育人要求增加汉语国际教育专业人才培养方案的实践学分，明确各类实践教学的层级定位和阶段性目标，创设实践教学情境，提高实践育人的成效。同时，调动学生实践的积极性，通过主动实践加深对专业知识的理解和应用，实现有效提高专业能力的目标，培养高水平应用型汉语国际教育专业人才。（参见附录二）

从附录二学生的实习体会中我们可以感受到，在汉语国际教育人才培养中，学生才是教学的主体，他们的切身感受让教学和学习的成效进一步得到彰显。实践实习环节作为汉语国际教育人才培养方案的主要内容，在课程体系中发挥着重要作用，它能使核心基础课、选修课与实践技能课有效地统整起来，做到理论、实践、应用相结合，能够有效地达成培养目标。实践教学将专业课程、文化课程与学生的实践相结合，成为检验课程教学效果的"试金石"；将课程内容在实践应用中得以巩固和活化，成为学生自主发展的教育时机。

海内外实习实践激发了学生主体参与成长的积极性，也为学生创设了自主学习和自我发展的平台。尤其是海外实习，生活环境的突然改变让学生面临着异域文化冲突、生活习惯等方面的差异，学生需要尽快入乡随俗，正确处理生活、学习和文化方面遇到的问题，调适好心态，自主解决文化冲突带来的影响，在实习中成长，为未来的职业生涯做好准备。

---

① 杨吉春. 汉语国际教育专业本科"知-行-研"人才培养模式探索[J]. 民族教育研究，2015（1）：118-125.

第五章　汉语国际教育教学改革

随着新一轮改革开放的推进，中国在人类命运共同体构建中承担了更加重要的职责，在国际关系格局中的地位不断上升。世界更加关注中国，了解中国社会和中国文化的热情持续高涨，“汉语热”持续升温，这些都对汉语国际教育教学改革提出了新的要求。中国进一步推进汉语国际教育事业发展，汉语国际教育教学理念、课程设计、教学手段、教材教法改革不断推进。

第一节　汉语国际教育教学发展趋势

课程与教学的关系是国际汉语教学的基本问题，持有何种课程观或者教学观，决定了对课程和教学的不同理解。探讨国际汉语教学改革必然涉及对汉语课程的理解，汉语课程与汉语教学的关系是我们深入研究汉语国际教育教学需要重点解决的问题。

一、课程与教学的关系问题

关于课程与教学的关系存在两种观点，即大教学观和大课程观。大教学观认为，课程是教学的有机组成部分，课程专指教学内容；而大课程观认为，教学是课程的子系统，教学专指课程实施。进一步而言，课程在本质上是一种教学事件，而教学在本质上是一种课程开发过程。[①]在教育教学改革发展的新阶段，课程与教

① 陈晓端，张立昌. 课程与教学通论[M]. 西安：陕西师范大学出版社，2017：43-48.

学走向整合是大势所趋，这代表了课程与教学融合发展的未来。本书基于课程与教学融合发展的观点讨论新时代汉语国际教育教学问题。

教学是教师的教与学生的学的双边协同活动。“学生在教师有目的有计划的指导下，积极主动地掌握系统的文化科学基础知识和基本技能，发展能力，增强体质，并形成一定的思想品德。”[①]传统教育学认为，教学包括了教师的教和学生的学，而教师的教和学生的学要借助于教学资料，所以教师、学生和教学资料是传统教学活动的三要素。现代教育学则认为，教学是教师和学生的双向活动，或者说是教师和学生主体间的建构过程，进而认为教学的最终目标是学生发展，教学在本质上是学生的学习或者促进学生有效地学习，所以学生的学是教学的主要方面，这种观点代表了教学论研究的最新成果。

教学的目的是让学生获得系统的知识、技能，与自身发展经验有机结合，形成一定的思想品德、能力素养，获得身心全面发展。课程是教学的内容设计和实施方案，教学则是课程的实践展开或具体实施，两者之间既有区别又有密切的联系，而联系是主要方面，表现为教学和课程互相包含又相互融合，共同促进学生发展。“课程之所以是教学系统中的构成要素之一，就在于它是社会经验转化为学生个体经验的中介。但它又是独立于教师与学生个体之外的复杂系统。一般说各门课程都是以教材的形式体现出来的，各科教材又要通过具体的教学活动、通过教和学之间的相互作用，特别要依靠教师在教学过程中对它的再加工才能实现。”[②]可见，教材是课程和教学的媒介，是教学和课程共同依托的物质条件。

在汉语国际教育教学研究中，我们同样要把教学作为课程实施的过程，汉语教学不仅是实施课程计划的过程，更是课程知识建构与课程开发的过程，是多元文化交流与中华文化传播的过程。通过汉语国际教学，学生可以增进对汉语知识的学习和对中华文化的了解，增加文化体验和文化交往实践，不断增强跨文化意识，提高多元文化交际能力。

---

① 中国大百科全书出版社编辑部. 中国大百科全书・教育[M]. 北京：中国大百科全书出版社，1985：105.

② 吴也显. 教育论新编[M]. 北京：教育科学出版社，1991：294.

二、国际汉语教学的多元化

语言不只是符号系统，还是国家认同、民族认同、文化认同、地域认同和群体认同的标志。通过语言进行认同建构是语言教育的一个重要目标，据此我们可以把汉语教学分为国家通用语言教学、华文教学和中文教学三类。以国家通用语言教学为目标的汉语教学包括非民族地区的汉语教学、民族地区的汉语教学和华侨子女的汉语教学。华文教学见于国外，华文教学的“华”标明了语言的民族性及文化的传承性，特指家长、社会群体对下一代传承汉语言和中华文化的关注。

汉语国际教育是在汉语国际推广的大背景下产生和发展起来的，是伴随中国国际地位的提高而逐步壮大的，是对外汉语教学事业的发展和国际汉语教学的依托。无论是对外汉语教学还是国际汉语教学，随着国际形势的变化和全球对汉语人才需求的增长，学习者群体、学习动机、学习目标、学习环境都呈现出多元化发展趋势，需要我们认真研究和积极推进汉语国际教育教学改革，该改革涉及课程理念、课程目标、课程设计、教材编写和教学模式、教学手段、教学方法等多方面内容，对这些内容的深入研究关系到汉语国际教育的可持续发展。

汉语作为第二语言教学的兴盛开始于20年前，随着来华留学生人数的大幅增加，国内接受留学生学习汉语和中华文化的高等院校快速增加。与此同时，汉语教学事业也进入快速发展阶段，全球学习汉语的人数不断增加，学习对象分布广泛、学习目的多元化，对汉语教学提出了挑战。从整个汉语国际教育的群体来看，学习者的文化背景和学习目的千差万别，学习对象和学习目的的多元化必然带来教学方式的多样化。例如，一些国际集团的高中级管理人员只学习听力和口语，不学习汉字和阅读，听、说、读、写、译的教学安排显然不适用于他们。而来自世界各地的留学生，有的对中华文化感兴趣，有的希望更多地了解中国社会，有的希望获得语言优势便于与中国进行业务往来，有的因好奇想尝试学习世界上最难学的语言。

学习者学习需求的多元化要求汉语教学多样化，做到因材施教、因人而异。教学法是基于教学理念的具体教学方法，表现为差异化的教学目的和教学方法。教学理念的多元化势必带来教学法的多样化[①]，多元化教学理念对汉语国际教育教

① 崔希亮. 汉语国际教育“三教”问题的核心与基础[J]. 世界汉语教学，2010(1)：73-81.

师、教材和教学法都提出了挑战。汉语国际教育涉及“教什么”“怎么教”“怎么学”“用什么教”等问题，这些问题既涉及教学理念，也涉及教学实践，对于一个好的国际汉语教师而言，必须准确理解多元化的教学理念，掌握并熟练应用多种教学方法和现代教育技术，只有这样才能够紧跟时代步伐，与时俱进地推进教学改革。

三、国际汉语教学的文化诉求

语言和文化有着十分密切的关系。“语言文字是交流思想、传播文化的，语言文字和思想文化虽说是两码事，然而由于语言文字是交流思想、传播文化的工具，而思想文化又是抽象的，必须要依靠语言文字这个物质外壳而存在，所以语言文字和思想文化老是纠缠在一起，很难撕扯得开。”[①]语言的学习常常是以文化为背景的，“语言不能离开文化而存在”[②]。如果学习者忽略文化和语言的关系，则容易对语言产生误解。汉语的发展历史悠久，内容包罗万象，文化积淀深厚，蕴含的文化信息极为丰富。国际汉语教学将语言教学作为主体，本身没有问题，但如果忽视文化，则必然影响国际汉语教学的效果，所以在国际汉语教学改革中必须高度重视文化因素。

（一）中华文化是汉语学习的重要组成部分

语言的文化属性决定了语言学习伴随着理解和接受文化的过程，如果忽视文化的学习和理解，学好语言就无从谈起。只有将语言学习放在文化的大背景下，才能有效地培养学生的汉语学习能力。有这样一则笑话，说有一个外国人来华受邀吃饭。席间，一人说“去方便一下”，老外不解，旁人告知就是去厕所的意思，老外点头表示记住了。敬酒时，另一人说，希望下次出国时他能给予方便，老外十分纳闷但又不好意思询问。随后，一个电视台的美女主持对他说，在她方便的时候安排其做个专访。老外惊问，怎么能在你方便的时候做专访？美女主持笑着说，那就在你方便的时候做专访！老外当即晕倒。虽然只是一个笑话，但其中隐

① 周庆元. 语文教育研究概论[M]. 长沙：湖南人民出版社，2005：25.

② 爱德华·萨丕尔. 语言论[M]. 陆卓元译. 北京：商务印书馆，1985：196.

含了文化背景对准确理解汉语的影响。换句话说，如果外国学生不了解语言背后的文化含义，想要学好汉语是不可想象的，也是不可能实现的。可见，文化对语言的学习具有重要影响，缺乏对文化的理解会造成言语交际的障碍，甚至引起人们对语言的误解和文化冲突。

汉语和其他语言在文化上的差异，是导致语言障碍产生的主要原因。例如，一个外国学生对刚刚参加完跑步比赛的老师说："老师太棒了！你刚刚跑得比狗还快!"老师听到这样的"称赞"哭笑不得，这显然是文化差异导致的语言障碍。因为在中国人和西方人眼中，"狗"所代表的文化意义截然不同，西方文化中的"狗"具有"褒奖"的意思，而汉语中用"狗"在比喻人时含有"贬低"的意思，如"狗拿耗子，多管闲事""狗眼看人低"等。所以，外国学生在学习汉语时，必须要学习中国历史与中华传统文化，了解中国人的语言习惯和文化背景，只有了解了汉语背后的文化内涵，才能提高对汉语的理解能力和准确运用汉语的能力。

（二）汉语中蕴涵着丰富的中华文化

语言蕴含着文化，同理，汉语蕴含着中华文化，对中华文化的理解程度直接影响外国学生对汉语的理解程度和运用能力，所以通过文化教学培养学生的汉语能力是学习汉语的捷径。"在语言中，一般都认为语音与文化的关系最浅……我们很难从中明确地'悟'出什么民族意识，但却可以确定它是民族特征的一部分，具有某种文化属性。"[①]在语言运用的特定情境中，常常借助音同或音近的语音来表达意思。例如，中国人吃年夜饭要有鱼，谐音是"年年有余""吉庆有余"，表示吉祥如意的意思；再如中国人对数字的忌讳，在挑选楼层、手机号码、车牌号码时，均不愿意要"4"，因为"4"与"死"音近，一些宾馆不会标注 4 层、14 层等和 4 有关的楼层。只要仔细体味，我们就会在汉语背后发现中国人的思维习惯和文化心态。

词汇是语言要素中发展变化最快、最为贴近社会生活的一个部分，因而它与文化的关系也最为密切。汉语词汇保存了中华民族特有的文化体验和文化认同，如受特定自然环境制约的语汇，如"梅雨""梯田""戈壁滩""熊猫"等；受特定物质生活条件制约的语汇，如"馒头""旗袍""大褂""四合院""楼台

① 史有为. 汉语文化语音学虚实谈[J]. 世界汉语教学，1992（4）：261-264.

亭阁”等；受特定的社会形态和经济制度制约的语汇，如“科举”“同志”“干部”“支书”“衙内”“农转非”等，以及一系列外国人难以理解的亲属称谓等；受特定的精神文化生活制约的语汇，如“克星”“虚岁”“积德”“红娘”“阿Q”等；还有众多的成语和典故，如“一日三秋”“柳暗花明”“塞翁失马”“五侯七贵”等。这些词汇蕴含丰富的文化内涵和历史底蕴，必须结合中国历史和中华文化知识才能理解。

汉语还体现着独特的中华文化取向和中国人特有的价值观念，如“枪打出头鸟”“和气生财”“退一步海阔天空”等俗语，体现着中华文化的中庸、和谐理念和中国人为人处世中隐忍、委婉的道德取向。中国人用美好的植物寓意人的美好人格和品行，如兰花、香草被赋予特定的文化精神，梅、松、竹、菊等被赋予君子品质等。可以说，汉语几乎囊括了中华文化的方方面面，学习汉语就是学习中华文化。

（三）学习中华文化能激发学习汉语的兴趣

语言教学有明确的规定性和结构化要求。绝大多数外国学习者出于实用目的学习汉语，导致语言学习的过程乏味和枯燥。文化不仅有助于增强学习者对语言的理解和运用能力，还会让语言学习变得更加丰满和富有启发性。如果在汉语教学中适当运用文化教学方法，可以让汉语学习过程充满乐趣。例如，汉语教学中对“既”和“即”的学习，可以利用这两个汉字的古字形，帮助学生区分它们的形义差别，以准确掌握和理解汉字。“即”的古字形左边是一个盛放食物的器皿，右边是一个人面对食物跪坐，表示开始吃饭；“既”的古字形左边也是一个盛放食物的器皿，右边是一个人背对着食物坐着，意思是已经吃完。通过古字形的对比，让学生明白“即”表示马上开始，“既”表示已经完成。因此，“立即”是要开始的意思，“既然”是已经完成之义。再比如讲到中华民歌时，就让学生欣赏和学唱《茉莉花》，体会中华文化的独特性。如此富含文化的汉语教学，可以激发学生的学习兴趣，更准确地把握汉字特点。语言的魅力在于文化，赋予汉语教学更多的文化内涵，通过文化教学提高汉语国际教学的实际效果，可以达到事半功倍的教育效果。

第二节　汉语国际教育课程改革

课程是动态的、生成的、发展的，不仅包括教学内容，还包括学生和教师的主体参与活动，涵盖课程设计、课程内容、课程实施、课程改革和课程评价等环节，是特定教学情境中师生创造性互动交流的教学活动。在此意义上，教学是师生共同参与的课程开发过程，课程建设是师生共同参与并实现教学目标的教育实践过程。

一、课程设计的基本走向

课程设计是指学校等教育机构对各类课程的设立和安排。也就是说，课程设计是实现人才培养目标的途径和手段，是培养目标在课程计划中的集中体现，直接反映学生需要掌握的知识和应当具备的能力。“课程体系可被看做以培育学生为目的的一系列有计划有安排的事件。”①课程理论中出现过三种比较经典的课程设计模式，即学科中心课程设计模式、问题中心课程设计模式、学习者中心课程设计模式。这三种模式对课程设计均有指导意义，三者的融合代表了课程建设的发展方向，为汉语国际教育课程提供了基本理论指导。

（一）学科中心课程设计模式

学科中心课程也称分科课程，是一种主张以学科知识逻辑进行课程编制的课程设计模式。该模式主张知识是课程的核心，课程应以学科分类为基础，按照学科知识体系分科设置，分别从相应的学科领域中选取最基础和最重要的知识，再根据教育教学需要分科编排课程，进行教学。学科中心课程强调根据学科逻辑组

① 潘玉华，李英姬，陈展．“三化一特”：汉语国际教育本科专业课程设置新路径[J]．云南师范大学学报（对外汉语教学与研究版），2016（2）：32-36.

织教材，以便于学生系统深入地掌握学科知识，高效率达成教育教学目标。学科中心课程曾在学校教育中居统治地位，对课程设计产生过重要影响。学科中心课程重视学科知识的发展价值，看到了社会知识增长的无限性与个体知识增长的有限性之间的矛盾，强调通过学科知识学习促进学生发展。学科中心课程教学以分科教学为核心，重视执行课程设计和教授教学内容，以学科基本知识和结构的掌握为目标，以考试等量化考核方式为主要手段。

学科中心课程设计模式的优点是，根据学科逻辑组织课程，学生能够系统地掌握文化知识，教师能够有组织地把一定的知识、技术的基本要素传授给学生，特别是具有永恒性的经典知识，对充分发展人的智力发挥着重要作用；缺点是偏重学科知识的传授和记忆，而忽视获得知识的方法和过程，不利于激发学生的主体性和学习兴趣，不利于培养学生解决问题的能力。

（二）问题中心课程设计模式

问题中心课程以先进的教学理论及学习理论为基础，以问题为核心，综合应用教学科目、教学内容、教学时间、教学环境等因素，组织多环节的学生研讨、合作及交往等教学活动，课程自由延展、相互促进。教师采取激励、引导、探究、整合、应用及评价等方式激发学生的学习兴趣，引导学生质疑和反思，学生则采取合作探究等方式整合与运用知识，最终实现课程教学的目的。问题中心课程具有开放、互动、灵活等特点。

问题中心课程设计模式以整合的形式呈现教材，打破了科目间的隔绝状态，实现了跨学科的联系。该模式能充分激发学生的创新能力，使学生通过不断质疑和主动参与，有效探寻问题的解决方案，提升学生的综合能力。课程实施中便于学生发现课程的意义和价值，增强学生与社会的联系，使社会目标在课程中得到体现。但是该模式忽视了课程的基础，在课程组织方面存在随意性，传授的知识缺乏严密的逻辑体系，容易忽略与生活实际问题没有直接联系的知识内容。

（三）学习者中心课程设计模式

学习者中心课程以活动课程最具代表性，将游戏或教学活动作为全新的组织要素，打破了各学科相互割裂的知识壁垒。学习者中心课程从学生感兴趣的问题出发，将学习与生活环境密切联系，将生活经验、社会课题和其他丰富的内容吸收到学校课程中来，注重从活动、经验中学，有利于提升学生解决问题的能力，使学生身心得到全面发展。活动课程是对学科课程的修正，是针对一般课程忽视学习者的需要与兴趣的弊端而设计的，旨在改变被动、呆板的学习状况。

学习者中心课程设计模式突出学习者的主体地位和个体经验的重要性，代表性的观点有美国教育家杜威的“以儿童为中心”“教育即生活”“学校即社会”。但课程局限于学生的生活经验，忽视了学科知识和前人创造的文化成果，不利于学生对必要的基础知识和基本技能的掌握；忽视了学科逻辑和知识体系结构，不利于学生系统掌握知识。

上述三种课程设计模式各有优点和缺点，对应着不同时代的不同需求，解决了当时课程发展和教学中的一些问题。随着时代的发展、科技的进步，课程设计模式越来越走向融合，呈现出日益显著的融合发展趋势。汉语国际教育教学如何构建科学合理的课程体系，有效实现人才培养目标，是值得研究的课题之一。

二、汉语国际教育课程改革的实践探索

《普通高等学校本科专业目录和专业介绍（2012 年）》提出了汉语国际教育课程设计的具体要求，课程设置主要有四大板块：语言板块（汉语、英语）、文化板块、文学板块和对外汉语教学板块。目前，全国共有 400 多所大学开设了汉语国际教育本科专业，但存在人才培养质量不高、就业竞争力不强等问题，一个重要因素是课程设置不够优化。[①]很多学校的汉语国际教育课程体系只是汉语言类课程和英语类课程的简单相加，很少涉及针对不同国别和不同教学对象的课程，专业课程设置特色不鲜明，没有形成有机的体系。这种课程设置培养出来的学生，汉语水平赶不上汉语言文学专业，英语水平又不如外语系。一些学校的汉语国际教育专业重视学生知识的积累，语言文学类课程比重过大，而培养学生汉语教学能力、跨文化交际能力等综合能力的课程较少，实践类课程比重小，缺少汉语教学实习和实践环节，学生得不到专业实践锻炼。构建科学合理的课程体系是培养

① 杨锋. 把握“三个层面”，坚持“三步走”——汉语国际教育本科“汉语+”课程体系模块化改革与实践[J]. 现代教育科学，2019（9）：20-24.

高水平汉语国际教育人才的基础，应倡导多元化整合发展的课程取向，通过融合创新推进课程改革，为提高汉语国际教育人才质量提供有力保障。

（一）“汉堡包”式课程改革

昆明理工大学“汉堡包”式汉语国际教育人才培养模式是基于培养应用型国际化人才的理念，针对汉语国际教育专业的培养目标，以培养综合能力为导向的人才培养模式改革。所谓“汉堡包”，即指“国内—国外—国内”的培养过程，更形象地比喻了“理论—实践—理论”的培养模式。昆明理工大学汉语国际教育专业全力提升学生的外语水平、汉语教学及跨文化交际能力，扩宽学生的国际视野，强调实践教学，着重培养学生在海外独立生活和工作的能力。

“汉堡包”式汉语国际教育人才培养模式课程体系的特点可概括为“三化一特”，即课程设置模块化，能力培养核心化，实践教学主导化，以区域化、国别化为特色。该课程体系设立的依据是人才培养目标要求及社会需求，学校在对东南亚（主要是泰国）中小学对汉语教学师资需求进行调研和分析的基础上，设计了汉语国际教育本科专业的课程体系。①昆明理工大学的主要经验有以下几点。

一是课程设置模块化。将汉语国际教育人才培养分为三个阶段实施，每个阶段的教学目标和教学内容各有侧重。大一、大二是汉语基础知识、多语能力、教学能力培养阶段，主要传授汉语基础知识，培养学生的多语能力（精通英语，掌握一种小语种）及汉语教学能力；大三开展海外全真教学实习；大四进行专业理论提升，撰写毕业论文。课程设置以汉语类、第二语言教学类及英语类课程为主，中外文化交流、中国文化等课程为辅，为学生开设泰语、越南语、老挝语等小语种课程。课程类型分为公共基础课、学科基础课、专业课三类。学科基础课和专业课的设置体现模块化和集中化，划分为基础理论课、特色理论实践课、实践性教学环节和专业方向课等模块。

二是能力培养核心化。课程设置充分体现对学生综合能力的培养，包括学生的异域独立生活能力、海外独立工作能力、汉语教学能力、语言能力、跨文化交际能力等。将对外汉语教学概论、对外汉语教学法、语言学概论、第二语言习得

---

① 潘玉华，李英姬，陈展. “三化一特”：汉语国际教育本科专业课程设置新路径[J]. 云南师范大学学报（对外汉语教学与研究版），2016（2）：32-36.

理论等理论课程与微格教学、课程综合训练、专项教学实训等实训课程有机结合，通过实践过程强化巩固理论知识，为实践环节打下牢固的基础。不同课程之间进行理论与实践、知识与技能的网络型交叉，增加教学实践课程在专业能力培养中的比重。

三是实践教学主导化。强调通过实践进行学习，加大实践教学比重，增加实践类技能培训课程，以实践教学为主导，培养学生的实践能力。汉语国际教育专业学生对接留学生汉语培训项目，针对海外特定教学对象进行具体的分技能培训，以此来增强学生的教学实践能力和跨文化交际能力。实践类课程形式多样，调动了学生的积极性，同时极大地锻炼了学生的实际教学能力，为学生在海外的教学实习做好了充分准备。

四是以区域化、国别化为特色。针对性地开展“订单式”培养，将培养面向特定区域、特定国家的具有针对性的汉语国际教育人才作为人才培养特色，外语类及文化类课程集中体现区域化、国别化特色。开设泰语、越南语、老挝语、缅甸语等东南亚语种作为第二外语，着力培养学生的第二外语能力，同时开设介绍东南亚国家历史文化、社会现实的课程。

（二）“汉语+”课程体系模块化改革与实践

浙江越秀外国语学院提出“汉语+”的理念，通过优化课程体系，模块化设置课程，来夯实第一层面的汉语言文化专业基础知识，强化第二层面的海外和网络化汉语教学实践能力，充分提高第三层面的国际化能力，加强学生对英语和第二外语的学习，并开展校内实践、线上汉语教学、海外实习“三步走”的汉语教学实践。[①]该校将汉语国际教育本科专业课程体系分为不同的模块，除公共基础课程模块之外，还设置了专业基础课程模块、外语类模块、教学理论与技能模块、文化与交际模块、教学实践模块等模块。

一是专业基础课程模块。该模块包括语言学概论、现代汉语、古代汉语、古代文学、现当代文学、语音学、汉语语法等课程，注重为学生提供汉语语言学和中华文化基础知识，了解语言学的各个研究领域，培养学生的专业兴趣。该模

---

① 杨锋. 把握“三个层面”，坚持“三步走”——汉语国际教育本科“汉语+”课程体系模块化改革与实践[J]. 现代教育科学，2019（9）：20-24.

块课程都是基础课程，注重应用性，采用启发式、探索式和批判式等教学方式。

二是外语类模块。汉语国际教育专业注重学生第二外语的学习，因为这对于在非英语国家进行汉语教学尤为重要。该模块除英语之外，还开设了泰语、阿拉伯语、西班牙语、越南语、日语、韩语、俄语等，旨在让学生初步掌握一门第二外语，甚至第三外语。

三是教学理论与技能模块。该模块包括对外汉语教学概论、第二语言习得理论、对外汉语教学法、现代教育技术、心理学、教育学、跨境线上汉语教学等课程。开设跨境线上汉语教学课程的目的是让学生掌握线上汉语教学的方法和特点，进行课堂实践。

四是文化与交际模块。该模块包括中国传统文化概论、跨文化交际、中华才艺等课程，旨在鼓励学生掌握一门中华才艺，如书法、中华武术、曲艺等，并对其他国家的文化也有一定的了解，努力成为对方国家的“外国通”。

五是教学实践模块。教学实践由校内实践、线上汉语教学、海外汉语教学实习三部分构成。其中校内实践包括“语伴”实践、课堂试讲、汉语教学见习等。校内实践主要在大一和大二阶段开展，同时，鼓励学生在课余时间进行线上汉语教学，大三阶段进行海外汉语教学实习。在校内实践、线上汉语教学、海外汉语教学实习完成之后，有针对性地开展汉语语音习得专题研究、汉语语法教学研究、汉字教学研究等课程。

第三节 汉语国际教育教学的实践与探索

互联网时代人工智能技术的广泛应用、疫情防控背景下在线教学的常态化，全方位地改变了汉语国际教育的教学生态环境，需要我们重新审视汉语教学方式及其可能会发生的重大变革。线上教学面对“目中无人”的屏幕，缺少肢体、表情等有“温度”的表达，需要将互动作为教学设计中最为关键的因素，建构“多元互动的线上教学模式”。人工智能技术从根本上改变了固有的互动模式，传统的师生二元互动模式被教师、人工智能技术及学生三位一体的互动关系所替代，需要重新建立一种双向、多向和网状的教学互动关系。以学生为中心的教学理念持续巩固，学生被赋予了更多的自主权和选择权，他们的反馈渠道也更加多样和畅通。[①]汉语国际教育教学改革满足了学生的多元化学习需求，推进了人才培养质量的不断提高。

一、汉语国际教育教学的文化导入

文化导入是提高汉语国际教育质量的重要教学策略和手段，尤其是在跨文化交际课的教学中，应该坚持文化导入，综合运用多种教学策略和教学手段，建构起完善的文化导入机制。[②]

（一）以文化自觉意识强化留学生的跨文化交际观念

文化自觉强调的是教师和学生的文化自省意识。汉语国际教育教师应该充分认识到汉语国际教学中文化导入的重要性，把文化阐释、文化解读、文化寻根、文化渗透放在重要位置。语言世界重在解决话语的规范化与合格化问题；物理世界重在解决话语语义的真实性和逻辑性问题；心理世界重在解决话语的可接受性问题；而文化世界解决的根本问题则是交际主体话语的可解释性问题，即能不能从文化意义上解释得通。文化导入的重要目的是要教会留学生对跨文化交际现象做出文化阐释，从文化层面给跨文化交际提供具有说服力的理由，从而廓清对异质文化的模糊、错误认识。文化既是文化自身，又是语境的重要组成部分，还可以被当作教学策略和手段来为课堂教学服务。教师要养成文化自觉意识并将之贯穿于整个课程教学之中，把文化渗透到教学的各个层面，通过导入文化来引领教学，并用文化来解释国际汉语教学中出现的各种异质文化现象。

1. 文化导入的必要性

留学生的母语和目的语之间存在着较大的文化差异。即便是越南的留学生，

---

① 巴丹，等．“汉语国际教育线上教学模式与方法”大家谈[J]．语言教学与研究，2021(2)：1-14.

② 孟建安．对外汉语教学中的文化导入机制——以“跨文化交际”课教学为例[J]．肇庆学院学报，2013（1）：79-83.

他们的母语京语和目的语汉语之间有着不少相同的文化背景因素，也依然存在着较多的不同，因此越南留学生在使用汉语时往往会因为文化上的差异而出现交际上的障碍，这种障碍其实主要就是文化障碍。文化障碍自然得用文化手段来解决，依靠对文化的导入来消除，由此铺平跨文化交际的道路。在跨文化交际课的教学中，教师要用文化的眼光来审视教学，注重文化导入的必要性，要自觉地有意识地利用一切可能的有效的文化条件有针对性地进行跨文化教学，以培养留学生的跨文化交际观念；要根据留学生的汉语水平，“把留学生的注意力引导到中国文化的深层，即在民族文化中起主导和定型作用的那部分文化，如价值观、道德观、思维方式、民族心理等。当那些曾经令他们惊叹、兴奋不已的异国文化景观不再是一堆杂乱无章的现象，而是找到了产生这些现象的深层原因时，就实现了从‘知其然’到‘知其所以然’的飞跃。无疑，这对他们学习汉语又是一次强刺激”[①]。拿委婉含蓄表达来说，看下面的例子：

女人们到底有些藕断丝连。过了两天，四个青年妇女集在水生家里来，大家商量：

“听说他们还在这里没走。我不拖尾巴，可是忘下了一件衣裳。”

“我有句要紧的话得和他说说。”

水生的女人说：“听他说鬼子要在同口安据点……”

“哪里就碰得那么巧，我们快去快回来。”

“我本来不想去，可是俺婆婆非叫我再去看看他，有什么看头啊！”

于是这几个女人偷偷坐在一只小船上，划到对面马庄去了。

（孙犁《荷花淀》）

这虽是文学作品中的用例，但实际上也是口语交际的现实写照。例中，几个年轻的媳妇儿因为思念和牵挂而想去看望自己的丈夫，就分别找了各种不同的借口，或说“我不拖尾巴，可是忘下了一件衣裳”，或说“我有句要紧的话得和他说说”，或说“我本来不想去，可是俺婆婆非叫我再去看看他，有什么看头啊”。这些理由并不充分，这些说法是所谓的一样话百样说，即修辞同义手段，但都表达了一个意思，那就是对丈夫的“藕断丝连”。然而，她们又都不直接说出自己

---

① 张英. 论对外汉语文化教学[J]. 汉语学习，1994（5）：46-50.

想要说的话，而是采用了婉曲、省略、拐弯抹角等方式，委婉含蓄地表达了自己内心对丈夫的无限思念。在跨文化交际中，因为对中国传统文化的认知不够深入，留学生难以理解几个年轻媳妇儿话语的真实内涵、言外之意。在教学中，教师就应该渗透文化意识，根据情境采用不同的导入方法从文化层面做出深入分析，要让留学生懂得在20世纪三四十年代中国的北方，由于受到传统文化的熏陶，农村妇女仍抱有保守、封建、重礼教等浓重的文化意识，所以当表达想念丈夫这样的个人情感时，往往不敢也不能直接说出，相反是要采用侧面表达的手段，以固守自己的传统文化观念。这样，留学生就会从中得到启示，深刻领会文化因素对跨文化交际的影响。

2. 文化导入普遍存在于教学的各个环节

在跨文化交际课教学的各个环节，包括大纲制定、资料准备、内容设计、课堂教学、实践训练以及效果检测等整个教学过程，都存在着文化自觉意识，要用文化导入来平衡教学过程。在教学内容方面，对语音形象的塑造、词语意义的阐释、话语内涵的理解、话语内容的表达、交际心理的把握、人际情感的沟通、态势语的协调、听说原则的坚持、交际技巧的应用等都离不开文化因素，都需要有文化因素的参与。简单地说，文化导入普遍存在于跨文化交际的各个角落、跨文化交际课教学的各个环节。比如汉语中“妇女”一词，在传统观念中带有较为浓重的文化色彩。胆怯、爱唠叨、有母性、心胸狭窄、缺乏理性、善于烹调、富有同情心、头发长见识短、受教育程度较低等，这些都是传统观念中赋予“妇女”一词的特有文化内涵。显然，这些文化内涵带有更多的贬义色彩，体现了不健康的价值观念。教学中，教师就要充分利用文化导入手段，从文化层面向留学生阐释“妇女”的深层文化内涵，探寻形成这种特有含义的深层社会文化根源，促使留学生能够认知并恰当应用，避免在跨文化交际中出现尴尬现象。

（二）以交际文化教学提高留学生的跨文化交际素养

跨文化交际课程应该以交际文化教学为主，知识文化教学为辅。这是因为汉语国际教育专业的主要目标是让留学生尽快掌握目的语及相应的文化，用目的语进行交际。例如，对初级水平或零起点的留学生，应着重对他们进行交际文化教学，如社会上流行的打招呼方式、各种日常生活交际用语等。按照人们通常的理解，文化有物态文化、心态文化、行为文化和制度文化之分。在语言教学中，文化导入的内容不仅应该包括习俗文化、思维文化、心态文化、历史文化和汉字文化等，还应该包括语构文化、语义文化和语用文化。可见，语言教学中可以导入的文化内容是相当丰富的，外延也是非常宽广的，这是提高语言教学质量的必备条件。就跨文化交际这门课来说，在教学中是否有可能与必要把所有的文化内容都讲解得非常清楚，是否有可能与必要让留学生都一并照单全收，这是任课教师必须慎重考虑的问题。从课程性质与教学时间来看，教师不可能也没有必要什么都讲，也不可能更没有必要让留学生掌握汉文化的全部内容。那么，哪些文化内容才是跨文化交际课教学中的核心教学内容，哪些文化内容才是留学生必须要熟记于心并学以致用的？在笔者看来，既然是跨文化交际课，关键词只有两个，那就是“异质文化”和“交际”，因此那些无关交际或者无关宏旨的文化内容就可以少讲甚至不讲，而把交际文化作为核心的导入内容。“所谓交际文化，主要指两种文化的人进行交际时直接发生影响的言语中所蕴含的文化信息，即词、句、段中有语言轨迹的文化知识，它主要以非物质为表现形式。”[①]我们把交际文化概括为人们在言语交际时所形成的一系列文化规约，也就是利用特定的交际环境条件和文化背景因素实施言语交际行为时逐步约定俗成的各种文化通则，包括语言内的文化通则和语言外的文化通则。这不仅是本民族内部言语交往中应该遵守的文化规则，也是跨文化交际中留学生应该坚持的文化原则。这些原则与规约是对各个范畴内交际文化的高度概括，如对敬语、谦称、称呼语、招呼语、问候语、答谢语、告别语、忌讳语、委婉语等交际文化的认知、判断和选择。人们常说的入乡随俗、入国问禁、主随客便、客随主便、到什么山上唱什么歌，在很大程度上其实说的就是对不同交际文化的认同和接受，也就是要在交际文化上找到不同文化背景下人与人之间文化认同的最大公约数。

在跨文化交际课的教学中，教师应把交际文化当作核心内容教授给留学生，通过实例来证明交际文化的重要性，以牢固树立留学生的文化认同意识；梳理一些交际文化的来龙去脉，以拓宽留学生的文化视野；对交际文化存在的合理性与不合理性进行剖析，以厘清留学生对异质交际文化的模糊认识；教会留学生交际时如何得体地利用交际文化，以培养留学生跨文化交际的文化选择能力或者说是

---

① 赵贤洲. 文化差异与文化导入论略[J]. 语言教学与研究，1989（1）：76-83.

文化适应能力。总之，教师要通过多种手段和方法来培养留学生的跨文化交际素养，为提高留学生的跨文化交际能力打下坚实基础。

（三）以实践训练提高留学生的跨文化交际能力

跨文化交际课主要讲授跨文化交际的基础知识和基本理论，根据课程教学目标，更应该重视实践训练，把实践训练作为重要的教学平台，以及课堂教学的进一步延伸，采用多种训练策略、形式和方法，促使留学生遵循异质文化的交际原则，督促留学生观察异质文化规约的可行性与可靠性，并由此来提高留学生跨文化交际的实际能力。在实践训练时，教师要根据留学生跨文化交际的实际，做出总体规划，采用不同的训练模式、手段和方法，把文化渗透其中，以凸显文化对跨文化交际的不可或缺性，让留学生从中得到深切而又真实的体验。比如在训练模式方面，可以根据留学生跨文化交际的实际采用单向交际训练模式、双向交际训练模式、直接交际训练模式、间接交际训练模式、分级交际训练模式、单独交际训练模式、集体交际训练模式等；在训练手段方面，可以根据留学生跨文化交际的实际选择复述手段、转述手段、讲述手段、评述手段、演讲手段、辩论手段、交谈手段、问答手段、批评手段、教学手段、表扬手段等；在训练方法方面，可以根据留学生跨文化交际的实际选择情景训练法、示范训练法、竞赛训练法、自由训练法、命题训练法、分类训练法、专题训练法、个别训练法、小组训练法等。无论采用何种训练模式、手段和方法，教师都要有文化导入意识，都要清楚地认识到训练的对象是留学生，在选择训练话题时，必须要以文化规约的应用训练为主导，让留学生通过身体力行实施跨文化交际行为，直接去观察、感知跨文化交际过程，由此提高他们在汉文化背景下的心理控制能力、情感沟通能力、动作协调能力和听说运作能力。

以自由训练法为例，教师在对留学生进行跨文化交际训练时，可以采用自由训练法来促使留学生强化文化的解释力和作用力。顾名思义，自由训练法就是教师根据训练目标提出相应的要求，不事先给参训留学生确定训练的话题、模式、环境等，而由留学生自主决定如何训练。这在尊重学生的前提下充分考虑到了训练过程中学生的自主意识和主体意识，给参训留学生以较大的自由选择度，让留学生结合自己的兴趣爱好来决定训练的内容、话题和方式。教师只需事先提出相关的要求，比如要求留学生有意识地运用具有浓重汉文化内涵的词语，像“西施”

“潘金莲”“武大郎”“走后门”“炒鱿鱼”“大锅饭”“地头蛇”“色狼”等；要求留学生结合交际环境，充分利用汉文化因素展开交际，比如通过问路、聊天、问候、道谢、告别、打招呼、打电话、讨价还价等自由交际活动来训练自己；要求留学生学着应用“东风压倒西风”“万事俱备，只欠东风”“什么风把你吹来了”“过街老鼠”“慢走”等习惯性说法、俗语、谚语、典故，把学到的交际文化知识付诸实践，看做得是否到位，是否会造成误解，是否能够得到交际对象的认可，是否能够顺利完成交际任务，由此来训练留学生对异质交际文化的应用能力。

（四）以文化审视考核留学生的跨文化交际水平

跨文化交际课的教学目的不是也不可能是把留学生培养成“中国人”，所以跨文化交际课的教学效果如何、教学质量是否达到了预期，最终还是要看留学生跨文化交际水平是否得到了提高以及提高的程度。跨文化交际水平是留学生跨文化交际能力的综合体现。通过跨文化交际课的学习与实践训练，留学生的交际能力究竟达到什么样的水平，还需要利用一定的教学手段来检测。

文化审视是考核留学生跨文化交际水平的首选检测手段，也就是用汉文化的眼光，尤其是汉文化背景下的交际文化的眼光来审核、查验、评估留学生在跨文化交际中对汉文化的利用程度和适应程度。例如，检视留学生在跨文化交际中是否能够最大限度地利用和适应汉文化条件为自己的交际服务，包括话语策略的设计、话语表达手段的选择、话语表达方法的运用、话语文本的创造等；是否做到了对汉文化背景、风土人情、民风民俗、思维方式、审美意识、道德价值观念、社会时代环境等的利用与适应；交际话语是否能够为交际对象所接受；是否能够顺利开展交际活动。比如可以让留学生作自我介绍，看他们对籍贯和时间的表达是否符合中国人的思维方式。我们知道，中国人在思维方式上和外国人尤其是西方人存在较大的差异，因此在交际时话语的表达方式迥异。中国人的思维方式是具象性的、辩证性的，具备由大到小的特点。所以，在表达时间概念时往往是按照年、月、日、时、分、秒的顺序来措辞的，而在表达空间概念时则是以国家、省区市、县市区、街道为次序。又如对称呼语的选择，越南人往往用“职业+名字”来称呼对方，像“老师军”“医生安”等，而中国人则常用“姓（名）+职业”来称呼对方，像“张老师”“孟老师”等。用文化眼光来审视，就是要利用汉文化的思维方式来审视留学生的时间概念和空间概念，看其表达是否做到了与中国人思维方式的一致性。教师通过观察和分析，如果确认留学生在自我介绍时能够按照上述文化规约来组词造句形成话语，那么就说明留学生已经掌握了汉语关于时间和空间表达的基本技能，就说明跨文化交际课在这方面收到了相应的教学效果，否则，就说明留学生还没有学会汉语关于时间和空间表达的基本方法，那跨文化交际课的教学效果也就大打折扣了。

二、增强汉语国际教育听力教学的实效性

语言是思维能力、表达能力、理解能力的体现。学习任何一门语言，其目标都是培养学习者用目的语进行交际的能力。作为交际工具的语言，是听懂并理解他人意思、表达自己思想的重要手段。听不懂他人的意思，理解和交流就无从谈起，阅读和写作能力也必然会受到影响。就语言学习而言，听力是处于首位的，是基础，是根本，只有听的能力加强了，说、读、写的能力才能提高，语言的工具性价值才会真正体现，因此培养留学生良好的听辨音能力，是进行对外汉语教学的关键所在。听力是提高留学生汉语交际能力的最重要一环，是语言交际能力提高的关键。当前的汉语国际教育教学中，汉语听力课的实效性较差，学生的听力能力提高较慢，影响到了留学生对听力学习的兴趣和自信心，听力教学成为对外汉语教学的难点所在。情景训练能够增强听力教学的实效性，有效提高留学生的听力能力，可实现教、学、做的一体化。因此，教师应该采取有力措施，加强课堂情景训练，并将训练落实到课前、课中、课后等教学环节中，以增强听力教学的实效性。①

（一）留学生听力课堂教学的一般状况

目前，各学校均为留学生汉语教学设置了相应的课程来提高他们的语言能力，如听力课、口语课、阅读课、写作课、综合课等，这些课程在留学生汉语学习过程中发挥了重要作用，有助于尽快提高留学生的汉语能力和汉语水平。但是，不

---

① 苏文兰. 增强对外汉语听力教学实效性的有效途径[J]. 肇庆学院学报，2013（1）：92-95，100.

尽如人意之处仍然存在，据笔者调查，为留学生开设的所有课程中，学生感到最难学的是听力课，学生最为忽视、觉得上不上都无所谓的也是听力课。然而，听力是提高留学生汉语交际能力的最重要一环，听是听、说、读、写“四会”之首，是提高交际能力的关键。那为何这门课在留学生看来，是如此艰难却又容易忽视的呢？究其根源是听力课堂的实效性差，教学目标、教学设计、教学过程的实施未能与教学效果之间达成较为理想的状态，有悖于学习的初衷。

（二）留学生听力能力提高缓慢的原因探析

笔者通过访谈多名留学生的汉语学习经历发现，他们普遍认为听力课难学，听力能力提高较为困难。细究原因，大致包括以下几方面。

1. 怕

第二语言学习对外国学生来说，从语音、词汇、语法到文化背景等都是陌生的，所以“怕”是普遍存在的问题。听力是对声音的分析与辨别，而声音是转瞬即逝的，在极短时间内，要通过语流快速理解对方的主要意思，稍有停顿，就可能产生错误的判断。况且，听力与阅读和写作完全不同，书面文字是看得见的，是可以静下心来揣摩的，而听力是对语音的训练和把握，是反应能力、记忆能力、理解能力的综合运用，所以没有相当的语言基础，心慌是难免的。这是留学生害怕汉语听力课的主要原因。

2. 难

学生感到难学，主要是因为成绩提高太慢，效果不明显。学习压力来自听力教材和听力语料，其涉及关键词，语法点，语境的制约，主要信息与干扰项，解释、总结及概括能力，文化内涵差异，语音区分等七项内容，内容极其繁杂。要听懂，不仅要反应迅速，更重要的是要对语料内容熟悉、理解，并能做出正确的选择和判断。语料内容的丰富性与变化性总会令留学生感到难以掌握，尤其很多内容涉及文化现象，词汇之间细微的差别，都会给留学生的听力理解带来巨大的困难。例如，初级班《汉语听力教程》第九单元第三部分中的判断正误题：

A：好的，明天什么时候去？

B：一点吧，图书馆一点开门。

问题是："他们一点半去"是否正确？

正确答案是"错"，但绝大多数留学生都填了"对"。"一点吧"和"一点半"显然不同，"吧"是轻声，"半"是重音、四声。但留学生却没能把汉语中很细微的语音变化以及轻重音听出来，结果做出了错误的判断。再如：

男：你觉得他们两人现在谈得怎么样？

女：我觉得他们两人没戏。

问：没戏是什么意思？

答案：A. 没唱戏。B. 没看戏。C. 没希望。D. 不好说。

正确答案是 C，但绝大多数留学生都未能选择正确。因为这涉及中国特有的语言文化现象，有词语的引申义。"没戏"本来指没有戏可演，引申为不可能、不成功、办不成等多种意思。交往中的男女，多是朋友或恋爱关系，如果说两人没戏，是表达他们不可能成为朋友，不能结合的意思。如果不了解特殊语境中的引申含义，则很难选择正确。

又如"过不去"既可用于空间位移，又有"难为人，与人作对"的意思。在如何理解"你怎么老跟我过不去啊？"一句的选择题中，大部分留学生选择了"你老了，过不去那个地方""你为什么不过去呢""你不能跟我过去"等与句子中"过去"的字面意思有关的选项，而与"过去"字面意思无关的正确选项"你怎么总找我的麻烦呢"无人选择。

无怪乎留学生说，有些句子每个字词都能听懂，但就是不能确定准确的意思。这实际是对中国文化的理解问题，简单地从字面去理解，是无法应对这一类题目的。

3. 兴趣不足

兴趣不足主要源于授课模式的单一呆板，是教学策略的问题。听力课带给学生的压力已经很大了，如果教师再不注重授课的方式方法，甚至对基础较薄弱的学生使用竞争方法，或者在零起点初级班教学中，频繁让学生听说结合，大胆表达，其结果必然是适得其反，课堂会非常沉闷，学生也会失去学习的信心和兴趣。因为基础较薄弱或在初级班的留学生的第二语言学习还处于"被动语言交流阶段"，即多听、少说阶段。此阶段训练"听"最为关键，没有大量的听和朗读，不仅不能激发他们的学习热情，反而会使他们产生严重的挫败感。这实际是由教师没能做到以学生为中心，没能关注每一位学生的心理需求，以及语言学习的特殊阶段造成的，结果必然是学生学习兴趣锐减，课程实效性差。另外，一些教师通常采用的听力课授课模式是生词讲解—练习—答疑。这种模式有其好处，如针对性强，能提高教学效率。但随着时代发展和教学对象的变化，一成不变的教学模式肯定会让学生感到“审美疲劳”，学习的新鲜感会大打折扣，学习兴趣则可想而知。

针对以上存在的种种问题，教师必须提出具体的解决办法，哪怕还不成熟，但尝试一下总是在探究的路上又前进了一步。听力是比较特殊的一门课，又跟学生的心理密切相关，因此研究听力问题将有助于提高学生对汉语学习的兴趣，缓解其因缺乏自信和成就感而出现的焦虑和恐惧心理。只有带着从容和轻松的心态去学习，才能取得最佳的学习效果。

（三）情景实训：增强留学生听力能力的关键环节

日常生活中的听说训练对提高留学生的交流沟通能力大有裨益，是增强留学生语言能力的有效方式。听力课堂时间有限，如何增强听力训练的实效性，需要教师对课堂进行整体设计和把握，综合运用多种教学手段和教学方法，对学生进行有效引导。

教师可以通过情景实训教给学生提高听力能力的方法，实现教、学、做的一体化，并将有针对性的训练落实到课前、课中、课后各教学环节中。

1. 课前：注重课堂导入环节

复习旧课。教师在长期的教学实践中，总结和归纳了课堂设计的五大基本环节，即组织教学、复习旧课、讲练新内容、巩固新内容、布置课外作业。这五大基本环节在对外汉语教学中同样适用。关于组织教学和复习旧课环节，在词汇、语法课的教学中被广泛采用，但在听力课堂，很多教师忽视了这一环节，非常不应该。前一节课的重要内容，如词汇、语法知识、必要的训练，都应该在复习旧课的环节完成，一方面起到复习巩固的作用，另一方面可以检查学生掌握的情况，一举两得。尤其要注意对重要词汇、语法点的反复听说训练，并要求学生能够熟练运用。

词汇学习。词汇是语言能力提高的关键。初级汉语的学习，遵循的就是由词到句—由句到段—由段到篇的循序渐进过程。即使涉及语法教学，也无不与词汇的分析讲解有着密切的联系。任何一门汉语课，都离不开词汇的教学，精读课对词汇的学习、分析、训练最深入，听力课的词汇教学也不能忽视，也要遵循精讲多练的原则。现在的讲法大多遵循这样的模式：板书词语—教师领读（正音）—学生跟读—听音。在这样的词汇教学模式下，学生能够对词语有初步的认识，但对词语的理解和掌握是肤浅的，记忆更不会深刻。应该在这一模式中加入学生运用词汇的环节，即变为板书词语—教师领读（正音）—学生跟读—学生运用—听音。这里的学生运用环节，需要考虑学生的实际水平，并不要求学生解释某个词的含义，只要求他们能就听力教材中的内容口头表达出来涉及这个词的句子，即引导复述。可能刚开始学生觉得有困难，但将其作为一项常规要求时，学生慢慢就会习惯。这种任务性学习会增强学生的自尊心、荣誉感，使他们在每一次上课之前都能提前预习，把每一个词语及其涉及的句子都做到提前学习、背诵，加深印象。

语料背景介绍。对词汇的基本学习完成之后，如果马上开始听力，学生虽然有了词汇基础，但对教材内容非常陌生，还是很难听得明白，这时需要一个衔接，即对课文背景的介绍，或是对文化背景的介绍。例如，当涉及男女平等、气候差异、春节等内容时，在听音之前，应该给学生一个基本的背景介绍，使学生明确课堂目标，以及将要听到什么内容，以消除他们的紧张和焦虑情绪，从而大大增强他们的自信心。

2. 课中：注重对语料的整体把握

浏览练习题，运用猜测想象，初步感受语料内容。

在正式听音之前，需要让学生快速浏览问题项，不论是填空题、选择题、判断题还是问题答，都要看一遍，然后学生凭借自己的想象和联想，猜测可能出现的问题，加强听音的针对性。例如，初级班《汉语听力教程》第十七单元第三部分中的听后选择题：

（1）孩子想（穿裙子/不去幼儿园）。

（2）今天（有/没有）太阳，但是（很暖和/不暖和）。

（3）今天风（很大/不大）。

（4）妈妈让孩子去（幼儿园/外面）一会儿。

（5）孩子最后（穿了/没有穿）裙子去幼儿园。

整体浏览题目以后，学生基本可以判断出这段话涉及的人物是妈妈和孩子，事情是穿不穿裙子和去不去幼儿园，天气情况是有没有太阳、风大不大、暖和不暖和等。有了这些基本判断，再结合重点和具体的细节，就基本可以断定此题是关于天气好坏与孩子是否穿裙子去幼儿园的问题。

先泛听，后精听，注重对语料的整体感知。建构主义学习理论认为，知识的学习是一个主动的建构过程，教学过程是学生主动学习的过程。[①]学生对任何事物的感受，都基于自己的感性经验和认知能力，首先是一个整体判断，然后和感性经验结合，产生新的认知。语言的学习也要遵从建构主义学习观，重视学生的学习经验，先泛听，后精听，实现由整体到局部再到整体的认知过程。

精讲多练，突出课堂重点。重要的词汇和语法、句式、习惯用语等，教师要注意精讲多练，只有在反复的训练中学生才能牢固掌握，才能做到举一反三。例如，量词的使用作为教学难点，教师尤其要注意精讲多练，让学生反复练习。外国留学生学习汉语时，将不可数名词与作为度量单位的量词搭配使用时，学习效果较好，如一张纸（a piece of paper）、三克糖（three grams of sugar）、两杯水（two cups of water）等。但他们常常对可数名词使用量词感到别扭。在英语中，可数名词一般没有量词，直接在数词后面跟可数名词即可，如 three dogs，但汉语却要表述为“三只狗”，留学生往往会在这里犯错，说成“三狗”。因此，在课堂教学中要注意针对重要内容，通过多种不同类型的题目，反复加强训练。

努力开拓课程资源，拓展学生思维。教师要努力开拓课程资源，结合现实生活，多找一些社会中的热点问题，或者学生感兴趣的听力资料，由教师朗读语料，或充分利用多媒体播放适合外国学生观赏的影音资料。这样既能让学生感受真实语料，又能在美妙的音乐和真实视听影像中学习，激发学生的学习兴趣，提高他们的注意力。例如，听采访中的谈话、听电影/戏剧中的对白、听歌曲、听正式场合（婚礼、颁奖仪式）的祝辞、听专业人员（如医生）的指点等。

---

① 王振宏. 学习动机的认知理论与应用[M]. 北京：中国社会科学出版社，2009：182-187.

3. 课后：注重作业布置

对于听力的训练和提高，作业布置非常重要，因为作业是对重要内容的巩固。一定量、一定形式的作业可以帮助学生回忆课堂重点，加深印象。作业的形式可以多样化，这样既可以提高学生完成作业的积极性，又可以锻炼他们的能力，让学生真正动起来。除了书面作业之外，还可以考虑以下作业形式。

录音作业，就是让学生利用手机、录音机等设备，完成一个主题的录音工作，录音时长 3 分钟即可。作业布置之前，教师要明确一个主题，然后学生围绕这个主题，根据自己的思考，进行录音。比如“中国的首都”“中国的著名城市”“中国人的饮食”“孔子”“长城”“兵马俑”等，总之，可以是一些具有浓郁特色、体现中华文化的内容，这样学生完成作业的过程就是学习中华文化的过程。学生可以看电视或听广播，也可以让普通话标准的中国同学读一篇文字资料，录下来作为听力训练的素材。这种形式的作业，除了做录音之外，还要求在上课之前，有 1—2 名学生播放自己的录音内容给大家听，然后再设计几个问题和大家交流。这样的作业布置方式，变静态为动态，充分调动了学生的主观能动性。事实证明，虽然作业的难度加大了，但学生完成作业的积极性提高了。

复述课文，即对某节课的重要语料进行复述。由于时间的限制和学生的实际情况，不可能所有教材内容都让学生复述，这样作业量太大，会加重学习负担，所以只要求学生掌握并复述最重要的课文。在课堂上，可以采用两两交流的形式，如邻座之间互相复述，或一两名学生复述，其他学生认真倾听，看其复述是否有错误。这项作业需要花费较多精力，但实现了听说结合，有利于学生听说能力的提高。

三、培养学生的跨文化交际能力

《国际汉语教师标准》对国际汉语教师应具备的知识、能力、素质等提出了全面要求。然而，目前一些高校在设置汉语国际教育专业课程时，较少考虑自身所在区域的特色，导致专业人才培养无特色，不适应汉语国际教育多元化的需求。究其根本是教师对教学实践的理解不全面，更重视学生语言要素及教学能力的培养而忽视学生文化传播能力的实践训练。一些高校重理论知识轻实践应用，导致实践培养环节表面化，实践渠道单一，海外实习平台和渠道较少，能够提供给本科生参与实践的机会有限，直接影响了学生专业素质和职业技能的提高。为突破汉语国际教育本科生培养的瓶颈，肇庆学院围绕汉语国际教育专业“强实践性”的特点，探索提升该专业学生教学实践能力的有效方式，围绕培养学生跨文化交际能力进行教学设计，建设实习基地，搭建实践平台，开展灵活多样的第二课堂活动，让学生在国内外实习实践过程中，提升跨文化交际和汉语国际教学能力。

（一）加强跨文化交际意识的培养

汉语国际教育专业学生应具有跨文化交际意识，能够正视本国文化和异国文化间存在的差异，进而尊重交际对象及其文化背景。学生在学习过程中应该主动了解其他文化，平等看待其他国家和民族的文化。虽然各国文化差异较大，但并不存在优劣，要突破传统的自我中心的固守观念，以文化包容和多元文化观平等对待其他文化，相互尊重平等交流。在跨文化交际实践中，教师要引导汉语学习者形成跨文化意识，提高其学习汉语的热情，主动学习中华文化知识，以使汉语教学工作取得最佳效果；反之，汉语学习者可能会产生排斥中华文化的心理，学习效果就会大打折扣。

学生应首先学习跨文化交际相关理论知识，了解跨文化交际的特征，自觉用跨文化交际的相关理论解决交流中遇到的问题。各国文化差异较大，教师应该对学习者的文化背景有一定的了解，如了解学生母语国的风俗习惯、宗教信仰、社会制度及饮食禁忌等，并对中国和学生母语国的语言和文化差异有深入理解，既要了解本国文化，又要熟悉异国文化。教师要鼓励汉语学习者多参与体现中国文化的社会生活和人际交流，帮助汉语学习者理解中外文化的差异，培养求同存异的态度，避免文化冲突。

（二）在教学中培养跨文化交际能力

语言教学的目的不仅要传授语言基础知识，还要培养学生在实际语言环境和社会交往中运用语言的能力。学生如果只注重语言基础知识的学习，忽视语言运用能力的培养和提高，那他们输出的语言可能就不符合社会规范，达不到交流的目的，所以教师必须加强学生语言实践能力的培养。教师需要在讲解基础知识的基础上设计课堂教学活动，为学生提供实践机会，利用先进的教学手段，积极组织开展语言沟通实践，来提高学生的语言运用能力。课程设置要体现汉语教学技能培养、中华文化传播能力培养和跨文化交际能力培养的目标，多开设国际交往经典案例分析、外事问题应急处理案例分析、国际交往与传播、言语交际学等案例学习和教育实践类的课程，让学生在中外文化比较中提高汉语水平，掌握交际策略，培养跨文化交际能力。

教学作为一种文化传承手段，能够让学生以一种易于接受的方式来学习中华文化，如将中华文化有机地融入专业教学。文化教学可分为文化技能教学和文化观念教学两个层次。文化技能教学应选择主流的、普遍的文化趋势，让学生通过各种方式学习和体会中华文化的精髓；文化观念教学应让学生深入理解各种文化实践活动和文化成果。文化教学可以采用多样化的教学方法来提高教学效果，如体验式教学方法可以让学生在学习的过程中感悟文化的内涵；对话式教学方法可以让学生在平等、理解、宽容的对话氛围中减少文化间的冲突；对比式教学方法可以让学生通过比较、鉴别的方式正确理解不同文化间的差异。

（三）通过实习实践提高学生跨文化交际能力

跨文化交际的最大障碍就是文化之间的不同构性，或者说是文化的差异性。汉语教学要主动培养和提高学生的交际策略，增强学生的跨文化交际意识，帮助学生积极应对文化冲突。学生要通过校内外、国内外多种形式的实习实践，深入了解并适应当地环境，了解当地文化，迅速融入当地居民的生活，增强自身跨文化交际能力。

1. 不断推进实践教学创新

教学实践能力是一个全面立体的概念，至少包括四个方面的能力：语言教学能力、文化教学能力、中华文化推广能力、跨文化交际能力。实践教学包括听课、观摩、讨论和教学评价等环节，贯穿于汉语国际教育专业课程教学过程中。汉语国际教育实践教学可应用翻转课堂、项目教学法，引导学生积极参与实践教学，建立课堂实践与课外实践相结合的全过程实践模式。课堂授课提倡以学生为中心、以学生实践为主的教学方法，让学生尽量在课堂上得到实践的机会，通过大量的平时实践训练，为学生教学实习做好准备；通过丰富的案例学习及教育实践活动，让学生熟悉跨文化交际的理念，掌握跨文化交际的基本策略。

汉语国际教育实践教学要注重地域和学校特色，充分挖掘校本和地方教育资源，让学生接受汉语文化环境的浸润，同时根据学生的不同需求和发展愿望为其提供实习实践的选择机会。首先是建立教学案例库，通过网络搜索和自行录制等方式收集海内外不同学习环境、不同学习阶段、不同课程课型的影像及教学案例，让学生学习间接的教学经验。其次是建立国内教育实习基地，让本科生走进汉语课堂，了解不同学习内容、不同学习动机和学习特点的汉语教学。最后是建立海外实践教学基地，选派部分本科生到海外学校实习。

2. 加强汉语教学实践平台建设

我国高校应加强与海外高校的交流与合作，如与海外华文教学机构建立合作关系，拓宽学生赴海外开展汉语教学实践的渠道；没有为学生提供海外实习条件的高校，可与本地区有留学生教学的高校或者中小学合作，从而为学生提供实践机会；搭建教学实践竞赛平台，积极组织多种实践竞赛，促进学生提高教学实践技能；在全校范围内或者本地区内组织教学竞赛活动，定期主办教学技能大赛，调动学生参与教学实践的积极性。

3. 建立科学的实践评价体系

建立科学的实践评价体系，通过教学实践视频录制、上公开课、教学竞赛等方式来反馈学生的实践成绩。从教学内容、教学手段、教学态度、教案写作、学生反映等角度制定一套完整的评价标准，以对实践教学的效果进行评价。

（四）专业实践教学体系建设

汉语国际教育专业是应用型专业，在汉语国际教育专业人才培养过程中，要注意增加实践环节，注重对学生技能的培养；设置见习实习、第二课堂等实践课程，参考《国际汉语教师标准》的要求，整体设计汉语教学法、课堂教学技能、课堂管理技巧、多媒体教学手段、文化教学实践与跨文化交际等模块，内容涵盖不同语言要素、语言技能的教学法。汉语国际教育专业实践教学体系由课程实践、专业实习和第二课堂等环节构成。[①]汉语国际教育教学应把课内与课外、校内与校

① 段然. 地方应用型本科院校汉语国际教育专业实践教学体系构建探索——以肇庆学院为例[J]. 汉字文化，2020（S2）：28-29，42.

外、国内与国外的实习实践有机结合，形成立体化的专业实践教学体系。

课程实践是指教师将教学案例和模拟情景活动引入课堂，通过实践活动帮助学生理解理论教学内容，提高课堂教学实效。课程实践最有效的方式有两种：第一种是课堂活动，即结合理论教学当场进行课堂演练，让学生就某一个课程内容进行讨论并模拟实践；第二种是案例教学，实际上是一种观摩教学或情境教学，让学生到国际学校或留学生课堂观摩汉语教学实况，来了解汉语国际教学情况。

专业实习是指针对汉语国际教育专业的职业能力要求进行的教学实训。专业实习包括教学设计、课堂教学、作业批改、课外辅导、活动组织等内容，旨在通过实习把所学理论知识转化为汉语国际推广能力。国内外教育实习基地的建设是实现这种能力的根本保证。国内实习基地主要是指国际学校、留学生课堂和相关文化机构等。通过切切实实的教育实习，汉语国际教育专业学生的汉语教学能力和跨文化交际能力得到真正提升，为他们早日成长为一名合格的国际汉语教师奠定坚实的基础。

第二课堂是实践教学课程的有效补充，它突破了教学时空的局限，为学生提供了更多的实践机会。例如，让学生参与《汉语桥》或相关的国际性赛事，以提高他们的跨文化交际能力和活动组织能力。第二课堂的形式主要有四种：一是模拟面试，为学生提供一个实操机会，提前熟悉资格考试内容及流程；二是多媒体制作比赛，旨在培养学生对多媒体教学资源的开发和使用能力；三是中华文化主题游园会或汉语夏令营，由学生自行策划，并向全校师生推广；四是校园调研，旨在培养学生的跨文化交际能力。（参见附录三）

第四节　汉语国际教育教学改革新走向

汉语国际教育教学已经有了大量实践的积累，形成了有特色的汉语国际教育教学模式，为汉语教学改革指明了方向。崔永华教授在《汉语国际教育：中华文化精神的源流、继承与传播》一书的序中说道：“无论对学习者还是对教授者来说，学汉语的背后，都有某种动机——为什么学，为什么教。”[①]对汉语国际教育终极目标的思考，有助于我们确定汉语国际教育的培养目标和教学改革走向，有助于学习者全面了解和理解中华文化，从而促进文化交往和推进人类命运共同体建设。

一、注重培养跨文化交际能力

随着全球文化交流的日益广泛和深入，汉语的海外传播范围遍布世界各地，跨文化交际成为世界趋势。强化汉语国际教育人才跨文化交际能力培养，是教育适应世界多元文化发展的大趋势。[②]关于文化教学在汉语国际教育中处于何种地位？有人认为，汉语教学的重心应由语言教学转移到文化教学，语言教学仅是手段，传播文化才是目的。语言教学的确离不开文化，但从汉语国际教育专业的培养目标来看，汉语学习是第一位的，文化教学是为了更有效地学习汉语，这是汉语国际教育的基本定位。在汉语国际教育教学中，“首先要教给外国汉语学习者的是汉语本身”[③]。所以不能把文化教学当作汉语教学的主流，更不能取代汉语言文字教学。

汉语国际教育必然会涉及中华文化传播的问题，但要明确汉语国际教育的人才培养目标和专业定位。一个合格的汉语教师应该具备知识、素质、专业技能和职业生涯发展等四个方面的素养和能力。一个合格的汉语教师的知识结构中，必须具有较扎实的有关汉语言文字学的功底，掌握现代汉语语音、词汇、语法等方面的基础知识，具备汉语言文字学知识、语言学理论知识、教学和学习理论知识（尤其是第二语言习得知识）、中华文化和中国社会历史知识、教育心理学知识等。语言能力是指在具体的环境中对语言的实际运用能力，包括语言接收能力和语言表达能力、组织能力、理解能力、现代教育技术应用能力等。汉语国际教育教师既需要具备语言能力，也需要具备高超的课堂教学技能，还需要具备扎实的专业素养。当然，最重要的是喜欢这个职业。[④]

---

① 李钧，王曰美. 汉语国际教育：中华文化精神的源流、继承与传播[M]. 北京：北京语言大学出版社，2015：序.

② 张春艳，吴乐雅. 汉语国际教育学生跨文化交际能力的培养[J]. 传媒与教育，2016(1)：185-187.

③ 吕叔湘、季羡林、朱德熙等先生均强调过此观点。

④ 崔希亮. 汉语国际教育“三教”问题的核心与基础[J]. 世界汉语教学，2010(1)：73-81.

汉语国际教育的教学对象主要是外国人，当面对来自不同国家和地区的学生时，教师应在了解他们不同的文化背景的基础上，针对汉语语法比较复杂的特点，采用深入浅出的教学方式，有针对性地运用跨文化交际策略，避免文化背景意义不同的词语误导。例如，在中华文化中，红色代表着喜庆，适合在婚礼等喜庆场合应用，但是红色在一些西方国家被认为是发生危险的信号，甚至是禁忌；“龙”在中华文化中象征着祥瑞，而在一些西方国家却被当作邪恶、恶魔的象征。了解汉语中蕴含的文化内涵和文化表征，对多元文化间的有效沟通和文化理解有重要价值，可以有效地改进教学，帮助学生提高汉语应用能力。

汉语国际教育教师要深入了解中国历史文化，不仅要对中华文化有整体和全面的把握，还要了解世界文化的多样性和丰富性，熟悉不同国家的文化差异，具备中外文化比较和跨文化交际能力，将多元文化教育理念运用到汉语教学中，提高对多样文化的适应能力，妥善解决学生因文化差异造成的学习风格与学习方式不适应等问题。当学生问教师“为什么会这样，我们可不可以这样”的问题时，教师要能从中华文化的发展和蕴含的丰富意义的角度进行解读，以激发学生学习汉语和中华文化的积极性。

二、不断优化实践教学

汉语国际教育培养的是应用型人才，对学生的动手能力和应用能力具有较高的要求，因此人才培养过程中的课程设计、教学方法、教学模式和教学评价等各环节都突出实践教学，强调做到理论与实践相结合，以提高人才的社会适应性和职业发展能力。

（一）构建完备的实践教学体系

实践教学体系包括实践课程设置、实践环节设计、实践指导教师配备、实践基地和实践条件建设等方面，是应用型人才培养的重要保障和实现途径。为培养高水平应用型的汉语国际教育教师，必须将实践教学贯穿专业人才培养各环节，合理分配理论课与实践课的课时比例，建立以实践课为主要教学内容的实践教学体系。以肇庆学院为例，该校汉语国际教育专业的课程体系将课程模块通过实践教学贯通起来，通过素质拓展实践课程模块构建实践课程体系，丰富共性与个性相结合的实践教学资源，由此学生可以根据需要选择自己感兴趣的实践课程进行拓展训练；语言模块的专业平台课程和专业核心课程通过合理安排语言技能类课程和文化知识类课程的比重，强化专业训练，提高学生的实践应用能力，摆脱了汉语国际教育专业学生中文基础不牢、外语能力欠扎实的尴尬局面，同时体现了该专业的应用特色。

（二）创新实践教学活动方式

根据汉语国际教育专业的学科特点，学生不仅要在母语与第二语言之间进行技能的转换和训练，还要对未来教学对象进行研究与教学实践。目前，汉语国际教育专业学生的实践环节需要在实践教学形式、内容以及深度上拓展，构建动态实践教学模式。以肇庆学院为例，专业基础实践课程模块包括教育调查、教育实习、毕业论文等，是专业人才的必修环节，可以分层次、分步骤地将汉语教师职业的培训内容融入各个教学模块中，实现理论与实践相结合的共性目标。素质拓展实践课程模块包括社会调查与公益劳动、读书、职业资格与技能培训、社团活动与社会工作、文化艺术与身心发展、思想政治与道德素养等，学生通过自主选择，发展个性化能力和专长。实践教学环节有利于增强学生的社会适应性，避免学生毕业后出现“水土不服”的问题。

（三）增强实践教学的有效性

汉语国际教育实践教学是人才培养的重要环节，也是全方位影响学生专业发展的教学系统，需制定完善的管理考核制度并严格执行，以保证学生获得足够的实践锻炼机会，达到理想的实践教学效果。以肇庆学院为例，该校构建了完备的实践教学管理制度体系，并制定了管理规范和评价要求。第一年进行 2 周 2 学分的教学观摩，第二年进行 5 周 2 学分的助教活动，第三年进行 5 周 2 学分的见习，第四年进行 10 周 9 学分的毕业实习，见习和毕业实习两个环节累计不低于 352 学时。[①]实习分别在国内和国外进行，充分运用理论指导教学实践，通过教学观摩和课堂教学实践反思知识技能的不足，在实战中提高适应能力和专业技能。

---

① 肇庆学院文学院汉语国际教育专业人才培养方案（2014 版）[Z]. 内部资料，2014.

三、倡导线上线下混合教学

随着现代技术在汉语教学中的应用，多媒体技术成为汉语课堂教学的辅助工具，其中远程教学推进了国际汉语教育的快速发展，各种汉语网站的大量出现拓展了汉语教学的改革空间。①线上教学作为一种教学方式，在实践中曾因被一些教师排斥而无法广泛实施。然而，2020 年的突发疫情迫使全球的汉语国际教育以线下教学为主转变为线上教学为主，实现了教学方式的颠覆性变革。教学方式的转变改变了一些教师对线上教学的认识，并开始探索线下教学如何与线上教学相结合的策略。尽管线上教学还存在技术、平台、网络条件等需要优化的方面，但教学调查显示，线上汉语教学不但可行，而且有望成为汉语教学与研究的新兴领域。线上学习是汉语学习的一次革命，在线教学成为汉语教师教学观念和教学方式集体转变的一个起点。②在疫情时代，在线教学及混合式教学将成为教育的新常态，并通过不断改进成为汉语教学改革的方向。

随着智能化技术手段的广泛使用和汉语国际教育数字化水平的不断提高，中国大学 MOOC、超星学习通、雨课堂、钉钉、腾讯课堂等线上学习平台大量涌现，出现了直播课、录播课、慕课、远程指导等教学模式，必然带来汉语国际教育教学方式的根本变革。线上线下相结合的混合式教学将成为新常态，教学内容和教学环节要按照线上教学的特点设计。具体而言，要推动教学资源“云端化”，使其易于传播和分享，并保持长期有效；翻转课堂“常态化”，督促学生在课前完成翻转课堂环节，提高线上教学的教学效果；汉语教学小班化，网络直播教学控制在 12 人以内为宜；学习资源“竖屏化”，增加短视频、小程序、闯关语言游戏等多种教学资源，方便学生单手观看和移动学习，充分体现个性化，实现时时处处可学汉语。

---

① 陈璐. 从汉语国际推广到国际汉语教育——21 世纪国际汉语教育研究述评[J]. 云南师范大学学报（对外汉语教学与研究版），2011（1）：48-58.

② 李宇明，等. “新冠疫情下的汉语国际教育：挑战与对策”大家谈（上）[J]. 语言教学与研究，2020（4）：1-11.

第六章　汉语国际教育的可持续发展

16 世纪之前，中华文化对世界历史产生了重大影响。然而，随着清代国势衰退，19 世纪末更是面临外辱内患，中华民族到了危亡的境地。在新民主主义革命时期，传统文化被视为阻碍现代化发展的障碍，被贴上了落后保守的标签。新文化运动对中国传统文化进行反思后认为，“要学习西方的民主与科学，即德先生与赛先生，就必须破坏中国的文化传统与伦理道德”[①]。然而，中华文化血脉是无法被割断的，中华优秀文化传统是民族之根和国家之本。“中国文脉，是指中国文学几千年发展中最高等级的生命潜流和审美潜流。这种潜流，在近处很难发现，只有从远处看去，才能领略大概，就像那一条倔犟的山脊所连成的天际线。正是这条天际线，使我们知道那个天地之大，以及那个天地之限，并领略了一种注定要长久包围我们生命的文化仪式。”[②]改革开放以来，随着我国综合国力的快速提升，中华文化重现光彩。在新时代推进人类命运共同体构建的伟大事业中，汉语在国际事务中发挥着日益重要的作用，这需要汉语国际教育从理念、目标和教学方式等方面进行变革，关注全球化、人类命运共同体建设等人类发展愿景，以文化互动和交流为目标，重塑中华文化在世界文化格局中应有的地位[③]，让世界全面了解中华文化，理解中华文化的丰富内涵和深厚底蕴，为建设新的美好世界贡献“中国智慧”。

第一节　国际化视野的汉语国际教育

全球化背景下各国教育交流与合作日益频繁，形成了教育国际化的大趋势。

① 郭建宁. 当代中国的文化选择[M]. 北京：北京大学出版社，2004：22.

② 余秋雨. 中国文脉[M]. 武汉：长江文艺出版社，2013：1.

③ 任成金. 中国文化走出去的历史借鉴与现实选择[J]. 中州学刊，2015（2）：91-97.

中国教育主动走向世界，充分利用国内和国际两个教育市场，优化配置教育资源和要素，教育国际化已成为中国教育发展的大趋势。习近平总书记指出，语言文化的双重交流，能够“架设不同文明互学互鉴的桥梁”，“形成多元互动的人文交流格局”[①]。“交往多了，感情深了，心与心才能贴得更近。不同文化、文明间的交流对话、互学互鉴，不仅有助于加深彼此的了解，消除误解和隔阂，更能拉近不同国家的人民‘心的距离’，增进互信互谅，凝聚发展共识。”[②]中国按照相互尊重、友好协商、平等互利的原则，构建更加开放、包容、规范的现代国际中文教育体系，以为各国民众学习中文提供支持。[③]国际中文教育的多元双向语言格局与全球公共产品性两大特征，蕴含着人类命运共同体“共存共在”与“共赢共享”的理念内涵。

一、高等教育国际化

人类的社会活动领域主要包括政治、经济和文化等三大领域，三个领域既相互依赖又相互作用，构成了纷繁复杂的人类社会生活。目前，全球化进程中的国际格局正在广泛调整，三个领域的相互影响及合作共赢成为国际关系的主要方式，并形成了构建人类命运共同体的全球共识。随着中国“双循环”战略、“一带一路”倡议等的实施，将汉语作为第二语言的国家数量不断增加，世界上学习汉语的人数大幅增长，汉语国际教育进入新的历史发展阶段。然而，受社会制度和意识形态等因素的制约，一些国家和地区对中华文化的误解和抵制仍然存在，汉语国际化和汉语国际教育发展面临着严峻挑战。

教育国际化是经济全球化的必然产物。世界各国从国际视野出发，对人才培养目标、教育内容、教育方式进行顶层设计，通过国际教育交流与合作重新配置教育资源，为教育国际化发展搭建平台。国际化是高等教育的基本属性，早在中

---

① 习近平. 在第二届“一带一路”国际合作高峰论坛记者会上的讲话（全文）[EB/OL]. http://www.gov.cn/xinwen/2019-04/27/content_5386904.htm，2019-04-27.

② 陈凌. 架设不同文明互学互鉴的桥梁——聚焦互联互通 共建一带一路[N]. 人民日报，2019-05-15.

③ 黄湄. 国际中文教育与人类命运共同体的关系[J]. 学校党建与思想教育，2021（6）：88-90.

世纪的欧洲，“游教”和“游学”之风就展示了大学的国际属性，大学课程在各大学间具有高度统一性，大学所教授的知识及拉丁语言文字、教学方式、学位也是欧洲通行的。大学课程的统一性为欧洲各大学自由交往和人员流动提供了可能和便利。“中世纪大学生可以自由地从一所大学转入另一所大学”[①]，这是中世纪大学国际化的表现，也是现代大学国际化的源头。随着经济全球化的发展，国际组织把高等教育国际化作为议题，推动它进入新的发展阶段。

随着改革开放的深入，文化、科技和教育成为最活跃的领域，国际化成为我国高等教育发展的重要任务。首先是确立国际化的教育观念，将高等教育发展置于世界大背景中，融入世界高等教育发展中，建设一流大学、一流学科和高等教育强国。其次是人员国际化，积极推动教育国际交流，开展国际合作研究项目，拓展教育人才合作领域，培养国际化高水平人才。最后是教育资源的国际化，包括教育经费、教学资源、科研设施跨国流动，实现资源合作共享、互补互惠。2020年中国高等教育毛入学率达到54.4%，比2019年增加2.8个百分点[②]，我国高等教育进入普及化发展阶段后，更高水平的国际化是我国高等教育高质量发展的现实要求。

二、汉语国际教育的学科定位

汉语国际教育作为一个交叉学科，其主干学科是中国语言文学和教育学两个一级学科，还涉及传播学、外国语言文学、哲学、历史学等其他一级学科，很难简单地将之归于某个单一学科。“新时期的汉语国际教育学科建设，需要继承前辈学人形成的学科传统，针对新时期新变化，从教学实践和理论构建两方面集中学术智慧，整合教学科研资源，吸纳国际先进学术成果，并进行创造性转化，建设适合时代发展要求，满足世界汉语学习热潮，深刻反映语言教学规律的汉语国际教育学科体系。”[③]2019年召开的汉语国际教育知识体系的特色与构建研讨会，

① 贺国庆，等. 外国高等教育史[M]. 北京：人民教育出版社，2003：56-70.

② 中华人民共和国教育部. 2020年全国教育事业发展统计公报[EB/OL]. http://www.moe.gov.cn/jyb_sjzl/sjzl_fztjgb/202108/t20210827_555004.html，2021-08-27.

③ 刘利，等. 汉语国际教育知识体系的特色与构建——“汉语国际教育知识体系的特色与构建研讨会”观点汇辑[J]. 世界汉语教学，2019（2）：147-165.

围绕“如何提升汉语国际教育学科体系、学术体系、话语体系建设水平”，“如何增强汉语国际教育学科的学术原创能力”等问题进行了深入讨论，为汉语国际教育的可持续发展提供了理论支撑和智力支持。我们需要全面总结中华文化国际化的历程，探讨多元文化背景下汉语国际教育的发展趋势和国际中文教学改革路径，推进汉语国际教育可持续发展。

汉语国际教育涵盖中国语言文学、语言学、教育学、文化学等学科领域。汉语国际教育人才包括汉语国际师资、汉语国际教育及中国语言文化研究等方面的人才，他们既要全面掌握所涉及学科的传统知识，又要充分了解汉语国际教育事业发展的新兴知识。前者包括从事汉语国际教育所需的中国语言文学一级学科及汉语言文字学、语言学与应用语言学等二级学科的有关知识，对象国语言文学知识，教育学相关知识，跨文化交流所需的相关知识；后者包括我国汉语国际教育事业发展的相关政策、制度和项目，以及全球、区域、国别汉语教学发展等相关知识。①另外，教育技术也是汉语国际教育知识体系的重要组成部分。

概括而言，汉语国际教育学科知识体系应包括以下十个方面的知识。

第一方面，语言学知识（用语言学的理论来解决实际问题）。

第二方面，教育学知识（掌握教育规律和教学方法）。

第三方面，汉语言文字学知识（了解自己的语言和文字）。

第四方面，传播学知识（有效地把语言文化传播出去）。

第五方面，中国文化知识（文学、艺术、思想、宗教等）。

第六方面，中国历史和地理知识（熟悉中国历史和地理）。

第七方面，中国社会知识（洞悉中国社会结构、社会现象）。

第八方面，世界文化知识（入国问禁、入境问俗、入门问讳）。

第九方面，教育技术与智能技术知识（适应网络时代和智慧技术的发展）。

第十方面，百科知识（要有常识）。

作为一门学科，汉语国际教育已得到中国学界的认可，然而，汉语国际教育学科需要持续建设，有待通过专业人才培养和学科知识积累巩固学科发展基础。汉语国际教育学科知识体系包括对象体系、内容体系、教法体系、资源体系、评

---

① 刘利，等. 汉语国际教育知识体系的特色与构建——“汉语国际教育知识体系的特色与构建研讨会”观点汇辑[J]. 世界汉语教学，2019（2）：147-165.

测体系、教师队伍体系、政策法规体系、管理服务体系等八大体系。汉语国际教育的对象既包括非华裔外籍人士，也包括外籍华人和长期居住在外国的华侨及其子女，所以海外华文教育也是汉语国际教育的组成部分。然而，在目前的学科专业设置中，汉语国际教育本科专业设在中国语言文学一级学科下，汉语国际教育硕士专业学位属于教育学一级学科，汉语国际教育博士属于教育博士专业学位的一个领域。为推进汉语国际教育学科建设，首先要进行学科定位和统一规划。

三、汉语国际教育学科的新进展

20 世纪 70 年代末王力先生提出“对外汉语教学是一门科学”的重要论断之后，经过 50 来年的发展，汉语国际教育学科体系建设取得了重要进展。“汉语国际教育学科水平的提升，需要以标志学科地位的学术成果为支撑。只有在语言学习规律、语言教学规律以及语言教学模式等方面产出重要的学术成果，融入世界学术体系，同时体现汉语作为第二语言教学的针对性，才能使汉语国际教育学科的话语权获得大幅度提升。”[①]汉语国际教育学科主要由汉语言文字学学科与教育学学科整合而成。汉语国际教育研究者应密切关注国际应用语言学、认知语言学、教育学等学科领域的最新进展和课程与教学论、跨文化研究、语言研究的最新研究成果，结合汉语作为第二语言教学的实际，提出汉语国际教育教学的新知识和独特方法，为汉语国际教育学科体系建设提供知识基础和方法指导。

当然，随着国际环境的变化，汉语国际教育也面临诸多严峻的挑战。诸如汉语教学进入一些国家的普通教育体系后，越来越具有一般外语教学的基本特征，而跨文化语境对汉语教师提出了更高的社会文化适应能力的要求。语言教学是文化传播的最主要和最直接的手段。“语言交流合作是深化国际理解、促进多元文化互鉴的历史大势所趋。国际中文教育作为桥梁与纽带，不只是要提升学习者跨语言与跨文化交际技能，也不只是要培养语言学习者的全球视野与世界情怀，而

---

① 刘利，等. 汉语国际教育知识体系的特色与构建——“汉语国际教育知识体系的特色与构建研讨会”观点汇辑[J]. 世界汉语教学，2019（2）：147-165.

是指向合作共建人类命运共同体的蓝图。”[①]汉语国际教育不是单向度的灌输，而是创造与外部世界深入交流的机会，既向外界提供作为国际公共产品的语言教学，又促进人类文明交流与多元文化的互鉴。同时，汉语教材面临国别化、本土化的挑战，汉语教学模式面临国际多种教学法体系的压力等，需要我们不断改革和研究，以提高汉语国际教育的学科建设水平。

第二节 汉语国际教育的发展理念与目标

在全球化时代，教育促进发展是新时期教育的重要使命，教育对促进经济和文化发展发挥着关键作用。构建人类命运共同体既需要和平与和谐的国际关系格局，更需要有文化包容心和文化互动能力的世界公民。新冠肺炎疫情暴发之后，“为有效应对这一持续时间很长的重大突发事件，全球受疫情影响的地区纷纷采取了临时关闭学校的措施，学生学习方式从线下学习为主转向全面的线上学习，由此世界上出现了史上规模最大且必将影响深远的教育生态改变”[②]。未来的世界，只有具有全球意识的世界公民，才能形成世界的一体性关系，促进人类的共同发展。汉语国际教育承担着培养世界公民的使命，应确立构建人类命运共同体的教育发展理念，倡导国际理解和多元文化教育，促进培养世界公民教育目标的实现。

一、对汉语国际教育发展的反思

汉语国际教育在近 40 年的发展历程中，实现了办学层次、办学规模的快速发展。1986 年，北京语言学院设立现代汉语学科对外汉语研究方向硕士；2007 年，

① 黄湄. 国际中文教育与人类命运共同体的关系[J]. 学校党建与思想教育，2021（6）：88-90.

② 李宇明，等. “新冠疫情下的汉语国际教育：挑战与对策”大家谈（上）[J]. 语言教学与研究，2020（4）：1-11.

国务院学位委员会批准设立汉语国际教育硕士专业学位；2012 年，教育部修订《普通高等学校本科专业目录》，将对外汉语、中国语言文化和中国学合并为汉语国际教育专业；2013 年，北京语言大学自主增设汉语国际教育博士学位点，并于 2015 年开始招生。汉语国际教育作为一个新的学科和专业，近年来办学规模快速扩大，办学层次不断提升，满足了国际社会对汉语国际教育人才的需求，但也出现了办学质量参差不齐、专业定位不清晰、学生就业难等问题。有研究者认为，制约汉语国际教育健康发展的主要症结在于发展过快、专业口径过窄、专业设计不当和办学条件不佳等。[①]实际上，除了以上原因外，还有更深层次的原因，如实用主义教育价值观和狭隘的民族文化观念、急功近利的学科专业建设思路等，均制约着汉语国际教育的可持续发展，需要我们加以反思。

（一）汉语国际教育发展应超越实用主义价值观

社会是由政治、经济和文化等要素构成的一个大系统，各要素之间相互影响、相互依存，共同构成了复杂多样和充满活力的社会。教育作为一种重要的社会活动，与政治、经济和文化活动的关系非常密切。在知识经济和互联网时代，以教育和科技为代表的文化成为引领社会进步与发展的主要力量，而且文化的作用进一步凸显。就社会发展而言，一个国家的综合实力既包括物质性的硬实力，也包括非物质性的软实力，文化作为软实力的核心，成为国家综合实力的重要体现。

按照社会发展规律，政治、经济和文化的发展逻辑是不一样的，政治由权力主导发展，利益决定经济发展，文化的发展则取决于对真善美的追求。教育作为社会文化领域的重要活动，理应按照文化领域的规律和逻辑来推进，但事实并非如此。在国家主义和市场经济的强势影响下，政治和经济成为现代社会发展的主导力量，社会发展对政治和经济活动过分关注，导致政治决定论和经济至上的价值观广泛存在于教育活动中，并发挥着重要作用，政治逻辑和经济规律广泛渗透于文化领域，其结果便是实用主义价值观和技术发展路线制约了教育事业的自主发展。在中国大力实施文化发展战略的过程中，也不可避免地存在这种倾向，汉语国际教育被视为提升国家文化软实力的重要手段，中华文化传播被视为文化外

① 赵世举. 汉语国际教育类专业的困境与出路[J]. 中国大学教学，2017（6）：46-49.

交和展示文化影响力的主要方式。实际上，21 世纪以来，中国的日益强大引起了世界的关注，越来越多的外国人渴望了解中华文化，汉语成为沟通中国和世界各国的重要桥梁，汉语国际教育具有了更为重要的文化意义和世界价值。据此我们就不难理解汉语国际教育发展的目标定位了，即以汉语言推广为手段，对外传播中国语言及中华文化，通过教育和文化交流活动，推进文化交往和相互理解，扩大中华文化的影响力，服务人类命运共同体建设。

近 40 年来，汉语国际教育事业获得快速发展，通过传播中华文化极大地提升了中国形象，在实施中华文化“走出去”战略中，汉语国际教育成为增强中国国际竞争力的重要途径。但文化对外传播的单向度发展路线，引起了西方国家对孔子学院的诟病，影响了汉语国际教育的可持续发展。所以，我们需要重新认识和定位汉语国际教育，从文化互动的角度讨论汉语国际教育的发展方向，有关的讨论不应只集中在“怎么做”上，更要对“为什么做”进行深入思考，对汉语国际教育的终极目标进行追问。[①]汉语国际教育的终极目标不仅是对政治和经济的追求，而应有更高的教育追求和文化使命。从文化的视角来看，汉语国际教育的目标不仅是学生获得语言能力、跨文化交往能力等，而且是世界公民的培养和人类命运共同体的构建，其价值追求在于实现人的发展和人类的福祉。

（二）汉语国际教育不应仅仅被作为一个专业来建设

目前，汉语国际教育专业包括多个层次和类型，纵向上包括本科、硕士、博士三个学位层次；横向上包括孔子学院、孔子学堂，国内大学的国际教育学院，国外大学的汉语专业、汉语课程以及国外各种类型的汉语培训机构。在全球化进程中，“汉语热”持续升温，汉语国际教育事业快速发展。据统计，2016 年，全国招收汉语国际教育本科专业的学校有 353 所，招收汉语国际教育硕士的学校达 107 所。[②]国外学习汉语的人数和办学机构也大幅度增长。汉语国际教育的高速发

---

① 胡范铸，刘毓民，胡玉华. 汉语国际教育的根本目标与核心理念——基于“情感地缘政治”和“国际理解教育”的重新分析[J]. 华东师范大学学报（哲学社会科学版），2014（2）：145-150，156.

② 《就业出口变窄困扰中国对外汉语毕业生》（新华网 2012 年 7 月 1 日）；《汉语教师难觅“好工作”专业不对口就业前景堪忧》（中国日报网 2014 年 5 月 15 日）；《福建省 2014 届师范类本科毕业生就业质量年度报告》（凤凰网 2015 年 1 月 29）等。

展源于国家战略的引导和高等教育政策的大力支持，也是高校在规模发展阶段对汉语国际教育事业高度重视的结果，在一定程度上顺应了世界对汉语和汉语人才日益旺盛的需求。

就大学办学而言，专业设置是汉语国际教育发展的基础，但不是设置了专业就万事大吉，还必须有长期的专业建设积累和相应学科的强力支撑，否则专业的可持续发展和人才培养质量的提高就是空谈。所以，仅仅将汉语国际教育作为一个专业来对待是不够的，不利于人才培养和汉语国际教育事业的发展。例如，有的学校仅仅将汉语国际教育作为一个专业，并没有开展相应的学科建设，专业培养目标设定为教授学生汉语知识和培养其汉语言应用能力，缺乏学科基础和事业发展的支撑必然导致出现理论知识与实践实习“两张皮”的现象，人才培养和社会需求没有很好结合，培养的人才则难以适应社会岗位要求和人才市场需要。可见，汉语国际教育不仅是语言知识和教学技能的传授，也不仅是培养学生的就业或谋生能力，而应基于全球文化互动，着眼于学生综合素质发展和文化交往能力培养。汉语国际教育专业建设要立足汉语国际教育事业发展要求，与相关学科建设结合起来，夯实学科基础和专业办学条件，基于提高学生的中华文化素养，培养他们的文化交流意识、文化理解力、文化使命感和文化敏感性。

二、以构建人类命运共同体为核心理念

面对全球化和数字化时代带来的种种问题，我们不断探索破解之道，“众里寻他千百度，蓦然回首，那人却在，灯火阑珊处”，教育成为全球化时代可持续发展和建设更美好世界的关键。对于全球化时代的高等教育而言，培养什么样的人成为根本问题，世界公民和国际化人才培养是解决全球化问题的“王道”。经济合作与发展组织认为，“开放的思维与多语言能力并不会促进个体建立跨文化连接或提高与他人沟通的意愿，因此还需要推动跨文化的对话，将养成对多元文化的积极态度和价值观作为教学的核心”①。汉语国际教育应确立构建人类命运共同体的理念，回归教育培养人和世界公民的教育追求，通过文化互动和文化交流

---

① 转引自：唐科莉. 全球教育之问[N]. 中国教育报，2017-12-29.

促进各国文化间的相互理解，关注国际汉语学生文化素养和文化理解能力培养，为人类命运共同体构建贡献力量。

（一）确立人类命运共同体的发展理念

世界各国都要顺应文化多元的趋势，彼此尊重和理解，实现合作共赢。然而，随着国际体系的复杂变化，出现了单一国家无法应对的全球性问题，如国际恐怖主义、网络安全、跨国犯罪、重大传染性疾病防治、生态环境恶化等，人类社会仍面临诸多挑战。[①]世界各国必须通力合作，共同应对人类共同的风险与挑战。西方世界“弱肉强食、适者生存”的食物链竞争方式不符合世界和平稳定发展的大趋势，未来的发展形势是，一个国家即使再强大也难以应对复杂的全球问题。面对这样的困境，中国作为一个历史悠久的大国、一个负责任的大国，应主动承担起化解全球化危机、引领全球化发展方向的责任。习近平总书记构建人类命运共同体的倡议，向世界交出了应对全球风险和挑战的中国方略，人类命运共同体理念已成为世界各国发展的共识。

中华文化提倡兼容并包、和而不同、求同存异的世界观和人生哲学，符合合作共赢的全球化发展趋势。汉语国际教育应顺势而为，把“我们要传播”变成“他们想学习”，搭建更大的平台，赢得世界各国人民的信任和支持，为汉语国际教育学科和事业发展提供内生动力。[②]“构建人类命运共同体，关键在行动。我认为，国际社会要从伙伴关系、安全格局、经济发展、文明交流、生态建设等方面作出努力。”[③]汉语国际教育应该秉持人类命运共同体理念，通过文化交往消除误解，促进多元文化交流与融合。

（二）推进汉语国际教育全球化

在当今纷繁复杂的国际形势下，中国“天下大同”的思想可以化干戈为玉帛，

---

① 孙静，徐杰. 习近平新时代人类命运共同体理念的理论来源、背景及意义[J]. 北方民族大学学报，2021（2）：104-110.

② 崔希亮. 汉语国际教育与人类命运共同体[J]. 世界汉语教学，2018（4）：435-441.

③ 习近平. 共同构建人类命运共同体——在联合国日内瓦总部的演讲[EB/OL]. http://www.scio.gov.cn/tt/xjp/Document/1540543/1540543.htm，2017-01-19.

这对人类和平来说是一剂良药。[①]因此，中国应当尽力为世界文化交流互鉴提供有价值的方案，以促进国家之间的理解，推动建立国际秩序新格局，最终实现整个人类社会的和谐共赢。[②]新时代，中国要积极建立世界不同文化间的和谐共存、相互尊重的文化秩序，维护文化多样性，培育各国文化之间交流和创新的土壤和机制。[③]在此背景下，汉语国际教育担当起培养国际化人才的使命，根据各国文化特点、语言环境、教育制度等实际，采取国别化、本土化汉语国际教育培养策略，融入当地文化，使学生了解其他文化存在的合理性，提高学生的文化素养和文化理解能力，用包容和尊重的心态去面对文化的差异，促进多元文化交往和文化理解。

全球化使人类世界的联系日趋密切，互联网让"地球村"的比喻成为现实。人类只有一个地球，人类必须增强尊重自然、顺应自然、保护自然的意识，构建人类命运共同体。世界处于大发展大变革大调整时期，中国提出顺应时代要求的中国方案，并积极呼吁"各国人民同心协力，构建人类命运共同体，建设持久和平、普遍安全、共同繁荣、开放包容、清洁美丽的世界"，"要尊重世界文明多样性，以文明交流超越文明隔阂、文明互鉴超越文明冲突、文明共存超越文明优越"[④]。2015 年 9 月 28 日，中国国家主席习近平在纽约联合国总部出席第七十届联合国大会一般性辩论并发表题为《携手构建合作共赢新伙伴 同心打造人类命运共同体》的重要讲话，指出"我们要继承和弘扬联合国宪章的宗旨和原则，构建以合作共赢为核心的新型国际关系，打造人类命运共同体。为此，我们需要作出以下努力"："我们要建立平等相待、互商互谅的伙伴关系"，"我们要营造公道正义、共建共享的安全格局"，"我们要谋求开放创新、包容互惠的发展前景"，"我们要促进和而不同、兼收并蓄的文明交流"，"我们要构筑尊

① 黄湄. 国际中文教育与人类命运共同体的关系[J]. 学校党建与思想教育，2021（6）：88-90.

② 宋强. 新时代"人类命运共同体"理念引领世界公民教育思潮的理路[J]. 教育学报，2018（3）：28-34.

③ 杨雪. 走向"世界公民"——论作为世界公民教育的外语教育[D]. 东北师范大学博士学位论文，2017.

④ 习近平. 决胜全面建成小康社会 夺取新时代中国特色社会主义伟大胜利——在中国共产党第十九次全国代表大会上的报告[EB/OL]. http://www.gov.cn/zhuanti/2017-10/27/content_5234876.htm，2017-10-27.

崇自然、绿色发展的生态体系。”[①]人类命运共同体的总体布局为汉语国际教育全球化指明了方向。

（三）培养兼容并包的世界公民

新时代，国际关系和国际交流合作的方式已发生深刻变化，不同文化间的协商对话已经成为处理国际事务和国际交往的主要方式，文化具有独特的优势和不可替代的作用。在多元文化互动和交流的世界中，跨文化交际能力将决定文化交往的成效。表达好中华文化、讲好中国故事，是提升中国国际地位和文化影响力的基础工作。适应世界多元文化发展趋势，推进中国传统文化的转化与创新，为中国文化注入时代气息、全球视野与国际关怀，才能更好地开展国际交往和跨文化交流。按照国际化语言的特征和要求，构建起具有世界气派、东方风格、中国特色的汉语话语体系，改革汉语国际教育教学，提高汉语国际交流沟通的有效性和便利性。

全球化时代，每个人都是世界的一份子，要用世界眼光来看问题，任何一个变化都可能对世界的某些方面产生影响。例如，面对新冠肺炎疫情，没有一个国家或个人能独善其身，而是需要全球合作共同面对。汉语作为世界上使用人数最多的语言，既有中国强劲的综合国力做支撑，又有中国积极传播汉语的态度及方法做保障，将来完全有可能成为一门全球性通用语言。[②]因此，汉语国际教育应具有全球意识和文化使命感，要突破传统国家政治、经济和文化的束缚，促进各国文化交流互鉴，为人类命运共同体的构建做出贡献。世界公民，不仅是一个地理意义上的概念，更是一个人文理念。[③]世界公民必须承认文化的多样性，具有尊重和包容他国文化的素养，积极参与本土及国际事务和国际问题的解决。因此，培养世界公民的文化互动和文化交往能力至关重要。

---

① 习近平. 携手构建合作共赢新伙伴 同心打造人类命运共同体——在第七十届联合国大会一般性辩论时的讲话[EB/OL]. http://world.people.com.cn/n/2015/0929/c1002-27645856.html，2015-09-28.

② 吴应辉. 让汉语成为一门全球性语言——全球性语言特征探讨与汉语国际传播的远景目标[J]. 汉语国际传播研究，2014（2）：1-12，213.

③ 薛雷. “一带一路”倡议下培养区域性世界公民的意义与路径[J]. 职业技术教育，2019（11）：77-80.

三、新时代汉语国际教育目标体系

根据《全球外语学习标准》（2014 版），外语学习是建立在沟通、文化、贯连、比较、社区基础之上的，其中沟通位于核心位置，文化与社区、贯连和比较构成“一对三”的关系，社区、贯连和比较必须有文化的参加方可完成。[①]可见，文化是沟通的必要条件，在语言学习中发挥着重要作用。同样，中华文化是汉语学习的基础和必要条件，汉语国际教育应建立在中华文化基础之上，否则难以达成汉语国际教育的教学目标。汉语国际教育教学需探究汉语言隐含的文化基因，加深学生对中华文化内涵的理解，培养学生的文化理解能力和文化沟通能力，促进汉语学习和文化互动。例如，儒家思想中“和为贵”“和而不同”的理念，其中“和为贵”追求的是和谐、和平与协调发展，“和而不同”追求的是个性化、多样性的内在统一。这些理念既是中华文化的重要特质和价值追求，也是与全球文化交流和互动的重要共识。

（一）汉语三圈理论的教学目标

汉语三圈理论的“三圈”包括内圈、中圈和外圈。内圈是指以汉语为母语或者全国通用语的地区，汉语是内圈的强势主导语言和主要教学媒介语。中圈是指以汉语为通用语言的海外华人移民地区，汉语是海外华人族群的标志及日常使用语言之一。外圈是指以汉语作为外语学习的非华人区，现在世界上越来越多的国家和地区将汉语列为各级各类学校的外语课程，一些国家在大学设置了汉语专业，来培养中文专业人才。

三圈汉语教学的总体目标是通过多元文化教学，让学习者对多元文化有所了解和认知，并能够尊重和理解，以培养具有世界观念意识的世界公民。[②]具体而言，三圈汉语教学的目标分别是“请进来”、“走出去”和培养世界公民。人类命运共同体强调求同存异、和而不同，强调在多样的社会制度下各国和平共存相互促

---

① 赵明. 对国际汉语教育中“文化”的再认识——由《全球外语学习标准》引发的思考[J]. 云南师范大学学报（对外汉语教学与研究版），2016（4）：32-39.

② 王艳文，苗丽媛. 研究生西方文学课程的“世界公民”意识培养研究[J]. 海外英语，2021（3）：33-34，36.

进，从而推动整个世界的共同发展。[①]汉语国际教育目标进一步明晰，培养汉语国际人才的国际中文教学范围不断拓展，从内圈扩大到中圈及外圈。

（二）国际中文教育目标

汉语国际教育的最直接目标是使受教育者获得汉语能力，即以培养汉语的听、说、读、写、译等技能为教学目的，但是因为学习者的中文水平不同，所以相对应的教育目标也不同。《国际中文教育中文水平等级标准》将学习者的中文水平从低到高分为三等，即初等、中等和高等，每一等又根据水平差异各分为三级，共三等九级，不同的中文水平等级对应着不同的教学目标。[②]

1）初等中文水平的教学目标。学习者能够基本理解简单的语言材料，进行有效的社会交际；能够完成日常生活、学习、工作、社会交往等有限的话题表达，用常用句型组织简短的语段，完成简单的交际任务；能够运用简单的交际策略辅助日常表达，并在此基础上初步了解中华文化知识，具备初步的跨文化交际能力。

初等中文水平学习者的教学目标又分为三个层级：一级目标是使学习者在言语交际能力方面具备基本的听、说、读、写能力，能够就最熟悉的话题进行简短或被动地交流，完成最基本的社会交际；在话题任务内容方面，能够就个人信息、日常起居、交通、饮食和兴趣爱好等领域，完成相关的交际任务。例如，对不同交际对象使用最简单的礼貌用语，能够辨识公共环境中的某些简单信息并进行确认。二级目标在一级目标的基础上，要求学习者在言语交际能力方面能够就熟悉的话题进行简单的交流，完成简单的社会交际；在话题任务内容方面，能够在家庭生活、学习安排、购物用餐等话题中表达自己的看法。例如，能够和朋友在中餐馆点餐并交流喜好等。三级目标在言语交际能力方面对听、说、读、写的能力有了更高的要求，能够完成日常的社会交际；在话题任务内容方面，能够就课程情况、文体活动、节日习俗等完成交际任务。例如，能够与人交流有关春节等传统节日的出行安排及节日习俗，能够发出比较正式的口头或书面邀请，以及能够

---

① 吴建铭. 高校开展人类命运共同体意识教育新探[J]. 教育评论，2018（12）：63-65.

② 教育部. 《国际中文教育中文水平等级标准》公布[EB/OL]. http://www.moe.gov.cn/jyb_xwfb/gzdt_gzdt/s5987/202103/t20210329_523304.html，2021-03-31.

回应别人的邀请。

2）中等中文水平的教学目标。学习者能够理解多种主题的一般语言材料，较为流畅地进行社会交际；能够就日常生活、工作、职业、社会文化等领域的较为复杂的话题进行基本的成段表述；能够运用常见的交际策略；基本了解中国文化知识，具备基本的跨文化交际能力。

中等中文水平在难度上有了相应的提升。四级目标在言语交际能力方面，增加了初步的翻译能力，要求学习者能够在复杂的日常学习、工作和生活的话题中进行基本完整、连贯、有效的社会交际；在话题任务内容方面，能够涉及社区生活。例如，能够独立去医院看病，能够简单地说明病情，与医生沟通等。五级目标要求学习者有基本的翻译能力，能够就复杂的生活、学习、工作等话题进行较为完整、顺畅、有效的社会交际；在话题任务内容方面，能够涉及人际关系、生活方式、学习方法、自然环境、社会现象等。例如，能够就生活中常见的社会现象进行交流或沟通看法，并能够跟同学分享自己的学习方法等。六级目标在言语交际能力方面要求学习者能够在一些专业领域的学习和工作话题中进行较为丰富、流畅、得体的社会交际；在话题任务内容方面，能够涉及社会交往、社会新闻、中外比较等。例如，能够在非正式场合谈论历史、文化等方面的中外差异，能够大致读懂社会新闻，并做出评论。

3）高等中文水平的教学目标。学习者能够理解多种主题和体裁的复杂语言材料，进行深入的交流和讨论；能够就社会生活、学术研究等领域的复杂话题进行规范得体的社会交际，逻辑清晰、结构严谨、篇章组织连贯合理；能够灵活运用各种交际策略；深入了解中国文化知识，具备国际视野和跨文化交际能力。

高等中文水平的七级目标要求学习者具备良好的听、说、读、写能力和初步的专业翻译能力，能够就较广泛和较高层次的话题进行基本规范、流利、得体的社会交际；在话题任务内容方面，能够涉及社交礼仪、科学技术、文艺、体育等方面。例如，能够在比较正式的会议上，与参会者进行交流；能够基本读懂专业课程的学习资料，完成课程作业。八级目标要求学习者具备基本的专业翻译能力，能够就各类高层次或专业话题进行较为规范、流利、得体的社会交际；在话题任务内容方面，能够完成语言文字、政治经济、法律事务、哲学、历史等方面的交际任务。例如，能够就哲学、宗教、时事等话题进行比较有深度的讨论和交流。九级目标在言语交际能力方面要求学习者具备专业的翻译能力，能够综合运用各种技能，在各种情境下，就各类话题进行规范、流利、得体的社会交际；在话题任务内容方面，能够涉及学术研究、政策法规、商业贸易、国际事务等方面的交际任务。例如，能够参与正式场合的商业谈判，与对方交流辩论，能够读懂政策法规、研究报告等正式语体的文件，充分得体地发表评论。

语言是一把了解一个国家及其文化的钥匙，而语言教育目标体系的构建是其中的关键步骤。随着国际中文教育事业的蓬勃发展，汉语国际教育教学目标也在不断地进行调整，但是汉语国际教育总的目标方向是不变的，就是培养合格的世界公民。

（三）新时代汉语国际教育的多元化目标体系

汉语国际教育的目标是多元的，每个目标都有其存在的意义，多元目标构成了一个结构完整的目标体系。汉语国际教育的直接目标是汉语能力的获得，进一步的目标是交际能力的建构、中外文化的传播和中外社会互动。文化的互动和交流是汉语国际教育贯穿目标体系全过程的核心要素，是汉语国际教育的基础目标也是最终目标。就汉语国际教育的目标体系而言，文化的互动和交流是基础，在此基础上，学习者对汉语产生学习兴趣，进而获得相应的听、说、读、写能力；交际能力是在汉语能力获得基础上的进一步目标，通过增进文化的交流互动，最终形成人类命运共同体。

实际上，汉语国际教育研究者对汉语国际教育目标的认识有一个发展过程。在汉语国际教育发展的初期，单一的目标有利于学习者汉语能力的获得和中华文化的传播。随着汉语国际教育的不断发展，其目标和追求超越了实用主义教育价值观，日益呈现出多元化趋势，汉语能力获得、交际能力建构、中华文化传播和经济利益实现从不同层面体现了汉语国际教育的目的，并最终关注文化互动和培养国际化人才。通过汉语学习和深入理解中华文化，可以实现文化间的有效交流与沟通。

概括而言，汉语国际教育目标是多元化和多层次的，文化互动和交流是汉语国际教育的核心目标，与汉语能力获得、交际能力建构、中华文化传播、经济利益实现等构成多元目标体系。

第三节　新时代汉语国际教育的创新发展

汉语教育向中文教育的转变，标志着教育理念由语言功能属性为主向语言的文化属性倾斜的重要转变，是汉语国际教育内涵发展的阶段性成果。[①]汉语国际教育阶段通过在海外设立孔子学院已完成了我国的基本战略布局，国际中文教育阶段将向规范化、标准化、专业化等方向发展。

一、人类命运共同体理念下的汉语国际教育发展

汉语国际教育发展不仅是传播汉语和中华文化，更重要的是消除国家与地区之间在交流过程中出现的偏见和误解。随着“一带一路”倡议的推进，越来越多的发展中国家产生了汉语学习和文化交流的需求。通过汉语国际教育促进不同国家之间文化的交流互鉴，有利于夯实人类命运共同体的人文基础。[②]可见，构建人类命运共同体的理念对汉语国际教育可持续发展具有重要的指导意义。

（一）汉语国际教育的新使命

2019 年国际中文教育大会的召开是汉语国际教育事业新的转折点，此次大会有两个显著的变化。第一个是大会的修饰语由“孔子学院”变成“国际中文教育”，使用“中文”强调面向海外。我国坚持相互尊重、友好协商、平等互利的原则，推进汉语国际教育事业市场化运作，支持中外高校、企业、社会组织开展国际中文教育项目和交流合作，汉语国际教育机构聚焦语言主业，适应本土需求，帮助

① 刘旭，李明航. 响应与突破：“一带一路”倡议下的汉语国际教育研究回顾与展望（2014—2019）[J]. 云南师范大学学报（对外汉语教学与研究版），2020（6）：76-83.

② 鲁芳，赵惠霞. “一带一路”建设和构建人类命运共同体视域下泰国的汉语国际教育发展策略[J]. 东南亚纵横，2020（3）：94-101.

当地培养中文教育人才。第二个是大会主题突出了“新时代”“创新”“发展”。汉语国际教育的核心问题是“三教”（教师、教材和教学法），“三教”工具层面的变化与目标层面的不变形成张力，共同推动汉语国际教育学科和事业发展。[①] 本质上，汉语国际教育的学科目标是不变的，其构成要素“汉语”“国际”“教育”始终不变。

在全球化的新时代，中国继续实施改革开放政策，中华文化成为维护世界和平与稳定的重要力量。当今世界，政治经济格局的复杂性、不确定性进一步加大，全球经济结构和各国力量对比正在发生深刻调整，国际竞争已经深入各个发展领域。文化作为一种重要力量，在国际竞争中的影响力逐步增大，文化交往将成为未来国际关系中国家之间沟通的重要途径。中华文化源远流长、博大精深，在新时代显示出了其强大的生命力。

汉语国际教育日渐成为世界各国人民的重要教育需求。学习中华文化是汉语言学习的前提和基础，是提升汉语言学习水平的必然路径，所以无论是国际汉语教师还是学习汉语的学生，都必须深入了解中华文化和其他国家文化，培养文化交际能力和理解能力。在汉语国际教育教学中，教师要重视学生文化敏感性和理解能力的培养，让学生在文化交流中养成文化包容的态度，进而深入了解第二语言的文化内涵和底蕴。汉语国际教育的使命是传播汉语，为世界文化多元发展做出贡献。汉语国际教学与汉语言文学教学存在根本不同，不仅表现在教学内容的不同上，还表现在人才培养目标和任务的重大差异上。汉语国际教育包括专业教育和技能训练，培养的人才既要具备中华文化底蕴和文化交际能力，又要具备良好的文化理解能力和文化敏感性，或者说，文化素养和文化交际能力是衡量汉语国际教育人才质量的最重要标准。所以，汉语国际教育需要冲破专业学习和能力培养的局限，关注学生文化素养和文化理解能力，培养具有国际视野的全球化人才。

（二）汉语国际教育推进汉语国际化

在全球化时代，价值观的背后往往是文化的表达，这是西方非常关注国际事务中文化话语权的根源。“中国进入了逐渐强起来的新时代，在这样的时代节点

---

① 赵杨. 汉语国际教育的“变”与“不变”[J]. 天津师范大学学报（社会科学版），2021（1）：7-14.

上，维护全球语境下我国意识形态的安全，凝聚价值共识，增强文化软实力，对促进我国社会的改革、发展、稳定，实现中华民族伟大复兴，提升我国文化话语权无疑具有战略价值。”[①]中国已经迈入“强起来”的时代，提升文化软实力、扩大文化国际影响力具有重要的战略意义。中华优秀传统文化是中国最深厚的文化软实力，“提高国家文化软实力，要努力展示中华文化独特魅力……把继承传统优秀文化又弘扬时代精神、立足本国又面向世界的当代中国文化创新成果传播出去”[②]。

当前，国际交往呈现出丰富多彩的文化交流图景，如何突出中华文化的影响力，进而实现有效的文化沟通成为重要课题。随着中华文化影响力的逐步扩大，我们需要重新审视中国话语权面临的挑战。[③]从文化发展的角度看，传统文化只有通过创新转化才能焕发出生机与活力。中华文化要与时俱进、推陈出新，在融合多元文化的过程中兼收并蓄、包容互鉴，实现传统文化的创造性转化和创新性发展。根据构建人类命运共同体的发展理念，多角度回答好中国“从何处来、向何处去”的问题，能够使国际社会更加全面地认识中国。然而，有的地方以文化保护为借口，固守不符合时代精神的传统，影响了中华文化的传承与发展。文化载体是文化沟通交流和实现有效传播的主要途径，要进一步培育中国文化载体，充分发挥汉语优势，开发具有中国魅力和世界影响力的文化产品。

二、国际中文教育发展的前景

国际中文教育是由多个一级学科融合形成的新兴交叉学科，主干学科是中国语言文学和教育学两个一级学科，此外还涉及外国语言文学、心理学、新闻传播学、中国史等其他一级学科。国际中文教育涵盖了较多的知识领域，要构建科学的理论体系和知识体系，首先要厘清国际中文教育的学科交叉层次，将交叉学科中的“学科”提升到一级学科的高度来认识，这是科学构建国际中文教育理论体

① 董晓波. 文化话语权事关国家安全[N]. 中国教育报，2018-06-21.

② 习近平论中国传统文化——十八大以来重要论述选编[EB/OL]. http://theory.people.com.cn/n/2014/0303/c40531-24507951.html，2014-03-03.

③ 赵庆寺. 中华传统文化与中国国际话语权的建构路径[J]. 探索，2017（6）：114-121.

系和知识体系的前提。高校应不断强化汉语国际教育学科“两主多辅”的特点，既突出中国语言文学和教育学两个主干一级学科，又兼顾多个辅助性一级学科。国际中文教育的“国际”“中文”“教育”三个关键词，既突出了交叉的主干学科，又凸显了国际特色，比较准确地反映了学科性质。①

随着中国在国际关系和世界事务中地位与作用的日益增强，国际上对中文的需求会越来越大。延绵几千年的中华文明展示了其旺盛的生命力，可以为世界未来发展提供更多智慧，国际中文教育事业发展潜力巨大，呈上升趋势。

（一）建立健全国际中文教育体系

汉字是人类较早发明的文字形态之一，也是世界上延绵至今仍然生机勃勃的古文字之一。历史上中文形成了功能多元的诸多文体和浩如烟海的传世文献，建构了中国独特的哲学体系和民族精神，为国际中文教育发展提供了深厚的思想和文化基础。按照语言国际化发展规律，国际中文教育仍然处在初期阶段，需实施语言聚焦、科技助力、人本教育战略，以满足世界人民的中文需求、增强文化交流互鉴、构建人类命运共同体为根本目的，加快建设现代化国际中文教育体系。

首先是建立从幼儿园到中小学、大学和研究生的全域覆盖的教育结构。尤其要对中文学习的低龄化倾向给予更多重视，以为不同年龄阶段开始学习中文的外国人提供相应的教育资源。

其次是提升国际中文教育体系和教育能力的现代化水平。抓住当前在线教育的发展机遇，借助近期上线的“全球中文学习平台”“中文联盟平台”，加快数字化体系建设。通过将中文纳入更多国家和地区的国民教育体系以及当地中文学校、孔子学院等，来提升中文教育的质量和效应。

最后是加强汉语国际教育专业体系建设。沿着科学化、合理化和规范化的专业建设方向，从办学模式、课程体系、教材选择、师资队伍、教学成果、教学评价等方面进行分析和调整，强化课程体系建设和课程设置，重视实践教学能力的提高，建立多样化的评价体系和教师任职资格考核机制。

---

① 吴应辉，梁宇. 交叉学科视域下国际中文教育学科理论体系与知识体系构建[J]. 教育研究，2020（12）：121-128.

（二）构建高水平的国际中文教育体制

国家教育行政部门应激发开展国际中文教育各类主体的活力，进一步拓展高校和企业、职业学校、中介机构的合作渠道。坚持项目导向，鼓励社会团体、行业协会、民间组织等结合自身群众性、专业性、灵活性的特点，充分发挥双边交流合作机制。加强顶层设计和战略谋划，引入市场要素和市场机制，形成一个更为宏观的顶层架构。鼓励专业化、国际化的社会组织和民间力量参与人文交流具体项目的运作，并建立奖励激励机制。

推进办学主体多样化。探索国际交流与合作的多元化渠道，与国际课程接轨，与学习者所在国的教育体制对接，“拓展孔子学院开展合作与交流的渠道，并在多元主体中形成有效的循环机制，才能确保孔子学院实现内涵式、可持续的发展”①。2020 年，孔子学院总部正式更名为教育部中外语言交流合作中心，并由民间公益组织中国国际中文教育基金会负责管理。孔子学院的性质发生了变化，即由政府管理向社会力量管理过渡，主要承担语言推广职能，有利于中华文化与世界文化的相互交流、相互理解。

（三）创新国际中文教育人才培养模式

新冠肺炎疫情导致教学观念、教学资源、教学手段均发生了重大变化，我们应适应网络化、智能化时代要求，充分利用现代技术和教育方法，把汉语教学资源汇聚起来，在新的教学生态环境中构建有效的教学模式，以满足个性化、差异化、多样化的中文学习需求。国际中文教育要顺应新时代的要求，坚持以中文教学为基础、以职业教育为特色，不断完善体制机制，加强专业标准建设，加大师资培养力度，大力开发教学资源，充分发挥“中文+职业技能”的优势，力促国际中文教育和职业教育资源有效整合、深度融合；采用线上和线下相结合的多样灵活途径，打造教材、教师、教法、测试、培训等一系列的本土化范式；建构线上线下混合、国内国际结合的多元学习场景，提升国际中文语言生活共同体的品质与体验，进而增强其吸引力和内生力。

---

① 刘宝存，张永军. “一带一路”沿线国家孔子学院发展现状、问题与改革路径[J]. 西南大学学报（社会科学版），2019（2）：74-80，196-197.

1. 开展多元化的文化课程设计

在文化走向世界的过程中，国际中文教育的文化教学内容要展现中华文化的丰富内涵和特质，体现国际传播特点和时代性，符合国际社会和外国学生的文化需要和心理期待；尊重外国学生的文化习惯和文化需求，顺应世界文化多元化发展趋势，促进各国文化间的互补、理解和沟通。国际中文教育课程设计应遵循价值性、针对性和客观性原则，依据多元文化教育理念选择文化教学内容，文化教学内容的选择不能局限于与语言相关的文化，而应该符合人类文明进步的要求，考虑不同学习主体对文化学习的需求，避免用本民族文化的标准选择文化教学内容。国际中文教育文化教学的重点应该包括中华文化基本构成和文化常识等。文化常识范围较广泛，不仅包括饮食文化、服饰文化、建筑文化、器具文化、节日文化等，还包括京剧、武术、剪纸、书法、民歌等具体的文化形式。

2. 创新文化教学的组织方式

文化是在传播过程中得到发展的。从学习角度看，语言学习必然伴随文化的传播。一方面，语言教育是文化传播的有效方式之一；另一方面，丰富多彩的文化是语言教学中取之不尽的素材，以文化作为语言教学的背景或支撑既能使语言教学更加鲜活、生动和有效，也能使特定的文化和价值观在语言学习中得到传播和认同。[①]可见，文化教学活动也是传递信息、观念、情感等的社会性活动。教师要根据学生的直接经验来组织教学，采用学生感兴趣的活动方式，如文化表演、文化参观、文化案例分析、文化交流等，帮助不同文化背景的学生参与、亲历实践教学，获得直接文化经验，形成对文化的认同和接纳。

文化教学要按主题组织内容，关注学生的兴趣和需要，将文化与生活紧密联系在一起，根据主题选择文化内容，主题既可以从生活中提炼，也可以从文化形态中获得。文化教学要符合学生认识和发展的规律，既要考虑学生的已有学习经历和生活经验，也要顾及学生的发展需要和可能。教学内容要关照学生经验，包括社会交往经验和日常生活体验，培养学生探究问题的能力。教学内容的设计要符合由已知到未知、由近及远等的认知规律，以促进学生身心和谐发展。

---

① 黄凯锋，徐锐. 中华文化走出去的标识性概念和主平台探析[J]. 上海文化，2020（6）：26-34.

3. 促进语言教学和文化教学有机融合

语言是一个民族认识世界、理解世界、解释世界的价值系统，语言教学和文化传播是不可分割的。国际中文教育教学既是一个语言学习的过程，也是一个文化学习的过程，所以既要通过文化教学帮助学生有效理解语言，又要让学生通过汉语学习全方位了解中国社会和中华文化，理解中华文化的深厚底蕴和世界价值。教师要将中华文化精神、审美情趣、民族智慧融合在教学过程中，实现不同文化间的双向互动，切实提高外国学生的汉语语言能力和跨文化交际能力。

第四节　汉语国际教育的改革发展走向

汉语国际教育经历了对外汉语教学、中华文化传播和国际中文教育等发展时期。新时代，汉语国际教育要适应全球化发展要求，根据教育对象多元化、目标需求多元化发展趋势，实施可持续发展策略。

一、基于多学科协同建设汉语国际教育专业

汉语国际教育本科专业属于中国语言文学类专业，根植于中华优秀传统文化，是以中华母语及母语文学为基本内涵、具有深厚人文底蕴的基础学科，与历史、哲学、艺术等人文学科关系密切。该专业旨在培养既具有系统扎实的汉语言文学基本理论知识和技能，又具有跨文化交际理论和较高人文素养及相关学科知识，对中国文化及中外文化交往有较全面了解，能在国内外有关部门、各类学校、新闻出版、文化管理和企事业单位从事对外汉语教学及中外文化交流的应用型专门人才。[①]2012 年国家汉办修订的《国际汉语教师标准》对该专业学生的知识、能力和素质提出了明确要求。例如，知识方面，要了解历史学、哲学、艺术学、心

① 教育部高等学校教学指导委员会. 普通高等学校本科专业类教学质量国家标准(上)[M]. 北京：高等教育出版社，2018：85.

理学、社会学、教育学等人文社会科学知识；专业基础（必修）课程包括语言学概论、古代汉语、现代汉语、中国古代文学、中国现当代文学、汉语国际教育概论、语言教学法、汉语写作等。可见，汉语国际教育专业具有综合、交叉的学科特征，所以汉语国际教育专业建设不能只局限于汉语言文学领域，只关注学生专业知识和专业技能的获得，而是要建立在多学科交叉与学科协同的基础之上，同时要在课程体系、师资队伍和教学条件建设上，达到学科专业知识综合统筹的较高要求。

二、提升国际汉语教师队伍的综合素养

教师的文化经验和文化理解力影响着对教学内容的选择和组织。《国际汉语教师标准》明确提出，从事汉语国际教育的教师不仅要具备丰富的文化知识，如语言知识与技能、文化与交际、第二语言习得理论与学习策略、教学方法和综合素质等，还要具备多元文化观念和多元文化理解能力。当前，汉语国际教育教师存在着文化底蕴不足的问题，主要表现为对传统文化缺乏深入了解，文化互动能力不足，教学浅表化，只注重中国功夫、民族歌舞、剪纸艺术等文化元素的传授，而缺乏对中华文化的深层解读。以志愿者身份在海外从事教学的汉语国际教师，通常存在教学经验不足、知识体系不完善、跨文化能力欠缺等方面的问题。[①]所以，要快速提升汉语国际教育教师的综合素养，使他们不仅要具备多学科的知识储备和高超的教学技能，还要具备扎实的人文素养和中华文化涵养。中华文化是世界文化交流和融合的重要桥梁，是汉语国际教师提高文化素养的前提和基础。要拓展汉语国际教育教师的国际视野，增强他们多元文化交际能力和对其他文化的包容及理解能力。根据“来华留学生汉语教学”和“海外汉语推广”的协同发展态势，在教学中强化国际性，增加国际化的教学内容，如世界或区域的历史文化、政治经济、国别和区域的汉语教学形势等。[②]同时，提高教师的信息化素养，使他们熟练运用混合式教学方式，以适应信息化时代的教育发展趋势。

① 安兰朋，韩瑞军. 汉语国际教育学科发展现状及教学策略思考[J]. 河北经贸大学学报（综合版），2018（2）：81-85，96.

② 李宇明，等. “新冠疫情下的汉语国际教育：挑战与对策”大家谈（下）[J]. 语言教学与研究，2020（5）：1-16.

三、构建基于合作和理解的新型教学关系

汉语国际教育既强调知识学习、能力训练和素质培养，又注重实践锻炼和人文情怀的培育，还倡导建构相互理解、平等对话、合作共赢的交互关系，将知识和教育作为全球共同利益。这一观念改变了知识和教育的单向输入，与此相呼应，构建人类命运共同体成为新时期我国教育发展的重要理念。后现代主义理论认为，主体间性在认识论上超越了传统认识论的主客二元对立，将相互理解作为认识的主要方式，主体与主体间是平等关系，师生关系是主体间达成的一种平等交往关系。从教育学的角度看，教学过程不仅是教师引导学生学习的过程，也是师生主体间的互动和生成过程。“教师在课堂教学中为学生提供更多讨论和交流的机会，能够直接提升学生的合作学习程度。”①主体间性的教学不再是冰冷的知识传递，而成为主体间有温暖的分享与成长，让师生在学习中感受到快乐和可持续发展。基于此，要大力倡导分享学习和合作学习，增强汉语国际教育教学效果。在线教学为主体间的学习交流提供了广阔空间，同步互动为汉语教育国际化开辟了全新模式，也为校际交流、国际合作提供了多种形式。

四、强化以文化互动为目标的实践教学

国际化人才要具备全球视野和国际竞争力，必须具有跨文化理解能力、交流与合作能力，以便从容自信地适应全球化对世界公民的要求。“所谓具有全球视野和国际竞争力的人才，不能简单地理解为外语好、专业能力强、素质过硬，更要有智慧、有担当、有胸怀，不仅要扎根中国，更要关注世界、关心全人类；不仅要参与、融入国际事务，更要影响、引领国际事务。”②在汉语国际教育教学中，应强化应用导向的实践训练，全面提高学生的跨文化交际能力。一方面，通过文化教学，增强学生的跨文化意识；另一方面，通过系统化的实践教学，强化学生

① 张亚星. 自主·合作·探究：学生学习方式的转变[J]. 华东师范大学学报（教育科学版），2018（1）：22-28，160.

② 姜斯宪. 推动构建人类命运共同体，努力开创高等教育新时代[J]. 中国高教研究，2017（12）：10-12，19.

的文化交际能力培养。实践教学是课堂教学的延伸和深化，可根据文化互动的要求，选择情景训练、竞赛训练、小组训练等实践教学方法，让学生熟悉和深入工作场景和实训情景，真实体验或直接感受跨文化交际过程，训练情感沟通和文化互动，提高学生的文化交往能力。

五、重视汉语国际教育中的文化教学

汉语国际教育中的文化教学是一个文化创生的过程，强调通过具有不同文化背景学习者彼此之间的互动，达到文化内容与教学方法适应个人需要的目的。根据学习者数量快速增长和生源多元化的趋势，教师要关注学习者文化背景和个体差异，结合实际情况制定不同的教学方法，来满足学生多元化需求。由于文化的接受是一个耳濡目染、潜移默化的内化过程，具有“不可教”的特征，需要文化体验和自我建构，所以要突破传统的教师、教材、课堂的封闭模式，按照“学校即社会”“教育即生活”“教育即生长”的教育理念，为学生创造体验的空间，将文化置于富有生活气息的教育平台上，将教学的触角延伸到生活中。文化冲突缘于我们对文化差异的忽略，如中国人认为是很容易理解的，外国人却不明白；中国人认为寓意深刻的，外国人觉得可笑；中国人认为天经地义、合情合理的，外国人认为不合法。文化教学是教师与学生双向交流的文化对话，双方都是教学实践的参与者与建构者，通过对话，学生能更准确地把握中华文化的特质，减少文化差异带来的冲击。教师在教学中可以有意识地选择一些带有文化差异的项目，让学生进行对比和讨论。例如，中国人打招呼时会问“去哪儿呀？”“你是不是哪里不舒服？”，但这类问话往往让留学生觉得干涉了他们的自由。通过文化比较，让学生明白文化差异，提高文化包容和理解能力。

六、创新汉语国际教育教学模式

新冠肺炎疫情既给汉语国际教育教学改革创造了新机遇，也为汉语国际教育教学带来了教学环境虚拟化、师生交往间接化、教学方式多样化等挑战。“教学环境的改变是变革中最值得关注的问题。对国际汉语教学来说，教学环境从教室到电脑、从无时差到有时差以及从真实的语伴到虚拟的语伴都有显著变化。”[①]汉语国际教学应顺应时代要求和教育变革的大趋势，从教学观念、教学条件、教学方式等方面入手，通过教学模式创新进一步提高汉语国际教育教学质量。首先，树立混合式教学生态观，将自主学习理念和混合式教学观应用到教学中，指导汉语国际教育教学改革。其次，开发智慧课堂、云平台等教学平台，拓展教学和学习空间，实现教学情境与移动互联网语境相匹配，开发在线课程和个性化课程，丰富信息化教育资源，为国际汉语教学模式创新提供有力支持。最后，创新汉语国际教育教学方式，推进教学方式和学习方式多元化，实现线下教学与线上教学相结合。教师要全面了解不同国别学习者的文化背景、学习需求、学习目的，采用分类分层的教学方法，有针对性地指导国别化汉语教学；将专业知识场景应用到本土化汉语教学中，在文化互动和社会交往中提高学习者的语言能力。学生要发挥互联网灵活性和多样性的优势，解决学习时间零碎的问题；克服虚拟学习环境的负面影响，利用智能学习技术的便利性和新颖性，强化汉语学习的兴趣和学习效率，提高汉语学习成效和应用汉语能力。（参见附录四）

① 李宇明，等. “新冠疫情下的汉语国际教育：挑战与对策”大家谈（上）[J]. 语言教学与研究，2020（4）：1-11.

参 考 文 献

爱德华·霍尔. 超越文化[M]. 何道宽译. 北京：北京大学出版社，2010.

毕继万. 跨文化交际理论研究与应用[M]. 北京：北京语言大学出版社，2014.

蔡俊生，陈荷清，韩林德. 文化论[M]. 北京：人民出版社，2003.

陈敬玺. 国际汉语语言交际能力培养论[M]. 北京：人民出版社，2018.

陈婷婷. 复杂动态理论下的汉语作为第二语言交际能力研究[M]. 厦门：厦门大学出版社，2019.

程娟，施家炜. 汉语国际教育本科专业建设研究——2013 年全国高校汉语国际教育/对外汉语本科专业建设研讨会论文选[M]. 北京：北京语言大学出版社，2017.

辜鸿铭. 中国人的精神[M]. 何叶译. 合肥：安徽文艺出版社，2011.

关世杰. 跨文化交流学——提高涉外交流能力的学问[M]. 北京：北京大学出版社，1995.

《汉语国际教育研究》编委会. 汉语国际教育研究[M]. 上海：上海交通大学出版社，2017.

胡文仲. 超越文化的屏障[M]. 北京：外语教学与研究出版社，2004.

胡文仲. 跨文化交际学概论[M]. 北京：外语教学与研究出版社，1999.

贾玉新. 跨文化交际学[M]. 上海：上海外语教育出版社，1998.

李泉. 对外汉语教学理论研究[M]. 北京：商务印书馆，2006.

李燕. 汉语国际教育规划论集[M]. 天津：南开大学出版社，2017.

刘玉才，刘宁，顾永新. 中国文化史纲要[M]. 北京：北京大学出版社，2007.

纳日碧力戈. 中国各民族的国家认同研究[M]. 北京：中国社会科学出版社，2020.

潘一禾. 超越文化差异：跨文化交流的案例与探讨[M]. 杭州：浙江大学出版社，2011.

钱冠连. 语言：人类最后的家园[M]. 北京：商务印书馆，2005.

王公龙，等. 构建人类命运共同体思想研究[M]. 北京：人民出版社，2019.

杨善民，韩铎. 文化哲学[M]. 济南：山东大学出版社，2002.

尹继佐. 当代文化论稿[M]. 上海：上海社会科学院出版社，2006.

张海洋. 中国的多元文化与中国人的认同[M]. 北京：民族出版社，2006.

张应强. 文化视野中的高等教育[M]. 南京：南京师范大学出版社，1999.

周小兵. 对外汉语教学导论[M]. 北京：商务印书馆，2012.

参考文献

附　录

附录一　肇庆学院汉语国际教育学生海外教育实习实录

（一）

河内大学并不大，教学设施也没有肇庆学院那么完善。河内大学中文系的每个年级有八九个班，每个班大概只有20人，属于小班教学。中文系的男生比较少，一个班也就一两个男生。实习的前半阶段我们在大一年级实习，后半阶段在大二年级实习。大一、大二学生的课程主要有听力口语课、阅读写作课、综合课。综合课一周上三次，其他课程分别一周上一次，一般一个课型的上课时间是整个上午或者整个下午。我所在的班级是12：20—16：10上专业课，其中14：00—14：30为课间休息时间。大一年级每周有三节综合课，分别由三位老师教授，基本上一节课对应一篇课文的教学。

大一学生一年内要学习六本综合课教材、一本阅读写作课教材、两本听力口语课教材。中文系老师主要根据北京语言大学出版社出版的对外汉语本科系列教材来备课、上课。此外，中文系老师还编写了一套关于阅读写作课的资料，在上课时搭配教材使用。在听力口语课上，老师会经常教学生唱一些经典的中文歌，如《北京欢迎你》《朋友》《小酒窝》等。这便是中文系教学的大概情况。

刚开始的第一周，老师安排我们进行随堂听课。大一学生是初学者，汉语水平并不高，因此在和他们的交流中，要刻意放慢速度，大部分时候都要运用到英语。因为是第一次进行真正意义上的对外汉语教学，所以在听课时，我特别认真，做听课记录，并重点留意老师的时间分配。

关于如何把握教学时间这个问题，我选择了一种虽然笨拙但保险的方法，那就是戴着手表听课，在听课过程中留意老师讲解字词大概花了多长时间，讲解课文大概花了多长时间。河内大学一次课的时间大概为 4 个小时，中间休息半个小时，这和我们以往的经验完全不一样，因此给我们带来了一定的困难。如何在这 4 个小时里合理分配时间及把握重难点非常重要。在听了几节课以后，我对时间安排有了大致的认知。在如何把握重难点这个问题上，我听课时会根据老师的讲解，把它标记一下，课后也会多和学生交流，借此了解学生的认字水平。在备课时，我会上网查阅相关资料，尽量做好充分的准备，上课时多问学生是否明白了（这一点我认为非常重要，因为我们刚接触学生，对他们并不了解，有一些我们认为不用讲的，可能他们根本不懂，所以一定要多问学生是否明白了）。

课堂气氛这一块，是我在实习期间一直努力想要做得更好的部分。就教材性质而言，毫无疑问，听力口语课是最活跃的课型，比较容易安排游戏，时间也非常充裕，互动性较强，经常可以教学生唱中文歌。对于综合课，我会在解释字词时，多造句，扩展话题，以活跃气氛；在讲解课文时，我会时不时地穿插一些他们比较喜欢的文化内容。对于阅读写作课，上课内容是非常烦琐枯燥的语法内容，时间上也非常紧张，基本不可能插入游戏或唱歌环节，加之是语法的讲解，涉及内容繁杂，所以主要是老师完成，我们辅助。总之，一般来说，多谈谈学生感兴趣的话题和设计有趣的游戏（开火车、传声筒等）是调动气氛的好方法。

河内大学中文系学生在学习汉语方面非常努力。他们大一刚刚接触汉语，大二时便基本能够达到正常的交际水平了。但我发现许多越南学生在学习汉语时，可能受其母语的影响，会出现发音偏误的问题。例如，他们在读音调是去声的汉字时，都会发成接近阴平的音调；听力训练时很多时候分不清楚 j、q、x 这几个声母，也区别不出送气音和不送气音。这就需要我们具备扎实的专业知识，运用学到的知识去纠正他们的错误。

两个月以来，我学习到了很多课堂上学习不到的东西，也明白了如果要当一名真正的对外汉语教师，还有很长的路要走。我深深地了解到自己存在的不足，也知道了在对外汉语教学上还有很多地方需要注意。

1）对外汉语教学需要严谨、准确。汉语是我们的母语，因此平时对话时比较不注意一些细节问题，但在教授外国人汉语时，我们要特别注意一些细微处。例如，教如何问岁数的时候，十岁以下一般用“几岁了”，十岁以上一般用“多大了”，这便是一个细节问题。

2）专业知识要过硬。在实习期间，我深深地意识到自己专业知识的薄弱，特别是在教授语法的时候，如在教能愿动词的时候，要能明确区分“能”“会”“要”“可以”“应该”等。大学期间对这方面知识的了解不够深入，所以尽管花了很长时间备课，但我认为那节课上得并不怎么成功。此外，学生特别喜欢拿两个相近的词语进行对比，如“突然和忽然”“常常和往往”等，所以多读读词语辨析和语法方面的书籍非常重要。

3）要对专业外的知识有所了解。不仅要掌握一定的文化知识，最好能懂一些中华才艺，如剪纸、太极拳、中国结等，由此导入一些关于中华文化的学习，可增加学生的学习兴趣。平时可以和他们包包饺子，借此多接触学生，了解学生。

4）课堂上字词方面一定要多造句，多联系生活，让学生理解意思。课文方面则要让学生多背多练，指导老师告诉我们，因为学生语感不强，一定要靠不断重复练习去加强他们的语感。

5）和学生能说中文就说中文。中文系老师上课时尽量都使用中文教学（除了讲语法的时候会使用越南语外），指导老师说当你解释字词的时候，首先要用中文去解释，如果他们不懂，你就放慢速度再解释，如果他们还不懂，你就让他们不断猜，总之，能不用英文就不要用英文。

最后，由衷地感谢肇庆学院和河内大学提供的这次难得的实习机会，让我能够在河内大学中文系进行对外汉语实习，增长了许多见识，在学校认识了很多良师益友，留下了很多美好的回忆。

——12 对外汉语 徐敏玲

（二）

在实习过程中，我发现越南学生学习汉语时存在的最大、最普遍的困难就是汉字。因为越南语是以拉丁字母为基础的，属于表音文字，与中国文字大相径庭，所以学习汉字就成了他们的一大障碍。河内大学语言系学生的学业任务比较繁重，在与学生私下的交流中，经常听到有人抱怨或烦恼汉字实在是太难记忆和书写了，转而向我求助秘诀。无论是大一学生还是大二学生，他们的汉字书写得都不够工整，甚至出现错误，如添加或欠缺笔画、笔画书写不规范、结构不正确等，另外对汉字形、音、义的死记硬背着实吃力。

在目前的对外汉语教学中，存在着这样的一些问题：比较重视语音教学，开设的口语课和视听课较多，而忽视了汉字的认读与书写。其实汉字教学也是汉语教学中的重要组成部分，同样值得重视。我认为在对外汉字教学中，我们要按照先拆分后整体、先简单后复杂的原则，利用拆字法来展开教学。

为什么要利用汉字部件进行汉字教学呢?

第一，汉字部件具备形象直观性，能够使汉字教学简明易懂。中国古汉字的构造方法为象形、指事、会意、形声、转注、假借。而中国最早发现的甲骨文为象形文字，象形造字法的历史地位是不容小觑的，它为其他五种造字法奠定了基础，并显著地促进了中国文字的发展。比如“贝”字，就属于象形文字，它既是独立的一个汉字，也是汉字的一个部件。在甲骨文中，“贝”字的书写表现形式为左右两扇贝壳的形状或者水生甲壳动物的背部外形，后来从甲骨文发展到金文再到篆文，由原来极强的图画性逐步发展并简化为现在被大家所熟悉通用的“贝”。在古代，商贸和货币政策还没有正式确立的时候，人们需要用以物换物这样简单的方式来满足个人物质需求，于是有人开始去海河捡拾收集一些贝壳类的东西，渐渐地被普遍默认为货币，在日常交易中流通使用。因此，“贝”的含义一般与钱财宝物有关，当它充当一个部件构成新的汉字时依然存在着这层含义，像平时出现和使用频率比较高的“贷”字，通俗解释为“借钱”的意思；再比如“资”，意为“钱财或财物”。“贝”在构字中提示了汉字的部分含义，所以外国学生对此理解并记忆之后，如果遇到未曾学过的新字如“贩”“赌”等，也可以对其字义揣测一二。或许未必完全正确，但起码方向是对的，甚至可能对字义猜测得八九不离十。

第二，利用汉字部件进行对外汉字教学符合学生的记忆特点。记忆是指人脑对经历过的事物的识记、保持和再现。部件是汉字构成的一个基本单元，积累汉字部件为外国学生更进一步地学习词汇、句子、段落、文章奠定了坚实的基础，而利用部件进行教学很适合外国学生的记忆特点。就人脑的记忆容量而言，人在短时间内的记忆容量是非常有限的。“1956 年，美国心理学家 George A. Miller 在一篇题为《神奇数字 7±2：我们信息加工能力的局限》的著名论文中明确提出，我们在短时记忆中只能保持数量有限的项目，人们能够记住大约 7（加减 2）个项目。”[①]由此可见，如果一下子捕获数量过多的信息是不利于大脑记忆的。偏偏中国汉字的笔画繁多，如“照”字的笔画一共有13画，若要求外国学生在有限的课堂时间里记忆这个字的正确笔画顺序是有很大难度的。不过，若把“照”字拆分为几个部件——“日”、“召”和“灬”，一共只有3个组块，在短时记忆的广度之内，这便降低了记忆的难度。平时生活中，一般人记忆含有11个阿拉伯数字的手机电话号码都会采取组块记忆。例如，号码187-1864-0834，将其分为3个组块进行记忆，不但加快了记忆的速度，而且有利于增强记忆的牢固性。组块记忆法把繁多细碎的信息加工归纳为更大一层的单位，减少了内容的数量，这样就提高了记忆质量。部件教学法的工作原理恰恰与此相似，由一定数目的笔画组合成一个部件，再由若干部件构成一个完整的汉字，有助于扩充记忆容量，从而牢固地将其保存在大脑里。

在汉字教学的实践中，我们也要掌握一些原则和方法。首先，要遵循由简入繁、循序渐进的原则。人的认知过程是递进性的，初步简单的信息更易于被理解和记忆，并且为记忆难度更大的信息奠定了基础。在开始的基础教学阶段，对外汉语教师应该集中教学中常见常用的基本部件（包括成字部件与非成字部件），因为基础部件的构字能力强，出现频率相对也比较高。需要注意的是，对部件或合成汉字的阐释解说要有理有据，注意其正确性和趣味性。在学生积累了一定的汉字量之后，教师便可以在教学过程中指出特殊的低频部件，让学生接触学习更高等级的字词。然而，不可忽视的是，必须要求学生依照汉字的结构特点，注意部件的正确位置，以防出现书写错误。众所周知，中国汉字是方方正正的“方块字”，由部件立体组合而成。从书写程序上看，汉字的书写要求各部件在该字中占有确定的位置，上下、左右、高低、大小，不能随意改变，各部件之间形成了一种层级关系，因而构成了一种立体结构。对于外国学生特别是母语由若干字母线性排列而成的外国学生来说，他们在书写时的立体结构意识往往比较薄弱，难免会出现结构松散甚至结构错误的问题。一开始，对外汉语教师就应告诉留学生，基础部件具有笔画简洁、结构单一的特点，初级阶段要学会书写由单纯笔画组成的部件；在学习难度增加的中高级汉字时，就把部件按照汉字固定的结构类型拼合起来。汉字的结构一共有八类：独体字、上下结构、上中下结构、左右结构、

① 丁锦红，等. 认知心理学[M]. 北京：中国人民大学出版社，2010：98.

左中右结构、半包围结构、全包围结构及品字形结构。所有的书写结构不外乎这些，外国学生可以依照这些分类去分析和书写汉字，逐渐形成汉字的立体结构意识，做到书写正确且美观。

在实习中，除了上面谈论的教学内容外，还有一些方面给予了我很大的启发，那便是河内大学的课时设计和教学环节。河内大学一天的课程大体分为上午和下午两大时间段，每一时间段只上一门课程，如整个上午都是同一个老师讲授的听说课（或阅读写作课、综合课），一次课的时间大概为 4 个小时，中间休息 30 分钟。在这么充足的时间里，教师可以充分设计教学环节，不仅有利于对当天的教学内容进行更深入详细的解说、示范、操练、扩展与检测，而且有利于学生更好地接受、理解、运用与记忆，在课堂上就可以做到消化巩固所学知识，这样的做法高效且切实可行。不过，历时较长的课堂时间对教师的专业素质要求也高，首先要求教师课前充分备课，其次要求教师合理调整每个环节的时间，适当引导学生自主思考，特别是要懂得调整好课堂气氛，松紧结合，既要缓解学生的疲乏，又要让学生保持热情与兴趣。

这次的实习经历让我体会到了对外汉语教学的乐趣，也从中发现了自己的优点与不足，或多或少地在实践中都有一定的收获，我会继续努力，不断提升自己。

——12 对外汉语 刘凤恩

（三）

在越南河内大学为期两个月的实习终于结束了，这次异国实习对于我来说是一个全新的、之前从未设想过的经历。总的来说，这段经历是我人生中一个极其重要的组成部分，是一次灿烂的绽放、一次人生的升华。以下我将从学习和工作两方面对我的实习进行反思。

来河内大学实习的主要目的是检验大学四年的学习成果以及实践教学效果。学习和工作是同步进行、相辅相成的。虽说我们实习的地方是一所大学，课程灵活，需要上课的天数不多，但是河内大学是越南的一所知名大学，学生都是经过严格的考试选拔出来的，老师都有丰富的教学经验，而且几乎都在中国知名大学留学过，他们都能讲一口流利且标准的中文。他们对我们的要求很严格，因此我们常常感到“压力山大”。我们需要听课以及讲课的科目有三门，分别是综合课、听力口语课和阅读写作课。河内大学的上课时间是从 7：20—11：10，或者从 12：20—16：10。这种课程时间的设置与我们的有所不同，对于习惯上 45 分钟一节课的我们来说，也是一种挑战。在听课的时候，我们的精神要高度集中，才能把老师上课的教学方法和教学技巧记录下来。在听课的过程中，有时候不是集中精力就能完全听懂和理解的，因为我们接触的是大一学生，他们入学仅一个多月，汉语水平不高，所以老师在讲课的时候常常用越南语解释。有时候我们能猜到大概的意思，有时候完全听不懂。听课一周后，我们便进入实战的讲课环节。

讲课的前提是备课。由于科目的特殊性，学校只给我们派发了一本学生用书，我们只能根据学生用书，通过咨询老师、结合网上的资料以及自己的母语使用习惯，按照听课记录的教学流程来备课。由于英语不是我们和学生的母语，加之我们在英语的教学上也存在差异，我们的中介语除了英语外，剩下的就是国际通用的肢体语言了。第一次讲课时，因为学习内容比较多，我发现预想中的课时长、有剩余时间的问题并不是难点，相反，因为我们的讲解不如指导老师那样简洁清楚，花了更多的时间去解释同一个问题，从而拖慢了教学进度。

另外还有一点儿，我们大都来自中国南方，操的是一口广东腔，而大多数对外汉语教材都是以普通话为标准的，所以书本上的一些表述或者一些读音和我们平时的习惯不同，尤其是儿化音的频繁出现，如“你在哪儿？”等。我们在讲述的时候，就要告诉他们中国南北方用词或者语音的区别。针对这种情况，在中文授课的时候要尽量依据书本自我纠正读音，避免给学生造成混淆。而在字词和语法解释方面，不能使用学生的母语教学其实也不完全是一件坏事。在课堂上，我们常常遇到语塞的情况，有时候为了解释一个词语暴露出自己蹩脚的绘画技术，甚至不顾形象地指手画脚，夸张演示。更有趣的是经过一段时间后，我们可以用一些新学的越南语词汇辅助解释词语，生硬的发音逗得学生哈哈大笑，活跃课堂气氛的同时也把词汇准确地解释了。幸好我们采用的自己独特的教学方法，学生都很乐意接受，并纷纷表示“能明白”，这让我们对教学更信心满满。

学生的汉语水平不同，我们的教学方法也要有所改变。大一学生的汉语水平不高，需要中介语的辅助，但是大二学生已有基本的汉语基础，我们基本上可以用汉语授课。他们注重的不是对词汇意思的理解，而是对语法和日常用语的理解，即如何更地道地讲中文。这时候，我们就要更多地运用中文专业知识。对于我来说，讲授语法是我的弱项，因为自己除了在学校接触到的汉语语法外，很少深入研究中文的语法和用法，更别说总结出什么规律了。所以在教授大二学生的时候，我需要不断查阅资料，理清思路，然后再教给学生。这是一种比较被动的状况，值得反思和改进。作为对外汉语专业的学生，不应该依仗母语是汉语而忽略了语法的学习，而是应该更注重语法的学习。因为对于外国人来说，理解词义并不是最难的，难点在于如何完整地说出一句正确的汉语。所以，我们应该对自己的专业知识有更高的要求。

关于教学法，河内大学的老师会要求我们用一些新型的教学法来进行教学实践，如听力口语课，为了进一步提高学生的听力能力，老师弱化了词汇的分析和理解，用直接听课文、回答问题或者复述课文的方法来提高学生的听力能力。也有老师喜欢用任务型教学法来锻炼学生的自学能力。在这里教学，会有各种不同的教学法和教学风格的相互碰撞，我们努力地汲取知识，锻炼自己，希望能在对外汉语教学过程中有明显的进步。

—— 12 对外汉语 梁靖

附录二 肇庆学院汉语国际教育学生国内教育实习实录

（一）

在广东省华侨职业技术学校两个多月的实习结束了，回顾我的实习生活，感触很深，收获丰富。

1. 教学工作

前期，我的主要任务是虚心听指导老师讲课并做好笔记，学习指导老师的授课技巧，借鉴其丰富的教育经验，向其请教教学方法及讨论个人想法。我觉得作为一名实习生，我们要勇于向比我们有经验的指导老师请教，不要害羞，因为他们总是乐意把他们知道的知识告诉我们。同时，我们也要大胆地表达自己的见解和看法，与指导老师好好交流，以做到教学相长。

以前，作为学生，我并没有太留意老师为了上好一节课做了多少准备工作；现在，作为一名实习老师，我才明白了“台上一分钟，台下十年功”这句俗语的意义。我的指导老师方老师的课堂体现出了学生为主体、教师为引导者的教育思想。她会注重营造良好的课堂气氛，从开始的导入到每个知识点的传授，都从学生角度出发，吸引学生，让学生紧紧地跟着她的思路，达到了良好的教学效果。听了两周课以后，我准备试讲。为了能够上好第一次课，我结合在大学所学知识和听课经验，用了较长的时间认真备课，仔细地撰写教案、制作幻灯片，并设计好课堂教学环节。经过我的努力以及学生的配合，教学效果还不错。指导老师给予了我很好的评价，但也指出了不足，如没有提炼出句子的结构以让学生更容易理解等，同时给予了我宝贵的建议。经过这周的试讲后，我针对自己的不足之处进行了反思：怎样才能上好一节课？上好一节课要做哪些准备？如何能让学生听懂我的课？

在接下来的几个星期，我除了继续认真听指导老师的课、做好听课笔记之外，也到其他班听课，以体会不同的教学风格，学习不同老师的优点。到了自己讲课的两个星期，我更加体会到了当老师的辛苦，当然我也体会到了当老师的乐趣，这是一项富有挑战性的工作，需要你灌注热情和耐心。

上好一堂课，首先，设计好讲课思路很重要。把要讲的内容认真梳理好，不同的课堂有不同的教学方法，要做到“因地制宜”。只有讲课思路清晰，才能进一步考虑用什么样的方法去讲解知识点，学生才能跟着你走。我觉得这就像画一棵树，要先把树的躯干画出来，有了一个大致的轮廓，再添上树枝，最后再按照这个脉络去添加树叶并进行上色润色。上课也是一样，按照教学内容的难易程度、先后主次地进行合理编排，循序渐进，才能提高教学的效率。

其次，撰写教案也很重要。在吸取其他老师的教学经验后，要精心设计适合自己所在班级的教案。实习学校的班级是按照学生的汉语水平来编排的，我带的班级是汉语水平较高的商务汉语班，学生学习汉语的时间相对较长，有一定的基础，能进行基础的生活会话和商务会话。设计教案的时候，我会结合课本并考虑与学生实际水平相适应的内容，列举生活实例，帮助他们深入学习。

最后，学会做课堂上的艺术家。在课下，我们和学生相处得像朋友般融洽，但在课堂上，我们要树立老师的威信。只有在学生心目中树立威信，学生才知道在什么场合可以开玩笑，在什么场合必须严肃对待，这样才能把课上好，提高课堂效率。上课的时候要讲究语言艺术，引导学生学会思考，激发学生的上课热情。课堂上的40分钟是非常宝贵的，课前不仅要精心准备，还要考虑学生在课堂上的反应，设计出多种情况并想好相应的对策。

2. 班主任工作

一个班级就如同一个大家庭，作为班主任，除了要注重学生的学习，也要关心学生的生活。在实习期间，我协助指导老师做好班主任工作，主要有考勤、监督学生上课和签证的办理、走访学生宿舍、在学生不舒服时带他们去医院、带领学生出游、一起办板报等。虽然班主任工作琐碎，但在指导老师的亲切指导、学生的友好配合下，我对班主任工作充满了热情，并认真对待。大概是因为年龄差不多的原因，在课下，学生喜欢和我聊天，分享他们在中国的经历以及在自己国家的生活，有时候也会一起用餐。我们亦师亦友，互相帮助。12月份，学校的每个班都接到了办板报和布置教室的任务，我们班确定的主题是圣诞节。为了更好地完成任务，指导老师、学生和我从购买材料着手，精心挑选适合的装饰品和文具，大家一起商量设计，齐心协力工作，那是一段让人感动的经历。

3. 反思与总结

回顾这两个多月的实习，虽然时间不长，但我真的获益匪浅。一开始，我非常害怕当老师，觉得这是一个枯燥无味、事务繁杂的职业。但当了老师后才发现，其实做老师的每一天都是崭新的一天，都是那么有趣。

学无止境，实习期间我每天都能学到新的知识，锻炼自己的能力，这都为我以后当老师打下了很好的基础。与指导老师和学生建立起的深厚情谊也是我人生中珍贵的财富。我将会在未来的日子里，不断提高自己的知识素养和专业水平，成为更优秀的人，为做一个称职的老师而努力。

——12对外汉语　刘子媚

（二）

在广东省华侨职业技术学校三个月的实习生活转瞬即逝，在这期间，我学到了很多，也发现了自己的不足和很多以前没有意识到的问题，收获了丰富而宝贵的经验。

实习的第一天，学校给我们安排了各自的指导老师和实习班级。我的指导老师是李主任和朱老师，实习班级是 A4 班和 B2 班。教学实习分为听课、备课和上课三个阶段。

第一阶段：听课

听课主要是听自己指导老师的课，其次是听其他老师的不同课型的课。朱老师负责的是 A4 班的读写课和 B2 班的口语课，我每天会跟着老师到这两个班去听课。在听课时认真做好笔记，观察老师的授课方法和教学过程，体会学生的反应、所需和所缺，以为自己上课做好准备。

A4 班留学生大多来自埃塞俄比亚、布隆迪等几个非洲国家，汉语为零基础，他们之间用法语沟通，老师和他们之间主要用英语沟通，因此 A4 班课堂上用的中介语为英语。A4 班的同学上课比较活跃，急于了解自己想学的知识，这时老师会耐心地解答。但 A4 班的教学进度比较慢，因为要确保学生掌握每个知识点，并打好基础。读写课主要有语音教学、词汇教学、语法教学和篇章教学。读是教学的主要环节，包括听读、跟读、齐读、轮流读、分角色读等，可以让学生掌握发音。老师会在课堂上经常提问学生，以吸引学生的注意力集中于某个内容，从而使教学按既定的方案顺利实施。老师还会在课堂上给学生留出说和写的时间，其中说主要以问答和复述的方式进行。因写汉字对于外国学生来说是很难的，所以老师除了布置写汉字的作业外，课堂上也适当地安排写字练习，主要是让学生了解字形结构和笔顺规则。

B2 班的留学生经过 A 班的学习，已经有了一定的汉语基础，因为 B2 班的留学生有一部分不太会讲英语，所以在 B2 班很少用英语作为中介语来进行教学。B2 班的教学中比较常用的教学法是直接法和听说法。B2 班口语课的教学重点是成段的表达和交际训练，继续扩展和积累词汇，并能运用这些词汇造句。学习词汇时，老师会利用实物或动作来让学生理解词义，会要求学生用指定的词来扩展词组或造句。当学习一个生词时，学生常会提出另外一个近义词，问两者的区别，这时老师会耐心地举例子，通过对比分析让学生明白两个词之间的区别和用法。除此之外，老师会在口语课的课堂上适当地安排学生进行口语练习，让学生说、复述和分角色对话。B2 班的学习进度有点儿慢，主要是因为学过的生词和课文需要反复复习。

在实习过程中，我还会和留学生进行交流，向他们介绍中国，教他们汉语，同时他们也会向我介绍他们的国家和他们在中国的学习生活。记得有一次在课堂上讨论洗澡的问题，有些学生就不能理解中国人为什么一天只洗一次澡，因为他们国家的人都是早上起来后洗一次、晚上睡觉前洗一次，他们还说，在他们国家如果早上起来后不洗澡会被妈妈骂。老师告诉他们，这是文化之间的差异，要做到尊重彼此的文化。那节课学的词是“入乡随俗”，老师告诉他们，如果我们到他们的国家就要入乡随俗，那么，他们来到中国也应该入乡随俗。

第二阶段：备课

经过一段时间的听课积累，我对学生先前学过的知识有了一定了解，也基本把握了学生的理解能力和接受能力，在和指导老师确定上课内容后，我就开始着手备课了。根据大纲要求，我仔细研究教材，遇到不懂的就请教指导老师，争取备好每一节课，编写好每一个课时的教案。在宿舍，我们这个组的实习生之间也会一起讨论如何备课，如何把课上好。记得当时在 A4 班讲的课文里有“了”这个字，在我们看来，“了”是多么的简单，随口就能说出来，可是外国人是不可能像我们一样理解这个字的，而且 A4 班学生的汉语是零基础的。我无法把“了”的全部详细的用法讲给他们听，只能根据课文上的语法，用简单容易理解的话语给他们讲解。课文上是“太好了”，我就用“太……了”举一些他们日常会用到的例子帮助他们理解，如“太贵了”“今天太冷了”“汉语太难了”等。

第三阶段：上课

我第一次上课是 A4 班的读写课中的第 6 课“苹果多少钱一斤”。第一次上课，我非常紧张，显得不够自信，犯了不少错误，指导老师细心地提出我上课时需要改正的地方，并且耐心地指导我应该怎么上课，怎样把课上好。例如，语言练习时，要注意给学生练习的机会，并注意纠正学生的发音；评讲时，要注意让学生明白为什么是这个答案；讲知识点时，要确保学生都掌握和明白了，再让学生做练习；学习生词时，要先带学生把生词读几遍，再让学生练习，在学生掌握了发音后再讲解生词；讲解生词时，可以顺带复习学过的知识等。在指导老师的耐心指导下，我不断提高自己的教学技能，从一开始的紧张到后来慢慢放松下来，开始享受课堂的乐趣。

如何掌控课堂节奏和调动课堂气氛，对我来说是个难题。指导老师给了我两个建议：一是一定要自信、自然、大方，课堂指令要清晰；二是在课堂上必须要有灵活应变的能力。因为我们的授课对象是外国留学生，他们提的问题可能会非常简单，也有可能会刁钻古怪，让我们一时答不上来。每当这时候，我们必须保持冷静，想清楚后不慌不忙地解释，如果实在说不清楚，可以先向学生表示歉意，课后回去找资料，下课后再跟他们解释清楚。但是不能逃避问题或讲其他，这样学生会觉得你知识不够丰富，或者不重视他的提问。

我的班主任工作的指导老师是李主任，通过班主任工作，我学到了很多，也明白了要当一名班主任尤其是当一名优秀的班主任的不易。每天早上 8：10，我会到班里带早读并进行考勤，班里有一些学生学习懒散，经常请假不来上课。作为班主任，我就要每天督促他们学习，但是也不能一味地说教，要了解班上的每一位学生，这样才能做到因材施教。我会利用课余时间找学生聊天，深入班级广泛接触学生，与学生进行交流沟通。

除此之外，班主任还要组织学生进行课外活动、外出学习。我有幸跟着 B2 班的班主任潘老师和 B2 班的学生进行了一次外出学习。组织外出学习并不容易，要通知学生集合地点和集合时间，以确保学生能准时到达；在外出学习中还要维持纪律，不能让学生到处乱走，以确保学生的人身安全；要让学生在外出活动中真正学到知识。当天，我们外出活动的地点是广东图书馆，我们跟着图书馆的工作人员参观了图书馆，了解了图书馆的内部管理，学生在这一过程中很认真地听图书馆工作人员的讲解，学到了不少知识。

实习期间，我也遇到了很多困难，如当我要把学过的理论知识运用到实践中时，发现自身还存在很多不足。所以，只有对所听、所学的知识进行及时梳理和总结，不断把理论运用到实践中去，并在实践中不断总结，才能更好地学以致用。实习就是一个不断提高自己的过程，实习学校就是最好的平台，无论是成功还是失败，都是学习的收获，是最宝贵的经验。

——13 汉语国际教育　蔡春燕

（三）

人生总有许多第一次，初为人师，对于作为师范生的我而言，是一件极具挑战的事情。2016 年 10 月 10 日，我怀着兴奋和紧张的心情与队友一同来到了广东省华侨职业技术学校，开始了为期 12 周的教育实习。实习期间的点点滴滴、酸甜苦辣让我体会到了教师这份职业的崇高和艰辛。在整个实习阶段，我从一个只会“纸上谈兵”的大学生成长为一个“讲课自如”的准老师，从一个没有经验的大学生成长为一个对班级事务有一定处理能力的班主任，这一切无不见证着我所付出的每一分耕耘所得到的收获。

1. 名师指导，虚心学习

我的指导老师是A4班的口语老师和B1班的读写老师兼班主任，所以实习一开始我就接触了两个班。A4 班为零基础汉语班，B1 班为中级汉语班。两个班学生的汉语水平差距较大，对于零教学经验的我来说，对两个班教学方式的把握实在有些困难。

实习的第一周至第九周为见习阶段，在这段时间，我全面熟悉教材《发展汉语·初级综合（Ⅰ）》《发展汉语·初级口语（Ⅰ）》，除了认真听指导老师的每一堂课、做好听课笔记、学习讲课技巧外，我还听了B1班其他任课老师的课，并认真做好听课记录，课后与老师探讨，虚心向其求教，深入了解课堂教学的过程和要求；学习如何备课，备学生，如何更好地将理论与实践相结合，引导外国留学生用科学的方法学习汉语，掌握汉语。

第二阶段是试讲阶段。一周16节课，除了周四上午之外，每天早上连上四节课，这对我来说是不小的挑战。抱着对学生负责和对自己负责的态度，我细心琢磨汉语教材，认真撰写教案，做课件，并交给指导老师批改，在指导老师的建议下我多次修改，直到满意为止。指导老师坚持听我的每一节课，课后会细心帮我评课，针对我在课堂上出现的缺点与不足提出宝贵建议，并肯定我的一些可取之处，让我备受鼓舞。我会听取指导老师的建议并努力改正，以确保下次教学中不出现同样的错误。在这样的努力下，我的教态、语言、板书、提问技巧、与学生互动等各方面都有了显著提高，老师的赞赏和学生的喜爱是对我的教学水平的充分肯定。

在实习的12周里，我每天下午都会在学校辅导个别学生，帮助他们巩固课堂上所学的知识，查漏补缺。有时我也会要求他们只能用中文和我聊天，以此来锻炼他们的口语能力。考试前，我也会带领他们复习各知识点和语法点，帮助他们好好准备。课外辅导对于学生和我来说，更像是朋友之间的帮助，不会像在课堂上那样拘束。

2. 班主任工作

一个班级就像一个大家庭，而班主任就是这个大家庭的家长。在注重教学工作的同时，我也一直在努力做好班主任工作。对于班主任工作，我有自己的一些领悟，如班主任一定要了解每一名学生，爱每一名学生，信任每一名学生。在这12周的实习中，我逐渐能叫出每一名学生的名字，并了解他们的性格和优缺点，这是作为一个班主任的基本要求。爱学生就要关心学生的学习、生活以及思想感情，应该相信学生的能力，让他们有发挥个人潜力的空间。同时，在每个周三晚上，我都会与指导老师一同去学生宿舍走访，了解学生的宿舍生活，与学生亲切交流，倾听学生的心声，了解学生在生活中和学习上遇到的困难，并给予他们帮助。

3. “结对子”

在实习的 12 周时间里，我还和海外幼师班的 2 名学生“结对子”。其中 1 人来自柬埔寨，中文等级为中级水平，交流起来基本无障碍，但存在个别字词发音不准和语法使用不当的问题；另外 1 人来自印度尼西亚，中文等级为初级水平，掌握的词汇量较少，发音较差，没有句子意识，沟通略困难。根据他们两人的情况，我分别设计了不同的话题和教学方法，如观看视频、自由谈话、成语故事复述、围绕话题表达等，来提高他们的口语表达能力。通过 20 次的课后辅导，2 名学生的口语表达能力均有不同程度的提高。即便只是 20 次的课后辅导，我也认识到了辅导前准备工作的烦琐、找谈话话题的不易，以及与学生沟通时要注意用词准确等这些问题。这次“结对子”辅导让我明白了辅导学生并不是一件易事，需要老师有足够的准备和教学经验。

4. 班级活动

我和指导老师一共组织了两次班级户外活动：第一次是前往广州动物园，学习动物的中文名称，了解动物的生活习性；第二次是前往沙面旅游区，感受广州商埠的历史文化，欣赏西洋式建筑。这两次课外活动丰富了学生的课余生活，同时也促进了学生之间的交往，增进了师生情谊，给双方留下了珍贵的回忆。

5. 中外文化交融

在实习期间，我有幸参与了广东省华侨职业技术学校第二届文化（技能）艺术周。第一天是中外学生篮球友谊赛；第二天是异国风情表演晚会，我们班的 2 名委内瑞拉学生和 2 名乌兹别克斯坦学生参与了表演，并获得了一致好评；第三天是“异国美食 VS 汉语魅力”，我们班来自非洲的同学制作了 6 道非洲菜，大家玩游戏吃异国美食；第四天是全校文艺大汇演和校运会。这一周，我积极参与各项活动，我排练的南美洲节目参加了异国风情展表演，我还参与了异国美食食材采购，并参与设置了汉语猜字和脑筋急转弯游戏，丰富了我的实习生活。

实习，不仅是我人生中一段珍贵的记忆，更是我另一段人生的起点，我相信自己会在未来的路上做得更好。通过这次实习，我认识到了自身的缺点与不足。我们不能只从书本上看“教学”，而要在实际中“教书”。作为一名即将毕业的师范生，我将会在未来的日子努力提高自身素质，为成为一名好老师而努力。

——13 汉语国际教育　林易

（四）

选择了广东省华侨职业技术学校的实习后，我便一直在幻想着：漂洋过海来中国的学生会不会更加努力？老师如何教学？同样也担忧着会不会因为自己的某些习惯而触碰他国文化的禁忌？学生会不会太过于个性而难以教学？……通过实习，我深入地接触了来自世界各地的汉语学习者，有些疑惑有了解答，也对对外汉语教学有了进一步的了解。下面，从三个方面谈谈实习后的感想。

1. 网络教学 VS 传统课堂教学

在大学期间，我兼职了将近一年的对外汉语网络教学。在田老师的指导下，我学会了写教案，安排各个教学环节及教学时间，也对学生在学习过程中容易出现的偏误有了一定了解。在课余时间，我会阅读对外汉语教学的相关书籍，学习一些语法知识中的重难点和中华文化知识等。这样的经历确实对我的实习起到了很大的帮助。但是网络教学也有不足，如学生学习时间少导致的遗忘速度快、网络不稳定等。

网络教学主要通过 Skype 上课，经常会受限于网络质量。例如，当老师通过肢体动作、面部表情、教具等来讲解某个词时，由于视频模糊，学生可能会理解有误甚至完全不明白老师的用意。这就会影响老师的教学，也会影响学生学习汉语的热情。同时，老师也难以通过视频即时准确地掌握学生的学习进度和学习情况，有时也会难以管教比较顽皮的学生。由此可见，网络教学与传统课堂教学最明显的不同就表现在互动交流上。当然，网络教学也有互动交流，但是总会受制于不稳定的网络和视频。相比之下，华侨职业技术学校汉语班的优势在于老师可以即时有效地和学生进行互动。老师可以自如地通过动作、图片、教具、语音语调等来加深学生对知识的理解，而且通过学生的眼神等表情可以了解学生对该知识点的掌握情况，以便检测是否达到了教学目标。

传统课堂教学的学习氛围比网络教学浓郁得多。虽然网络教学是一对一的教学，学生可以自由提问，但是由于学生是一个人在学习，会缺乏学习上的竞争。在传统课堂中，学生既可以在课堂上探讨，也可以在课下一起学习，互帮互助，形成良好的学习氛围和良性的竞争环境，有利于汉语的学习（我并不是否认网络教学，它也有它的优势，只是将之与传统课堂教学进行对比后，更倾向于传统课堂教学）。

2. 专业知识与技能的考验

华侨职业技术学校汉语班的课程不仅涵盖了听、说、读、写，还开设了第二课堂，包括手工艺、汉语角、禅武、粤语学习、汉语水平考试辅导等。学生可以根据自己的兴趣爱好自由选择，有时候老师会组织全班学生进行户外教学或者参加广交会等活动。据我观察，华侨职业技术学校的留学生对中国的茶、武术、手工艺、书法等比较感兴趣，但是由于没有硬性要求，部分学生难以坚持下去。同时我也发现，自己在手工艺、禅武、书法等技能方面比较欠缺。我希望汉语国际教育专业的课程设置中能适当增加一些技能才艺课程，这样不仅有利于增强未来的对外汉语教师的技能，而且有利于提高他们的素养和品质。

3. 教学实践的反思

华侨职业技术学校的老师都有丰富的教学经验，以及各自颇具特色的教学方式。在实习期间，我制订了自己的听课计划，并按计划去听指导老师及其他任课老师的课程，让我受益匪浅。我发现，不论哪位老师都会用浅显易懂的方式来讲解，而不是枯燥地念语法知识点。老师的教学手段多样，有肢体动作、表情神态、语音语调、教具、视频、图片、例句等。他们掌控课堂的能力很强，能够根据学生的上课情况提醒学生或者调整教学活动，如有某个学生犯困或者说话，老师会用适当的方式提醒他。

除了做好日常工作（考勤、带早读、下午辅导学生等）之外，我还认真准备教案和课件。设计教案时，我主要按照生词—课文—语法—练习的顺序来设计，其中，生词和课文都是按照认读—理解—应用的顺序、语法运用讲练结合的方法来讲解，练习一般作为课堂作业或课后作业，并在学习完课文生词、语法之后进行校对。同时，每一项教学活动都安排了相应的时间。完成教案之后，我便开始准备课件。在课件的制作上会花费较长的时间，主要是照片的搜集和文字的编排。

但是，在实际上课的过程中，我发现我并没有完全按照教案进行，有时候因为自己的紧张而忽略了某个教学环节，有时候因为学生的纪律问题或考勤问题而被迫打乱计划。我记得有一次，是个星期三的上午，这一天有四节读写课，但是第一节课只来了四五个学生，所以很难开展教学。我便让来上课的学生读课文、做练习。这一情况是我在设计教学的时候没有考虑到的，因而打乱了我的教学计划。我本来想在上课前，先通过旧知识来提问学生，再导入新课，接着学习生词。学习生词时，我计划先听录音，让学生熟悉生词的发音，再领读两遍。可是因为教学计划被打乱了，我又担心教学进度太慢，所以在开始讲授新课时，便慌乱了。我没有通过旧知识来导入新课，也没有播放录音，而是直接领读两遍，就开始让学生朗读生词了。虽然我发现学生的朗读很不整齐，很多发音不准确，但直到在指导老师的点评下，才知道自己漏了某些教学环节。

我所在的班级是初级班，学生年龄跨度大、国别多，考勤和纪律比较差，较多学生的学习动机不纯，整个班级的学习氛围不浓，这成为我试讲时的一大挑战。由于教学经验不足，不善于调动课堂气氛，再加上学生的课堂纪律较差，没有达到我所期待的教学效果。在指导老师的指导下，我改进了教学方式，适当地加入了一些视频、游戏等，起到了一定的作用。周三连续四节读写课，到了第三、四节课的时候，学生难免会觉得疲惫，所以我把视频安排在了第三节课的20分钟后播放。这是一个卡通片，我在播放视频前介绍了卡通人物并提出了问题，让学生在观看的过程中可以有所思考。在看完视频后，让学生尽量能用自己的语言来回答问题。之前，我认为这个班级的学生年龄跨度比较大，有小部分年长的学生不适合看卡通片，其实这是错误的。卡通片中的人物表情形象生动、动作夸张，剧情简单有趣，非常适合汉语初学者。学生可以通过卡通人物的神态来猜测情节，不容易感到枯燥。虽然说卡通片的发音有点儿夸张，但是发音清晰、语速较慢，学生可以在课下反复观看，来培养汉语语感和听说能力。

这是一次珍贵的实习经历。我从指导老师和其他老师身上学到了很多专业的知识和技能。我还认识了许多来自不同国家的学生，了解了许多其他国家的文化，尤其是中亚文化。我相信这次实习将会有助于我今后的工作和生活。

——12 对外汉语　刘茵

附录三　肇庆学院汉语国际教育学生实践教学实录

（一）

两个多月的实习生活已经结束，时间过得真快，那些上过的课还历历在目，那些学生的名字还没全部记住，那些身边的人还未真正记住面容，那些让人向往的东西还未真正体验，而这一切却已结束。

1. 教学体验

实习对我来说是一个考验，所学的教学技巧、所掌握的教学理论和专业知识、所形成的教学态度和性格，都在实践中不停地接受着检验。我们都明白中文作为我们的母语，应该以一种更加自信的态度向外展示，但当看到说着流利汉语，还熟知许多常用流行语的学生，你不禁会质疑自己是否能教好他们，或者说自己还能给他们带来什么。而这一切随着听课、亲身上课，就会越来越有体会。倘若你越来越得心应手，那说明你的适应能力强，或者你适合教师这个职业；反之，你就要考虑你是否做了认真且充分的准备，或者你有没有改变自己来适应教学，以提高教学效果。两个多月的教学，会让你充分认识自己，认识自己未来的目标，更重要的是对一个职业形成一种敬重之感。记得一个指导老师对我说：“我们在课堂上要求学生改变，而作为老师也应该改变。”教学是师生双方共同配合的结果，你或许不适合当老师，但是当你站上讲台上面对学生时，你得把个人情绪收敛起来，为学生做表率。教学不是一帆风顺的，刚开始总是充满紧张，讲得太快，讲完学生不懂，课堂气氛沉闷，这些都考验着你的改变能力。当你做到了，你会发现你的能力提高了，对课堂教学也更加胸有成竹了。这些变化是明显的，它直接表现在你讲完课后的状态，是累并沮丧，还是累并从容快乐。完成这一改变，不但需要你自己努力，更需要指导老师的付出和学生真诚的支持。这是实习带给我的收获，它磨砺了我们作为老师的能力。但来越南实习还是有更大的不同。在异国，不同语言、陌生环境，这一切既让人害怕，也让人着迷。你是否想过一个人在异国街头漫步，你是否想过因语言不通而指手画脚的窘状，而这一切只有当你来到越南时，你才能真切体会到。

来越南实习不是一个容易的决定，我不知道其他人是怎么想的，反正对我来说是一件大事，是一件需要深思熟虑的大事，因为它存在太多的未知。决定来越南之前，我与父母谈及这个决定的时候，父母并不赞成，原因在于他们印象里越南是一个落后的国家，而且身处异国有许多的不方便。我并不同意这种说法，因为我们未曾真正去过越南，怎么可以仅凭我们的听说以及新闻上的点滴信息就做出决定呢？事实上，父母说得句句在理，但是没有什么是人适应不了的，语言不通也没关系，只要拥有真诚，以诚相待就可以沟通；饮食不同，虽然无法改变，但它提供了许多尝试的机会；你可能从未见过如此多的摩托车，你可能从未见过没有斑马线的道路上混乱中似乎又有序的车流，你可能从未真正意识到一个口罩的重要性，但这些都不可怕，你不用担心治安，你不用担心交通，你只需提高注意力，带好随身物品，然后穿过斑马线，到达你想去的地方。

2. 首都河内

记得刚下飞机，到达机场的时候，夜色掩盖下的越南首都河内隐匿了许多风景，穿过霓虹灯光，身边被车流包围，你会觉得这里并不差，它有一个城市该有的样子。第二天白天到街上一走，才发现确实不如想象中美好，大气朦胧，摩托成群，道路建设不太友好，这是越南给我的第一感觉。在往后的日子，利用实习外的闲暇时间，我和同学也一同走了河内的其他地方，河内在我心中也大概有了形象。作为首都，河内的城市规模较大，城市的街巷纵横交错，各地区的发展不均衡。越南曾是法国的殖民地，因此其建筑样式也深受欧式建筑的影响，不少民居在外表上都极具特色，颜色丰富，而且养花种草，无处不透露出小日子的闲适。

3. 定义越南

摩托车上的越南：我一辈子没见过这么多摩托车。

摩托车是越南主要的交通工具，每个人家里最起码有一辆摩托车，无论是工作生活还是上学，摩托车都成为人们出行的第一选择。刚开始看到这么多摩托车，真是惊叹，虽然它们样式各异，但都有一个特点，那就是小巧，而人们骑行的速度并不慢。行走在街上，你能听到的就是摩托车的轰鸣声，你能看到的就是如风闪过的摩托车残影，你能感受到的就是喧嚣、忙碌的氛围。指导老师曾向我讲过越南人的性格，她觉得越南人是水，灵活易变通，不受条条框框的约束。受这种性格的影响，越南的街巷很窄，越南人不只有一份工作，而摩托车的轻便灵活正契合了这一特点。但也是这一点，导致越南的交通秩序比较混乱，摩托车会抓住极小的空隙从你身边穿过，会驶上原本就被临街商铺挤占得很小的人行道。河内的堵车非常严重但堵的不是汽车，而是摩托车。

4. 被旅游改变的越南：我觉得它有旅游城市的样子

去越南旅行成为现在越来越多人的选择。我不知道越南政府是如何看待旅游经济的，但越南不少城市正在被旅游改变。首都河内一开始并不是一个以旅游见长的城市，所以语言交流便是很多服务行业的一大障碍，而越南中部城市岘港则完全是另外一个样子。岘港是一座不大的海滨城市，拥有极其漂亮的海岸线，而且让我吃惊的是它的旅游友好程度。从机场开始就有明显感受，机场门口备齐了有关的旅游资料和优惠券，而且各大旅游景点也派人在门口发放传单。在岘港，英语比在河内好用得多，而且许多餐厅的菜单也都备注了中文。所以，在岘港的各国游客很多，在街上遇到中国同胞的概率也很高。越南有着亚洲文化以及未被过度开发的自然资源，这在以后也会成为吸引游客的显著特点，而旅游也将成为越南发展的塑造力，继续改变这个国家。

5. 享受生活的越南：一种根植的意识

指导老师跟我讲，越南人比较会享受生活。其实，越南不同于中国的一个主要地方是越南人不会把赚钱当作人生的唯一追求，而是特别容易满足，这也是越南人幸福度较高的一个原因。越南人不会刻意等到有钱了才去消费，而是会在生活中获得闲适，所以他们的办事效率并不太高，体现在生活中，就是街头巷尾的茶水摊，许多人会在一个茶水摊消磨一个下午，点上一杯茶或其他饮料，然后聊天说事或只是简单休憩，越南无处不在的咖啡店也说明了这一点。而最能感受这种气息的地方是周末的还剑湖，人们三三两两在湖边街道散步，不同乐队在表演，一群人在拔河，一群人在跳舞，一群人在跳绳，年轻人在玩滑板和游戏，更多人则闲坐在各种看得见看不见的咖啡馆喝咖啡，自由闲适却丰富多彩。休闲对越南人来说是一种享受生活的意识。

古人说：读万卷书，行万里路。这句话并没有被快速发展的科技改变，到今天依然在理。来越南进一步扩大了我的眼界，这是一个不同文化氛围的社会，我总是不禁将它与中国对比。来这里会有全新的观念，你不仅会观照你自己，更会观照你所处的文化环境。每一次实习都是一次极好的经历，只要你用心付出，总会有不同的收获。去哪里实习不是最重要的，因为你不知道你将面对什么，现实永远跟你想象的不同，所以大胆前进，跟随内心去感受和体验你想要的生活。

——13 汉语国际教育　刘钟达

（二）

这次到越南实习，我最大的感触就是当你身处国外的时候要时时谨记自己的身份、约束自己的行为，不做不文明的事、不讲不文明的话，以维护我们国家的形象。因为你不在意的一个行为、一件小事，可能就影响着其他人对我们甚至对我们国家的看法。

以前在国内，时不时会听到一些中国人在哪个国家旅游的时候随地吐痰、扔垃圾、大声喧哗等新闻，甚至某些中国乘客在飞机上也发生过不文明行为。因为这些不文明行为，有些国家的人对中国游客的好感度在降低，我不禁心里在想，为什么这些游客到国外就不能展示一些中华民族的优秀品德，而要给祖国抹黑？可惭愧的是，我自己在越南实习的时候也做了一件不文明的事。

经过一段时间，我们渐渐适应了河内的生活，课余偶尔会结伴一起去河内比较有名的地方走走玩玩。当地的学生向我们推荐了好几个比较值得游览的景点，其中就包括还剑湖。还剑湖，越南河内市中心主要湖泊之一，原名绿水湖，后因传说越南君主黎利在此得剑还剑而改为现名。

一个周末的晚上，我和另外几位实习生打算去还剑湖游览一番，我们搭乘了可以到达还剑湖的 02 路公交车。越南的公交车是有售票员的，而且我发现售票员好像都是男性。当时车上没有座位了，我们几个就手拉着手站着聊天，因为当时我们在说一些搞笑的事，所以就笑出了声，可能有点儿大声了，就在我们说话的时候，站在我们前面的一位和我们年纪差不多、大概是大学生的女生突然用非常标准和流利的中文对我们说：“你们是中国人吗？”因为河内大学有很多云南和广西的学生来学越南语，所以当时听到没有任何越南口音的中文，我还以为这个女孩子是来越南留学的中国人，听到我们在讲中文，想和同胞聊聊罢了，就像我们常说的“老乡见老乡，两眼泪汪汪”，我想同胞相见也是这么一个道理。所以当时我甚是兴奋地说“是”。只是下一秒，我本期待着的同胞相谈甚欢的场面并没有出现，截然相反，那个女孩子说：“公交车上是不能讲话的。”听到这话，我们说了“对不起”，当即就不敢再出声了。

我当时感觉很丢脸，因为是一个越南人用中文来提醒我们公交车上不能讲话，觉得自己给外国人留下了非常不好的印象。但我也感觉到不公平，因为当时车上还有其他越南人在聊天说话，但是她并没有去制止。我之前就听说，因为一些原因，有些越南人对中国人的态度是不友好的，可是当我们接触到大学的老师和学生时，他们对我们都很热情。第一次遇到这种事，我们的心情都不怎么好，后来到了还剑湖我们也没怎么玩，我相信这件事对我们几个人的影响都很大。虽然大家都没说什么，可是后来当我们再去搭乘公交车的时候，都没有再聊天了。

后来我想想，先不管越南的公交车上到底能不能讲话，那个越南女孩子的态度可能是有问题的，可是归根到底的原因在我们。如果我们没有在公交车上讲话，那别人也没有什么好指责的；如果我们在国外一直讲文明、展示中华儿女的优良风貌，那中国游客留给外国人的印象也不会那么糟。我们在国内搭乘公交车时习惯了讲话，但是有一些国家对这些行为是不喜欢的，所以我们在国外的时候如果能时时谨记自己的身份、约束自己的行为，不做不文明的事、不讲不文明的话，那就算是别有用心的人想要挑我们的错误也挑不了，也就不会有损我们国家的形象了。

越南人用的聊天软件是 Facebook，所以班里的学生都问我有没有 Facebook 账号，方便和他们交流。我说没有，我们都是用微信、QQ 和微博等。后来为了更好地和学生交流、沟通，我也申请了一个 Facebook 账号，但我感觉不太习惯，因为这个软件对个人隐私的保护不是很好。

我和学生相处的时间越来越长后，关系也变得越来越亲密。学生也会问我很多关于我在国内生活的问题和一些比较私密的话题，如他们就很好奇我现在有没有男朋友、以前读初中和高中的时候有没有恋爱过、喜不喜欢越南的饭菜和男生等，这些问题还是相对容易回答的，我也很愿意和他们分享。可是有一次班里的一个女学生问我：“老师，你们不用 Facebook，是因为你们用不了，是吗？”当听完这个问题，我一瞬间的反应是想反问她："你听谁说的？竟然讲得那么夸张？"但我还是控制住了自己，因为一旦回答不好这个问题，可能会影响到她对我们国家的看法。我跟她解释是因为很多国外的犯罪分子通过这个社交软件对中国和中国人民进行了一些犯罪行为，严重损害了中国和中国人民的利益，所以为了坚决维护中国的国家安全和中国消费者的利益，中国关闭了 Facebook，而 Facebook 也无法在中国访问。另外我告诉她，我们不是很习惯用 Facebook，我们国内也有很多优秀的社交软件，我详细地向她介绍了微信的功能，推荐她下载了微信。因为她曾经说过她将来要来中国，我就告诉她下载了微信对她以后在中国的生活很有帮助，比如她可以通过微信来支付等。这样的处理，不但不影响外国人对我们国家的看法，而且可以使他们产生对中国的好感。

在国外，我们可能会遇到各种各样的人和各种意料不到的事情，但无论怎样，希望我们能谨慎和理性地处理这些问题，时时谨记自己是一个中国人，不做有损我们国家形象和利益的事情。无论去国外旅游还是交流学习，我们应该展示的是我们良好品德的一面。如何在两国人民交往过程中学会维护国家的形象，我们还要继续努力。

——13 汉语国际教育　陈晓婷

（三）

所谓教学相长，在对外汉语教学的同时，学生的反思有时也会让我的思路更加开阔。在此次实习过程中，让我体会最深的是：给学生一滴水，老师必须先有一桶水。

1. 实习学校的教学情况

（1）班级设置、期末测试与奖学金

广东省华侨职业技术学校开设的班级有汉语学习班、商务汉语班、大学预科班、华文师资培训班、旅游商务速成班和游学班、AFS 国际文化交流项目班、中华才艺夏（冬）令营、寻根之旅夏（冬）令营等。我实习的班级是非学历教育，学生不需要参加入学考试就可以就读。学生每个学期末会有一次期末考（以前还有期中考，但鉴于学生在期中考后学习积极性降低而且出勤率下降，所以取消了期中考，实行了每门课五课一测），考试的成绩会直接决定他们能否去更高水平班级学习。考试不通过，学校不会发放奖学金，也不会给予其结业证。除了奖学金以外，学校还设有学习进步奖与文体积极分子奖，均旨在鼓励留学生勤奋努力、认真学习，不断进步。

（2）课程设置

学校上午上课，早读时间是 08：10—08：30，上课时间是 08：40—12：00；下午则是第二课堂，有汉语角、手工课、中华文化（剪纸、书法、画画、粤语和咬文嚼字）、茶文化（没开）等课程。另外还开设电影课、学唱中文歌课、粤语课、书法课、中华功夫课等。第二课堂的开设是根据老师的开课意愿，有学生选课就可以开课。

（3）学生学习状况

学校对留学生的学习管理没有对国内学生的要求那么高。虽然考试和测验也不少，但每年寒暑假均不留作业。对于华侨职业技术学校的学生来说，学习汉语是凭着自己的兴趣，没有强烈的功利心。从好的方面讲，他们不是被逼而来，而是自愿学习的；从不好的方面讲，容易受其他因素影响而中途放弃学习。当然，也有因其他原因来学习汉语的，如跟随母亲在中国生活，在家人的要求下学习；为了通过 HSK，以便顺利进入中国大学学习；为了签证；为了在中国经商而学习汉语。所以，学生会有流失现象，流动性较大。那些学习动机比较明确的，可能会坚持学习下去。留学生每间教室都会挂一些国画或者书法字帖，张贴有中国地图和世界地图，有的教室还贴有广东地图。关于学生座位，有的班级是固定的，有的班级是随意坐的。

华侨职业技术学校的 265 名留学生中，中亚留学生的比例接近 55%；男生多，女生少，性格都比较外向，相对独立，有自己的主见，可以按照自己的计划行事，相对成熟；也有学生的情况跟我们国家一些学生的情况类似，家长强势，自己的未来职业设计要遵从家长的意志。

（4）教师教学状况

在与老师的交往中，我感觉许多老师都存在时间紧、课时多、劳动强度大等问题，尤其是班主任，要组织考试、组织学生户外活动、解决学生各类问题等。华文教研室主任陈老师更是忙得不亦乐乎，除了要讲授阅读课外，还要帮助其他老师、学生解决一些实际问题，以及安排行政事务、接待国内或国际交流的学生团体等行政工作。学校每学期要举行文化节，都是陈老师负责具体落实的。文化节内容丰富，尤其表演节目，深受留学生欢迎。节目的表演部分和各国文化风情展示同时进行。展演并不是以班级为单位，而是以国家为单位，旨在体现各国最有特色的民族风情。

（5）教材

从广州中亚留学生较集中的汉语教育培训学院的使用教材来看，有以下几方面的特点：第一，从教材的出版单位看，使用的教材都是我国编写出版的；第二，从教材类型看，一般没有针对中亚国家国情和学生特点编写的，而是通用教材；第三，同一汉语教学阶段的不同班级使用不同的汉语教材。根据学生的实际汉语水平，4个汉语初级班（A班）的教材是《汉语口语速成：入门篇》《发展汉语·初级口语》。

2. 实习体会和感悟

1）经过两个多月的实践探索，在指导老师的帮助下，我逐渐意识到第二语言教学跟其他学科教学根本不同。我面对的是来自不同国家的学生，有的学生根本不会英语，我英语再好对他们也没用。我现在习惯用的一个方法是制造情境，在情境中示范，让学生在情境中操练，以便自然习得。当学生提出任何语法问题时，我首先想到的不是解释，而是制造语境，跟学生一起在语境中探索，让学生在我的指导下自己归纳出语法规则或词语用法。我的指导老师陈老师是一位理论水平和实践指导能力都很高的老师，面对学生的问题时，她总可以进一步挖掘语法规则背后的理论基础知识，然后用简单通俗的语言为学生解释。这样既能激发学生兴趣，又能帮助学生记忆，我从陈老师那里学到很多。教师面对的学生来自不同国家，年龄差距较大，学习动机、思维习惯也不同，学生提出的问题更是千差万别。因此，教师必须具备一定的理论知识，并成为一名研究型教师，敢于面对并研究教学过程中出现的问题，才能满足学生的学习需求。

2）在传播汉语知识的过程中，我遇到的两个最大的困难是发音与汉字教学。这对于留学生来讲，也是学习汉语的一道坎，汉字的四声音调往往让他们摸不着头脑。另外就是汉字的书写与认知。方块字让外国学生觉得很难写，每个字都需要记忆却又没有规律，而且汉字的外观跟发音对不上号，很多学生就会发出疑问：“这怎么个记法啊？”

让我感受最深的是，往往我们不认为是问题的问题，对于外国学生来说就是问题。比如给学生教“超市在学校西边”这个句子时，外国学生就会用他们的思维说成“超市在西边学校”，这也往往让我哭笑不得。在中国人的概念中就会觉得“就是这么说，没有理由没有原因”，外国人就会问：“为什么你这么说啊？”

我充分意识到，当使用母语时，我们的思维很快，潜意识里没有思考的空间，但是当作为外语来教的时候，就会冒出很多需要解释的内容。汉语作为第二外语的教学研究基础还较薄弱，还有很多东西需要进一步挖掘和完善。

3）教学过程也是一个不断接受挑战、不断进步的过程。在教学过程中，会遇到种种问题，我只能想方设法，尽所能释疑、解答，强调规则，强化学生训练。有时也深感解释分析不到位，学生的接受效果也不是很好，没能让学生更清楚明白。因此，提高自身的业务能力真的非常重要。

有人认为对外汉语教学就像开车一样，是一门技术，学会了就会了，至于开得好不好，只是熟能生巧的问题。掌握扎实的语言学理论和汉语本体知识固然是重要的，就像一个优秀的司机有必要了解汽车构造和基本原理一样，但教师的汉语本体知识不可能面面俱到，学生提出的一些语法问题，即使教师能够用相关理论解释，学生也未必能听懂，因为学生没有学过语言学理论，所以在汉语教学中应尽量避免使用学术用语。而我却在初次试教时，引用了太多学术用语，以致教学效果不理想，出现了失误，以后要特别注意。

3. 几点建议

1）要让学生明确汉语的独特性，重视汉字学习。汉语与其他西方字母文字有很大不同，字母文字一般是所见即所读，即便像英语、法语会有一些字母组合，但是根据读音规则，总体上是看到就可以读出来，读出来就可以拼写出来，所以他们的读和写是一个体系。但汉语则不同，汉语的读和写是两个不同的体系。我们学习了“六书”造字的基本知识，所以在认读汉字方面，对汉语作为母语的我们来说就不会觉得太难，但对于以汉语为外语的留学生初学者来说，学习汉字确实就比较困难了。他们的母语是字母文字，受语言学习的正迁移影响，相对来说他们更容易接受拼音教学。但必须向他们解释清楚的是，拼音并不是真正意义上的汉语，而是帮助他们学习汉语发音的工具。汉字与拼音不是一一对应关系，如果学生只学拼音，所写出的拼音是不能完全清晰表达所要表达的思想的。因为同样的拼音，可以写出许多个不同的词汇，所以这一点必须要让学生清楚，明确学习汉字的必要性。例如，仅就 gong li 一词，我们就可以写出功利、公立、功力、公历、工力、公例等读音、声调完全相同的多组词语。这样的例子还能列举出许多。同音同调既已如此，那么如果声调不同，能举出的例子就更多了。如果不重视汉字的学习，随着学习的深入，会给学生造成很大困扰。当然，在初学阶段，汉字的学习要注意由易到难，循序渐进。

2）要重视声调的学习。学习伊始，一定要花时间培养学生对声调的认识与感知。因为在他们的母语中，声调并不具备区分词汇意义的功能，但汉语的不同声调却有区分词汇意义的功能，这就很容易产生语言学习的负迁移，所以需要我们耐心地为他们纠正发音。遇到一些他们读错的声调，我们可以告诉他们所读出的是另外一个意思。例如，他们会把“我可以问你吗？”中的“问”发成三声，变为“我可以吻你吗？”。这时我就告诉他们，“问”是“ask”，“吻”是“kiss”，他们会感到很吃惊，同时也帮助他们记住了这两个声调。有时候，仅仅记住知识点还不够，还需要训练他们对不同声调的感知。例如，在学完数字 0—10 后，我会用数字帮助他们练习声调，让他们把 0—10 按照四个声调列成四组。四声的数字应该是“2、4、6”，他们虽然能够回答正确，但是他们读出来的发音却接近二声。这时就需要花时间帮助他们培养语感。这种练习，既让他们学习了数字，又训练了他们的声调，可以收到事半功倍的效果。虽然声调练习要花许多时间和精力，但这对提高他们的辨音能力，以及说好汉语会有很大帮助，所以我认为还是值得的。

3）让学生认识到汉语与英语的不同之处。首先，给学生介绍汉字的特点，即一个汉字就是汉语的一个书写单位，让他们对汉字有一定的认识。其次，让学生明白英语中的“vocabulary”与汉语中的汉字不同。例如，在学生抄写作业过程中，我发现教了“汽车”这个词以后，有的学生会把这个词写在同一个田字格里，即两个字占一个田字格。这不单纯是占位置问题，而是认识问题，因为他们认为英语单词“car”与俄语中的“автомобиль”都是一个单词，所以自然而然地认为汉语的“汽车”也是一个词，所以要写在一个格子里。实际上，虽然“汽车”是一个词，却是由两个汉字组成的，汉语中的字和词是两个概念。汉语中，一个汉字可以和许多其他汉字组合成新的词，并形成不同的概念和意义，这就是汉语词语趋向双音节的特点，也是其他语言所没有的，学生明白了这一点，会为他们今后的学习做好必要的准备。

4）根据这次实习，我发现留学生在学习汉语时有一些特点，特别是在语音教学中，他们学习韵母时容易出现以下问题。

一是在读 ang、eng、ing、ong 这组音时，在音尾他们往往会轻轻地加上一个 g 音，这也是语言教学中母语对汉语学习的干扰，需要我们予以纠正。

二是 ü 的问题。对于 ü 上面两个点的省略，我认为值得商榷。如果是在国内教中国人语文，不存在这个问题，因为我们很清楚，在舌面音 j、q、x 与 ü 相拼时，要省略两个点，会自然地拼成 ju（聚）qu（去）xu（需）。虽然省掉了上面两个点，看起来是 u，我们也不会把它读成 u。但是在对外汉语教学时，外国学生对这个不清楚，他们见到 j、q、x、u 相拼时，还是把 ü 读成 u。所以我认为，为明了起见，可以调整这条读音规则，调整以后，对国人的拼音学习也不会造成任何消极影响。

三是 zi、ci、si 和 zhi、chi、shi、ri 这两组舌尖音，外国留学生经常会把韵母发成 i 的音，而我们中国人是不会那样发的，因为我们知道汉语中根本没有那个音，这点也需要反复纠正。

四是 r 的发音。在发 r 时，他们的舌头常常打出许多圈，有点儿像俄语的发音，所以要特别注意。

对于汉语初学者来说，汉语发音的准确性十分重要，它会对以后进一步顺利学习汉语、讲一口纯正的普通话有很大促进作用。所以，作为对外汉语老师，在汉语教学时要尤其注意纠正学生的发音，而且纠音本身就是汉语教学中的重要一环。对于初学者，老师对他们的发音要认真对待，一旦发现错误，不能敷衍了事，要一纠到底，直到学生发音准确为止。当然，纠正学生的发音也要讲究策略，最好先给他们暗示，让学生自己发现错误，并自己改正。如果确有困难，可以让其他发音正确的同学帮助。

老师在教学过程中要多示范，多让学生模仿、练习，调动起学生的眼、口、鼻、耳，使它们之间建立起有机的联系，这样可以提高学生的学习效率，达到事半功倍的效果。同时，要注意对重难点反复训练，尤其对难音、难调，要多次练习、纠正。在课堂教学中，要优先安排难音、难调训练，这样在大脑清空的情况下学习，会让他们对难音、难调的发音印象深刻，不受其他发音的干扰。当然，纠正发音时也有技巧，可以运用手势、音位图和夸张的口型等，加深学生的印象。

以后学生在日常发音时就会回想起当时课堂的情景及老师的指导，有助于帮助他们记忆。

4. 中亚留学生的部分课堂表现及应对策略

（1）上课迟到要惩罚

中亚留学生的时间观念较弱，上课不时会迟到，迟到后部分男学生还会先和所有男生分别握手问候后再回座。对此情况，有的老师的做法是让迟到学生站在教室门口听课五分钟，五分钟后，所有学生都已经进入学习状态，就把问候礼放到课后了。此做法既可以对迟到的学生起到警示作用，还可以避免迟到学生打扰课堂秩序。

（2）回答问题先举手

中亚留学生回答问题没有举手的习惯。当老师问到一个问题时，他们都是脱口而出，一起回答，导致教师不能很好地了解每个学生的学习状况。所以，课堂上教师可以采取点名回答或者让学生举手回答的方式。

（3）他人作答要聆听

中亚留学生比较自我，如果他人回答的问题是自身还没有掌握的，他们并不会认真聆听同学的回答以及老师的讲评，而是和其他没掌握的同学一起讨论，希望更快得出结论。因此，教师要跟学生强调听说结合，听别人说的过程也是学习的过程。

（4）回答问题多肯定

中亚留学生性格多属外向型，他们活泼、开朗、自信，对自我评价较高，表现欲强，大都能积极地参与到课堂互动中。因此，生硬的教学方式、沉闷的教学手段会挫伤学生的学习热情，教师一定要注意讲练结合。中亚留学生回答完问题后会十分重视教师的点评，当得到肯定评价时信心倍增，学习热情更加高涨，但被否定时较易受到打击，甚至由此产生厌学情绪。因此，在给予学生反馈时，要尽量鼓励学生，肯定学生。学生回答错误的时候，可以先肯定学生积极思考的态度，然后再进行偏误分析，从而使学生乐于接受，增强表达信心。中亚留学生对于不懂的问题会很执着，课堂上经常会打破砂锅问到底。此时，老师万万不可忽略他们的提问，如果老师简单应付，没有讲明白，生性较为敏感的他们会认为这是老师不喜欢他们的表现。所以，为了不挫伤他们的上课热情，老师应耐心回答或告知课后再进一步沟通解决。

——12 对外汉语　凌倩英

（四）

这次教学实习，我负责的是汉语零基础的初级班。在这之前，学生已经进行了为期一个月的汉语学习，但是基本只会非常简单的汉语问候语，有些跟中高级班留学生同住的学生，可以说一些更为地道的日常汉语。这个班学生的母语以法语和俄语为主，包括非洲学生、中西亚学生和极少部分印度尼西亚、泰国、哥伦比亚学生，总体来说，沟通是非常困难的，不管是语言还是文化的差异都很明显。而且部分学生来华学汉语的目的不是十分纯粹，所以学习汉语的热情不高。但是作为老师，不应该看着学生之间的差距越拉越大，而应该改变教学策略，帮助学生不断进步。如何激发外国留学生学习汉语的热情，这是我实习一周后就开始思考的问题。

1. 平等相待，互相学习

受母语以及个人智力水平的影响，外国留学生学习汉语会遇到种种困难。有的学生可以发挥主观能动性，勤奋学习，弥补自身不足；有的学生懒惰、迷茫，找不到自己学习汉语的方法和突破口。这就需要我们老师在尽可能短的时间内加深对他们的了解，包括学习能力和性格，然后采用不同的教学方法进行教学。

通过听课学习，我发现在课堂、课后进行必要的文化渗透是很有效果的。比如在上课的时候，学生脱口而出讲了母语，作为老师，应先询问学生这个词的具体意思，然后跟着读，最后告诉学生这个词在汉语中是如何发音的。这样做，一方面照顾了学生的自尊心；另一方面也有利于在班里形成一个互相学习的氛围。老师跟着读这个词，其他学生出于好奇，也会跟着读，并且在知道意思之后，会教大家这个词在他们本国的读音，在课堂上不止学习了汉语，也互相学习了不同国家的语言，整个课堂的氛围就活跃了不少。但是也应该点到为止，及时把学生拉回汉语课堂的学习中。

2. 挑选话题，引发自豪感

我发现，如果对外汉语课堂教学模式死板，即使是学优生也会觉得很疲惫，所以在备课的时候，我不断告诫自己不要走寻常路，要不断思考一些趣味点和创意点，这时候，好的话题就显得格外重要。比如在学“美食”这个词时，如果随意在网上搜罗一些食物图片给学生看，他们或许感触不会很深，但当我特意将搜集到的各国美食图片作为引入时，效果就完全不同。学生看到自己国家的美食被老师呈现在课堂上，一方面，自豪感得到释放；另一方面，也更深入地了解了汉语词汇的意思，教学效果非常好。学生不仅学到了知识，也交流了不同国家的美食文化。自豪感对于漂泊他乡学习陌生语言的留学生来说，弥足珍贵。因为不管是语言学习还是文化学习，始终是一个输入和输出并存的过程，如果留学生来到中国，只是被迫输入汉语和中华文化，那么久而久之，便没有任何新鲜感和趣味感了。老师有意识地挑选合适的话题，可以给留学生一种文化输出的满足感，自己国家的文化被留意，自豪感便油然而生，也能怀着敬畏的心态把汉语学好。

3. 课堂演示

学生用的课本是《发展汉语·初级口语》，其中每一课都有两篇对话。如果单纯让学生跟读、背诵，会使课堂质量大打折扣，所以我选择让学生在跟读后分角色操练，然后上台演示。我发现这是学生最感兴趣的一部分，因为学生普遍喜爱表现，上台演示可以让他们表现出自己的汉语水平，而且会得到老师的点评，所以他们都非常努力。通过上台演示，不仅学生可以大胆表现自我，激发学习汉语的热情，而且老师可以更加直观地指出学生发音方面的不足，给演示的学生以及台下的其他学生一个纠错的机会，整个氛围非常轻松有趣。

4. 户外活动

我们会不定期地进行户外活动，比如在学习了买东西、询价的内容后，就带学生到龙洞的商贸市场进行实地操练。学生都非常兴奋，这是他们第一次集体到中国的菜市场，不少学生翻开自己的笔记本，开始琢磨如何进行口语交际，也有学生成功运用所学的简单句型买了东西。虽然整个过程磕磕碰碰，但是学生学习汉语的热情得以激发。此外，我还带领他们去了广东省博物馆、黄埔古港，没有太强的目的性，只是想带学生去广州的一些景点走走，感受中华文化。出乎预料的是，学生非常激动，一些很平常的事情都会让他们异常欣喜。到餐馆吃饭的时候，他们乐于发问，渴望了解每一种美食的名字以及历史典故。参观黄埔古港一个富有历史感的纪念馆时，他们拍了非常多的照片，而且会乐此不疲地请教中国各个阶段的历史。在交流的过程中，考虑到他们的汉语和英语水平，我尽量简洁地用他们能接受的方式讲，他们也学到了很多新的、课本上学不到的词汇，而且加深了对中华文化的认同感。现在，他们满足的眼神仍然在我脑海里回荡。

5. 举办异彩纷呈的文化活动

实习期间最忙碌的要数 11 月了。学校开展了文化周活动，包括异国风情晚会、趣味运动会等，其中印象最深刻的是“异国美食 VS 汉语魅力”。当天下午，以班级为单位，分 10 个摊位展示了几十道各国美食，同时，该活动巧妙地把汉语及中华文化融入美食品鉴环节，美食的诱惑惹得全校师生闻香而来，展位前门庭若市，热闹非凡。我们班负责的是乌克兰、泰国、印度尼西亚的美食。因为数量多，所以吸引了非常多师生的关注，但是受限于汉语水平，我们班的几位学生听不太懂中国师生的问话，这个时候，我一边负责维持现场秩序，一边耐心地帮他们翻译，教他们一些常用的日常用语。

6. 营造“家”的氛围

同事跟我说过发生在高级班一件非常难忘的事：那天广州非常冷，有位学生没来上课，之后班主任问他怎么没来，他说太冷了想待在宿舍。班主任说，天气冷你也应该来教室上课呀，我们大家会温暖这个教室，你还会觉得冷吗？为了让外国学生有“家”的体验，中秋节时，我和学生一起做月饼，冬至时，我煮了热腾腾的汤圆给学生吃，虽然都是微不足道的小活动，但学生体会了中国传统节日的喜庆，给学生营造了“家”的气氛。在这个过程中，小到询问食材的名称和做法，大到学习中国两个极其重要的传统节日的历史典故，这些都为汉语学习打下了文化基础。

总而言之，尊重是教学的前提。每个外国留学生的学习情况千差万别，老师应该激发他们学习汉语的热情。老师肩负着职责和使命，要永远把尊重放在第一位，关注留学生的一言一行，帮助他们不断树立信心，取得更大的进步，重塑自我。

——13 汉语国际教育　蔡烨梓

（五）

10 月 25 日到达河内机场的时候，天色已晚。一路上，我的眼睛都是直勾勾地盯着车窗外一闪而过的建筑和街道上密密麻麻的摩托车。我觉得自己就是个好奇宝宝，对什么都无比好奇。第一次来到一个完全陌生的环境，人生地不熟，语言不通，对钱的概念为零。除了初来乍到的兴奋外，还有的就是不知所措。

河内的房子很“苗条”，公路很窄，交通有些混乱，这是我对河内的第一印象。慢慢地，我发现这里的教堂很多。某个星期天晚上，带着好奇，我去感受了一下教堂的气氛。教堂里坐满了人，有老人、学生、男人、女人，每个进入教堂的人都会虔诚地双手合十朝着十字架深深鞠躬。无论白天还是黑夜，我在不同的教堂外面总会遇到几个双手合十、双眼闭着、嘴里默念着祷告语的人。

这里还有随处可见的咖啡馆，咖啡馆里总是坐着在聊天畅谈的年轻人。我在咖啡馆也常常看见穿着校服的学生，几个人坐在一起看书。每次看到咖啡馆，都忍不住往里面看看，环境都很漂亮。只要点上一杯咖啡，即使你坐上一整天，服务员依然会笑眯眯地帮你结账。到过越南的人都说这里的生活节奏很慢，路过咖啡馆就似乎明白了。在我们国家，看到的人都是步履匆匆地穿梭在地铁上、公交上，每个人都不由自主地紧张起来。而在这里，我反而觉得放松了许多。

1. 关于教学

“台上一分钟，台下十年功。”两个小时的课我花了很长时间准备。上完课，我真正感受到三年的理论学习很重要，它能够指导我的实践，并在实践中得以运用。但是三年的理论知识还远远不够，在真正对外汉语课堂教学中，我还需要注意很多课堂教学的细节和技巧。在和老师的交流中，我发现每个教学环节都讲究技巧，每个教学活动的设置都是有目的的。我很珍惜每一次站在讲台上给学生讲课的机会，因为我知道，每一节课都会有不一样的收获，每一次的讲课都会让我积累不一样的经验，为下一次做更好的准备。我从课堂教学中学到了很多书本上没有的知识，受益匪浅。

慢慢地，我在课堂上的表现不再像刚开始那么拘谨，学会了很自然地和学生互动。这里的课时很长，对学生和我都是一个不小的挑战。为了让学生能够精神集中，我在课中总会设置很多小会话游戏，请学生上台表演，这也是口语操练的环节。我也接受了指导老师的意见，带一些彩印照片去上课，当学生因长时间的学习出现疲惫状态时，我就花少量时间展示课前准备好的图片，用最简单的汉语介绍我家乡的饮食和交通等。

在教学上，我觉得自己收获颇丰。除了指导老师的建议和帮助外，我也在一次次的课堂教学中摸索，小到课堂用语、上课的手势、板书，都在不断总结反思。俗话说，实践出真知。理论知识固然重要，但是从实践中悟出来的道理更让我印象深刻。

在为期两个月的实践中，我得到了很大的改变和进步，受到了指导老师的肯定，也明白了当初我们的授课老师语重心长说的那句话，“作为一名对外汉语老师，任重而道远”。我不知道毕业以后自己是否从事这个工作，但是我真的非常感恩这段教学经历，它让我备受启发。

2. 关于老师

我印象最深刻的一位指导老师是河内大学中文系副主任——阮氏好老师。这位老师穿着非常朴素，像邻家大妈一样平易近人，但在教学上一丝不苟，非常认真。每次听阮老师的课，我都常常和学生一起情不自禁地笑起来。阮老师诠释了师德为何物。我始终记得阮老师听我讲课时认真的模样。在我的课堂上，有时候学生迫切想表达自己的想法，但是他们词汇量又有限，这时阮老师会及时帮助学生，向我传达正确的信息。每次下课以后，阮老师都会请我去办公室，然后拿出自己的听课笔记，帮我分析我上课的问题，评讲我的课堂。她会指出我在课堂上哪个环节的教学设置很好，板书怎么设计效果会更好，课文的语法点有没有抓对，哪个知识点最好详细拓展，哪个知识点只需要简单点明。满满的一页听课笔记，可以看得出，阮老师对学生和对我这位实习老师的认真与负责！临别时，阮老师送了我一条小手链和一张贺卡。她握着我的手，微笑地对我说了句：“你很认真，你的进步是最大的！”我觉得这句话很有力量，是我以后站在讲台上的勇气！

3. 关于学生

我和学生已经告别了，但还是会常常想起那群叫我“姚老师”的孩子。我们之间年龄相差不大，所以我和学生就像是朋友一样。记得我第一次和班里学生见面时，有点儿害羞，我介绍完自己后，学生一窝蜂地围上来，好奇地看着我。那时候他们才学了两个月的汉语，大家争先恐后地挤到我的身边，用蹩脚的汉语问了我好多问题。我悬着的心一下子放下来了，我看到了学生对我的热情和欢迎，来之前种种的忐忑不安在那一刹那消失了，我很积极地融入这个集体。虽然我和学生的交流存在语言障碍，尤其是我刚到河内大学时，他们的汉语只有两个月的基础，还不能说出一个完整的句子，表达的都是只言片语，而我的回答他们也不见得全懂。但是当我们互相听不懂对方时，都会笑笑而过，竟然没有一点儿尴尬。连我自己都会觉得惊奇，原来人和人之间的交流不只局限在共同语言上，只要大家都很真诚，很乐意去认识和了解彼此，哪怕一个微笑、一个肢体动作也是一种表达，也可以传递出真情！

我教的两个班级都是大一学生，他们大多都不是河内本地人。河内大学的学生很少住学校宿舍，大部分都是在学校附近租房子。这里的学生学业繁重，平时除了上课就是打工，没有什么业余活动，所以他们的大学生活也比较枯燥，和我们的高中生活差不多。我们来到这以后，每到周末，学生都会热情地邀请我们出去聚餐，带我们去周边的公园玩。每次结束后，学生都坚决要送我们到宿舍楼下，这个细节尤其让我感动。虽然我们只能用简单的汉语交流，但是我能真真切切地感受到学生的心意。虽然我们相处的时间不长，但是学生在生活上常常帮助我们。

我记得当我在两个班上最后一节课时，把从中国带来的中国结送给学生，他们都非常激动。虽然中国结不是很贵重的东西，但是他们一收到就把它挂在了书包上。课后，学生请我一起出去聚餐时，一个女生的中国结的那根绳子掉出来了，她很伤心地向我道歉。那是我第一次感受到，原来不只是中国人才爱中国文化，这里很多学生选择汉语，都是因为他们热爱我们国家的文化！

离开河内的晚上，我收到很多学生的祝福和他们的心愿。他们喜欢中国，希望能去北京爬长城、吃烤鸭。我觉得这是个美好的寄托，我也无比期待我和学生有一天能在中国见面！

细细回顾这两个月的生活，觉得像做了一场梦。对于我来说，这次实习就像一次长途旅行。在旅途中，我遇见了很多美妙的风景，认识了很多不一样的人，这是独一无二的生命体验，而且收获了友谊，收获了知识与见闻！我觉得，不虚此行！

——13 汉语国际教育 姚灼彬

（六）

我实习阶段试讲的班级是 C1 班。C1 班学生的汉语大致在中等水平，能与中国人进行日常交流，也能进行简单的写作，大部分学生的汉语水平在五级左右。这个班级的主要课程有三门：读写课、阅读课和口语课。其中，读写课主要训练学生的口语、听力和写作能力；阅读课主要训练学生的汉语阅读和写作能力；口语课主要训练学生的口语和听力能力。不难看出，这三门课程所训练的语言能力虽各有侧重，但也有交叉，因此能从多方面培养学生的汉语听、说、读、写能力。下面，我将总结两个多月以来对这三门课程的一些体会，谈谈这次实习之旅的感受。

1. 读写课

该课程由刘老师授课。在 C1 班，刘老师的教学方法趋向于读、写、说相结合。一般讲授新课的时候，刘老师习惯让学生先在课下抄写新课生词并熟读课文，然后在课上为学生讲解生词和课文。在学习生词和课文这个环节，刘老师通常会多次抽点学生进行生词朗读，然后即时纠正错误的读音。在讲解完课文后，她会给学生预留一段时间，让其自由背诵课文，然后再抽点学生进行课文背诵。

经过两个月的观察，我发现这种教学方法既有好处也有坏处。好处是可以使学生在短时间内记住本堂课的内容，同时也有充分的课堂时间锻炼口语。坏处是这样的方法忽略了未能跟上课堂节奏的学生。有些水平稍低的学生，在老师抽背的时候仍未把生词和课文背好，这样会使班上中下层的学生比较难跟上课程进度。因此我个人的意见是，教师需要在课堂上多照顾成绩较差的学生，适当放慢教学节奏，降低内容难度，从而使他们更快地跟上步伐。

2. 阅读课

该课程由周老师授课。我认为，阅读课是这三门课程中最“接地气”的课程。因为课本中提供的生词和课文都离学生日常生活较近，实用性较高，诸如“铁饭碗”“止血贴”“捐款”等生词，学生平时都有很多机会接触到。认真学习本门课程对学生在中国生活的帮助很大。周老师在 C1 班讲授阅读课时，习惯先教授学生阅读技巧，然后讲解课文，最后布置阅读练习题。在教授阅读技巧环节，如找关联词，找出句子主要部分和义符、声符，都是汉语阅读中的重要技巧。在讲解课文环节，周老师把讲解生词和梳理课文作为教学的重要内容。在布置阅读练习题环节，周老师要求学生将已学过的阅读技巧运用在练习题上，并进行多次训练，从而提高学生的阅读水平。

在听课过程中，我发现A班和B班学生更追求弄懂生词的意思，而C班学生往往更追求如何运用这个生词进行对话、写作，他们更希望老师在讲解完生词之后，举大量例子告诉他们这个词语该用在什么语境，以便自己在生活中也可以学以致用。可以看出，C班学生学习汉语更加追求实用性，因此，周老师在课上都会说出很多与生词有关的句子，同时通过PPT配上图片，帮助学生理解。而对于有些有固定搭配的词语，如“改善”一词，周老师会告诉学生汉语中常见的固定搭配为“改善……条件”，以便他们明白如何运用此生词。这个方法对于中级阶段的留学生来说很有效果。

3. 口语课

该课程由李老师授课。李老师的口语课课堂气氛轻松有趣，课堂上除了有课本上的内容外，还有与之相关的有趣内容，如观看中国的电视、小品，做心理测验，以及学习中文流行歌曲等，学生在课堂上非常活跃。我觉得这是我应该认真学习的地方。在课堂上，教师应该用有效的方法去吸引学生的注意力，让他们在有限的时间内学到更多的东西。

但是，口语课上也暴露了这个阶段学生的一些不足。例如，对于“了”的用法，学生还是未能完全掌握，他们单纯地认为“了”字是用于描述过去发生的事情，因此在口语中经常出现误用“了”字的情况。这当中很大一部分原因是学生缺乏语感造成的。因此，在培养学生汉语口语能力的时候，应该尽可能给他们创造听的机会，体会中国人说话的特点和表达方式，然后去模仿，再开口与他人交流。教师应当适当强调语法部分，但不应该把注意力过分集中在语法上，因为学生在开口说话时并没有太多时间考虑语法是否正确，培养语感才是关键之处。

除了做C1班的试教老师之外，我也担任这个班的班主任。在管理这个班级的过程中，我也发现了不少问题，这或许能为我日后从事教师职业提供帮助。

与国内班级相比，这类对外汉语班级较为特殊。在这里学习，没有太多条条框框束缚他们，氛围相对自由。这种教学环境有利于学生的个性发展，但是不利于学校的管理和学生自律的养成。我发现学生并不是太尊重课堂，迟到早退、缺勤、上课随意走动等现象时常发生。这样会影响其他学生的学习，以及给校园风气带来消极影响。作为教师，我们并不能因为他们是外国留学生而对他们的要求有所放宽，而应更加严格。当然，我们并不能用以前严肃责备的一套，而是应该耐心引导他们，告诉他们正确的求学态度。

——12 对外汉语　谭淑芳

（七）

从一开始，我就把这次实习定义为“特别的学习课程”，我常常对自己说，这是我的一次很珍贵的学习之旅。我可以把大学里所学的专业知识真正运用到实践中，在实践中检验自己是否真的掌握了专业知识，并在这个过程中了解自己的不足，找准方向提高自己的知识水平。

我的实习学校每一学期的留学生大概有 220 人，这些留学生大约来自 30 个国家，其中东南亚、中亚以及非洲的国家占大多数，年龄跨度比较大，14—50 岁的学生都有。他们大多是带着很强的目的性来学习汉语的：有的为了经商，有的为了在中国求学，有的为了学习中国的文化等，学习的积极性、知识的接受能力等各方面也存在较大的差异。学习了三个多月的汉语以后，有的留学生可以较为流利地进行汉语会话，有的留学生连最基本的汉语拼音都还没有学会。

实习的过程一共分为三个阶段：听课、上课、课后辅导。现在，我就针对这三个阶段做一个自我总结。

1. 听课

听课这个阶段，是我在实习期花费时间最长的一个阶段，从 10 月 13 日到 12 月 13 日，两个月的时间我都在听课。在我看来，听课是实习过程中必不可少的阶段，也是我最珍惜、能学习到各种教学方法的一个阶段。每天都在重复着一件事情，看似无聊枯燥，但是每天听的内容都是不一样的，每个老师上课的方式也不一样。在听课时，我认真做笔记，写听课记录，并且要自己总结和分析。我带的班级是 A 班（汉语零基础的班级）。A 班一共开了四门课：读写课、口语课、听力课和书写课，每一门课的内容、方式都不一样，从教的老师都是有多年对外汉语教学经验的老师。我的总结是：读写课的难点是语法方面的知识，教师必须要充分地备课。

听课的阶段里，印象很深的一次语法课是讲能愿动词“会、能、要、可以”等几个词的使用。每一个词都有两个或两个以上的意思，要让学生明白和区分这些词的用法，教师不仅要备课充分，而且所举的例子要简明扼要，贴近学生的日常生活。教学的过程中，还要及时且灵活地根据学生的掌握程度去调整上课的进度。虽然这些留学生大多是成年人，但是游戏教学对他们也是很奏效的一个方法。如果时间允许，在学生接受知识的疲惫阶段，适当地在课堂中加入游戏教学环节，不仅能缓解学生的疲惫情绪，还能调动课堂的学习气氛，给接下来的学习营造一个轻松的氛围。边玩边学在读写课教学中，是可以借鉴的一个教学手段和技巧。

口语课鼓励学生在课堂上开口说汉语，当堂用所学的句型造句子是口语课教学的一个重点。在口语课的听课过程中，我发现“讲练结合”在其中体现得非常充分。而且，在口语课的教学中，教师本身的课堂反应能力非常关键。教师能否借助课堂上所见到的、可利用的一切资源让学生开口说句子，能否调动课堂气氛，引导学生正确开口说汉语，是一节口语课能否达到教学目标的关键。

虽然我教的不是书写课，但这却是我思考得最多的一门课。汉字对外国留学生来说，仅仅是认读就已经很难了，更不用说书写了。如何教？如何归纳？如何让学生明白偏旁部首的含义？这些都值得去思考。我记得曾有学生问过我这些问题，而我却不能很好地讲解清楚，也不知道如何表述我想要表达的意思。在大学四年的学习过程中，对于如何教给外国留学生书写汉字这一块的知识或者技能，我是有所欠缺的。

2. 上课

上课的这个阶段，是我对对外汉语教学感悟最深的一个阶段。从听课到上课，才发现备课的不容易。我教的是读写课，在这个过程中，我觉得教师必须要有足够的专业知识储备，并且要能用最简单、最生活化的方式，灵活地处理知识，让学生明白教师所讲授的内容。汉语语法是很难理解的部分，作为新的对外汉语教师，常常会遇到自己可以领悟，但却找不到合适的语言来表达的情况，因此在这一阶段，常常会有一种“书到用时方恨少”的无奈。针对这一阶段，我能提的建议有以下几个。

第一，备课要充分。不仅要对教材特别熟悉，而且要对教案的编写、课件的制作，还有前面提到的如何应对学生学习的疲惫状态都要准备充分。我记得我的指导老师跟我说过一句话：“备课充分，课件做得详细对于上课来说等于成功了一半。”

第二，对汉语的语法，一定要深入剖析，要把语法点讲透彻。要在上课前就想到学生大概会问一些什么问题，以尽最大可能地应对课堂上的突发问题。

第三，在举例讲解时，一定要注意结合学生的具体情况。所举的例子，除了要简单易懂外，还要尽可能地避免使用没学过的生词。词语、句型的选用一定要仔细分析，要结合学生的实际汉语水平。

第四，课堂互动要多。不仅要鼓励学生开口说句子，还要关注学困生的学习情况。对于由多元文化形成的学习环境，公平是绝对不能忽略的问题。

第五，自信从容。面对与自己年龄相仿，甚至是比自己年长的留学生，要自信、从容、淡定地站在讲台上，不要让学生觉得你是个不可信的教师。

3. 课后辅导

课后辅导这一个环节贯穿实习的整个过程。辅导要有针对性，辅导的方式可以根据学生的具体情况灵活地选择。但我觉得还是要以鼓励学生自己开口说句子、引导他们自己想问题为重点。另外，课后辅导还可以拉近教师与学生之间的距离，走进彼此的生活、了解彼此的文化。

——12 对外汉语　东梅

（八）

作为一名即将毕业的大四学生，我已基本掌握关于本专业对外汉语教学的相关理论知识，但真正的教学需要我们运用所学的理论知识去体会，去实践，从教学活动中切实理解和感悟教学的方法和技能。

面对三个月的实习，一开始我的心里很忐忑，怕自己不懂怎么和留学生交流，怕他们不喜欢我，更怕自己不能胜任对外汉语教师的工作……但当我真正来到这里的时候，这些顾虑一点点被打消了。我的指导老师蔡老师非常亲切，她对我的帮助和指导，让我很快适应并投入到实习工作中来。

1. 实习的第一阶段：见习、听课

我主要负责 A1、A2、A4 班的听力课和海外幼师中级班的读写课、经典诵读写课。

每天我都会在 8：10 前准时到达学校，然后到 A2 班带学生早读。8：30 之后开始听课。不管是什么课程，我都会认真听讲，仔细做听课记录，课下整理笔记和听课感受。听课记录不仅包括老师上课时的一些方法，如某个知识点，老师采用的是直接讲解法、练习法还是情境教学法等，以及这些方法的具体实施过程，同时还包括老师对课堂上发生的一些突发情况的处理方法、学生给老师提出的一些疑难问题及老师的回答等。通过每天的上课观察和做听课记录，我学习了老师课堂教学的优点，在学生向老师提出问题时，我也会积极思考讲解的方式方法，以为自己日后的教学积累经验。

课后，我会积极主动和学生聊天交流，通过日常的沟通对话和学生处理好关系，同时也能更清楚地了解学生对已学知识的理解掌握情况。除了听蔡老师的课外，我也会去听其他老师的课，通过多听不同老师、不同类型的课，我从中了解到了不同老师上课的亮点和他们一些好的教学方法，丰富了自己的教学知识。

听课看似简单重复，但只要我们用心听讲，用心感悟，总能收获良多。

除了日常的听课外，每天下午和晚上空闲的时间，我都会到班上给学生辅导功课。辅导的内容有时是帮助他们复习刚学的功课，解答他们对生字、生词和语言点的疑惑；有时是帮助他们完成作业，通过陪学生做作业，既能有效地减轻他们的课业负担，也能在这个过程中更直观地了解他们对所学知识的理解和掌握程度，以便更有针对性地对他们进行辅导。

通过一对一或一对多的辅导，我与留学生变得越来越熟悉，他们开始频繁主动地找我聊天交流，偶尔生活上、学习上出现困难需要帮助，他们也会主动找我帮忙。成为好朋友是良好师生关系的开始。

作为 A2 班的小班主任，在实习的这段时间，我竭尽所能地帮助班上同学，不管是陪他们去买电话卡，去银行，去逛街，还是帮助他们处理宿舍的网络信号问题。只要他们需要，我都尽力帮助他们解决问题。我始终坚信，人与人的相处是相互的，我真心热爱我的工作，热爱我的学生，他们也愿意向我敞开心扉，和我做朋友。与学生关系融洽，有利于教学工作的实施。

此外，我认真落实学校安排的各项任务，包括晚自修和探访学生宿舍，对于学校的各种通知说明，我积极主动协助指导老师及时、准确地告知学生。对于到时间换签证的同学，我也及时通知他们，并督促和帮助他们完成换签证的工作。在校园文化周期间，我协助老师和学生完成班级黑板报设计和文化风情表演的准备和排练工作，与指导老师一起带领 A2 班学生去广东省博物馆参观。这次户外教学体验活动，有效地促进了同学之间、师生之间的沟通交流。

对于我而言，做 A2 班的小班主任是一件很快乐的事情，虽然每天要做的事情很多很琐碎，但也因为自己确实帮助到了他们，心里觉得很欣慰。A2 班学生的国家分布比较广，包括俄罗斯、印度尼西亚、泰国、塔吉克斯坦、哥伦比亚与非洲一些国家，学生的英语都不太好。开始我以为需要通过英语来和这些汉语零基础的学生进行沟通交流，但事实上，当我真正和他们聊天时，发现由于他们英语水平有限，对我用英语与他们沟通交流并无好感。相反，他们更愿意我用汉语来和他们交流，将信息尽量转化为他们已经学过的简单汉语词汇和句子，加上适当的肢体语言，这样的沟通效果会更好。此外，我发现班上大部分留学生对汉语声调的掌握并不是很好，他们在读准声调和听录音辨识声调上都存在困难，所以我认为每天早上 20 分钟的早读还是很有必要的。通过带学生朗读，纠正他们的发音，可以帮助他们逐步提高汉语口语发音水平。

2. 实习的第二阶段：正式上课

之前，我已清楚自己将会承担听力课、读写课和经典诵读写课，所以我在听课期间一直有意识地观察老师的上课方式和特点，同时结合网上的一些优秀教学方法，针对相应的课型，思考研究自己的上课方式。

首先是听力课，我上课的 A1 和 A2 两个班的学生的汉语水平差不多，在给这两个班上课的时候，我的节奏会稍微快一些，主要的方法是读课文、练习句子和完成课堂听力练习并进行讲解。学生对这样的上课方式基本满意，不过由于是练习课，两节课的练习做下来，学生明显会变得比较浮躁，进而影响练习效果。这个时候，我会播放一些有趣的音乐或者视频来调节一下课堂气氛，帮助学生放松心情，以便他们接下来能够更好地学习。

与 A1、A2 班相比，A4 班学生的汉语水平相对较低，因此我将上课节奏适当放慢。在做听力练习之前，先对生词与课文进行反复朗读并纠音，增强学生对拼音、声调的辨识感，帮助他们在后面的听力练习中更好地理解和发挥。

其次是中级班的读写课，这个班学生的国家分布较为集中，都是东南亚国家，如泰国、柬埔寨和印度尼西亚。与其他国家的学生相比，东南亚国家的学生在学习汉语方面明显更易入门和掌握。每次上课前，我都让他们反复预习课文的生词，理解词义、练习造句等。对于课文中出现的一些重要语言点，上课时除了解释和造句外，我还会结合课后综合练习进行讲解，及时检验学生的掌握程度，并加以巩固。上中级班的课，我觉得最重要的一点就是灵活应变能力，因为学生的汉语水平相对高一些，他们会主动向你抛出许多问题。无论什么时候，只要是在课堂上，作为教师，我们都应该做好随时回答问题的准备。只有准备充分了，我们才能从容面对。有些问题在学生看来也许平淡无奇，但对于我们来说却十分古怪刁钻，这时候就需要我们根据实际情况随机应变了。即使问题不好回答，我们也应该保持冷静，从容地给学生解释清楚。如果确实不确定或不了解，我会先向学生表达歉意，课后再查找资料，了解清楚后再给学生解释。

对于学生而言，他们最反感的就是问完问题后，老师故意逃避或者顾左右而言他，因为这样只会让他们觉得老师的知识不够丰富或者是不重视他们。所以不管上什么课，课前的准备工作都非常重要，只有准备充分了，当你走上讲台的时候才能无所畏惧。

读写课我主要采用直接讲解的方式进行，以生词、语法点和课文为三个基础点，先讲生词，再讲重要语法点，最后结合课文进行脉络疏通。在正式上课之前，我还会选取一些相关的汉语视频或者小故事来调动学生的学习兴趣，提高他们的学习积极性，寓教于乐。

课余时间，我会检查他们的作业、生词听写情况等，归纳学生的错误类型，在下一次正式上课前仔细评讲，有针对性地帮助学生纠错。

最后是每周两个课时的经典诵读写课，这个课选用的读本是《幼学琼林》。刚接触这本书时，我非常担心教起来会非常吃力，因为在此之前我从来没有接触过这本书。在上课前的一个月，我开始恶补功课，反复阅读《幼学琼林》，确保在给学生上课前，自己先把课文弄懂。《幼学琼林》是古文，而且内容包罗万象，非常多也非常杂，对于学生而言，古文是非常枯燥无趣的。所以，他们上课时明显缺乏积极性。针对这一点，我选取了课文中的经典名句、经典故事，以播放视频的方式，让学生通过看视频了解典故，充分激发了学生的学习兴趣。此外，上这门课时，我还需要不断地带领学生朗读课文并纠音。熟读成诵，正是经典诵读写课的目标所在。

3. 实习最后阶段：总结

短短三个月的实习，让我成长了不少，除了我的指导老师蔡老师外，其他老师也给了我很多帮助。他们对我都很热情，经常主动和我交流教学心得，让我受益匪浅。此外，在帮其他老师改作业、协助他们进行教学工作的同时，我也更多地了解了留学生在汉语学习过程中存在的问题。发现问题有利于我更好地督促留学生的汉语学习。

通过这段时间和留学生的相处，我发现他们真的非常可爱，有的非常幽默，爱开玩笑；有的非常好学，经常需要单独辅导；有的很调皮，上课总是不够专心；等等。但无论是调皮的还是好学的，他们都非常温暖，当我生病或难过的时候，他们都会主动表达关心和担心，让我感到非常欣慰。

总的来说，这次实习，让我第一次真正感受到了对外汉语教学的课堂，让我真正了解了什么是对外汉语的教与学。除了要有好的教学技能外，师生之间的交流沟通也是非常重要的。此外，这次实习也为我将来的对外汉语教学工作打下了良好基础，我不仅学到了很多优秀教师的教学方法，也认识到了自身存在的不足，取长补短，相信以后的我会变得更好。

——13 汉语国际教育　杨帆

（九）

三个月的实习让我对对外汉语教育有了更深刻的认识的同时，也改变了我对汉语教学的一些固有想法，提高了我的教学能力和社会实践能力。

1. 听课是上课的前提

听课是上课的前提，是教师进步的阶梯。因此在上课之前，必须认真地听课，认真地分析教学内容和教学方法。

听课前，实习教师有必要了解所听课型的基本情况、所听班级学生的基本情况（包括基本资料、汉语水平、需求等）和教学内容等多方面的信息。不同课型侧重培养学生不同方面的能力，教学的内容和重点也截然不同，因此我们必须了解相关信息，才能明白授课教师使用某种教学方法的原因。

听课时，首先关注教学环节。不同的授课教师对于不同的课型、不同的班级所采用的教学方法不同。用简要的语句记录每个教学环节的大致内容和时间分配，这样能够帮助我们整体地把握课堂和更好地理解课型特点。

其次关注授课教师的教学行为和方法。每位教师都有其独特的教学风格和特点，因此除了记录授课教师的教学行为和方法外，还要善于发现每位授课教师与众不同的闪光点。有的教师比较擅长用游戏活跃课堂气氛；有的教师了解学生的学习偏误，能运用简单的方法让学生尽快明白知识点；有的教师比较关注学生的生活问题，通过问题导入教学内容。例如，梁老师会在教课本内容之前设置一个每日一句的环节，句子的内容都是与学生的生活密切相关的。虽然对于一些学生来说，有些句子还是比较难，但是都比较实用，学生对此很感兴趣。

再次不仅要观察授课教师的教学行为和方法，还要观察教室环境、学生情况、师生互动情况、班级学习氛围等。作为实习老师，一开始，我们比较关注授课教师的教学行为和方法，往往很容易忽视学生、师生互动和班级学习氛围等情况。其实这些情况也是需要我们认真观察的，毕竟语言教学的效果不是取决于教师单方面的讲授，而是学生在教师的引导下接受知识或者自主学习知识的过程，是教师与学生、特定的教学环境互动的结果。我们只有关注多方面的情况，才能真正理解教师的教学行为和方法，才能明白哪些方法是有效的、哪些方法是无效的，才能逐渐明白如何引导学生学习知识。

最后还需要认真思考，如思考教学的发展趋势、教师做出某个教学行为的原因，并且写下一些心得。这些心得稍纵即逝，必须及时记录下来。

听课后，我们要再次浏览听课笔记，认真分析，并将值得学习的部分标注出来，比如有些词语的解释方法特别巧妙，有些环节安排得特别好。我们也可能会发现一些小问题，可以思考一下解决办法，如果无法立即找到对应的解决办法，随着听课次数的增多，我们可以通过对比不同教师的教学方法，从中得到启示，或者结合一些相关书籍资料找到解决办法。在这个过程中，不仅能够学习教学方法和技巧，还能够提高自己仔细观察、发现问题、解决问题的能力。

2. 备课是上课的基础

在备课的时候，我更真切地感受到了“台上一分钟，台下十年功”的道理，也感受到了自己所学到的知识只是对外汉语教学知识的冰山一角，发现了更多自身存在的不足。

（1）备学生

在备课时首先应考虑学生的基本情况。我们在平时要注意了解学生的特点和需求，不仅要了解学生的语言水平和学习方式，也要尽量了解学生的国籍、年龄、文化背景、性格、兴趣爱好、近况等其他情况。这些情况可以通过多种途径去了解，比如平时的听课，查看学生的作业、试卷，与班主任老师、指导老师、其他实习老师的交流，与学生的交流与接触，查看学生的个人基本资料，等等。我们了解得越详尽，越有利于教学目标、重点难点、教学方法和内容的设计等。我实习时负责的一个班级是海外幼师中级班，他们分别来自柬埔寨、印度尼西亚、泰国三个国家，大部分在 20 岁左右，且大部分是华人，对中华文化有一定的了解。这是一个培养幼师的项目，他们当中有些已经在其国家任职过汉语教师，有些是打算以后从事汉语教育教师职业，所以在教学的过程中，可以适当地拓展中国教育、中国文化方面的内容。

（2）备课型和教材

在听课和备课时，要关注所教课型的特点，以及这门课程重点培养学生哪方面的能力。我试教的两门课分别是读写课和阅读课。读写课中的大部分生词都需要讲解得比较详细，包括词义、搭配、用法等，而阅读课的生词都是选择关键词语进行解释，并且引导学生结合上下文去理解词义。备教材时，要认真地看前言、编者提示的教学要求、目录，浏览整本书的内容，请教指导老师本教材的整体特点等。在时间不足、无法浏览全书的情况下，也必须看所教的那一课的前后几课，重点关注生词、课文内容和语言点。

（3）备教学内容、教学方法

备课时，要认真阅读教学内容，确定教学目标，根据学生的学习水平、教材特点、总体目标来确定重难点。一节课所包含的内容比较多，不可能做到面面俱到，因此哪些知识只需要学生简单了解，哪些知识需要学生理解并运用，要培养学生哪方面的能力，学习后应该达到什么程度等，都必须明确，不可随意拓展，否则会增加学生的学习负担，或者出现因重复熟悉的知识而造成浪费课时的情况。例如，《汉语教程》（第三册・上）第 2 课“一封信”中预计拓展的内容，包含书信的格式、课文中提及的太极拳、中国书画、北京烤鸭，但是学生在之前的学习中已经了解过太极拳、中国书画和北京烤鸭了，所以只需要强调书信的格式。

首先，在准备生词和语言点的解释和例句时，不能只依靠书本上的解释。在听课和与指导老师的讨论中，我逐渐发现许多学生难以理解某些生词和语法，尤其是抽象词语、书面语、表达不同语气和情感的语法点，一方面是因为教材的内容翻译得不太恰当，另一方面是因为学生不能正确地理解书上的字面意思和专业术语。毕竟两种语言之间存在着一定的差异，无法一一对应，所以备课时要仔细考虑如何用简单的语言、动作，或者设置怎么样的语境去解释生词和语法。比如《汉语教程》（第三册·上）中关于“各和每的区别”，课本的解释是：都指所有的个体，但意义上的着重点不同。“每”着重于分指，而“各”着重于遍指。我们当然不能照搬这样的解释，而可以通过多举例引出“各”一般着重不同点，“每”一般着重相同点和有规律的事情，最后再结合例句分析。

其次，“温故而知新”，最好把新旧知识联系起来。比如解释“预防”一词时，引导学生说出学过的“预习”“预报”，这些词语都表示在某件事发生之前，要做另外一件事，由此引出“预防”的词义，引导学生自己去对比。通过比较理解词义，所得到的效果比教师直接说出词义更好。

再次，编写例句时，要展示语用特征，要有丰富的语境帮助学生理解生词或者语法点。

最后，拓展生词时要有度，不能盲目，要充分考虑学生的需要和接受能力。比如在准备“增强”一词时，文中是增强体质，我又准备了信心、抵抗力、能力、素质、意识等搭配词，但在与指导老师讨论后，只留下了增强信心和增强抵抗力，因为学生学过信心，抵抗力一词比较容易解释，而且和增强体质有关联，但是其他的词语学生没学过，比较抽象，拓展太多会使学生难以接受。

3. 上课时自信是关键

作为实习老师，我第一次上课时比较紧张，有点儿不太自信，出现了很多问题，如说话的语速有点儿快、教姿教态不太自然、有些知识点讲得不够透彻等。

十分感谢我的指导老师给我指出错误，同时给了我很多有效的建议，鼓励我不断改进、积累上课经验、做新的尝试等。每次上课后，我都会和指导老师或者学生交流，和他们探讨上课的情况，了解学生某个知识点的掌握程度。我会结合他们的反馈，反思这一节课自己的表现、学生的学习情况、是否有哪些知识点讲得不够好、下一节怎么补充或者改善。平时我也会多进行自我暗示，鼓励自己。因此随着上课次数的增多，我的信心不断增强，许多问题得到了解决。

这段宝贵的实习经历让我对汉语教学工作和本专业有了更为详尽而深刻的认识，让我明白从相对被动的学生角色向积极主动的教师角色的转变是多么不容易，让我发现了自身存在的不足，从而不断进行自我改善，不断努力前进。

——13 汉语国际教育　胡佩仪

附录四　河内大学中文系学生高效学习的探究及启示

本文以河内大学中文系为蓝本，借鉴其在国际汉语教学过程中的经验，探究如何提高国外学生汉语学习效率的问题，为提高汉语国际教学水平提供借鉴。

（一）缘起

随着中国经济的发展和国际地位的提升，许多国家兴起了学习汉语的热潮。孔子学院陆续在世界多国建设起来，并得到快速发展，也产生了重要影响。越南作为中国的邻邦，与中国山水相连，在经贸、文化等各方面来往密切。目前，在越南尤其在越南北部，汉语具有十分重要的影响力。有不少越南民众或多或少地都懂一些汉语，还有很多汉语学习者自觉到高校进修。越南及其民众对汉语学习比较重视，但由于地区、教育水平不同等客观原因，汉语教学水平呈现出参差不齐的状况，这是汉语在越南传播中的一个障碍，同时也是汉语在世界范围内传播的一个通病。如何使汉语的教学更为有效、更有针对性，已然成为汉语国际教育教师和研究者不容小觑的问题。

阮黎琼花在《越南河内高校汉语教学现状调查》一文中指出，河内作为越南的首都，不仅是全国的政治中心，还是国家行政及文化、科学、教育、经济和国际贸易中心。河内有多所全国成立较早的高校以及名牌和重点大学，还有越南最早开设的汉语教学中心，如河内国家大学下属的外语大学于 1955 年设立汉语专业；河内大学于 1959 年设立汉语专业。其中，河内大学在汉语教学方面是河内众多高校中的佼佼者。

通过对河内大学中文系学子的学习效率的分析，可以借鉴河内大学优秀的教学经验，并将之运用到汉语国际教学中，这对汉语在世界范围内的传播将大有裨益。

（二）河内大学汉语教学的历史及现状

1. 河内大学汉语教学历史

河内大学的前身是 1959 年成立的河内西南部的河内外语大学，2006 年更名为河内大学。河内大学在建校之初便开设了中文系，负责汉语专业教学，后因政治原因中断过，尔后又重新开设汉语专业并一直延续至今。河内大学中文系为社会翻译、经贸、教育等行业输出了许多优秀人才，得到了社会的普遍认可。

2. 河内大学汉语教学现状

河内大学中文系是越南汉语言文化教育的中心，教学层次齐全，教学水平较高。2010 年，该校已成为具有中文专业硕士学位授予权的越南高等院校之一，而且该校中文系还派出优秀师生到中国多所高校学习深造汉语并攻读硕士、博士学位。

以往，由于汉语教材比较稀缺，河内大学中文系不得不采用教师自编教材进行教学；现今，该校已大多使用中国出版的汉语教材原版或复印版，如杨寄洲编著的《汉语教程》，黄伯荣、廖序东主编的《现代汉语》等教材。这些教材内容与中国国内的汉语教学内容一致，该校希望尽可能向中文系学生呈现一个地道的、符合中国实情的汉语教学体系。

（三）河内大学中文系学生学习效率分析

1. 汉越词的影响

受历史渊源、社会变迁，以及战争冲突、经贸往来、文化交流、移民杂居等因素的影响，语言都会发生碰撞融合，而汉越词就是这一碰撞的产物。

简而言之，汉越词是越南人从汉语中学习过来的词语。越南语言系统曾长期借用唐代使用的汉字，并借鉴唐代的语音系统，形成了自己的汉字系统（由于经过越南本土化的加工演变，很多已与汉语没有直接的关系）。越南语的外来词汇中，汉越词占了大部分。因此，在中文系学生学习汉语的过程中，不可避免地要面对汉越词。尽管汉越词对中文系学生学习汉语会产生负迁移作用，诸如词义偏误、语法偏误、词语色彩偏误等，但是也应该认识到汉越词自身的发展对学习汉语发挥的正迁移作用。

对于越南学生而言，理解汉越词并没有困难，因为这类词与现代汉语对应词的意义一致，语音接近，语法功能也没有改变。所以，越南学生在学习汉语时，他们对这类词汇记忆很快，且能灵活运用。

2. 小班教学模式

据笔者亲身体验，与国内大多数高校不同的是，河内大学普遍采用小班教学模式。以笔者实习时的情况来说，中文系有 9 个班级，平均每个班级 20 余人，最多的不超过 30 人。

小班教学最重要的一个方面就是能够创造一个宽松的教学环境，帮助学生进行学习，并激发其学习兴趣。小班教学环境下，学生的所思所想能够更好地展现出来，并能通过与其他同学的讨论和交流查缺补漏，产生进一步深入学习的动力，由此达到更佳的学习效果。另外，笔者与河内大学中文系在职教师交流时了解到，小班教学环境下，教师会根据课堂上学生的不同学习状态，进行不同类型的问题设置，以保证每堂课上每位同学都有机会参与到讨论中，这无疑是对因材施教理念的有效贯彻。

3. 以学生为主与高频互动的教学理念

据笔者旁听观察，河内大学中文系教师在给学生上课时，师生课堂发言时间基本维持在 1∶2 的比例，口语课更是能达到 1∶3 的比例。也就是说，课堂上，老师扮演的是一个引导性的角色，而真正作为课堂主角的是用汉语操练的学生。

以笔者旁听的大一（2）班的一堂口语课为例，全程一个半小时，而课堂上老师的发言时间累计不会超过 20 分钟。老师用一两句开场白引入正题，然后便让学生根据上节课布置的作业进行角色扮演，展开口语训练活动，并且要求其余学生对同学的口语训练活动进行评价。还会以小游戏、主题演讲、小组讨论等形式让学生互动交流。一堂课下来，每位学生都能够参与到讨论中，老师也会在一旁不断帮助纠正，及时查漏补缺。课后我常常向老师请教，他们一直强调的一点是“少讲”“以学生为主”。这样以学生为主的教学理念以及高频互动式的语言教学，是中文系学生高效率学习的一个重要保证。

4. 高强度的学习任务

河内大学的上课时间是这样设置的：从 7：20—11：10 为上午课程时间，其中 9：00—9：30 为休息时间；下午的课程是 12：20—16：10，其中 14：00—14：30 为休息时间。上课时间与国内相比，似乎没有太大的差异，实则不然。据调查，大部分中文系学生在 16：10 后并不能娱乐休息，而是要完成繁重的课后作业。这就意味着对于他们而言，学习时间无形中延长了，而休息时间减少了。河内大学学生的勤奋与努力由此可见一斑。

笔者还了解到，对一些身兼数职的学生干部而言，他们往往要忙碌到凌晨一两点才能休息。中国多数高校奉行的是自主学习的模式，给予学生充足的选择权，自主学习；而河内大学实施的则是任务式学习，要求学生完成较为繁重的学业指标，花更多时间去吃透消化课堂知识，达到温故而知新，保证高效率的学习效果。这一点也许是河内大学与中国多数高校最大的不同所在。

（四）学生学习主动性、积极性高

由上述可知，河内大学的学生几乎是在高压的环境下学习的，但这并不代表他们抗拒或排斥学习，反而他们的学习积极性更高一些。以笔者实习的班级为例，尽管在老师布置作业后，他们也会表示出不情愿，甚至是抱怨、牢骚，但是只要老师布置了作业，他们一定都能自觉地完成，并且表现出很好的自律性。我想，尽管他们的学业任务繁重，但由于是小班教学，课堂上的互动性非常强，所以他们都很乐意投入到学习当中。

据了解，他们的作业往往是创造性强的互动型作业，如根据某一主题在课后收集资料，然后制作成作品在课堂上讲解展示。这些任务对他们来说既有效又有趣，只要认真努力完成，就会达到好的学习效果。这一点让我印象非常深刻。

（五）对汉语国际教学的启示

1. 正确认识并利用汉越词的正、负迁移作用

积极发挥汉越词的正迁移作用，利用汉越词帮助学生理解并掌握汉语词汇，提高汉语阅读能力。明确了解负迁移在越南学生学习汉语过程中产生的偏误类型，并在教学中有意避免此类偏误，减少负迁移产生的影响。发挥学生所在地文化和语言的特点，建立与汉语教学的正迁移关系，提高汉语教学效率。

2. 借鉴小班教学模式的经验

从河内大学采用的小班教学模式我们可以发现，小班教学对提高学生学习效率非常有帮助，值得我们借鉴。如果高等教育语言类专业学生毕业时仍然不能具备熟练的听、说、读、写能力，无疑是教育的缺陷，而小班教学模式以及由此建立起来的一套与之匹配的教学评估系统，将是语言教学的发展趋势。

3. 强化专业技能训练

汉语国际教学不能只停留在帮助学生取得好成绩的层面，而应该更加注重学生语言运用能力和交际能力的培养，为国际社会输出应用型人才，否则我们的语言教育就是流于形式。这就要求汉语国际教学必须回归语言教育的本质，以语言能力的提高作为重要的教学目标。我们可以借鉴河内大学中文系的部分做法，如在教学中创设语言环境，并通过完成任务、作业等形式让学生深入学习，不断加强对学生语言能力的训练，全面提升学生运用语言的综合水平。

4. 加强师生互动交流

师生互动在河内大学的教学环节中显得非常突出，也取得了非常好的教学效果。我们可以在汉语教学过程中，精心组织和安排师生互动环节，来进一步激发学生的学习积极性，也可以通过定期开展交流会等形式为师生搭建交流平台，或者利用“汉语角”等机会，给予汉语学习者一个宽松、自由、有趣的语言应用环境，以不断提高学生的交际能力和语言运用能力。

——2012 级对外汉语　刘于麟

后　记

书稿画上句号的时刻，我的内心五味杂陈，既有一项艰巨任务终于完成的如释重负，又有对宏大课题长期探索但力所不逮的惶恐。由于缺乏“仗剑走天涯”的洒脱和对研究工作的自信，忐忑不安的情绪挥之不去。再对自己的教学经历和研究历程做一个回顾，或许能得到各位读者更多的理解和谅解，也算是对本研究存在遗憾的些许安慰。

我从事汉语国际教育工作的时间算起来已有 20 多年。虽然和汉语国际教育相关的教学研究工作不能算是自己的主业，但多年来始终没有中断过对汉语国际教育的参与和关注。1994—2017 年，我一直从事留学生的汉语教学工作，并承担了多门课程的教学任务。2008 年，我从宁夏调到广东工作后，继续从事汉语国际教育专业相关课程的教学工作，并担任肇庆学院文学院分管教学工作的副院长，具体负责汉语国际教育专业建设。2014 年，我承担了广东省质量工程项目“跨文化合作的汉语国际教育专业建设与综合改革”，并作为汉语国际教育专业负责人开展相关工作，通过一系列教学改革，来提高汉语国际教育专业人才培养质量。特别是与越南河内大学建立了合作关系，为学生实习拓展了海外基地，带学生赴河内大学实习并开展学术和教学交流。2017 年，项目顺利结项，但我对汉语国际教育教学的思考并没有结束，研究汉语国际教育如何可持续发展是我一直关注的问题。

现在，汉语国际教育事业进入新的发展时期，伴随孔子学院办学机制的改革，汉语加快了走向世界的步伐，培养高水平国际汉语人才成为我国教育国际化的重要任务。如何提高国际汉语教育质量已经被提上议事日程，需要各高校固本培基，通过教育教学改革提高人才培养水平。

汉语已经走向世界，但汉语国际化还有较长的路要走。“一旦各个国家要发展自己的科学技术非得派学生到中国来留学，一旦达到在某些科学领域，特别是自然科学领域，非得参考由汉语撰写的学术论文不可，一旦各国青年都想着要到中国来留学或工作，那时各国青少年就自然地把汉语作为首选外语了，就像现在世界各国对待英语那样。”①我们相信，这一天肯定会来到。汉语国际教育已经走过了近 40 年的发展历程，既有学科知识的持续积累，也有人才培养实践的创新深化，积累了大量可供借鉴的改革举措。同时，汉语国际教育面临着一些问题，其中本土化和师资水平的问题最为突出。中文教育教学大纲、课程标准制定还不规范，缺乏针对性和特色，需要我们总结国内汉语国际教育的成功经验，为汉语国际教育在海外的高质量发展提供借鉴。

以上是我开展本研究的缘起、基本思路和研究历程。实际上，这些研究成果都是我和团队成员合作研究的结果，是教学过程中和学生共同交流和分享的创生经验。所以，要特别感谢团队成员孟建安教授、肖娜博士、段然博士的大力支持，他们的研究成果是本研究的组成部分。感谢肇庆学院 2012 级对外汉语专业和 2013 级汉语国际教育专业的同学，他们的实习体会和文化体验为本研究提供了鲜活的素材，对我开展教学研究非常有意义。刘于麟同学撰写的《河内大学中文系学生高效学习的探究及启示》，作为其在海外实习的总结，很有见地，为汉语国际教育改革提供了新视角，作为附录收入本书中，供大家参考。本研究还参考借鉴了很多高校的教学改革成果和独特模式，如中央民族大学、昆明理工大学、梧州学院等，这些学校关于汉语国际教育人才培养改革的积极探索和宝贵经验为本书增色不少，在此一并致谢！

汉语国际教育作为一门新的学科，面临新的发展机遇，在教育国际化和汉语国际化的道路上必将大有作为。汉语国际教育一路走来，“从对外汉语，到汉语国际教育，再到国际中文教育，其意涵不证自明。从实践来讲，目标明确清晰，即通过语言教学与合作，实现文学、文化传播与交流；从学科建设来讲，不仅与中国语言文学取得了一致，同时也规避了跟着‘英语作为第二语言’（TESL，Teaching English as a Second Language）亦步亦趋的‘嫌疑’”②。但还存在很多理论和实践问题，如汉语国际教育学科建设、国内汉语国际教育专业人才培养与国

① 亓华，等. 汉语国际教育跨文化交流理论与实践潘[M]. 北京：北京师范大学出版社，2016.

② 张华. 从《汉语国际教育》到《国际中文教育》[J]. 美文（上半月），2020（8）：98.

外的国际中文教学的相互借鉴等问题，有待我们进一步深入研究。希望本研究能为汉语国际教育可持续发展研究起到抛砖引玉的作用。由于本人学养和研究能力所限，书中难免存在不足和缺憾，恳请读者予以批评指正。

苏文兰

2021 年 5 月 28 日